**TERRA NOVA
E LABRADOR**
Págs. 60–69

PRINCE EDWARD
Págs. 70–93

L
23

**CIDADE DE QUEBEC
E RIO S. LOURENÇO**
Págs. 124–141

**SUL E NORTE DE
QUEBEC**
Págs. 142–153

TORONTO
Págs. 162–187

QUEBEC

**REGIÃO DO
ATLÂNTICO**

ONTÁRIO

OTTAWA Montreal

Toronto

Halifax

Iqaluit

St. John's

0 quilômetros 500

**OTTAWA E LESTE DE
ONTÁRIO**
Págs. 188–203

GUIA VISUAL - **FOLHA DE S.PAULO**

CANADÁ

DORLING KINDERSLEY
LONDRES • NOVA YORK • SYDNEY • MOSCOU • NOVA DÉLHI
www.dk.com

UM LIVRO DORLING KINDERSLEY

www.dk.com

© 2000 Dorling Kindersley Limited, Londres "Eyewitness Travel Guides –Canada" foi publicado originalmente na Grã-Bretanha em 2000 pela Dorling Kindersley Limited, 9 Henrietta Street, Londres, WC2E 8PS, Inglaterra

© 2000 Publifolha – Divisão de Publicações da Empresa Folha da Manhã S.A.

ISBN 85-7402-208-X

GRUPO FOLHA

DIRETORIA CORPORATIVA
PRESIDENTE: Luís Frias
DIRETOR EDITORIAL: Otavio Frias Filho
DIRETOR-SUPERINTENDENTE: Antonio Manuel Teixeira Mendes

PUBLIFOLHA

Divisão de Publicações do Grupo Folha

Av. Dr. Vieira de Carvalho, 40, 11º andar, CEP 01210-010, São Paulo, SP
Tel.: (11) 3351-6341/6342/6343/6344

Site: www.publifolha.com.br

COORDENAÇÃO DO PROJETO
PUBLIFOLHA
ASSISTENTE EDITORIAL: Cláudia Ribeiro Mesquita
COORDENADOR DE PRODUÇÃO GRÁFICA: Marcio Soares

PRODUÇÃO EDITORIAL
AF COMUNICAÇÕES
EDITORES: Adriana Salles Gomes e Fernando Moreira Leal
EDITORES-ASSISTENTES: Claudia Morales, Lizandra Magon de Almeida e Marcelo Ferlin Assami
TRADUÇÃO: Claudia Morales, Lilia Astiz, Lizia Bydlowski e Rosemarie Ziegelmaier
CONSULTORIA: Cláudia Vieitas (Vida Selvagem), Federico Mengozzi (Cultura e História) e Josimar Melo (Vinhos e Restaurantes)
REVISÃO DE TEXTO: Carla C.C.S. de Mello Moreira e Poranga Marcondes de Miranda

PRODUÇÃO GRÁFICA
ADESIGN
DIREÇÃO DE ARTE: Carin Ades
COORDENAÇÃO: Luciana Rodrigues
ASSISTENTES: Ricardo Barneschi, Kelly Adão e Cristiane Sayegh

DORLING KINDERSLEY
Livro produzido pela Duncan Baird Publishers, Londres, Inglaterra.
GERENTE EDITORIAL: Rebecca Miles
GERENTE DE EDIÇÃO DE ARTE: Vanessa Marsh
EDITORAS: Georgina Harris, Michelle de Larrabeiti, Zoë Ross
DESIGNERS: Dawn Davies-Cook, Ian Midson
ASSISTENTES DE DESIGN: Rosie Laing, Kelvin Mullins
VISUALIZAÇÃO: Gary Cross
PESQUISA DE IMAGENS: Victoria Peel
DESIGNER de DTP: Sarah Williams

Equipe da Dorling Kindersley
EDITOR DE PROJETO: Paul Hines
EDITORA DE ARTE: Jane Ewart
EDITORA NOS EUA: Mary Sutherland
EDITOR: Hugh Thompson
COLABORADORES: Paul Franklin, Sam Ion, Philip Lee, Cam Norton, Lorry Patton, Geoffrey Roy, Michael Snook, Donald Telfer, Paul Waters
FOTÓGRAFOS: Alan Keohane, Peter Wilson, Francesca Yorke
ILUSTRADORES: Joanna Cameron, Gary Cross, Chris Forsey, Paul Guest, Claire Littlejohn, Robbie Polley, Kevin Robinson, John Woodcock

Fotolitos fornecidos pela Publifolha. Impresso na Sun Fung Printing Co. Ltd.

SUMÁRIO

Reconstrução de Fortress Louisbourg, fortaleza da Nova Scotia

◁ Floresta de plátanos no outono, Quebec

Lago Moraine, no Banff National Park, Montanhas Rochosas

Château Frontenac, Quebec

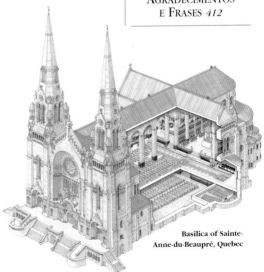
Basilica of Sainte-
Anne-du-Beaupré, Quebec

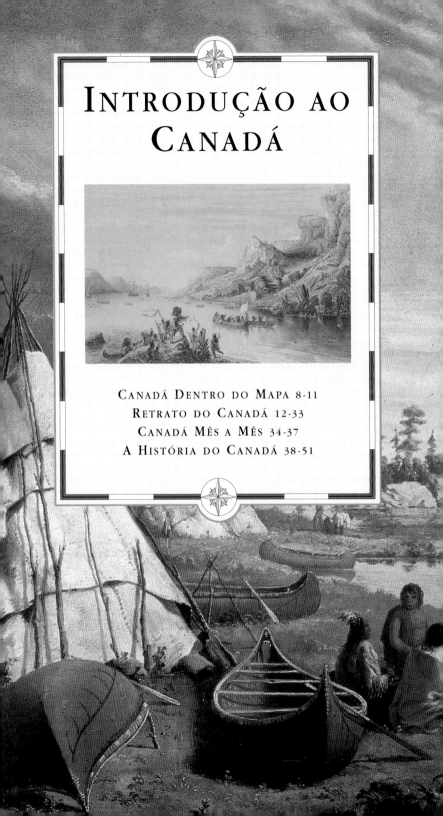

Introdução ao Canadá

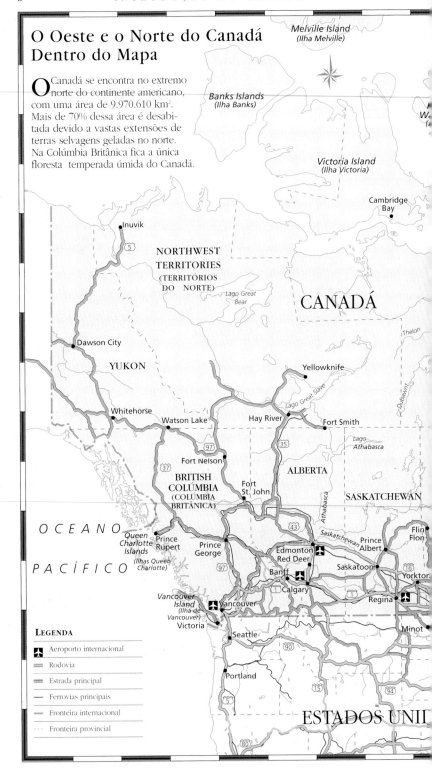

O Oeste e o Norte do Canadá Dentro do Mapa

O Canadá se encontra no extremo norte do continente americano, com uma área de 9.970.610 km². Mais de 70% dessa área é desabitada devido a vastas extensões de terras selvagens geladas no norte. Na Colúmbia Britânica fica a única floresta temperada úmida do Canadá.

Melville Island
(Ilha Melville)

Banks Islands
(Ilha Banks)

Victoria Island
(Ilha Victoria)

Cambridge Bay

Inuvik

NORTHWEST TERRITORIES
(TERRITÓRIOS DO NORTE)

Lago Great Bear

CANADÁ

Thelon

Dawson City

YUKON

Yellowknife

Whitehorse

Watson Lake

Hay River

Lago Great Slave

Fort Smith

Lago Athabasca

Fort Nelson

ALBERTA

SASKATCHEWAN

BRITISH COLUMBIA
(COLÚMBIA BRITÂNICA)

Fort St. John

Athabasca

Flin Flon

O C E A N O

Queen Charlotte Islands
(Ilhas Queen Charlotte)

Prince Rupert

Prince George

Saskatchewan

Prince Albert

Edmonton
Red Deer

Saskatoon

P A C Í F I C O

Banff

Yorkton

Calgary

Regina

Vancouver Island
(Ilha de Vancouver)

Vancouver

Victoria

Seattle

Minot

LEGENDA

- ✈ Aeroporto internacional
- Rodovia
- Estrada principal
- Ferrovias principais
- Fronteira internacional
- Fronteira provincial

Portland

ESTADOS UNI

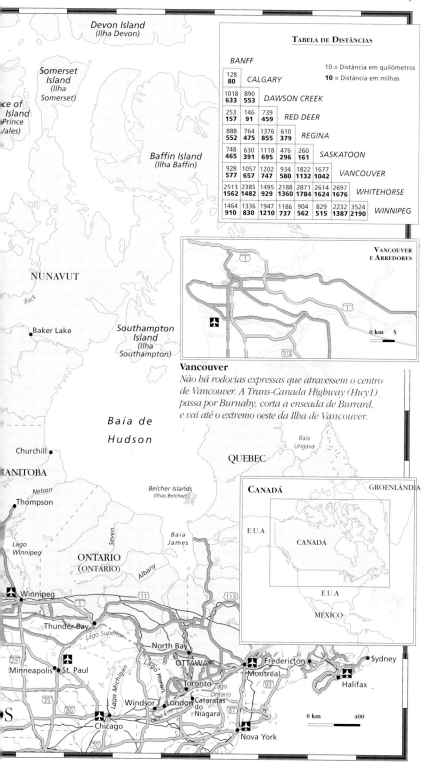

Devon Island
(Ilha Devon)

Somerset
Island
(Ilha
Somerset)

ce of
Island
(Prince
Vales)

Baffin Island
(Ilha Baffin)

TABELA DE DISTÂNCIAS

BANFF								
128 80	CALGARY							
1018 633	**890** 553	DAWSON CREEK						
253 157	**146** 91	**739** 459	RED DEER					
888 552	**764** 475	**1376** 855	**610** 379	REGINA				
748 465	**630** 391	**1118** 695	**476** 296	**260** 161	SASKATOON			
928 577	**1057** 657	**1202** 747	**934** 580	**1822** 1132	**1677** 1042	VANCOUVER		
2513 1562	**2385** 1482	**1495** 929	**2188** 1360	**2871** 1784	**2614** 1624	**2697** 1676	WHITEHORSE	
1464 910	**1336** 830	**1947** 1210	**1186** 737	**904** 562	**829** 515	**2232** 1387	**3524** 2190	WINNIPEG

10 = Distância em quilômetros
10 = Distância em milhas

NUNAVUT

Back

Baker Lake

Southampton
Island
(Ilha
Southampton)

**VANCOUVER
E ARREDORES**

0 km   5

Vancouver
*Não há rodovias expressas que atravessem o centro
de Vancouver. A Trans-Canada Highway (Huy1)
passa por Burnaby, corta a enseada de Burrard,
e vai até o extremo oeste da Ilha de Vancouver.*

Baía de
Hudson

Baía
Ungava

Churchill

QUEBEC

MANITOBA

Nelson

Thompson

Belcher Islands
(Ilhas Belcher)

CANADÁ

GROENLÂNDIA

E.U.A

CANADÁ

E.U.A

MÉXICO

Lago
Winnipeg

Seven

Baía
James

ONTARIO
(ONTÁRIO)

Albany

Winnipeg

(11)

(11)

(113)

Thunder Bay

Lago Superior

North Bay

Lago
Winnipeg

(29)

Minneapolis   St. Paul

Lago Michigan

Lago Huron

OTTAWA

Toronto

Fredericton

Montréal

Sydney

(35)

Windsor   London   Cataratas
do
Niágara

Lago
Ontario

Lago Erie

(93)

Halifax

(80)

(87)

S

(70)

Chicago

Nova York

0 km   400

O Leste do Canadá Dentro do Mapa

A maioria dos 30 milhões de habitantes vive próximo da fronteira com os EUA, em uma faixa que se estende da costa leste até a Colúmbia Britânica no oeste. Mais de 60% dos canadenses se concentram no sudeste do país, nas províncias de Ontário e Quebec. Este é o centro da indústria canadense, incluindo eletrônica, hidroeletricidade, madeira e papel. As províncias Nova Scotia, New Brunswick e Ilha Prince Edward, no mar, são as menores do Canadá, mas a beleza de suas paisagens atrai milhares de turistas a cada ano. Terra Nova (Newfoundland) e Labrador são também conhecidas por sua beleza agreste.

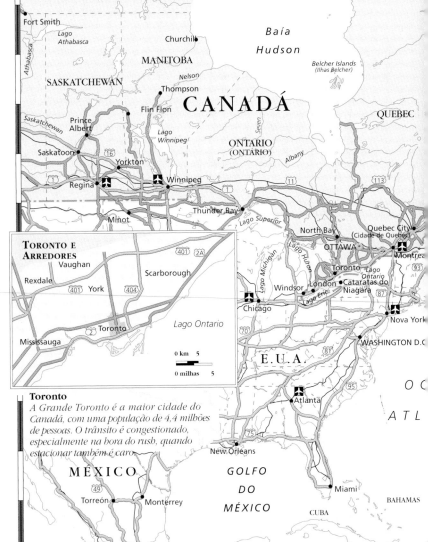

Baffir Island (Ilha Baf)

Fort Smith
Lago Athabasca
Churchill
Baía Hudson
MANITOBA
Nelson
Belcher Islands (Ilhas Belcher)
SASKATCHEWAN
Thompson
Flin Flon
CANADÁ
QUEBEC
Saskatchewan
Prince Albert
Lago Winnipeg
Seven
Saskatoon (16)
Yorkton
ONTARIO (ONTARIO)
Albany
Regina
Winnipeg
(11)
(113)
Minot
Thunder Bay
Lago Superior
North Bay
Quebec City (Cidade de Quebec)
OTTAWA
Montreal

TORONTO E ARREDORES

Vaughan (401) (2A)
Rexdale
Scarborough
York (401) (404)
Lago Michigan
Lago Huron
Toronto
Lago Ontario
Cataratas do
Windsor London • Niagara
(87)
Chicago
(70)
Toronto
Lago Ontario
Mississauga (2)
Nova York
WASHINGTON D.C

0 km   5

0 milhas   5

E.U.A.
(81)
(95)
O

Atlanta
A T L

Toronto

A Grande Toronto é a maior cidade do Canadá, com uma população de 4,4 milhões de pessoas. O trânsito é congestionado, especialmente na hora do rush, quando estacionar também é caro.

(75)
New Orleans
Miami

MÉXICO
(49)
Torreón • Monterrey
GOLFO DO MÉXICO
CUBA
BAHAMAS

TABELA DE DISTÂNCIAS

CHARLOTTETOWN

356 / **221**	FREDERICTON					10 = Distância em quilômetros				
239 / 148	473 / 294	HALIFAX				**10** = Distância em milhas				
1149 / 714	834 / 518	1003 / 623	MONTREAL							
1860 / 1156	1510 / 938	1925 / 1196	676 / 420	NIAGARA FALLS						
1339 / 832	1016 / 631	1456 / 905	200 / 124	536 / 333	OTTAWA					
954 / 593	598 / 371	1071 / 665	257 / 160	946 / 588	724 / 450	QUEBEC CITY				
1412 / 877	1267 / 787	1512 / 939	859 / 534	1569 / 975	1074 / 667	637 / 396	SEPT-ILES			
2794 / 1736	2471 / 1535	2910 / 1808	1654 / 1028	1521 / 945	1503 / 934	1963 / 1220	2613 / 1624	THUNDER BAY		
1689 / 1049	1366 / 849	1806 / 1122	549 / 341	137 / 85	399 / 248	809 / 503	1449 / 900	1384 / 860	TORONTO	

LEGENDA

- ✈ Aeroporto internacional
- ▬ Rodovia
- ▬ Estrada principal
- — Ferrovias principais
- — Fronteira internacional
- - - Fronteira provincial

0 km   500

Iqaluit

Mar de Labrador

LABRADOR

Labrador City

Happy Valley - Goose Bay

Sept-Iles

NEWFOUNDLAND (TERRA NOVA)

St. John's

rederícton   Charlottetown • Sydney

Halifax

A N O

N T I C O

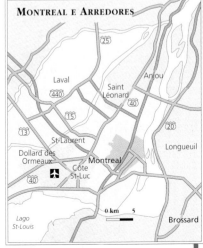

MONTREAL E ARREDORES

Laval

Anjou

Saint Léonard

St-Laurent

Dollard des Ormeaux

Montreal

Côte St-Luc

Longueuil

Brossard

Lago St-Louis

0 km   5

Montreal

Bem servida de transportes, Montreal é uma boa base para turistas. A cidade está circundada por uma rede de rodovias: a Trans-Canada, de seis faixas, atravessa a cidade como número 20 ou Autoroute Métropolitain.

RETRATO DO CANADÁ

MARCADO *por florestas antigas, montanhas escarpadas e grandes cidades cosmopolitas, o Canadá tem um território imenso, estendendo-se oeste–leste do Atlântico ao Pacífico, e sul–norte, da fronteira com os EUA ao oceano Ártico. Há cerca de 20 mil anos, era habitado por aborígines, mas no século 19 foi colonizado por europeus. Hoje é tido como país liberal nos costumes e multicultural.*

A tradição de tolerância existente no Canadá atual é fruto, segundo muitos estudiosos, de um passado de conciliações. Os ingleses venceram a luta contra os franceses pelo controle do território em 1759, mas respeitaram os colonos franceses derrotados: com a Lei de Quebec, em 1774, estes puderam manter sua língua, os costumes e as leis civis. Depois, na união entre o Alto e o Baixo Canadá, por meio do Ato da América do Norte Britânica, em 1867, foi reconhecida a autonomia interna das regiões e o uso do inglês e do francês como línguas oficiais. A tolerância não significa, contudo, que não haja grandes diferenças entre os

Máscara inuit de madeira

canadenses de idioma francês e os do inglês; o país teve dificuldades em desenvolver uma identidade nacional. Não à toa o escritor Pierre Berton *(pág. 31)* esquivou-se de definir um canadense, dizendo: "Alguém que sabe fazer amor em uma canoa".

O Canadá é o segundo maior país do mundo, com superfície de 9.970.610 km² (incluindo a Terra Nova, incorporada em 1949). Mais de 40% das terras estão ao norte da latitude 60; são terras esparsamente habitadas, com temperatura média de 30 graus negativos no inverno (dezembro a março) e infestadas de insetos no verão (junho a setembro). Por essa razão, a

Telhados cobertos de neve na cidade de Quebec às margens do rio São Lourenço, ao entardecer

◁ Veado pasta no Jasper National Park, nas Montanhas Rochosas maioria dos canadenses mora nas regiões mais temperadas do sul. Dos 30 milhões de habitantes do país, mais de 80% vive numa faixa de 200km a partir da fronteira com os Estados Unidos.

FLORA E FAUNA

No extremo norte, a floresta do tipo tundra, permanentemente congelada e sem árvores, conta com uma flora mais rústica, formada de liquens, musgos, grama e flores extremamente resistentes. Na primavera (março a maio) ou no outono (setembro a dezembro), a flora da tundra explode em uma impressionante variedade de cores. A fauna também é rica: o urso-polar, a raposa-do-ártico, o lobo, a foca, o bisão e o caribu são alguns dos animais abundantes na região.

Mais ao sul, a floresta boreal, ou de coníferas, cobre uma ampla faixa –da Terra Nova, a leste, a Yukon, a oeste. Árvores como o cipreste, o abeto-balsâmico e o pinheiro dão abrigo aos animais mais típicos do Canadá, entre eles o alce-americano, o lince, o urso-preto e o castor –o símbolo nacional do país.

Flor encontrada na península de Bruce

Foi a indústria de moda européia que criou e manteve o comércio de peles de castor e abriu o interior para os colonizadores europeus, propiciando o crescimento da nação moderna.

A leste, as florestas decíduas com o emblemático plátano são domínio do cervo, da jaritataca e do *mink*. No centro do Canadá, as pradarias *(prairies)* abrigam alces, roedores e alguns milhares de búfalos americanos que restaram dos enormes rebanhos que outrora vagavam por aqui.

As florestas temperadas da Colúmbia Britânica, a oeste, guardam o urso-pardo e o puma, entre outros animais. Orquídeas raras e samambaias crescem entre cedros gigantes e ciprestes.

AS PRIMEIRAS NAÇÕES

Embora visto como um país novo, o Canadá tem uma pré-história que começa 20.000 anos atrás e vai até o final da primeira glaciação. Nesta época, caçadores nômades siberianos vieram para a América do Norte –a Sibéria era ligada ao Alasca por uma "ponte" de terra– e tornaram-se seus

Águia-calva, ou águia-americana, vista em torno das ilhas Queen Charlotte, na Colúmbia Britânica

primeiros habitantes. Depois, gradativamente, seus descendentes foram migrando para o sul. Achados arqueológicos na bacia do rio Old Crow, Yukon, revelaram várias ferramentas que são provavelmente do início do período migratório. Todos os povos nativos do continente descendem, portanto, desses nômades siberianos.

Crianças inuit em Bathurst Inlet, península do Norte, Terra Nova

Mercadores espanhóis e portugueses foram os primeiros europeus a lidar com os povos aborígines das Américas, no século 16. Eles os chamaram de "índios", como fizeram no Brasil, por acreditarem que haviam chegado à Índia. O termo "índio" pegou, assim como o "vermelho", que no século 17 foi acrescentado pelos colonizadores ingleses –quando estes encontraram os beothuks da Terra Nova, que usavam ocre na pele para repelir os insetos. Os povos nativos do extremo norte também receberam um nome indesejado por eles –"esquimós", literalmente "comedores de carne crua". Os líderes dos povos aborígines rejeitam esses nomes. Preferem outros: aborígines, canadenses nativos (native Canadians), Primeiras Nações (First Nations) e, o favorito, inuit ("o povo"). Além dos descendentes de europeus e dos povos nativos, o Canadá ainda conta com os métis, ou mestiços, descendentes de aborígines e de mercadores de idioma francês.

SOCIEDADE

Os dois idiomas oficiais do Canadá são o francês e o inglês e a interação entre ambos é evidente na capital Ottawa, onde todos os pronunciamentos oficiais e leis devem ser feitos nos dois idiomas. A população do Canadá é composta de 40% de anglo-canadenses –a maioria descendente dos imigrantes ingleses dos séculos 18 e 19–, 27% de franco-canadenses –a maioria descendente dos colonos da Nova França, dos séculos 17 e 18 (pág. 41)–, 23% de outros europeus, 2% de grupos aborígines e 8% de outras procedências.

A reputação do Canadá como nação multicultural teve origem no século 19, quando sucessivas ondas migratórias e vários planos de colonização trouxeram pessoas de todo o mundo para as cidades e as zonas rurais do Canadá. Hoje, a melhor maneira de experimentar essa vibrante mescla cultural é visitar as três maiores cidades do país –Toronto, Montreal e Vancouver.

Vista dos parques e jardins de Centre Island no lago Ontário, na direção da CN Tower de Toronto

Troca da Guarda em frente ao Parlamento em Ottawa

GOVERNO E POLÍTICA

O Canadá é uma democracia parlamentarista com sistema político federativo. Cada província ou território tem sua legislatura provincial democraticamente eleita, dirigida por um primeiro-ministro, e também envia representantes eleitos ao parlamento em Ottawa. A Câmara dos Comuns é a principal legislatura federal. O primeiro-ministro, eleito pela Câmara dos Comuns, onde costuma ter maioria, é o chefe da estrutura política. Leis aprovadas na Câmara dos Comuns são enviadas à câmara superior, o Senado, para ratificação. Hoje o primeiro-ministro designa os senadores, mas há pressão para que a câmara alta também seja eleita. O chefe nominal do Estado é o monarca britânico, atualmente a rainha Elizabeth II, e seu representante canadense é o governador-geral.

Recentemente, a tendência política dominante tem sido o regionalismo. As províncias têm procurado recuperar poder –e os partidos políticos têm dificuldades em conquistar o apoio da maioria em todo o país ao mesmo tempo. O aspecto mais evidente da luta pela descentralização tem sido o conflito em torno de Quebec, onde há um forte movimento separatista. Duas vezes, desde 1981, a população local participou de um referendo buscando apoio para separar-se do Canadá e, embora se tenha votado "não" nas duas ocasiões, o resultado foi muito próximo do "sim". Essa questão do relacionamento entre Quebec e o restante do Canadá ainda não se resolveu e as disputas políticas parecem inevitáveis.

Desde a década de 1980 a causa aborígine tem vindo à baila com campanhas pelos direitos à terra e a suas riquezas naturais (caça e pesca) e pelos direitos constitucionais. Seu movimento, a Assembléia das Primeiras Nações, vem priorizando o estabelecimento de um território inuit, o Nunavut. O povo aborígine quer, além dos direitos, um autogoverno e escolas próprias para preservar os idiomas nativos.

Apresentação da bandeira de Nunavut, território dos inuits

O Canadá tem participado dos maiores fatos políticos do século 20, incluindo as duas guerras mundiais, e hoje ocupa posição destacada no cenário internacional. O país é membro da OTAN e do G8, o grupo dos oito países mais ricos/poderosos do mundo, ao lado dos EUA, Reino Unido, Itália, Japão, França, Alemanha e Rússia.

CULTURA E ARTE

A natureza influi muito na cultura canadense. Atividades ao ar livre, tais como caminhadas, esqui na neve e canoagem, são muito procuradas. Os canadenses também são entusiastas dos esportes. Hóquei no gelo, beisebol e futebol canadense atraem multidões de espectadores. Mas, além de sua paixão pelos esportes, os canadenses são grandes apreciadores das artes. Glen Gould se destacou como renomado pianista erudito e as cidades mais importantes possuem respeitadas orquestras. O país também conta com um bom número de estrelas do pop/rock internacional, de Joni Mitchell e Gordon Lightfoot aos artistas contemporâneos como Celine Dion, Bryan Adams, k.d. lang e Alanis Morissette. Com uma cultura absolutamente cosmopolita, o Canadá oferece aos visitantes todo tipo de música em bares, cafés e em outros estabelecimentos. Um teatro diversificado, de obras de Shakespeare a peças modernas, pode ser apreciado no Stratford Festival, realizado em Ontário anualmente.

Estrela do rock internacional, **Alanis Morissette**

Jogo de hóquei no gelo,
do Vancouver Canucks

Artistas plásticos, tanto nativos como europeus, procuraram inspiração nestas terras selvagens *(wilderness)*. Com paisagens características, Tom Thomson foi o primeiro a expressar o sentido da identidade nacional. Ele influenciou o mais conhecido grupo de pintores do país, o Grupo dos Sete *(págs. 160-1)*, que desenvolveu um estilo nacional de pintura, voltado para a representação das terras selvagens do Canadá. Este foi um tema trabalhado também por quem veio depois, notadamente Emily Carr.

Museus e galerias de arte de categoria internacional atestam o orgulho do Canadá em relação ao seu acervo de arte: Ken Thompson, empresário de Toronto, exibe arte canadense

Série de TV, *Arquivo X,*
filmada em Vancouver

em sua própria galeria, assim como apóia a destacada Art Gallery of Ontario. A grande variedade de vilas nativas e fortes restaurados reflete o respeito da população por seu patrimônio histórico.

Entre os escritores canadenses, destacam-se tanto os de idioma francês como inglês, e qualquer lista de romancistas contemporâneos pode incluir autores canadenses premiados como Margaret Atwood, Carol Shields, Michael Ondaatje, Jacques Poulin e Germaine Guèvremont.

A indústria cinematográfica canadense é florescente e as variadas paisagens oferecem locações procuradas especialmente para filmes e produtores de TV dos EUA (a série *Arquivo X* foi filmada em Vancouver até 1999). Por trás desta vida cultural em expansão está o orgulho que os canadenses sentem de sua história e sua herança cosmopolita, além do carinho pela imensa beleza natural.

Paisagem e Geologia

O Canadá é o segundo maior país do mundo, abrangendo uma área quase tão grande quanto a Europa inteira. É formado por uma das mais antigas massas de terra contínuas do mundo. O Escudo Canadense, de um bilhão de anos, abarca a maior parte do país, mergulhando ao redor da baía de Hudson para erguer-se em serras nas suas margens. O país é banhado por oceanos, com uma costa de 243.800km de extensão, e tem 2 milhões de lagos no interior. Suas paisagens são bem diversificadas: o norte tem terras geladas; o oeste é montanhoso, com florestas e planícies cheias de plantações de trigo; o leste, também montanhoso, é coberto de bosques; o sudeste guarda terras baixas férteis.

A região dos Grandes Lagos cobre 3% do Canadá e compreende a baixada fértil, vital para a economia agrícola.

As planícies do interior, que incluem as pradarias (prairies), são a principal área de cultivo de trigo do país. Estendem-se por 2.600km a sudeste, das Cordilleras até a fronteira com os EUA, e dividem-se em três grandes estepes.

AS MONTANHAS ROCHOSAS E A CORDILLERA OESTE

Esta região é parte de uma das mais longas cadeias de montanhas do mundo. A Cordillera inclui as montanhas costeiras do Pacífico e bacias com florestas. Picos de diferentes alturas e a Columbia Icefield *(pág. 308)* são marcas da erosão da glaciação. As Rochosas surgiram de um movimento da placa continental, de 120 milhões de anos *(págs. 256-7)*.

REGIÕES GEOGRÁFICAS

Caracterizada por sua variedade, a paisagem canadense é dividida em seis áreas principais. No oeste e sul, as terras férteis mais quentes da (1) Cordillera e as (2) planícies do interior sustentam a população rural. A leste, os (3) Grandes Lagos constituem o centro agrícola. O vasto (4) Escudo Canadense abrange as planícies. Ele também se ergue para formar a (5) região norte dos inuit –o norte apresenta a tundra, coberta de gelo a maior parte do ano– e os (6) Apalaches ao sudeste.

Região Inuit e Terras Planas do Ártico

As Rochosas e a Cordillera Oeste

Escudo Canadense

Planícies do Interior

Apalaches

Grandes Lagos

Nos Apalaches, a paisagem ondulada é coberta por dois terços de bosques e possui baixadas aráveis e os mais altos picos em Quebec. Estes se encontram na península de Gaspé, o anel exterior das terras altas do Escudo Canadense. A maior parte dos Montes Apalaches se encontra nos EUA –constituem a barreira natural entre a costa oriental e as baixadas continentais interiores.

O Escudo Canadense, *formado pelo alicerce rochoso do continente norte-americano, de 1,1 bilhão de anos, é o coração do país. Estende-se da baía de Hudson em uma área de 5 milhões km². O centro tem vegetação escassa e rochas e ergue-se em montanhas altas ao redor da borda.*

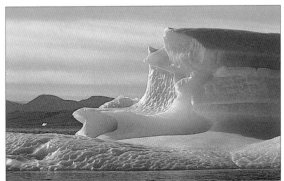

A região dos inuit *se estende para o norte, das baixadas árticas de altitudes modestas, de 100 m a 700m acima do nível do mar, até os picos das serras, que alcançam seu ponto mais alto na Ellesmere Island, a 2.926m. Durante milênios, a glaciação criou fiordes profundos, picos agudos e padrões de gelo sobre a terra. A região é rica em petróleo, carvão e gás.*

Vida Selvagem do Canadá

Depois da última glaciação, há 10.000 anos, o Canadá desenvolveu uma geografia e um clima dos mais diversos do planeta. Ao norte, o clima ártico oferece um deserto inóspito e improdutivo, na escuridão por vários meses e congelado quase o ano todo. A província mais ao sul, Ontário, na mesma latitude do norte da Califórnia, tem florestas férteis, banhadas por rios e lagos. No sul, muitas variedades de vida selvagem se encontram nas florestas de coníferas, que cobrem as rochas antigas do Escudo Canadense. Na planície central estão as pradarias onde se cultiva trigo. A partir daí, os contrafortes (montanhas no sopé de outras montanhas) levam às Rochosas, que gradualmente avançam para o oeste até as montanhas costeiras (Coastal Mountains). A paisagem da floresta úmida temperada toma a costa do Pacífico.

O boi-almiscarado, remanescente da última glaciação, vive em bandos. Seu pêlo, grosso externamente e mais fino internamente, o mantém aquecido até a 45 graus negativos.

A FLORESTA BOREAL
A floresta boreal se estende a leste, pela maior parte de Quebec e Ontário, até o norte das províncias de pradaria. Consiste em uma mistura de abetos, pinheiros, bétulas e álamos e surge principalmente na gigantesca rocha que aflora do Escudo Canadense (*págs. 18-9*). Pontilhado por milhares de lagos, é um hábitat rico para espécies da vida selvagem.

AS PRADARIAS
Outrora referido como um "mar de pasto", a pradaria canadense é agora sobretudo agrícola, especializada no cultivo do trigo e outros grãos, e criação de gado de primeira qualidade. Pouco resta da pradaria original, mas ainda se vê uma terra de grandes espaços abertos onde a vida selvagem é abundante.

O lobo-cinzento foi caçado quase até a extinção por volta de 1950. Agora voltou às partes mais isoladas da floresta boreal.

A antilocapra americana é a última de sua espécie a sobreviver na América do Norte. É o mais veloz mamífero americano; atinge até 75 km/h.

O loon, ave aquática típica, tem um grito assustador que ecoa nos lagos do norte. É símbolo nacional.

O bisão existe apenas em dois rebanhos selvagens, em Alberta e nos Territórios do Noroeste.

Pesca Esportiva no Canadá

Do lúcio e da truta-do-lago, no norte, ao peixe-de-são-pedro e à perca, no sul, o Canadá conta com um grande número de espécies para a pesca esportiva. Alguns peixes muito procurados na Europa (a carpa, por exemplo) são considerados "lixo" no Canadá e existem em grande número nos lagos e rios das pradarias canadenses. Uma variedade especial de truta, a truta-do-ártico *(arctic char)*, é abundante no extremo norte e procurada pelo seu sabor.

O fly fishing (modalidade de pesca com iscas artificiais) é o esporte mais popular do Canadá, graças aos 37 parques nacionais com rios e lagos.

A migração dos salmões rio acima é um desafio anual para o pescador esportivo. O Canadá tem metade da água doce do mundo (mas a pesca em mar profundo também faz sucesso).

As Montanhas Rochosas

As Rockies começam nos contrafortes (montanhas no sopé de outras) a oeste de Alberta e se elevam na Colúmbia Britânica. As Columbia Mountains e as montanhas costeiras formam um ambiente único, tendo de encostas baixas cobertas de florestas até picos nevados, passando por campinas alpinas. Este hábitat é rico em espécies animais e vegetais.

O Ártico Canadense

Ao norte do paralelo de 60° de latitude, a floresta dá lugar à tundra ártica e às rochas. A tundra quase não tem vegetação e fica congelada o ano todo poucos centímetros abaixo da superfície. No breve verão, a camada superior *(permafrost)* degela e o Ártico floresce. Apesar de este ser um deserto gelado e pouco úmido, tem rica vida selvagem.

O carneiro-montês macho tem chifres curvos que pesam tanto quanto todos os seus ossos. É encontrado nas remotas Rochosas.

O grande urso polar branco passa a maior parte da vida sozinho, sobre o gelo flutuante, caçando focas.

O urso-grizzly do Canadá mede 2,75m de altura e pesa até 350kg. Alimenta-se de raízes, frutinhas vermelhas (berries) e carne.

O caribu é o primo norte-americano da rena. Os caribus do Ártico costumam migrar em rebanhos de 10 mil: na primavera, eles vão em direção à tundra; no inverno, para a floresta, ao sul.

Canadá Multicultural

O Canadá se orgulha de seu multiculturalismo. O país evoluiu de maneira única, ajustando suas necessidades culturais à população cada vez mais diversa. Em vez da mistura de raças que caracteriza os Estados Unidos e principalmente o Brasil, o Canadá optou pelo chamado "mosaico canadense", modelo baseado na aceitação da diversidade em lugar da assimilação (embora também haja mistura, é claro). A origem dessa coexistência tolerante se explica pela história canadense. Temerosos do ataque pelos EUA independentes no fim do século 18, os ingleses preservaram as instituições religiosas e cívicas dos franco-canadenses, na esperança de que não se aliassem aos americanos. Hoje há cidadãos de origem britânica, francesa e mais 60 minorias importantes tendo sua identidade cultural preservada.

Jovens inuit com seus trajes tradicionais protegem-se da neve

CANADENSES NATIVOS

Atualmente há cerca de um milhão de canadenses nativos, embora o censo geralmente os divida em três subgrupos – aborígines (750 mil), mestiços (índios e franceses 200 mil) e inuit (50 mil). Deste milhão, cerca de 60% são conhecidos como *Status Indians* (índios com status), o que significa que estão oficialmente estabelecidos em reservas. Porém, mais de 40% dos *Status Indians* moram fora da reserva e apenas 900 das 2.370 reservas canadenses ainda são habitadas. Estas terras abrigam 608 grupos de Primeiras Nações, ou associações, que praticam variados graus de autogoverno, por meio de conselhos eleitos por eles mesmos. Desde a década de 1970, os conselhos progressistas desempenham um papel importante na preservação da cultura nativa tradicional. A maior parte dos nativos canadenses sem status agora está integrada ao restante da população do país.

É raro que um membro da reserva seja descendente de uma só tribo. A maior associação é a de Six Nations of Grand River, em Ontário, onde 19 mil habitantes são constituídos de 13 grupos, inclusive os povos mohawks, delaware e seneca.

No extremo norte, onde os colonizadores brancos sempre foram raros, os inuit estão em pequena maioria. Resultado da autodeterminação desse povo foi a criação de Nunavut, comunidade semiautônoma de 349.650km² no Ártico oriental, oficializada em abril de 1999. Nunavut significa "nossa terra" no idioma inuit e habilidades tradicionais de caça e construção de iglus estão sendo reintroduzidas na região.

CANADENSES BRITÂNICOS E IRLANDESES

Os canadenses de ascendência britânica e irlandesa são cerca de 60% da população do país. Os primeiros colonizadores ingleses chegaram na esteira das frotas pesqueiras das águas da Terra Nova, no século 16. Daí em diante, imigrantes ingleses, escoceses, galeses e irlandeses foram chegando aos poucos, assim como migrações em massa, decorrentes de problemas nos países de origem ou de novas oportunidades no Canadá. Milhares de escoceses chegaram após a queda do Belo Príncipe Carlos, em Culloden, em 1746, e muitos irlandeses atravessaram o Atlântico durante e depois da escassez da batata (1845-9). Quando as províncias das pradarias foram abertas, na década de 1880, e no final das duas guerras mundiais, outro ciclo de migrações ocorreu.

Esses colonizadores britânicos e irlandeses moldaram o Canadá, criando normas sociais e culturais e fundando as instituições legais e políticas. O chefe de Estado do Canadá ainda é o monarca britânico.

Pôster inglês da década de 1920 promove a imigração para o país

CANADENSES FRANCESES

Os canadenses de idioma francês constituem cerca de 27% da população total e são o segundo maior grupo étnico do país. Encontram-se em somente uma das dez províncias, Quebec, mas outros bolsões prosperam em outras províncias. Os franceses chegaram ao Canadá em 1535, quando Jacques Cartier navegou o rio São Lourenço em busca de uma rota marítima para a Ásia. Comerciantes de peles, padres e agricultores seguiram Cartier e, no fim do século 17, a colônia, conhecida como Nova França, estava bem estabelecida. Depois que os ingleses capturaram a Nova França na Guerra dos Sete Anos, de 1756-63 *(págs. 42-3)*, os colonos passaram, na maior parte, a súditos ingleses. Os habitantes de idioma francês mantiveram suas próprias instituições cívicas e religiosas e um sentimento de independência, que vem crescendo. Desde a década de 1960, o elo constitucional entre Quebec e o restante do país tem estado ameaçado, com uma parcela dos cidadãos pressionando pela independência total *(pág. 51)*.

CANADENSES ALEMÃES

Embora haja canadenses de idioma alemão desde a década de 1660, a primeira migração importante foi entre 1850-1900, com outras chegadas em massa depois das duas guerras mundiais. A maioria de idioma inglês absorveu os alemães, mas bolsões bem demarcados ainda se encontram em Lunenburg, Nova Scotia *(pág. 84)*, e Kitchener-Waterloo, em Ontário *(pág. 216)*. As comunidades rurais que circundam Kitchener-Waterloo são baluartes dos amish, uma seita religiosa de idioma alemão, cujos membros rejeitam a vida moderna e se deslocam em carroças puxadas por cavalo, usando roupas feitas em casa.

A cozinha e a bebida alemãs, especialmente as técnicas de fazer cerveja, foram combinadas à cozinha canadense. Os restaurantes étnicos nas áreas alemãs são bem tradicionais.

Cena de rua em Chinatown, Toronto

Caneca de cerveja alemã

CANADENSES ITALIANOS

A presença italiana, muito dispersa no Canadá, é difícil de ser identificada porque a maior parte dos 600 mil imigrantes misturou-se com os de idioma inglês. Há exceções: em Toronto existe a "Little Italy", bairro grande e florescente, encanto não só dos visitantes como dos residentes que apreciam a boa comida. O maior afluxo de italianos ocorreu após as guerras civis da Itália, na segunda metade do século 19; a outra onda chegou na década de 40 e 50, depois da Segunda Guerra Mundial. A imigração continua pelo século 21, com 2% dos canadenses falando o italiano como primeiro idioma.

CANADENSES CHINESES

Durante a década de 1850, os chineses chegaram para trabalhar nas minas de ouro da Colúmbia Britânica. Desempenharam papel importante na construção de estradas de ferro, estabelecendo novas cidades, e seu trabalho se estendeu para o leste. Durante este período, sofreram com um racismo brutal, inclusive com leis que oficializaram a discriminação.

Uma onda de imigração chinesa ocorreu logo antes da devolução de Hong Kong à China, em 1997. Muitos imigrantes escolheram Toronto, Montreal e Vancouver, mas recentemente a Colúmbia Britânica ganhou popularidade. Com o ideal chinês de manter grandes famílias agrupadas, quem chega hoje visa uma comunidade estabelecida. Cerca de metade dos novos imigrantes vem da Ásia atualmente. No final da década de 1990, mais de 2% da população canadense tinha o chinês como idioma principal.

CANADENSES UCRANIANOS

Embora os ucranianos sejam uma pequena fração da população canadense, com menos de 3%, sua influência cultural tem sido muito forte, especialmente nas províncias das pradarias. A primeira onda de imigrantes ucranianos chegou na década de 1890, refugiando-se da perseguição czarista. O regime soviético e as consequências da Segunda Guerra Mundial causaram o segundo afluxo, no século 20.

Trajes ucranianos tradicionais em Battleford, Saskatchewan

Canadá Francês

Manifestante do "Quebec Livre"

Muitos lhe contarão que as origens do Canadá são mais francesas do que inglesas, que os primeiros colonizadores europeus eram da França, os *canadiens*. Os canadenses franceses tiveram um século de história de conquistas e batalhas para preservar seu idioma e cultura, mais forte em Quebec e em partes do Canadá do Atlântico. Isso deixou grandes partes do país com uma base cultural francesa viva na língua, na religião e nas artes. A recente luta franco-canadense por reconhecimento deixou aberta a questão da independência de Quebec. Localizada no centro do Canadá francês, é uma província várias vezes maior do que a França. Aqui, 85% das pessoas têm o francês como idioma materno. As diferenças entre Quebec e o restante do país são facilmente percebidas –na culinária, por exemplo.

do norte da Europa. A comida nacional é rica e apetitosa. Destacam-se as tortas de carne, *cipaille*: são camadas de carnes de caça sob uma crosta folheada e a mais comum, *tortière*, tem recheio de carne moída condimentado com cravos. Torta de salmão, ensopados de pés de porco e almôndegas em molho espesso são típicos. As sobremesas são generosas; a *tarte au sucre* (torta de açúcar) é popular, bem como o *pudding au chomeur* (ou "pudim do desempregado"), bolo no qual a massa é colocada sobre um fundo de açúcar caramelizado.

O músico Felix Leclerc, guardião da música folclórica de Quebec

IDIOMA

O francês é um dos dois idiomas oficiais do Canadá, e sofreu modificações em relação à língua original. Os *canadiens*, particularmente aqueles das cidades maiores, adotaram alguns anglicismos; palavras do inglês moderno, relacionados à indústria e ao comércio. Por outro lado, termos que já saíram de moda na França sobrevivem por aqui. O Canadá é um dos poucos lugares onde carroça ainda se chama *charette* em vez de *tombereau* e fim-de-semana é *fin-de-semaine* e não o universal *weekend* (incorporado também na França). Especialmente os jovens quebequenses (os *quebecois*) são adeptos do uso do informal *tu*, em lugar do formal *vous*, que seus pais prefeririam por ser mais polido, educado.

O francês falado no país varia muito em qualidade e estilo. A entonação das pessoas de Montreal que cursaram universidade, por exemplo, é influenciada diretamente por Paris, e bem diferente dos sons guturais dos

pescadores acadianos das Maritimes. Residentes da região de Saguenay-Lac-Saint-Jean, de Quebec, falam um francês claro, duro, que soa muito semelhante ao de seus antepassados normandos.

Ao longo dos anos, os quebequenses desenvolveram um dialeto chamado *joual*, informal, com gírias e pontilhado de anglicismos. É alegre e visto com um misto de orgulho e desdém. O sotaque é difícil de ser entendido por estrangeiros.

COZINHA

Os *canadiens* sempre se consideraram os grandes epicuristas do Canadá, e com certa razão, já que desfrutam as delícias da mesa com mais paixão do que seus parentes

Torta de açúcar, tradicional sobremesa das famílias acadianas, servida em festas

MÚSICA

Os *chansoniers* são os trovadores do Canadá francês. Com raízes na música tradicional dos colonizadores, suas canções de melodias simples, como as baladas de Felix Leclerc, podem ser melancólicas ou modernas, mas quase sempre românticas. Essas músicas folclóricas acompanhadas de violão geralmente refletem otimismo e amor pela terra. *Mon Pays*, do *chansonier* Gilles Vigneault, de Quebec, tornou-se um hino nacionalista para os separatistas. A música francesa não é somente a tradicional; há muitas bandas bem-sucedidas de rock, pop e independentes. Os cantores da Acádia costumam ser *chansonières*, inclusive Edith Butler e Angèle Arseneault, que vividamente lembram a tristeza e a alegria da vida no mar.

Igreja Católica tradicional em Cheticamp, Cape Breton Island

RELIGIÃO

Os primeiros colonizadores franceses eram católicos romanos. Os fundadores de Montreal, Paul Chomédy Sieur de Maisonneuve e Jeanne Mance, tinham a esperança de criar uma nova sociedade baseada em princípios cristãos. Muito dessa devoção desapareceu na idade moderna, especialmente em Quebec, que apresenta o mais baixo comparecimento a cultos registrado no país. A devoção do passado deixou monumentos. Pequenas vilas francesas em Quebec e New Brunswick costumam ter enormes igrejas de pedra com telhados brilhantes de zinco e interiores ornamentados. Algumas igrejas em Montreal, como a magnífica basílica de Notre-Dame-de-Montreal *(págs. 108-9)*, seriam catedrais nas cidades norte-americanas.

NACIONALISMO

A tensão nacionalista tem existido para os *canadiens* desde a fundação do Canadá Moderno. Os quebequenses entraram em 1867 para a Confederação Canadense *(pág. 44)* unicamente porque os líderes franceses os convenceram de que a negociação preservaria sua fé e o idioma. As décadas de 1960 e 1970 levaram a campanha a uma nova fase, visando à independência de Quebec, na qual a política de mera sobrevivência passou a ser a política de afirmação, com apoio do presidente francês Charles de Gaulle. Os acadianos, em New Brunswick, conseguiram poder político para preservar sua única herança, os franco-ontarianos lutaram pelo controle sobre suas próprias escolas e os de Manitoba usaram os tribunais para forçar seu governo provincial a traduzir todos os estatutos locais para o francês.

Esse ressurgimento do orgulho nacional foi mais forte em Quebec, onde o carismático e popular político René Lévesque e seu Partido Quebequense venceram a eleição provincial em 1976, fazendo com que se respeitasse o separatismo. O partido vence regularmente as eleições locais e já realizou dois referendos sobre a independência. Em ambos o "não" venceu por uma margem mínima, e essa questão ainda ronda a política do Canadá.

SÍMBOLOS

A bandeira de Quebec tem uma cruz branca sobre um fundo azul-escuro, com um lírio de Bourbon em cada quadrante. Os acadianos criaram sua própria bandeira acrescentando uma estrela dourada à tricolor francesa, que simboliza a *Stella Maris* (Estrela-do-Mar). O santo padroeiro do Canadá francês é são João Batista. Desfiles e festas marcam seu dia em 24 de junho. As comemorações apresentam um estilo extremamente nacionalista em Quebec, no qual o grande dia é chamado de *Fête National*. O pássaro da província de Quebec é a coruja-da-neve e a flor é o lírio-branco, ambos naturais da província.

Bandeira de Quebec com lírios de Bourbon

Manifestações durante referendo sobre independência de Quebec

Canadenses Nativos

A maioria dos arqueólogos acredita que os primeiros habitantes da América do Norte passaram da Sibéria para o Alasca há cerca de 25 mil anos. Esses caçadores nômades procuravam o mamute e o bisão, animais da época das glaciações que constituíam sua dieta básica. Essa primeira onda de imigrantes foi reforçada pouco a pouco por povos siberianos nos 15 mil anos seguintes e lentamente as tribos abriram caminho para o leste e o sul até chegarem ao Atlântico e à América do Sul. Durante séculos, os descendentes desses nômades evoluíram e criaram uma grande gama de culturas, moldadas segundo o meio ambiente. No norte gelado e na vazia Terra Nova, a vida era austera; mas os solos férteis de Ontário e as costas da Colúmbia Britânica alimentaram sociedades sofisticadas baseadas na pesca e na agricultura.

Máscara nativa de Vancouver

Os europeus começaram a chegar em massa no século 17. Na Terra Nova, primeira região colonizada pelos brancos, as relações inter-raciais começaram cordiais, mas se deterioraram com os colonizadores apossando-se das áreas de caça. Em um padrão repetido em todo o continente, os nativos morreram de doenças européias e foram expulsos para terras inóspitas.

OS IROQUOIS

Dispersos ao longo do rio São Lourenço e às margens dos Grandes Lagos, se encontravam as tribos de idioma iroquois, às quais pertenciam os mohawks, huron e seneca. Essas tribos caçavam e pescavam, mas também cultivavam favas, morangas, abóboras e milho, suficientes para um ano inteiro de alimentação. Isso lhes permitia morar em grandes aldeias, geralmente com várias centenas de habitantes. A morada principal era uma casa comprida, construída de postes de cedro, curvados para formar

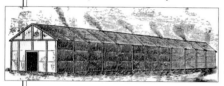

um arco protetor recoberto por casca de árvore. Todos esses povoados eram rodeados por altas paliçadas de madeira pontiaguda, precaução necessária, uma vez que a guerra entre tribos era permanente.

Casa comprida construída pelos iroquois

Cornplanter, chefe da tribo seneca, do século 17

OS POVOS DAS PLANÍCIES

A guerra era comum nas planícies do sul de Manitoba e Saskatchewan, onde a maioria da tribo blackfoot era totalmente dependente do búfalo: comiam a carne, usavam o couro para roupas e tendas e os ossos para ferramentas. Os primeiros blackfoot caçavam o búfalo com armadilhas inteligentes, reunindo os animais e fazendo-os debandar para os penhascos *(pág. 294)*. O cavalo era desconhecido dos povos nativos das

Índios a cavalo, caçando búfalos com flechas

Américas –o maior animal de carga era o cachorro. Os conquistadores espanhóis trouxeram cavalos com eles quando colonizaram a América do Sul, em 1500 e, daí por diante, os cavalos foram lentamente levados para o norte, até chegarem às planícies canadenses. A chegada do cavalo transformou a vida dos blackfoot: ficou fácil caçar o búfalo e, com o fornecimento de alimento agora assegurado, a tribo desenvolveu uma cultura militar, baseada particularmente no valor de seus homens jovens –os "valentes".

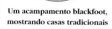

Um acampamento blackfoot, mostrando casas tradicionais

POVOS DA COSTA DO PACÍFICO

Os povos da costa do Pacífico estavam divididos em muitas tribos, tais como tlingit e salish. O oceano era uma abundante fonte de alimento e como isso estava assegurado, eles desenvolveram uma

elaborada vida cerimonial com grandes e animadas festas, nas quais os clãs tentavam se sobressair com magníficas oferendas. Os povos dessa região eram excelentes entalhadores e seus trabalhos mais apreciados são as grandes colunas totêmicas. Cada povo retratava um mito da religião de sua tribo; pássaros mágicos e animais se misturavam com figuras semihumanas para contar a história em painéis entalhados que se elevavam em forma de colunas.

Coluna em Stanley Park

Comemoração da tribo sqylax, na Colúmbia Britânica

INUIT, NÃO ESQUIMÓ

Para muitos, as palavras "esquimó", "índio pele vermelha" *(red indian)* ou simplesmente "índio" são inaceitáveis. São vistas como inadequadas, pois vêm dos tempos em que os brancos dominavam 100% país e aniquilavam a população original. A palavra "esquimó" foi substituída por "inuit", mas os substitutos modernos para "índio" ainda não estão definidos. Alguns preferem "aborígine" ou "nativo", outros "Primeiras Nações". Todas estas são aceitáveis e a regra é simples: em caso em dúvida, pergunte qual o termo preferido.

OS INUIT E OS POVOS DAS FLORESTAS DO NORTE

Estendendo-se por uma faixa do Alasca à Groenlândia, o extremo norte é onde se encontram os inuit, caçadores nômades que vivem em tendas de couro no verão e iglus no inverno. As condições árticas e o fornecimento limitado de alimento significavam que eles buscavam alimento em pequenos grupos familiares e se encontravam somente em circunstâncias especiais –como, por exemplo, durante a migração anual do caribu (parente da rena). Ao sul dos inuit, e também espalhadas pelo Canadá de hoje, encontravam-se as tribos das florestas do norte, inclusive os naskapi, chipewyan e wood cree. Eram tribos também caçadoras e nômades, dependentes de peixe, foca, veado e alce. Os caçadores bem-sucedidos tinham prestígio e o xamã da tribo deveria manter o mundo espiritual benevolente, mas a organização social geral era simples.

Caçador inuit ao lado de seu iglu

Inuit com casaco de caribu, verificando seu arpão

Paul Okalik, premiê de Nunavut, em sua posse

TEMAS DOS CANADENSES NATIVOS

Da década de 1960 para cá, os povos nativos do Canadá recuperaram um pouco de sua autoconfiança. Para isso, foi fundamental a criação da Assembléia das Primeiras Nações, uma organização intertribal que se tornou influente no cenário nacional. Na década de 1980, a Assembléia reivindicou, com sucesso, ter maior grau de autonomia sobre as reservas e questionou o governo federal a respeito dos direitos sobre a terra, patrocinando uma série de disputas jurídicas e divulgando as maneiras pelas quais a população nativa tinha sido espoliada de seus territórios. A Assembléia também se envolveu na fundação de Nunavut *(pág. 51)*, a nova terra dos inuit, criada em 1999 em parte dos antigos Territórios do Noroeste. Comparados com seus compatriotas brancos, a população nativa canadense permanece pobre e desfavorecida. A retificação de erros históricos deve levar décadas, apesar da determinação política.

Arte no Canadá

Desde épocas pré-históricas os inuit e outros grupos das Primeiras Nações faziam arte: os inuit esculpiam em madeira e em chifres de veado, e outros grupos eram responsáveis por trabalhos como pinturas rupestres e cerâmicas ricamente decoradas. Os primeiros imigrantes europeus, franceses e ingleses geralmente evitavam as tradições nativas e seguiram as formas européias. Durante o século 19 e o início do século 20, artistas viajaram para Paris, Londres e Nova York para estudar a arte européia. Foi durante o século 20 que os pintores procuraram desenvolver um estilo nacional marcante. O assunto recorrente da pintura canadense é o país em si: as florestas exuberantes, paisagens majestosas e as grandes extensões de terras selvagens congeladas. Hoje a arte canadense reflete uma grande variedade de tendências artísticas, especialmente com a arte nativa, alcançando altos preços entre os colecionadores.

No Rio São Lourenço (1897), pintura a óleo de Maurice Cullen

PINTORES DO NOVO MUNDO

No século 17 os colonizadores franceses no Canadá importaram pinturas sacras ou encomendaram peças para enfeitar igrejas. Apenas Samuel de Champlain, o "pai da Nova França" *(pág. 41)*, destaca-se por seus esboços da tribo huron. Com a conquista pelos ingleses, a arte passou da religião para temas de política, terra e pessoas. Oficiais do exército, como Thomas Davies (1737-1812), pintaram belos trabalhos, demonstrando amor pela paisagem. Artistas como Robert Field (1769-1819), adepto do neoclassicismo em alta na Europa na época, tornou-se muito popular assim como os pintores de Quebec, Antoine Plamondon (1817-95) e Théophile Hamel (1817-70). Cornelius Krieghoff (1815-72) se estabeleceu em Quebec e foi famoso por cenas de neve com colonizadores e nativos. Seu contemporâneo, Paul Kane (1810-71), registrou a vida das Primeiras Nações em uma épica jornada pelo Canadá. Depois fez cem esboços e pinturas, das quais *Mah Min*, ou *A Pena* (c.1856), é uma das mais marcantes *(pág. 36)*. Durante o século 19, os pintores se concentraram na paisagem canadense. Homer Watson (1855-1936) e Ozias Leduc (1855-1964) foram os primeiros a aprender arte no Canadá. Watson dizia: "eu não sei o suficiente para ter Paris e Roma em minha mente... Sinto que Toronto tem tudo de que preciso". Suas telas mostram cenas domésticas de Ontário.

Depois da Confederação, de 1867, as coisas mudaram. A Royal Canadian Academy of Arts e a National Gallery of Canada foram fundadas em 1883. Os artistas podiam agora estudar em casa, mas muitos ainda foram para Paris. Curtis Williamson (1867-1944) e Edmund Morris (1871-1913) voltaram da França determinados a revitalizar a arte nacional. Formaram o Canadian Art Club em 1907, onde novos movimentos, tais como o impressionismo, foram mostrados. James Wilson Morrice (1865-1924), Maurice Cullen (1866-1934) e Marc Aurèle de Foy Suzor-Coté (1869-1937) foram figuras importantes desta iniciativa em direção à modernidade.

PINTORES MODERNOS

O domínio da arte européia foi criticado talvez pelo mais influente conjunto de artistas canadenses, o Grupo dos Sete *(págs. 160-1)*. Antes da Primeira Guerra Mundial, artistas de Toronto se opuseram à falta de identidade na arte nacional. Na década de 1920, o Grupo já havia definido a pintura canadense nas suas ousadas paisagens coloridas, tais como *Terra Selvagem*, de A.Y. Jackson (1913). Apesar de sua morte prematura, o pintor Tom Thomson foi uma figura fundamental. Três pintores predominantes na década de 1930 foram influenciados pelo Grupo, mas seguiram suas inclinações próprias, cada um distinguindo-se por sua província: David Milne (1882-1953), conhecido por suas naturezas-mortas, LeMoine Fitzgerald (1890-1956) por suas cenas domésticas e quintais, e Emily

Lawren S. Harris

Skidegate, Ilha de Graham, BC, (1928) obra de Emily Carr

Carr (1871-1945) *(pág. 280)* por sua marcante representação dos povos salish da costa oeste e suas colunas totêmicas. Carr foi a primeira mulher artista a ser reconhecida. Escritora e pintora, seu poema *Renfrew* (1929) descreve sua relação intensa com a natureza, que se refletia em suas pinturas: "... ao fundo um plano se afastava de outro plano... verdes frios, tocos retorcidos em cinza e marrom".

A forte influência do Grupo dos Sete despertou a reação de sucessivas gerações de pintores. John Lyman (1866-1945) rejeitou o severo nacionalismo do grupo e, inspirado por Matisse, afastou-se do tema da terra na pintura. Lyman criou a Contemporary Arts Society, em Montreal, e promoveu uma nova arte entre 1939 e 1948. Após a Segunda Guerra Mundial, novas formas explodiram, baseadas no abstracionismo. Em Montreal, Paul-Emile Borduas (1905-60) e dois colegas formaram os *automatists,* inspirados no surrealismo e no impressionismo abstrato. Na década de 1950, os pintores canadenses foram aclamados internacionalmente. Tendências do pós-guerra foram também absorvidas em Toronto, onde os artistas do "The Painters Eleven" optaram por pinturas abstratas. Hoje, os artistas trabalham com uma grande variedade de estilos contemporâneos, recebendo influência de todo o mundo e do mosaico cultural canadense. Trabalhos experimentais de pintores tais como Jack Bush, Greg Carnoe e Joyce

Wieland continuam na esteira das idéias da década de 1960. O Canadá se orgulha de ter muitas galerias, públicas e privadas, e excepcionais acervos de arte do século 20.

ARTE ABORÍGINE

A arte dos Inuit *(págs. 324-5)* e das Primeiras Nações do Noroeste é altamente valorizada. Achados pré-históricos inuit revelaram belos objetos, como figuras esculpidas e pontas de arpão entalhadas, criadas para fins religiosos. Com a chegada dos europeus, os inuit rapidamente adaptaram suas técnicas artísticas para criar objetos para venda, como esculturas em marfim, osso e pedra. Todos os artistas inuit atuais, tais como Aqghadluk, Qaqaq Ashoona e Tommy Ashevak, são conhecidos por sua contribuição à arte canadense contemporânea, especialmente a escultura e os objetos para pendurar. A escultura dos

povos das Primeiras Nações da costa noroeste é mundialmente reconhecida, em especial pelos entalhes de cedro do artista de Haida, Bill Reid, pelas colunas totêmicas de Richard Krentz, e pela Grande Kwa Gulth House, no Forte Rupert, do chefe Tony Hunt.

Pintores como Norval Morisseau, Carl Ray e Daphne Odjig têm estilos diversos, do realista ao abstrato. A arte nativa celebra a cultura de seus povos, de suas técnicas de sobrevivência aos contos e mitos, passando pela terra.

ESCULTURA

A escultura européia chegou ao Canadá com os franceses, que criaram imagens sacras para adornar igrejas. Escultores como Louis Quévillon (1749-1832) entalharam retábulos de altar e estátuas de mármore em Montreal e a tradição européia dominou por todo o século 19. Só no século 20, monumentos cívicos começaram a ser encomendados pelas cidades novas, como a fachada do Parlamento de Quebec, projetada por Louis-Phillipe Hébert (1850-1917). Temas nativos foram incorporados a esculturas do século 20, junto com os estilos europeus.

Escultura, de **Robert Murray**

Desde a década de 1960, escultores como Armand Vaillancourt (nascido em 1932) e Robert Murray (nascido em 1936) têm buscado criar um estilo canadense. Materiais modernos e a influência da arte conceitual marcam o trabalho de artistas atuais, como Michael Snow. Seus trabalhos podem ser vistos não só em museus, mas também em novos edifícios comerciais e cívicos.

O famoso escultor haida Bill Reid

Literatura e Música no Canadá

O poeta canadense reverendo Edward Hartley Dewart escreveu em 1864: "Uma literatura nacional é elemento essencial na formação de um caráter nacional". Muito da literatura e da música canadense está preocupada em definir a consciência nacional mas também reflete a diversidade cultural do país. Tanto falantes de inglês como de francês absorveram muitas influências dos EUA, Grã-Bretanha e França, bem como de outras nações cujos imigrantes compõem a população. O relacionamento dos europeus com os povos das Primeiras Nações também afetou o estilo e o conteúdo da ficção e poesia canadenses, assim como a realidade bastante dura de viver em uma terra vasta e selvagem.

Estrelas do popular filme de 1934 *Anne of Green Gables*

O Começo

A literatura no Canadá (entre a metade do século 16 e o século 18) começou com os relatos de exploradores, comerciantes de peles, soldados e missionários. *Histoire de La Nouvelle France* (1609), do advogado francês Marc Lescarbot, é um registro vibrante de suas aventuras na Nova Scotia. Após a conquista inglesa de 1760, a Nova França foi subjugada, mas no século 19, os poetas franceses começaram a escrever poemas patrióticos, como o *Le Vieux Soldat* (1855), de Octave Cremazie (1827-79), iniciando um renascimento poético que continua até hoje.

Um tema da literatura inglesa era a luta do homem com a natureza e a vida no Novo Mundo. *Roughing it in the Bush* (1852), de Mrs. Moodie,

é um conto sobre as dificuldades na isolada Ontário.

A Pioneer Gentlewoman in British Columbia: the recollections of Susan Allison (1876) é uma memória cativante. Allison veio da Inglaterra para ensinar na cidade de Hope e foi a primeira européia a fazer a viagem, cruzando as montanhas Hope a cavalo. Muito da ficção canadense do século 19 romantiza o passado, como o livro de William Kirby (1817-1906), *Golden Dog* (1877), com a visão idealizada do século 18, em Quebec. Os romances épicos focalizavam a vida e a cultura dos nativos, principalmente *Wacousta* (1832), de John Richardson (1796-1852). Archibald Stansfield Belaney (1888-1938) forjou uma nova identidade como um ojibway nativo, chamado Grey

Owl *(pág. 248)*, produzindo obras bem apreciadas do Canadá. *Pilgrims of the Wild* (1935) conta sua viagem até Quebec para encontrar o santuário do castor procurado por caçadores. *The Adventures of Sajo and her Beaver People* e *Tales of an Empty Cabin* (1935-6) lamentam a vida selvagem e as tradições perdidas.

Clássicos do início do século 20 tratam de temas locais. Aqui se inclui *Anne of Green Gables* (1908), de L.M. Montgomery (1874-1942). Literatura humorística foi liderada por Stephen Leacock *(pág. 216)* e Thomas Chandler Haliburton (1796-1865), que criou Sam Slick, de *The Clockmaker* (1876). *A House of All Sorts* (1944), da pintora Emily Carr, descreve seus dias de senhoria.

POESIA

Os primeiros poetas de idioma inglês, Standish O'Grady (1793-1843) e Alexander McLachan (1818-76), escreveram versos que refletiam o ponto de vista colonial. O gênero criticava a terra natal (Inglaterra), enquanto louvava as oportunidades no Novo Mundo. Os criadores de uma "nova" poesia canadense, nas décadas de 1870 e 80, usavam descrições detalhadas da paisagem para ressaltar os esforços do homem na conquista da natureza. Dois autores notáveis foram Charles Mair (1838-1927) e Isabella Velancey Crawford (1850-1887). No século 20, a idéia de terras selvagens era tema central da poesia, que,

Leonard Cohen, poeta e compositor reconhecido internacionalmente

porém, era escrita em estilo mais sóbrio e que refletia a rigidez da pintura paisagística do Grupo dos Sete *(págs. 160-1).* As baladas populares de Robert Service (1874-1958) tratam da história, e ele é conhecido por seus poemas sobre a corrida do ouro, como *The Spell of Yukon* (1907) e *Rhymes of a Roughneck* (1950). John McCrae (1872-1918) escreveu um dos mais famosos poemas da Primeira Guerra, *In Flanders Fields* (1915).

O inglês moderno e a poesia francesa hoje têm público mundial, com escritores como Anne Wilkinson, Irving Layton, Earle Birney, E.J. Pratt, Leonard Cohen e Patrick Anderson, cujo *Poem of Canada* (1946) reflete sobre o impacto da natureza na mente européia. A força dos poemas da escritora francesa Anne Hébert, tais como *Le Tombeau des Rois* (1953), revela-se ao tratar de temas universais. O Canada Council for the Arts estimulou o desenvolvimento da poesia e da ficção no período pós-guerra.

Robert Service, poeta canadense, em 1942

LITERATURA NATIVA CANADENSE

Apesar da poderosa tradição oral –em que histórias são passadas através das famílias e clãs – autobiografia, livros infantis, peças, contos, poesia, ensaios e romances foram produzidos por escritores canadenses nativos desde o século 19. Uma das mais populares autobiografias deste período foi escrita pelo nativo de Ojibway, George Copway (1818-69), *The Life, History, and Travels of Kah-ge-ga-ga-bowh* (1847) –que teve seis edições em um ano. Acredita-se que o primeiro livro a ser publicado por uma mulher nativa foi *Cogewea, The Half-Blood* (1927), da autora okanagan Mourning Dove

(1888-1936). Outra romancista okanagan, Jeanette Armstrong (nascida em 1948), publicou *Slash*, em 1985. As lutas de uma mulher mestiça no Canadá moderno são descritas na autobiografia *best seller* de Maria Campbell, em *Halfbreed* (1973).

Uma mistura de lenda e campanha política pelos direitos dos nativos é a base da ficção aborígine, como em *White Wampum* (1895), de Pauline Johnson, e *In Search of April Raintree* (1983), de Beatrice Culleton. O primeiro trabalho inuit em inglês foi o *Harpoon of the Hunter* (1970), uma história sobre a maioridade no Norte do Ártico, de Markoosie (nascido em 1942). Um dos mais importantes dramaturgos é o autor cree, Thompson Highway (nascido em 1951), cujas peças tratam da difícil realidade da vida nas reservas.

FICÇÃO MODERNA

Desde a década de 1940, muitos escritores canadenses alcançaram fama internacional, como Margaret Atwood (nascida em 1939) com poesias, romances e críticas, e Carol Shields (nascida em 1935), que ganhou o Booker Prize inglês com *Os Diários da Pedra*, em 1996. Mordecai Richler (nascido em 1931) e Robertson Davies (1913-95) são conhecidos por seus comentários ácidos sobre o Canadá de hoje. Muitos autores alcançam maior público devido à adaptação de suas obras para o cinema. *Bonheur d'Occasion* (1945), de Gabrielle Roy, tornou-se o filme *The Tin Flute*, em 1982; *Shoeless Joe* (1982), de W.P. Kinsella, tornou-se *Campo dos Sonhos*, estre-

Michael Ondaatje, autor de *O Paciente Inglês*, vencedor do Oscar

lado por Kevin Costner, em 1989, e *O Paciente Inglês* (1996), de Michael Ondaatje, ganhou nove Oscars. Há uma forte tradição de contos, e Alice Munro (nascida em 1931) é extraordinária. A história canadense é muito prestigiada; o famoso autor Pierre Berton escreveu 40 livros sobre ela.

MÚSICA NO CANADÁ

Alguns dos mais importantes nomes da indústria musical são canadenses. Uma forte tradição de folk e rock suave produziu artistas como Leonard Cohen, Kate e Anna McGarrigle, Joni Mitchell e Neil Young. Uma nova geração de cantores e compositores, que continuaram a tradição de hits melódicos, inclui Alanis Morissette e k.d. lang; e os Cowboy Junkies e Shania Twain tocam novos estilos de country. Estrelas como Celine Dion e Bryan Adams tiveram grande impacto na Europa e nos EUA. Na área erudita, orquestras como a Montréal Orchestre Symphonique são famosas mundialmente, assim como o pianista Glenn Gould. O jazz está representado pelo pianista Oscar Peterson, e todo ano Montreal recepciona os festivais mais famosos de música.

Compositora lendária e cantora folk Joni Mitchell

Esportes no Canadá

Os canadenses são grandes fãs de esportes e a maioria das cidades organiza competições o ano todo. Embora o esporte nacional seja o lacrosse –originário das Primeiras Nações, consiste em uma bola que é jogada de uma cesta de couro presa a uma vareta– , o que os canandenses adoram é o hóquei no gelo. O basquete e o futebol canadense (similar ao futebol americano) também reúnem multidões. As cidades mais importantes costumam atrair estrelas internacionais de atletismo, golfe e tênis para partidas de alto nível. Até nas cidades menores é possível ver jogos –com profissionais secundários, amadores e atletas estudantis. Para os visitantes que preferem praticar esportes, o Canadá oferece atividades como esqui, golfe, pesca e caminhadas.

Jogadores de hóquei no gelo em ação em um jogo da liga nacional

HÓQUEI NO GELO

A popularidade do hóquei no gelo no Canadá não tem limites. Toda cidade tem sua quadra e toda escola, faculdade e universidade tem seu time. A **National Hockey League** (NHL), norte-americana, foi fundada em 1917 e seu prêmio principal, a Stanley Cup, foi instituído em 1892 pelo governador geral do Canadá, lorde Stanley. Hoje a liga tem 28 times, dos quais cinco são canadenses: Montreal Canadiens, Calgary Flames, Edmonton Oilers, Toronto Maple Leafs e os Vancouver Canucks. Os Quebec Nordiques e os Winnipeg Jets têm sede nos EUA. Embora a maioria dos jogadores, tanto nos EUA como no Canadá, seja canadense, recentemente tem havido afluxo de atletas de outras nacionalidades como russos, americanos e suecos. Conhecido por seu vigor, o jogo sempre envolve brigas entre os jogadores, o que significa que um jogo de 60 minutos pode durar até três horas. A temporada vai de outubro a abril, quando acontecem os *play-offs* da Stanley Cup. Estrelas do hóquei como Wayne Gretzky são ícones nacionais. Ele se aposentou em 1999, depois de 20 anos de atuação, com 61 vitórias em ligas nacionais e vários recordes.

É difícil conseguir entradas para os jogos importantes, por isso devem ser feitas reservas antecipadas. Uma boa idéia é ligar para os telefones de reservas dos clubes ou usar os serviços da agência **Ticketmaster**. Ligas menores e jogos de faculdades são mais fáceis e a University of Toronto and York, em Montreal, e a University of Alberta, em Edmonton, têm bons times. As entradas são compradas nos estádios ou centros administrativos das universidades e costumam ser baratas.

BEISEBOL

Embora o beisebol seja visto como um esporte americano, tem muitos adeptos no Canadá. Há dois times que jogam nas duas maiores ligas dos EUA. O mais conhecido, **Toronto Blue Jays**, que ganhou a Série Mundial em 1992 e 1993, e o **Montreal Expos**, que se tornou o primeiro time canadense a jogar na liga americana em 1968. As partidas são disputadas no verão –a temporada vai de abril a setembro (com *play-offs*, jogos de desempate, até outubro). Assistir a um jogo pode ser um divertido programa para a família, com cerveja, pipoca e muito sol.

Os times disputam com seus rivais da liga dos EUA em dois estádios importantes: os Jays no SkyDome, de Toronto, maravilha arquitetônica, com um telhado que abre e fecha, dependendo do clima *(pág. 169)*, e os Expos no Olympic Stadium, de Montreal *(págs. 120-1)*. Entradas devem ser reservadas com antecedência e é mais fácil consegui-las para os Expos do que para os Jays. Ver um time de uma liga menor, como os Edmonton Trappers, também é divertido.

Jose Canseco, jogador do Toronto Blue Jays, em posição

FUTEBOL

A versão canadense do futebol americano é conhecida por ser mais animada do que o próprio futebol americano. Embora os melhores jogadores canadenses tendam a migrar para os EUA, o jogo ainda atrai um grande público nacional. A Canadian Football League tem duas divisões de quatro times. A temporada vai de julho a novembro.

Os jogos atraem famílias e são animados especialmente no fim da temporada da Grey Cup. A final ocorre no último domingo de novembro, precedida de uma semana de festividades e de um grande desfile na cidade anfitriã. O futebol canadense também é jogado na maioria das universidades, com partidas que podem ser divertidas num sábado à tarde. O campeonato universitário é o Vanier Cup e a final se realiza no Skydome, em Toronto, no início de dezembro. As entradas são relativamente fáceis de ser adquiridas e o preço é razoável.

BASQUETE

Antigamente o basquete era uma paixão apenas americana. O que poucos sabem é que o jogo de basquete foi inventado nos Estados Unidos por um canadense, James Naismith, e é muito popular no Canadá. Dois times locais, os **Toronto Raptors** e os **Vancouver Grizzlies**, jogam na NBA (a National Basketball Association), a mais importante liga profissional do mundo, contra times como Chicago Bulls, Boston Celtics, Los Angeles Lakers e New York Knicks. A temporada vai de outubro a maio e vale a pena ir até o GM Place, de Vancouver, ou ao Air Canada Centre, de Toronto, para ver um jogo. A maioria das universidades canadenses tem times e, embora o público seja menor do que o dos times profissionais, a

competição é acirrada e o ambiente muito animado, especialmente durante o torneio do campeonato universitário nacional anual, que ocorre em Halifax todo mês de março.

Jogo de basquete entre o Toronto Raptors e o Los Angeles Lakers

GOLFE

O Canadá sedia dois torneios a cada ano (ambos em setembro), atraindo um grande número de espectadores e os melhores jogadores do mundo. O maior é o Canadian Open, geralmente realizado no Glen Abbey, de Toronto, campo projetado por Jack Nicklaus. O Greater Vancouver Open é uma parada obrigatória do tour da Professional Golfer's Association, embora o campo não seja tão difícil quanto o do Open.

O golfe é um esporte de grande participação popular, com mais de 1.700 belos campos no país, de Banff Springs, a oeste, aos ondulados campos de Ilha Prince Edward, a leste.

ESPORTES DE INVERNO

Famoso pela neve e pelo sol de seus invernos, o Canadá é um dos melhores lugares do mundo para esportes de inverno. Os *resorts* canadenses são menos visitados do que os europeus e estão nos mais belos cenários do mundo. Os visitantes podem aproveitar várias estações de esqui no

AGENDA

Basquete
Toronto Raptors
Entradas: (416) 815 5600.
Vancouver Grizzlies
Entradas: (604) 899 4667.

Beisebol
Toronto Blue Jays
Entradas: (416) 341 1234.
Montreal Expos
(514) 790 1245.

Futebol Canadense
Canadian Football League
110 Eglinton Avenue W. Toronto
(416) 322 9650.

Golfe
Royal Canadian Golf Association
(905) 849 9700.

Hóquei
National Hockey League
11th Floor, 50 Bay Street, Toronto.
(416) 408 4846.
Ticketmaster (ingressos para jogos de hóquei)
(416) 870 8000.

país, de Whistler, nas Rochosas, até Mont Ste-Anne, em Quebec. Além de esquiar montanha abaixo (downhill), é possível fazer snowboarding ("skate na neve"), heli-skiing (puxado por helicóptero), snowmobiling (moto de neve), ou andar em trenó puxado por cachorros (*pág. 387*).

Esquiador de snowboard descendo encosta em alta velocidade

CANADÁ MÊS A MÊS

As estações climáticas variam muito nas diferentes regiões do Canadá, mas pode-se dizer com segurança que os invernos são longos e frios, de novembro a março, enquanto a primavera e o outono são suaves. A Colúmbia Britânica é a zona mais temperada, com 5°C em média em janeiro. Julho e agosto são quentes e ensolarados em quase todos os lugares, mesmo no extremo norte, e a maior

Powwow nativo em Calgary

parte dos festivais ao ar livre acontece no verão. Há muitos eventos no inverno, tanto em locais abertos como fechados, alguns dos quais fazem jus à habilidade canadense de tirar partido do clima gelado, especialmente corridas de trenó puxados por cachorros, snowmobile e patinação no gelo. Uma boa variedade de eventos culturais conta a história do país, assim como dos diversos povos e culturas.

PRIMAVERA

Março e abril são meses de clima imprevisível, variando da neve ao sol em um mesmo dia. No norte é hora de comemorar o fim do inverno, enquanto, mais ao sul a primavera dá início a vários festivais divertidos.

Trenó puxado por cachorros no Caribou Carnival de Yellowknife

MARÇO

Caribou Carnival *(fim mar)*, Yellowknife. Comemora o início da primavera, com corridas de snowmobile e de trenós puxados por cães e com a deliciosa cozinha regional.

ABRIL

Toonik Tyme *(meados abr)*, Iqaluit. Festival de uma semana, que inclui construção de iglus, jogos tradicionais e festas da comunidade.

Okanagan Spring Wine and Food Festival *(último fim-de-semana abril)*, Okanagan Valley. Degustação de vinhos, piqueniques nos vinhedos e passeios por pomares em carros puxados por cavalos *(pág. 315)*.

Shaw Festival *(abr-out)*, Niagara-on-the-Lake. Festival de teatro com peças de Bernard Shaw e seus contemporâneos *(pág. 206)*.

VERÃO

Tempo quente em quase todo país, o que significa uma explosão de festivais, carnavais e eventos culturais que se estendem de maio até agosto.

MAIO

Canadian Tulipfest *(meados mai)*, Ottawa. Milhões de tulipas coloridas são o centro desse animado evento, a capital do país.

Stratford Festival *(mai-nov)*, Stratford. Famoso festival de teatro com peças de de Shakespeare e de outras épocas também *(pág. 209)*.

Omingmak Frolics *(mai)*, Cambridge Bay, Nunavut. Festas, danças e jogos.

Dreamspeakers *(fim mai)*, Edmonton. Comemoração internacional da cultura das Primeiras Nações com artes e filmes.

Shorebirds and Friends' Festival *(fim mai)*, Wadena, Saskatchewan. Observação de pássaros e passeios pelos hábitats da vida selvagem.

Vancouver International Children's Festival *(último fim-de-semana mai)*, Vancouver. Teatro, circo e música para crianças.

JUNHO

Grande Prêmio do Canadá *(início jun)*, Montreal. O grande circo da Fórmula 1, no principal circuito canadense.

Midnight Madness *(meados jun)*, Inuvik. Comemoração do solstício de verão, com festas sob o sol da meia-noite.

Tulipas coloridas no festival de primavera de Ottawa, Canadian Tulipfest

Competição da luta com boi no Rodeio de Meio Milhão de Dólares na Exposição de Calgary

Mosaic – Festival of Cultures *(1ª semana jun)*, Regina. Eventos culturais de todo o mundo.

Banff Festival of the Arts *(meados jun-meados ago)*, Banff. Dois meses de ópera, música, teatro e dança.

Jazz Fest International *(fim jun-jul)*, Victoria. Músicos de jazz e blues tocam em vários pontos da cidade.

Red River Exhibition *(fim jun-jul)*, Winnipeg. Uma feira enorme com grande variedade de atrações.

Festival International de Jazz de Montréal *(fim jun-jul)*, Montreal. Famoso festival de jazz com vários shows ao ar livre.

Nova Scotia International Tatoo *(fim jun-jul)*, Halifax. Dois mil participantes em um dos maiores shows em locais fechados.

JULHO

Folk on the Rocks *(2º fim-de-semana)*, Yellowknife. Apresentações de tocadores de tambor, dançarinos e cantores inuit.

Calgary Exhibition and Stampede *(meados jul)*, Calgary. Dez dias de comemorações típicas do oeste, com desfiles e rodeio *(pág. 292)*.

Molson Indy *(meados jul)*, Toronto. Corrida de Fórmula Indy, no Exhibition Place.

Du Maurier Quebec City Summer Festival *(2ª semana)*, Cidade de Quebec. Dez dias de música e dança.

Just for Laughs Festival *(14-25 jul)*, Montreal. Doze dias de festival de comédias com mais de 600 comediantes de todo o mundo.

Canadian Open Tennis Championships *(jul-ago)*, Montreal. Mais importante torneio de tênis do país, atrai estrelas internacionais.

Antigonish Highland Games *(meados jul)*, Antigonish. Antigos jogos das terras altas, com bandas de gaitas escocesas e danças.

Corrida de fórmula Indy no Molson Indy, em Toronto

AGOSTO

Real St. John's Regatta *(4 ago)*, St. John's. O mais antigo evento esportivo da América do Norte, com corridas de barco e carnaval.

Wikwemikong Powwow *(1º fim-de-semana ago)*, Manitoulin Island. Festival nativo ojibway com competições de dança e de tambor *(pág. 222)*.

Discovery Days Festival *(meados ago)*, Dawson City. Comemora a época da corrida do ouro, com desfiles de fantasia e corridas de canoa.

First People's Festival *(meados ago)*, Victoria. Três dias de exposições, dança e tradicional encontro nativo conhecido como *potlatch*.

Folklorama *(meados ago)*, Winnipeg. Festival multicultural de culinária, com encenações e artes.

Victoria Park Arts and Crafts Fair *(meados ago)*, Moncton. A maior venda ao ar livre de artes, antiguidades e artesanato do leste do Canadá.

Festival Acadiano de Caraquet *(5-15 ago)*, Caraquet. Comemoração da cultura e história acadiana.

Halifax International Busker Festival *(2ª semana)*, Halifax. Os melhores artistas de rua do mundo.

Canadian National Exhibition *(ago-set)*, Toronto. Feira anual com espetáculo aéreo, concertos e cassino.

Folkfest *(meados ago)*, Saskatoon. Patrimônio multicultural de Saskatchewan, comemorado com vários eventos.

Exibição equestre de Masters, realizada em Calgary

OUTONO

Fresco, mas geralmente ensolarado, o outono é marcado pelos tons de vermelho e dourado da folhagem das florestas decíduas das províncias do leste. Em Ontário e Quebec, esses sinais indicam o fim dos meses úmidos de verão e anunciam os dias frescos ideais para atividades ao ar livre.

SETEMBRO

The Masters *(1ª semana set),* Calgary. Evento equestre com os melhores cavaleiros internacionais.
Molson Indy *(início set),* Vancouver. Na segunda prova de Molson Indy do ano, os carros correm no centro da cidade.
Toronto International Film Festival *(set),* Toronto. Estrelas e diretores de cinema vêm a este prestigiado festival.

Flambée des Couleurs *(meados set-out),* cidades do leste. Série de comemorações sob as folhas do outono.
Niagara Grape and Wine Festival *(última semana set),* Cataratas do Niágara. Passeios, degustação de vinho e shows na região da colheita da uva.

OUTUBRO

Okanagan Wine Festival *(início out),* Okanagan Valley. Passeios e degustação de vinho pelo vale *(pág. 315).*
Oktoberfest *(meados out),* Kitchener-Waterloo. Maior festival bávaro fora da Alemanha *(pág. 216).*

Trajes e música tradicionais da Bavária, na Oktoberfest

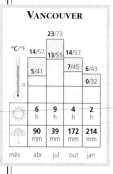

VANCOUVER			
	23/73		
°C/°F 14/57	13/55	14/57	
5/41		7/45	6/43
			0/32
6 h	9 h	4 h	2 h
90 mm	39 mm	172 mm	214 mm
mês	abr	jul	out	jan

TORONTO			
	27/81		
°C/°F	17/63	15/59	
12/54		7/45	
3/37			
			-1/30
			-8/18
6 h	10 h	9 h	2 h
66 mm	74 mm	41 mm	66 mm
mês	abr	jul	out	jan

| Média diária: temperatura máxima |
| Média diária: temperatura mínima |
| Média diária: horas de sol |
| Média mensal: chuvas |

Clima

Este país enorme tem um clima bem variado, apesar de famoso pelos invernos longos e frios. A maioria dos canadenses mora no sul do país, mais quente, perto da fronteira com os EUA. O sul de Ontário e as costas sul da Colúmbia Britânica são as áreas mais quentes, enquanto o centro e o norte do Canadá têm os invernos mais frios.

OTTAWA			
	27/81		
14/57			
°C/°F		13/55	
10/50			
0/32		3/37	
			-6/21
			-16/3
6 hrs	9 hrs	4 hrs	3 hrs
69 mm	82 mm	67 mm	62 mm
mês	abr	jul	out	jan

MONTREAL			
	26/79		
	17/63		
°C/°F		13/55	
11/52		6/43	
2/36			
			-5/23
			-13/9
5 hrs	8 hrs	4 hrs	3 hrs
83 mm	98 mm	84 mm	87 mm
mês	abr	jul	out	jan

HALIFAX			
	23/73		
	14/57	14/57	
°C/°F	9/48	7/45	
1/34			0/32
			-7/19
5 hrs	8 hrs	5 hrs	3 hrs
113 mm	94 mm	120 mm	140 mm
mês	abr	jul	out	jan

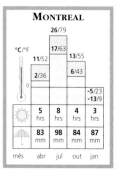

Celtic Colours *(meados out),* Cape Breton Island. Festival internacional de música celta, que acontece na ilha toda.

INVERNO

Exceto pela costa da Colúmbia Britânica, os invernos canadenses são longos e frios, com muita neve. Os eventos se concentram nos esportes de inverno, com o melhor esqui do mundo disponível em *resorts* como Whistler, na Colúmbia Britânica. As férias de Natal oferecem atividades para animar a todos durante os longos dias escuros.

NOVEMBRO

Royal Agricultural Winter Fair *(início e meados nov),* Toronto. A maior feira agrícola coberta do mundo apresenta o Royal Horse Show e o Winter Garden Show.
Canadian Finals Rodeo *(meados nov),* Edmonton. *Cowboys* campeões do Canadá decidem a final do rodeio.
Winter Festival Lights *(nov a jan),* Cataratas do Niágara. Maravilhoso espetáculo de luzes, com shows de música.

DEZEMBRO

Canadian Open Sled Dog Race *(dez),* Fort St. John e Fort Nelson. Esportes de inverno e corridas de trenós puxados por cachorros.

FERIADOS

Ano-Novo (1º jan)
Sexta-Feira Santa (variável)
Domingo de Páscoa (variável)
Segunda de Páscoa (variável) Feriado em repartições públicas e escolas.
Victoria Day (segunda-feira antes de 25 de maio)
Dia do Canadá (1º jul)
Dia do Trabalho (1ª seg set)
Ação de Graças (2ª seg out)
Remembrance Day (11 nov)
Natal (25 dez)
Boxing Day (26 dez)

Exposição iluminada de decorações de Natal

Christmas Carolships Parade *(meados dez),* Vancouver. Barcos decorados com luzes natalinas cortam as águas de Vancouver.

JANEIRO

Ice Magic *(meados jan),* Lake Louise. Competição internacional de escultura em gelo.
Techni-Cal Challenge – Dog Sled Race *(meados jan),* Minden. Mais de 80 equipes competem em corridas internacionais.
Rossland Winter Carnival *(último fim-de-semana jan),* Rossland. Concurso de snowboard, desfile à luz de tochas, muita música e dança.
Quebec Winter Carnival *(jan-fev),* Quebec. A famosa corrida de canoa pelo rio São Lourenço é apenas uma atração das grandes comemorações de inverno.
Jasper in January *(últimas 2 semanas jan),* Jasper. Festivais com atividades de esqui, corridas e pratos típicos.
Banff/Lake Louise Winter Festival *(última semana jan),* Banff, lago Louise. Eventos que incluem festas com patins e danças nos celeiros.

FEVEREIRO

Yukon Quest International Sled Dog Race *(fev),* Whitehorse. Famosa corrida de 1.600km de Fairbanks (no Alasca) a Whitehorse.
Yukon Sourdough Rendevous *(fev),* Whitehorse. Competição do "louco caçador de peles" e eventos para crianças.
Frostbite Music Festival *(3º fim-de-semana fev),* Whitehorse. Música variada, do jazz ao rock.
Calgary Winter Festival *(2ª semana fev),* Calgary. Festival de inverno com atividades divertidas para a família e muita música.
Festival du Voyageur *(meados fev),* Winnipeg. Celebração da história do comércio de peles com uma enorme festa de rua.
Winterlude *(todos os fins-de-semana),* Ottawa. Muitas atividades inclusive patinação no gelo no Rideau Canal.

Duas águias de gelo no Winterlude, festival de Ottawa, em fevereiro

A História do Canadá

O CANADÁ É RECONHECIDO *tanto por ter um território vasto e selvagem como por ser uma nação rica apesar de nova, construída por colonizadores europeus com a ajuda dos povos nativos. Apesar das contínuas divisões entre habitantes de idioma inglês e francês, o país recebeu imigrantes de várias partes do mundo e é considerado um país muito tolerante do ponto de vista étnico.*

Muito tempo antes de os europeus atravessarem o Atlântico em 986 d.C., o local hoje conhecido como Canadá era habitado por várias civilizações. Tribos de caçadores vieram a pé pela "ponte" de terra que unia a Ásia à América do Norte, parte da antiga massa de terra da Laurásia.

Detalhe de coluna totêmica feita pelos povos haida do oeste

Esses primeiros habitantes, hoje conhecidos como Primeiras Nações, enfrentaram dificuldades e desenvolveram habilidades, tecnologia e cultura necessárias para sobreviver aos rigores da vida no Canadá.

Primeiros Habitantes

Em todo o país, havia dois grupos humanos principais, que se sustentavam com a caça e a coleta: os algonquins e os athapaskans. Nômades, viviam em pequenos bandos e criaram canoas de casca de bétula e calçados que os protegiam da neve para poder viajar. Alimentação e vestuário vinham da pesca e caça, tradições que depois proporcionariam ao Canadá o lucrativo comércio de pescados e peles.

Mais ao norte estavam os povos innu, que dominavam a vida no Ártico, capazes de sobreviver na região de invernos escuros bloqueados pelo gelo e verões curtos. Para o sul, os iroquois se instalaram em vilas na floresta, onde viviam em *longhouses* (habitações comunais) e cultivavam o milho como principal colheita. Nas planícies do oeste, outras tribos dependiam do bisão para subsistir, enquanto as comunidades ao longo da costa do Pacífico viviam da pesca e do comércio. Suas altas colunas totêmicas indicam riqueza cultural e espiritual.

O ponto comum entre os membros das várias Primeiras Nações, apesar de seus estilos diferentes, era que eles se viam como parte da natureza e não donos. Acreditavam que os animais tinham parentesco com eles e a desgraça cairia sobre quem os matasse gratuitamente, ofendendo seus espíritos.

A generosidade dos nativos para com os europeus pode ter acelerado sua ruína. Segundo o historiador canadense Desmond Morton: "Sem a total... ajuda dos nativos, mostrando aos europeus seus métodos de sobrevivência, o território e seus recursos, os primeiros exploradores e colonizadores teriam morrido em maior número e possivelmente abandonado sua busca como os vikings fizeram 500 anos antes".

CRONOLOGIA

Barco viking 980 d.C.

30.000 a.C.	20.000 a.C.	10.000 a.C.	d.C.1	500	1000	1500

9.000 a.C. Povos nativos viviam até o sul do rio Eramosa, perto da atual Guelph, Ontário

986 d.C. Bjarni Herjolfsson, viking que foi da Islândia para a Groenlândia, foi o primeiro europeu a ver a costa de Labrador

1497 Primeira viagem de John Cabot à América do Norte

30.000-10.000 a.C. Caçadores nômades chegam à América do Norte vindos da Ásia, pela "ponte" de terra

992 Leif "o Sortudo" Ericsson visita Labrador e L'Anse aux Meadows, Terra Nova

1003 Thorfinn Karlsefni funda a primeira colônia do Labrador (Vinlândia) para fazer comércio com os nativos, mas esta é abandonada dois anos depois devido a lutas com nativos hostis

◁ *Mah-Min* ou *A Pena*, quadro de Paul Kane, chefe assiniboine (c. 1856)

Os Primeiros Europeus

As sagas nórdicas do norte da Europa contam como os vikings da Islândia chegaram primeiro ao Labrador em 986 d.C. e tentaram sem sucesso estabelecer uma colônia aqui. Leif "o Sortudo" Ericsson saiu da Groenlândia em 988, batizando o país que encontrou a oeste de Vinlândia, devido às uvas selvagens abundantes. Ao redor de 1000 d.C. Thorfinn Karlsefni tentou estabelecer uma colônia no local. O grupo de Thorfinn passou o inverno na Vinlândia, mas voltou à Groenlândia na primavera, convencido de que a empreitada seria impossível, uma vez que havia

O navegador italiano e explorador John Cabot

poucos colonizadores e os *skraelings* (aborígines) eram hostis. Restos extraordinários desta colonização viking foram descobertos na Terra Nova em 1963 *(pág. 67)*.

A Invasão Inglesa

Em 1497, o navegador italiano conhecido como John Cabot (1450-98), a serviço do rei Henrique VII da Inglaterra, zarpou a bordo do *Matthew* para a América. Em 24 de junho encontrou um lugar abrigado na ilha Cape Breton. Desembarcou com um pequeno grupo e reivindicou a região para a Inglaterra. Depois mapeou a costa leste e voltou para a Inglaterra, onde foi recebido como herói.

Em maio de 1498 Cabot viajou outra vez com cinco navios e 300 homens, à procura da passagem noroeste para a China. O tempo hostil levou-o a desistir e ele desviou para o sul, rumo à atual Nova Scotia, onde se viu navegando em um mar cheio de icebergs. A frota sucumbiu nas costas da Groenlândia e os ingleses desistiram do lugar.

A Chegada dos Franceses

Natural do porto de Saint Malo, o explorador Jacques Cartier (1491-1557) fez sua primeira viagem ao Canadá em 1534. Chegou ao Labrador, Terra Nova e golfo de São Lourenço antes de desembarcar na ilha Anticosti, quando notou que

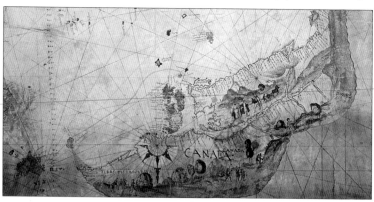

Mapa da viagem de Jacques Cartier e seus seguidores, por Pierre Descaliers, c.1534-1541

CRONOLOGIA

1541 Na foz do rio Cap Rouge, Cartier funda Charlesbourg-Royal, o primeiro povoado francês na América, abandonado em 1543

1567 Nascimento de Samuel de Champlain "Pai da Nova França"

1605 Samuel de Champlain e Sieur de Roberval fundam Port Royal, hoje Annapolis, Nova Scotia

1525	1550	1575	1600

1535 Cartier navega o rio São Lourenço até Stadacona (Cidade de Quebec) e Hochelaga (Montreal)

Jacques Cartier

1608 Champlain funda a Cidade de Quebec, criando o primeiro povoado europeu no Canadá

1610 Henry Hudson explora a baía de Hudson

estava na foz de um grande rio. Um ano mais tarde, voltou e navegou rio acima o São Lourenço até onde hoje está a Cidade de Quebec, e depois chegou a um acampamento nativo em Hochelega, que ele chamou de Montreal. Em 1543, as esperanças de Cartier de uma colônia bem-sucedida se dissiparam e após um amargo inverno ele voltou para a França desanimado. Mais de 70 anos se passaram antes que os colonizadores franceses voltassem de vez ao Canadá.

Champlain, "pai da Nova França", lutando com os iroquois

O PAI DA NOVA FRANÇA

Samuel de Champlain (1567-1635) era um homem eclético – navegador, soldado, visionário – e fez sua primeira viagem da França ao Canadá em 1603. Enquanto o navio com o qual atravessara o Atlântico esperava em Tadoussac, Champlain subiu o rio São Lourenço de canoa até os Lachine Rapids.

Em 1605, a tentativa de Champlain de fundar uma colônia em Port Royal falhou, mas em 1608 as sementes da colônia francesa haviam brotado com a construção de três casas de dois andares, um pátio e uma torre de vigia cercados de uma muralha de madeira.

O estímulo econômico de Champlain era o comércio de peles, em nome do qual fez alianças com os algonquin e huron, lutou contra os temidos inimigos destes –os iroquois–, e viajou até a terra dos huron, hoje o centro de Ontário –e viu os Grandes Lagos. Champlain e os outros franceses que o acompanhavam estabeleceram povoados duradouros no vale do rio São Lourenço e exploraram metade do continente. Construíram a Nova França, que no seu auge se estendeu para o sul da baía do Hudson até Nova Orleans, na Louisiana, e da Terra Nova, a oeste, quase até as Montanhas Rochosas.

Em 1612 Champlain se tornou o primeiro chefe de governo do Canadá francês. Seus esforços também ajudaram a criar o clima religioso que permitiu que os jesuítas estabelecessem missões no país. Mas seu trabalho também lançou as sementes da discórdia com os ingleses, que atravessaria os séculos até hoje.

A "COMPANHIA DA BAÍA DE HUDSON"

Hudson, última viagem

Em 1610, o viajante inglês Henry Hudson chegou à baía, que mantém seu nome. O fato de a baía dar acesso a vias navegáveis e rotas comerciais lhe garantiu muito dinheiro –com o comércio de peles.

Fundada em 1670, a Hudson's Bay Company passou a controlar as terras que davam para a baía, monopolizando o comércio de peles na região. A empresa foi desafiada só pelos mercadores escoceses que fundaram a North West Company, em Montreal, em 1783. Em 1821, as duas se juntaram e a Hudson's Bay Company domina o comércio de peles até hoje.

1629 O aventureiro inglês David Kirke domina a Cidade de Quebec, que é devolvida à França em 1632

1648-9 Os iroquois dispersam a nação huron. O padre jesuíta Jean de Brébeuf é martirizado pelos iroquois na Huronia

Gravura de iroquois

1702 Desavenças entre franceses e ingleses deram origem à Guerra da Rainha Ana

| 1625 | 1650 | 1675 | 1700 |

Pele de guaxinim

1670 A Hudson's Bay Company é fundada e subscrita por um grupo de comerciantes ingleses

1676 A população da Nova França chega a 8.500 colonizadores

Hostilidades Anglo-Francesas

Durante o século 18, as hostilidades entre franceses e ingleses na Europa repercutiram no Novo Mundo. Em 1713, a Inglaterra governava Nova Scotia, Terra Nova e a região da baía de Hudson e, depois da Guerra dos Sete Anos, em 1763, todo o Canadá francês.

As tensões anglo-francesas foram exacerbadas pela religião: os ingleses eram majoritariamente protestantes e os franceses católicos. Isso resultou na divisão da colônia de Quebec, em 1791, em Alto Canadá (hoje Ontário), com predomínio inglês, e Baixo Canadá (hoje Quebec), de maioria francesa.

O Êxodo Acadiano
Os acadianos de idioma francês foram expulsos pelos ingleses na década de 1750 (págs. 58-9).

Valendo-se do conflito inglês com Napoleão na Europa, os americanos dos EUA invadiram o Canadá em 1812. Foram derrotados em 1814, mas a ameaça de outra invasão pairou sobre o Canadá durante boa parte do século 19.

Nas Planícies de Abraão, em Quebec, os ingleses venceram os franceses.

General Isaac Brock
Os feitos heróicos de Brock durante a guerra de 1812, tais como a captura de um posto americano em Detroit, levantaram o moral dos canadenses.

Anti-Separatistas do Império Unido
A queda do general britânico Cornwallis deu por encerrada a Revolução Americana (1775-83). Muitos anti-separatistas do Império Unido, refugiados do recém-formado Estados Unidos e leais à coroa britânica, fugiram para o Canadá, o que fez a população inglesa aumentar para 50 mil.

A GUERRA DOS SETE ANOS

A famosa Batalha das Planícies de Abraão em 1759 foi a última entre as forças inglesas e francesas no Canadá. Os ingleses atacaram a partir dos penhascos do rio São Lourenço, chamados Wolfe's Cove. Louis Joseph de Montcalm, o comandante francês, foi derrotado pelo general Wolfe e seu exército. Os dois foram mortos e Quebec se rendeu aos ingleses. A guerra terminou em 1763 com o tratado de Paris, que cedeu todo território franco-canadense aos ingleses.

Louisbourg

A fortaleza francesa de Louisbourg na ilha Cape Breton, construída entre 1720 e 1740, foi sede da esquadra francesa até ser destruída pelos ingleses em 1758. Hoje, a fortaleza restaurada é uma atração popular (págs. 92-3).

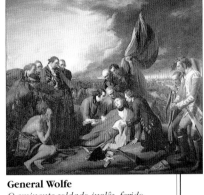

General Wolfe

O eminente soldado inglês, ferido fatalmente nas Planícies de Abraão, conquistou a fortaleza francesa de Louisbourg em 1758, antes da tomada de Quebec, em 1759.

As forças do general Wolfe subiram o rio São Lourenço à noite e surpreenderam os franceses em Quebec.

A infantaria de Wolfe subiu desordenadamente pelo penhasco. Teve de vencer o posto inimigo antes que os soldados dos navios pudessem participar da batalha.

Direitos Franceses

Em 1774, o governo inglês aprovou a Lei de Quebec, concedendo liberdade de religião e idioma aos franco-canadenses, e reconheceu oficialmente a lei de direitos civis francesa.

	1755 Expulsão dos acadianos da Nova Scotia	**1758** Ingleses dominam a fortaleza francesa de Louisbourg, na ilha Cape Breton		**1793** O explorador inglês e comerciante de peles Alexander Mackenzie cruza as Rochosas e chega ao Pacífico por terra
1743 Os irmãos La Vérendrye descobrem as Montanhas Rochosas			*Sir Alexander Mackenzie*	
1720	1740	1760	1780	1800
1713 Os ingleses passam a controlar Nova Scotia, Terra Nova e a baía de Hudson	**1759** Wolfe derrota de Montcalm na Batalha das Planícies de Abraão	**1760** Montreal é tomada pelos ingleses	**1774** A Lei de Quebec concede aos colonizadores os direitos de idioma e religião	**1812** Os EUA em guerra com a Inglaterra até o tratado de Ghent, em 1814

Medalha celebra a vitória inglesa em Quebec

O DOMÍNIO INGLÊS

Vinte e cinco anos depois de a guerra de 1812 terminar em impasse, outro tipo de violência inflamou o Canadá. Os ingleses queriam a supremacia do poder do voto e a limitação da influência da Igreja Católica. Em 1834, os franceses ocupavam um quarto das posições públicas, embora constituíssem três quartos da população. Rebeliões no Alto e no Baixo Canadá eclodiram durante 1837-8, motivadas tanto por

Representantes se reúnem em Londres para discutir a união

reformistas ingleses como franceses, que queriam um governo responsável com um eleitorado maior. A idéia do governo inglês era unir as duas colônias em uma única Província do Canadá, em 1840. A assembléia recém-criada ficou mais independente quando, em 1849, a maioria do Partido Reformista aprovou lei compensando os rebeldes de 1837. Embora o governador geral, lorde Elgin, desaprovasse isso, preferiu não usar seu poder de veto. A Província do Canadá não tinha um "governo responsável", com direito de aprovar leis sem a sanção do representante inglês. O resto da América do Norte inglesa continuou dividido em colônias com autogoverno que, apesar do sucesso econômico, estavam ansiosas pela liberdade dos vizinhos EUA. Isso foi confirmado por uma série de ataques fenianos entre 1866-70 (os fenianos eram imigrantes irlandeses de Nova York que queriam tirar vantagem do sentimento antiinglês do Canadá francês para assegurar a independência da Irlanda). A questão da confederação foi

levantada e discutida em conferências realizadas de 1864 em diante. Somente a união face à ameaça comum, diziam os políticos, poderia defender as colônias inglesas.

O novo país surgiu em 1° de julho de 1867. Sob os termos da Lei da América do Norte inglesa, as novas províncias de Quebec (leste do Canadá) e Ontário (oeste do Canadá) foram criadas e, junto com Nova Scotia e New Brunswick, tornaram-se o Domínio do Canadá. O novo governo baseado no sistema parlamentarista inglês, com um governador geral (representante da Coroa), a Câmara dos Comuns e o Senado. O parlamento recebeu poder para legislar sobre assuntos de interesse nacional: defesa, direito penal e comércio, enquanto as províncias administravam problemas locais.

Louis Riel, rebelde do noroeste

A REBELIÃO DOS MÉTIS

Após a confederação, o governo comprou da Hudson's Bay Company, a região conhecida como Rupert's Land, que se estendia para o interior ao sul e a oeste, por milhares de quilômetros a partir da baía de

CRONOLOGIA

1818 Definida a fronteira do Canadá com os EUA pelo paralelo de 49 graus do Lake of the Woods até as Rochosas

1839 Lord Durham faz um relatório recomendando o estabelecimento de um governo responsável e a união do Alto e do Baixo Canadá para acelerar a assimilação dos franco-canadenses

1849 A fronteira do paralelo 49 se estende até o oceano Pacífico

1820	1830	1840	1850

1821 Fusão das companhias Hudson's Bay e North West

1837 O sentimento geral de que o governo não é democrático leva a rebeliões violentas sem sucesso no Alto e no Baixo Canadá

1841 A Lei da União une o Alto e o Baixo Canadá, como a Província do Canadá

Hudson. Os *métis* (na maioria descendentes de comerciantes de pele franceses e nativos) que viviam aqui estavam alarmados com o aumento do número de colonizadores de idioma inglês. Em 1869, o líder local Louis Riel apoiou a causa e liderou os dois primeiros levantes. A rebelião de Red River foi uma tentativa de defender o que os mestiços viam como direitos ancestrais à terra. Chegaram a um acordo em 1870 e a nova província de Manitoba foi criada. Muitos mestiços foram para o oeste e em 1905 surgiu a província de Saskatchewan.

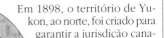

O último prego da ferrovia Canadian Pacific é cravado em 1885

Riel foi eleito para a Câmara dos Comuns em 1874, mas, em 1875, emigrou para os EUA. A intenção do governo de colonizar o oeste com o apoio dos *métis* de Saskatchewan fez com que Riel voltasse em 1884 para liderar a rebelião do Noroeste. A missão durou pouco. Derrotado em Batoche em maio, Riel foi acusado de traição e enforcado em Regina, a 16 de novembro de 1885.

NASCIMENTO DE UMA NAÇÃO

A derrota dos *métis* e a construção da ferrovia transcontinental foram fatores cruciais na colonização do oeste. A Colúmbia Britânica, uma colônia da Coroa desde 1858, escolheu unir-se ao Domínio em 1871 com a promessa de uma ligação ferroviária com o resto do país. O primeiro trem a ir de Montreal a Vancouver em 1886 abriu caminho para milhares de colonizadores no oeste no fim do século 19. A ilha Prince Edward, a menor província do Canadá, juntou-se ao Domínio em 1873.

Em 1898, o território de Yukon, ao norte, foi criado para garantir a jurisdição canadense sobre a região durante a corrida do ouro em Klondike *(págs. 46-7)*. Em 1905, as províncias de Saskatchewan e Alberta foram criadas a partir de Rupert's Land e o restante da área transformou-se nos Territórios do Noroeste.

Cada província passou a ter seu primeiro-ministro e uma assembléia eleita. Por volta de 1911 mais imigrantes dobraram as populações das novas províncias. A Terra Nova preferiu permanecer como colônia inglesa até 1949, quando tornou-se a décima província do país.

OS MÉTIS (MESTIÇOS)

Os povos do centro do Canadá descendiam de nativos e franceses. Orgulhosos de sua cultura singular, estes seminômades se consideravam fora do resto do Domínio. Com sua estrutura social e estilo de vida dependentes principalmente da caça do búfalo, eles resistiram à integração. Responderam ao processo de unificação com duas rebeliões fracassadas. Os *métis* não tinham direito à terra e foram condenados a uma vida de pobreza ou à integração forçada.

Métis caçam búfalo nas pradarias

Sir John MacDonald

1867 Domínio do Canadá; sir John A. MacDonald é o primeiro governante do Canadá

1870 A rebelião do Red River é esmagada pelo general Wolseley e é criada a província de Manitoba

General Wolseley

1886 Ouro encontrado no Forty-Mile River

1860 | 1870 | 1880

1866 Os fenianos atacam o Canadá para desviar as tropas inglesas da Irlanda

1855 A rainha Vitória indica Ottawa como capital da província do Canadá

Canadian Pacific

1885 Riel chefia a rebelião do Noroeste. Os *métis* são derrotados em Batoche; Riel é enforcado em Regina. O último prego da ferrovia transcontinental é colocado

A Corrida do Ouro de Klondike

Havia rumores da existência de ouro no Yukon desde a década de 1830, mas a terra inóspita e os índios chilkoot, guardiães de seu território, mantinham os garimpeiros afastados. No dia 16 de agosto de 1896, a mais frenética e fabulosa corrida do ouro da história do Canadá se iniciou quando George Washington Carmack e dois amigos índios, Snookum Jim e Tagish Charlie, encontraram uma grande pepita no rio que mais tarde denominariam Bonanza Creek. Nos dois anos seguintes, ao menos 100 mil garimpeiros rumaram para as novas jazidas de ouro. Apenas 40 mil chegaram ao local de fato. A maioria foi de barco até Skagway ou Dyea, no Encrave do Alasca, depois atravessou as Coast Mountains pelas passagens de White ou Chilkoot para chegar à cabeceira do rio Yukon. A partir daí, barcos percorriam 500km até as minas. A corrida do ouro gerou Can $ 50 milhões, embora poucos conseguissem manter suas fortunas.

Empreendedor de Klondike
Alex McDonald, da Nova Scotia, sagaz nos negócios, comprou os títulos de mineiros desanimados e contratou outros para trabalhar para ele. Conhecido como o "rei de Klondike", ganhou milhões.

O sternwheeler era um navio a vapor com uma só roda propulsora atrás.

Skagway, Alasca
O ponto de partida para o Klondike era a cidade-acampamento de Skagway. Havia bares e trapaceiros em cada esquina e tiros nas ruas eram comuns. O mais famoso vigarista foi Jefferson Randolph "Soapy" Smith, que morreu em um tiroteio em 1898.

O rio Yukon nasce nas Coast Mountains, na Colúmbia Britânica, e serpenteia por 3.000km até o Alasca.

Polícia Montada no Comando
A segurança da corrida do ouro foi garantida pelos guardas da Polícia Montada, os mounties. Graças a eles, a corrida foi bastante pacífica. Apenas 19, chefiados pelo inspetor Charles Constantine, foram enviados ao Yukon em 1895, mas em 1898 havia 285, servindo no Fort Herchmer, em Dawson.

Febre de Klondike
O mundo soube da riqueza em julho de 1897, quando os mineiros atracaram em Seattle e São Francisco, EUA, carregando ouro. A febre, então, se tornou epidemia.

Dawson City
À medida que aumentava a corrida do ouro, no verão de 1897, um pequeno acampamento na junção dos rios Klondike e Yukon recebeu 5.000 pessoas. Em um ano, eram 40 mil, e Dawson City tornou-se uma das maiores cidades do Canadá.

Navios a vapor e outras embarcações trouxeram milhares de mineiros que navegavam o rio Yukon até Dawson, onde lutavam para atracar.

Pegando o "Espírito"
A corrida do ouro de Klondike inspirou romances como o Chamado Selvagem *(1903), de Jack London (foto), e os versos* Songs of a Sourdough *(1907), de Robert Service.*

NAVEGANDO NO RIO YUKON
As águas do rio Yukon, nas corredeiras de Miles Canyon, reduziram muitos barcos a estilhaços. Por isso, a Polícia Montada obrigou as embarcações a serem guiadas por pilotos competentes, que podiam ganhar até Can$ 100 por viagem. Passado o desfiladeiro, havia apenas outro trecho de corredeiras para alcançar as águas mais calmas a caminho da cidade de Dawson.

CRONOLOGIA

Jornal Klondike News, 1898

1896 George Carmack e os amigos índios Tagish Charlie e Snookum Jim acharam ouro em Bonanza Creek. O liberal Wilfred Laurier foi o primeiro franco-canadense a ser primeiro-ministro

1898 O Yukon recebe status territorial, para assegurar a autoridade inglesa aos olhos dos americanos do Alasca

1896	1897	1898	1899

1897 Navios vindos do Alasca revelam a descoberta de ouro em São Francisco e Seattle, dando início à corrida

1899 Mais ouro é descoberto em Nome, Alasca, e Dawson City encolhe devido ao êxodo em direção a oeste atrás do novo sonho

OTIMISMO RENOVADO

O impacto da corrida do ouro em Klondike se fez sentir em todo o Canadá, na expansão de cidades como Vancouver e Edmonton, e na criação do território de Yukon. Um período de otimismo se instalou com o novo governo liberal, eleito em 1896, sob o primeiro-ministro franco-canadense Wilfred Laurier, que acreditava que o "século 20 pertenceria ao Canadá".

As novas províncias canadenses do centro ofereciam abrigo aos imigrantes europeus ansiosos por cultivar grandes extensões de pradaria. Em 1913, esta onda de imigração chegou a 400mil. Finalmente o Canadá começou a prosperar com a economia mundial e se firmou como poder industrial e agrícola.

Poster de 1914 promovendo a imigração para o Canadá

APOIO AOS ALIADOS

O primeira prova para a recém-formada nação foi em 1899, quando a Guerra dos Bôeres foi deflagrada na África do Sul; a segunda em 1914, quando a Europa entrou na Primeira Guerra Mundial. A princípio Laurier foi cauteloso

ao enfrentar a crise sul-africana, mas a pressão da população de idioma inglês levou-o a enviar 1.000 soldados para a Cidade do Cabo em 1899. Antes que a Guerra dos Bôeres terminasse em 1902, 6.000 homens haviam se deslocado para os campos de batalha sul-africanos. Eles voltaram com um sentido de identidade nacional mais arraigado para surpresa de seus compatriotas. Enquanto a experiência de guerra trouxe um novo sentido de unidade nacional, também houve divisões. Estudantes universitários franceses e ingleses se enfrentaram, assim como os conservadores de Ontário e os políticos de idioma francês de Quebec. Antes que os ânimos se acalmassem surgiu outra crise. Ao participar das forças Aliadas em Flandres, os canadenses encontraram a ansiada glória durante a Primeira Guerra Mundial. O piloto canadense Billy Bishop foi o melhor da aviação aliada e outro canadense, Roy Brown, foi o piloto que teria abatido o Barão Vermelho. As tropas canadenses venceram duas batalhas importantes, Ypres (1915) e Vimy Ridge (1917). Quando a paz foi declarada, em 11 de novembro de 1918, havia 175mil canadenses feridos, e 60mil canadenses mortos em serviço.

STATUS INDEPENDENTE

O Canadá desempenhou um papel importante durante a Primeira Guerra Mundial, que lhe valeu o reconhecimento de país independente, com representação na Liga das Nações. Esta independência foi confirmada em 1931 com o Estatuto de Westminster, que deu ao

Canadenses avançam em Paardeberg na Guerra dos Boers, 1900

CRONOLOGIA

1899 Os primeiros canadenses são enviados para lutar na Guerra dos Bôeres

1911 Robert Borden e os conservadores ganham a eleição federal, derrotando o líder do partido Liberal, Wilfred Laurier na questão da Reciprocidade

1917 Navio de munições explode no porto de Halifax destruindo 5km² da cidade, matando 2.000 e ferindo 9.000

1918 Os canadenses atravessam as trincheiras alemãs em Amiens, iniciando os "Cem Dias do Canadá"

| 1900 | 1905 | 1910 | 1915 | 1920 |

1903 Canadá perde a disputa da fronteira com o Alasca, quando um tribunal inglês se une aos EUA

1914 Grã-Bretanha declara guerra à Alemanha, e leva o Canadá para o conflito na Europa. A Lei das Medidas de Guerra obriga alemães e austro-húngaros canadenses a portar carteira de identidade

Dr. Frederick Banting

1922 Os canadenses Charles Best, Frederick Banting e John MacLeod ganham o Nobel pela descoberta da insulina

Canadá a independência política da Grã-Bretanha e criava uma commonwealth de nações soberanas sob uma única coroa.

O otimismo nacional foi restringido pela Grande Depressão, que se iniciou com a queda de Wall Street, em 1929. A seca atingiu as fazendas de Alberta, Saskatchewan e Manitoba. Um em cada quatro operários estava desempregado e era comum ver homens andando em vagões fechados em uma procura infrutífera por trabalho.

Sopa servida durante a Grande Depressão

SEGUNDA GUERRA MUNDIAL

A necessidade de abastecer os exércitos aliados durante a Segunda Guerra Mundial ajudou o Canadá a sair da Depressão. A marinha canadense desempenhou um papel crucial na Batalha do Atlântico (1940-3) e milhares de pilotos aliados foram treinados no Canadá. Muitos canadenses morreram no ataque de Dieppe, em 1942. Milhares lutaram na Itália, enquanto outros desembarcaram na Normandia. Na batalha sangrenta que se seguiu, a Segunda e Terceira Divisões canadenses, defendendo as cabeças de ponte, tiveram mais baixas do que qualquer outra unidade sob comando britânico. Foram também os canadenses que libertaram a maior parte da Holanda.

O primeiro-ministro canadense, o liberal Mackenzie King (1935-48), instituiu um plebiscito que permitiu mandar recrutas para o exterior, acompanhou a construção da rodovia Alaska Highway *(págs. 260-1)* e, auxiliado por seu ministro de munições e fornecimento, dirigiu o enorme esforço de guerra.

UMA VOZ INTERNACIONAL

Quando a paz finalmente chegou em setembro de 1945, o Canadá tinha a terceira maior marinha do mundo, a quarta força aérea e um exército de 730 mil homens. Embora o preço pago pelo Canadá tenha sido alto –43 mil pessoas morreram em ação e a dívida nacional quadruplicou– a nação havia se fortalecido. Uma população maior podia enfrentar as perdas e muito da dívida correspondia ao fato de ter dobrado o produto nacional bruto, criando indústrias de bens duráveis que alavancariam a economia do pós-guerra.

Alemães capturados pela infantaria canadense, a 6 de junho de 1944

1925	1930	1935	1940	1945
1926 O relatório Balfour define os domínios ingleses como autônomos e de igual status	**1937** Trans-Canada Air Lines, hoje Air Canada, inicia vôos regulares	**1942** Cerca de 22 mil canadenses japoneses são destituídos de suas posses-sões e internados	**1944** Tropas canadenses avançam para o interior, mais do que qualquer outra unidade aliada no Dia D	
	1929 Início da Grande Depressão	**1931** O Estatuto de Westminster confere ao Canadá total autoridade legislativa	**1941** Hong Kong cai nas mãos dos japoneses e os canadenses são levados como prisioneiros de guerra	**1945** Fim da Segunda Guerra. Canadá se une às Nações Unidas. Reator nuclear canadense começa a funcionar em Chalk River, Ontário

Logo da Air Canada

Um navio graneleiro chegando à rota marítima do São Lourenço em 1959– ano de sua inauguração

Desde a Segunda Guerra Mundial, a economia do Canadá continuou a se expandir. Este crescimento, aliado a programas sociais do governo como a seguridade dos idosos, seguro-desemprego e saúde, faz com que os canadenses tenham um dos mais altos padrão e qualidade de vida que atraem imigrantes de todo mundo. Desde 1945, a maior parte dos imigrantes é formada por europeus do sul, asiáticos, sul-americanos e ilhéus do Caribe, que enriqueceram o status multicultural do país.

Internacionalmente, a reputação e a influência da nação cresceu. O Canadá participou das Nações Unidas desde o início, em 1945, e é a única nação a tomar parte em quase todas as mais importantes operações de paz. Não é de admirar que foi um futuro primeiro-ministro, Lester Pearson, que patrocinou o processo de paz, pelo qual ganhou o Prêmio Nobel da Paz

em 1957 por ajudar a resolver a crise do canal de Suez. O Canadá também é um respeitado membro da Commonwealth britânica, da Francofonia, do Grupo das Oito Nações Industrializadas, da OEA (Organização dos Estados Americanos) e da OTAN (Organização do Tratado do Atlântico Norte).

O Divisor Francês-Inglês

É uma ironia que, dadas todas estas realizações, neste último quarto de século os canadenses tenham tido de lidar com questões fundamentais de identidade e unidade nacionais. A força motriz deste debate continua a ser a rivalidade histórica anglo-francesa. No fim do século 20, os diretamente envolvidos são o primeiro-ministro Pierre Trudeau (1968-84) e o primeiro-ministro do Quebec René Lévesque (1968-87).

Quando Jean Lesage foi eleito primeiro-ministro em 1960, ele instituiu a "Revolução Quieta" – uma série de reformas que aumentaram o poder das províncias. Isto não foi suficiente para evitar um crescimento dos nacionalistas revolucionários. Em outubro de 1970, James Cross, Comissário do Comércio britânico, e o Ministro do Trabalho de Quebec, Pierre Laporte, foram sequestrados pela organização terrorista Frente

Os primeiro-ministros de Quebec (dir.) e do Canadá, René Lévesque e Pierre Trudeau, no referendo de 80

CRONOLOGIA

1949 Terra Nova se une à Confederação. Canadá entra para a OTAN

1959 Primeiro-ministro, John Diefenbaker, cancela o projeto AVRO Arrow, perdendo 14 mil empregos

O avião de alta velocidade, AVRO Arrow Delta High

1967 Expo '67 se realiza em Montreal e Canadá celebra seu centenário

1950	1955	1960	1965	1970

1950 A Força Especial do Exército canadense se une às forças das Nações Unidas na Guerra da Coréia

Lester Pearson

1957 Lester Pearson ganha o Prêmio Nobel da Paz, ajudando a resolver a crise de Suez

1965 Nova bandeira do Canadá é inaugurada com intenso debate político

1972 Canadá vence o primeiro desafio em hóquei contra os soviéticos, gerando celebração nacional

Demonstração para independência de Quebec, em Montreal, 1990

feitos para a reforma do sistema constitucional. O Acordo de Meech Lake, de 1987, reconheceria as reivindicações de Quebec para ter um status especial baseado na cultura francesa, mas Mulroney não implementou a emenda, por não obter o consentimento de todas as províncias. Quando os inuit iniciaram a campanha para obter mais representação parlamentar, chegou-se ao Acordo de Charlottetown, de 1991, que iniciou a questão do autogoverno aborígine. O Acordo foi rejeitado em referendo nacional, em 1992.

de Liberação de Quebec (FLQ). Cross foi resgatado pela polícia, mas Laporte foi encontrado morto. Trudeau pediu a Lei de Medidas de Guerra, enviou tropas a Montreal, e baniu a FLQ. Cerca de 500 pessoas foram presas.

Trudeau dedicou sua vida política ao federalismo, lutando pelo separatismo e dando ao Canadá sua própria constituição. Por outro lado, o sucessor de Lesage, René Lévesque, fez campanha em 1980 por um referendo em Quebec para saber se a província deveria tornar-se independente. A maioria votou contra, mas os resultados não foram decisivos e o separatismo continuou a dominar a agenda política do país. Em 1982, a Lei da Constituição realizou o sonho de Trudeau, incluindo os direitos civis federais e liberdades tais como a igualdade das mulheres.

Hoje, muitas dessas reformas foram concluídas e estão a serviço da união canadense. A herança francesa de Quebec tem reconhecimento oficial e os inuit governam o território de Nunavut.

EM DIREÇÃO AO CONSERVADORISMO
Em 1984, o líder dos Conservadores Progressistas Brian Mulroney ganhou a eleição geral com a maior vantagem da história do Canadá. Ignorando a política de Trudeau, a ênfase de Mulroney era maior ligação com a Europa e, especialmente, com os EUA. Nos anos que se seguiram, dois esforços importantes foram

INDEPENDÊNCIA PARA NUNAVUT
Em 1º de abril de 1999, o Canadá ganhou seu mais novo território, a terra de Nunavut dos inuit. A campanha para um estado inuit começou na década de 1960, quando o desejo inuit por identidade política

Cerimônia de assinatura em Iqaluit, abril de 1999

própria foi acrescentado às reivindicações por terra aborígine. O primeiro-ministro de Nunavut, Paul Okalik, 34 anos, é o líder do governo majoritário, com mais de 85% de população inuit. O inglês está sendo substituído pelo nativo inuktitut, o idioma oficial, e as tradicionais técnicas de pesca e caça estão sendo reintroduzidas. Até 2012, o governo federal investirá mais de Can$ 1 bilhão em serviços públicos em Nunavut.

1975	1980	1985	1990	1995	2000
1976 Os Jogos Olímpicos se realizam em Montreal sob grande segurança. René Lévesque e os separatistas do *Parti Québecois* ganham a eleição provincial	**1984** A bordo da *Challenger*, dos EUA, Marc Garneau é o primeiro canadense no espaço	**1989** O acordo do Tratado de Livre Comércio americano-canadense é efetivado	*Bandeiras do Canadá e de Nunavut*	**1999** O território Inuit de Nunavut é estabelecido	
	1979 225 mil pessoas de Mississauga, Ontário, são evacuadas depois que um descarrilamento de trem ameaça liberar nuvens de cloro	**1988** Calgary é sede dos XV Jogos Olímpicos de Inverno	**1991** Forças canadenses se unem na batalha para retirar tropas iraquianas de Saddam Hussein do Kuwait	**1997** Inaugurada uma ponte de 13km unindo a ilha Prince Edward ao continente	

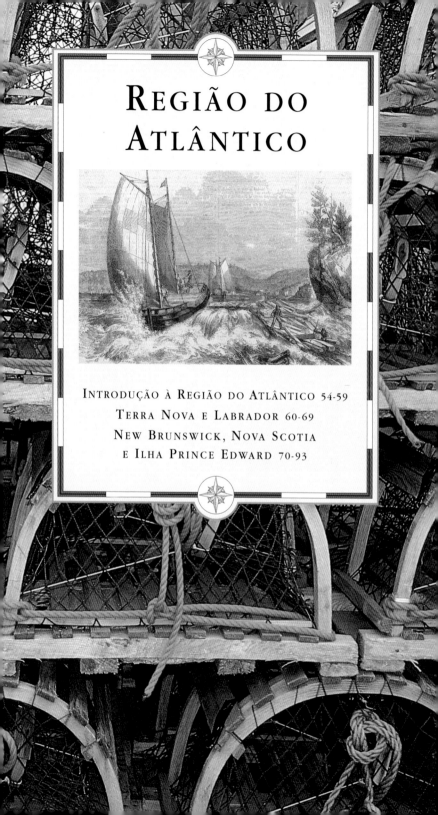

REGIÃO DO ATLÂNTICO

Introdução à Região do Atlântico

A Região do Atlântico é conhecida por suas costas rochosas, vilas pesqueiras pitorescas, praias ensolaradas, hospedarias aconchegantes e pessoas amigáveis. Cada província tem uma cultura marcante. No nordeste de New Brunswick, predomina a cultura acadiana de idioma francês, enquanto a costa sul oferece a beleza intacta das cavernas trabalhadas pela maré da baía de Fundy. A Nova Scotia é famosa pelas atrações conhecidas no mundo todo, como a fortaleza de Louisbourg, do século 18, o cenário natural deslumbrante de Cabot Trail e as cidades históricas marinhas como Lunenburg. A Ilha Prince Edward é conhecida pelos campos cor de esmeralda das fazendas, ótimas praias e pesca abundante da lagosta. Na Terra Nova, as montanhas do Gros Morne National Park se elevam a 800m acima dos fiordes azuis. Labrador oferece uma belíssima paisagem costeira, tendo ao fundo o brilho dos icebergs.

MAR DE LABRADOR

● NAIN

LABRADOR

Represa de Smallwood 500

● CHURCHILL FALLS

● CIDADE DE LABRADOR

Casas rurais acadianas de 400 anos refletem uma cultura única, que domina o nordeste de New Brunswick

O cenário marinho da praia de Two Islands, conhecida como "The Brothers" (os irmãos) devido às duas ilhas costeiras, em Parrsboro, Nova Scotia

CAMPBEL

11

NE BRUNS

Como Chegar

Air Canada, Air Nova e Canadian Airlines oferecem vôos regulares em toda a região. A Trans-Canada Highway (TCH) chega até as quatro províncias, mas não atravessa a Terra Nova nem Labrador. A nova Confederation Bridge liga a Ilha Prince Edward a Cape Tormentine, New Brunswick. À Terra Nova só se chega de avião ou ferryboat a partir de Sydney, Nova Scotia, a Port aux Basques ou a Argentia. Um ferryboat também faz a conexão entre a Nova Scotia e Bar Harbor, Maine. Ônibus servem as províncias, mas muitas regiões são tão remotas que é preciso verificar a disponibilidade antes.

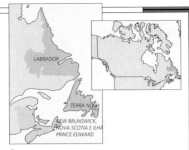

LABRADOR

TERRA NOVA

NEW BRUNSWICK, NOVA SCOTIA E ILHA PRINCE EDWARD

LOCALIZE-SE

Legenda

▓▓▓	Rodovia
▓▓▓	Estrada principal
▓▓▓	Estrada secundária
══	Rio

Veja Também

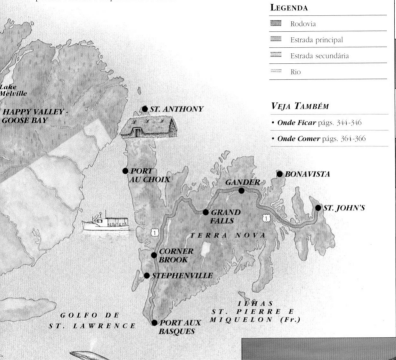

Lake Melville

HAPPY VALLEY - GOOSE BAY

● **ST. ANTHONY**

● **PORT AU CHOIX**

GANDER
●

● **BONAVISTA**

● **GRAND FALLS**

● **ST. JOHN'S**

T E R R A   N O V A

● **CORNER BROOK**

● **STEPHENVILLE**

I L H A S
ST. PIERRE E MIQUELON (Fr.)

GOLFO DE ST. LAWRENCE

● **PORT AUX BASQUES**

C A P E BRETON ISLAND

● **SYDNEY**

BATHURST

I L H A PRINCE EDWARD

BOUCTOUCHE

● **AMHERST**

N O V A S C O T I A

TRURO

O C E A N O   A T L Â N T I C O

REDERICTON

● **HALIFAX**

SAINT JOHN

● **LUNENBURG**

0 km   250

● **DIGBY**

SHELBURNE

Situada na costa atlântica, Quidi Vidi é uma das mais antigas vilas da Terra Nova

Vida Marinha da Região do Atlântico

As províncias do Canadá do Atlântico –Nova Scotia, New Brunswick e Ilha Prince Edward– além da Terra Nova, da costa norte do rio São Lourenço, em Quebec, e da península de Gaspé, constituem um hábitat rico e variado para a vida selvagem. O clima é dominado pelo mar, que recebe influência da corrente do Golfo, mais quente, que corre para o norte a partir do mar do Caribe, e pelas águas geladas com icebergs que se deslocam para o sul, a partir do extremo norte canadense. O relevo da costa leste do Canadá varia de cabos rochosos a praias. Mamíferos terrestres e aquáticos habitam esta costa, assim como centenas de aves marinhas.

O maçarico é um pássaro costeiro em extinção, encontrado ao longo da costa atlântica do Canadá.

HÁBITAT DA COSTA

A costa marinha abrange penhascos e costões rochosos, praias arenosas e pântanos salgados. Para o interior, a paisagem muda para pântanos, florestas e campinas. É um hábitat de pequenos mamíferos tais como guaxinins, castores, e também de pássaros variados. Onde a costa encontra a água, as férteis zonas entremarés são hábitat de algas, moluscos e outros invertebrados.

A lontra de rio vive em "família" nos rios, lagos e baías marinhas, à procura de peixes.

O papagaio-do-mar é um pássaro costeiro que vive na beira dos penhascos, caracterizado por um bico colorido e sua natureza curiosa e amigável.

O guaxinim, com seu rabo listrado e máscara preta na face, caça peixes, camarões, pássaros e seus ovos.

O castor, símbolo do Canadá, vive em bosques pantanosos perto da costa. Rói árvores para se alimentar e fazer seu abrigo, as barragens.

HÁBITAT MARINHO

O mar na Região do Atlântico é influenciado pela corrente fria do Labrador, que vem do norte, pela corrente do Golfo, do sul, e pelo fluxo de água doce da foz do rio São Lourenço. Na região se encontram variadas criaturas marinhas e as mais altas marés do mundo, na baía de Fundy. Ao largo da Terra Nova estão os Grand Banks, outrora a mais rica região de pesca da Terra. A pesca abusiva ameaçou de extinção os cardumes, e agora as quotas são limitadas.

A lagosta é o fruto-do-mar favorito da região, pescada com armadilhas perto da costa. Regras rígidas de conservação estão em vigor para protegê-las.

A baleia-azul adulta é o maior mamífero do mundo, chegando a 30m de comprimento. Hoje, a observação de baleias faz parte do ecoturismo, especialmente ao longo da costa leste, onde também se avistam outras espécies.

O salmão do Atlântico, diferente dos primos do Pacífico, volta para desovar rio acima, várias vezes durante sua vida. São muito apreciados para a pesca esportiva (pág. 21).

Golfinhos-flíper, caracterizados por seus bicos compridos e "sorrisos", vivem ao largo da costa leste, tanto em New Brunswick como na Nova Scotia.

PÁSSAROS MARINHOS DA COSTA ATLÂNTICA

A costa leste do Canadá é perfeita para estes pássaros. Penhascos rochosos e promontórios servem como berçários ideais. As ricas águas costeiras e zonas entre marés garantem alimento para muitas espécies, inclusive o biguá e o petrel-das-tormentas. Alguns pássaros estão ameaçados por mudanças ambientais, mas papagaios-do-mar e bicos-de-navalha (*razorbill*) continuam a se reproduzir.

O biguá-de-duas-cristas, ou corvo marinho como é conhecido, é um pássaro mergulhador, capaz de encontrar alimento a 10m de profundidade.

O petrel-das-tormentas-de-Leach possui um agudo olfato que o ajuda a navegar em alto-mar.

Os Acadianos

Poucos relatos relacionados ao povoamento do Novo Mundo evocam tantos sentimentos de tragédia e sucesso quanto a história dos acadianos. Ao colonizar as férteis terras de Annapolis Valley, Nova Scotia, no século 17, 500 colonos franceses adotaram o nome de Acádia, na esperança de fundar um território pastoril ideal. O projeto prosperou e, por volta de 1750, eram 14 mil colonos e que se tornaram a cultura dominante. O enclave representava uma ameaça à província de administração inglesa, que os expulsou em 1755. Quando Inglaterra e França fizeram as pazes em 1763, os acadianos voltaram. Hoje a cultura de idioma francês é encontrada nas vilas costeiras.

Mulheres acadianas *participam dos festivais de verão, usando tecidos de linho e lã.*

Ile Sainte-Croix *foi o primeiro povoamento acadiano francês de New Brunswick, em 1604. O planejamento ordenado e espaçoso da vila é típico.*

AGRICULTURA ACADIANA

Os agricultores acadianos abriram as terras de Annapolis Valley, construíram vilas e desenvolveram um sistema de diques para drenar as terras invadidas pela maré. As culturas de verão eram cuidadosamente colhidas no inverno; batatas e legumes eram colocados nos porões e o feno armazenado para alimentar gado bovino e caprino. No século 19, já cultivavam fumo e linho.

O feno era uma cultura importante, amontoado em *chafauds,* que secavam nos campos para alimentar o gado.

O embarque dos acadianos *foi em agosto de 1755. As tropas inglesas os cercaram para deportá-los à força. Mais de 6.000 acadianos foram colocados em barcos, alguns com destino aos EUA, onde se tornaram os cajuns de hoje. Outros voltaram anos depois e hoje seus descendentes moram em vilas em toda a Região do Atlântico.*

*Os **acadianos** mantiveram um estilo de vida ligado à agricultura e à pesca durante séculos, hoje recriado na Village Historique Acadien (pág. 75).*

*A **igreja de Saint Anne**, em Sainte-Anne-du-Ruisseau, representa o estilo de vida acadiano em sua simplicidade e elegância. O catolicismo era importante para eles, que se voltaram aos padres para pedir socorro na diáspora de 1755.*

*Músicos **acadianos** refletem sua cultura desde o século 17. A música folclórica ao som do violino e do violão oferece toadas animadas e baladas, com temas de amores não correspondidos e problemas sociais.*

A vida acadiana girava em torno das fazendas. Os homens cultivavam os campos e pescavam e as mulheres ajudavam na colheita anual.

HENRY WADSWORTH LONGFELLOW

Um dos poetas mais populares do século 19, nos EUA e na Europa, o americano Henry Longfellow (1807-82) é conhecido pelos longos, amargos e doces poemas narrativos. Com base nos julgamentos e injustiças sofridos pelos acadianos, *Evangelina*, publicado em 1847, segue os passos de um jovem casal acadiano. O poema, hoje considerado clássico, lembra a trágica perda da terra que pretendia ser um idílio, quando seu amor foi destruído pelas revoltas e pela expulsão no século 18: "Ecoa das cavernas de pedra, o profundo oceano [canta], Incline-se à triste tradição cantada pelos pinheiros da floresta,... Incline-se à História de Amor na Acádia, pátria dos felizes".

TERRA NOVA E LABRADOR

COM PICOS ELEVADOS, vastas paisagens e 17 mil km de costas acidentadas, Terra Nova e Labrador oferecem paisagens selvagens e grandes espetáculos da natureza. Nesta terra fascinante, icebergs arrastam-se lentamente ao longo da costa, baleias nadam em baías cintilantes e alces pastam placidamente nos pântanos abertos e planos. A costa oeste da Terra Nova oferece algumas das vistas mais espetaculares a leste das Rochosas. As montanhas de granito de Gros Morne National Park abrigam fiordes profundos, enquanto a parte leste da ilha apresenta um terreno mais erodido, com baías e enseadas que caracterizam o Terra Nova National Park. Parte da atração desta região é a reconstrução da história de culturas passadas, inclusive os índios arcaicos marinhos, em Port au Choix, os vikings, em L'Anse-Aux-Meadows, e os baleeiros bascos, na Red Bay, nos Estreitos de Labrador.

PRINCIPAIS ATRAÇÕES

Cidades Históricas
Cidade de Labrador **18**
Gander **9**
Happy Valley-
Goose Bay **16**

Nain **15**
St. John **1**
Trinity **6**

Parques Nacionais
Gros Morne National Park **11**
Terra Nova National Park **7**

Sítios Históricos e Regiões de Beleza Natural
A Costa Sudoeste **10**
Avalon Peninsula **2**

Battle Harbour **14**
Bonavista Peninsula **5**
Burin Peninsula **3**
Churchill Falls **17**
Estreitos de Labrador **13**
Ilhas de Saint-Pierre e
Miquelon **4**
Notre Dame Bay **8**
Península do Norte **12**

LEGENDA

✈ Aeroporto internacional

▬ Estrada principal

— Ferrovias principais

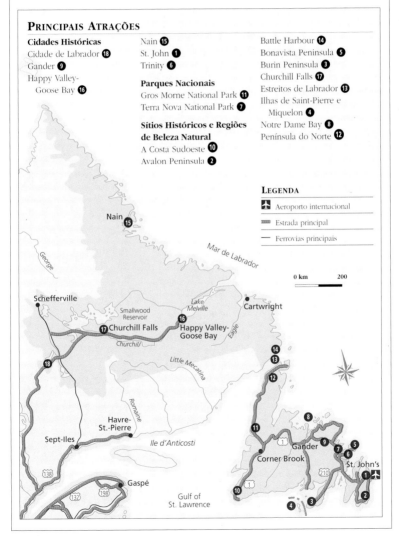

0 km   200

◁ **Vilas pesqueiras sob ação das intempéries na Terra Nova têm se apoiado no comércio da pesca durante séculos**

St. John **❶**

O explorador italiano John Cabot *(pág. 40)* despertou o interesse sobre a Terra Nova (depois da viagem de 1497 em nome de Henrique VII) quando descreveu "um mar tão piscoso que uma cesta jogada ao mar é içada transbordante de bacalhau". Cabot iniciou a corrida para o Novo Mundo e fez de St. John o centro da indústria pesqueira e o mais antigo e animado povoado da América do Norte. Hoje, St. John ainda se agita com o comércio marítimo: pesca, exploração de petróleo e navios de centenas de nações aguardando os serviços locais. Os habitantes de St. John são conhecidos por sua afabilidade, em contraste com a beleza agreste e rude que rodeia esta cidade histórica.

Pingente de museu local

Centro de St. John, visto do mar

Como Explorar St. John

A capital da Terra Nova é facilmente explorada a pé. A maioria de suas atrações está a pouca distância entre si, ao longo da Water Street sentido leste. Do mar se tem a melhor vista do porto, especialmente a encosta íngreme a leste, onde as antigas casas pintadas em tons pastel parecem estar penduradas nas rochas.

🏛 Murray Premises
esq Water St. e Beck's Cove. **📞** *(709) 738 8111.* ⏰ *8h-22h30 diariam.* ♿
No extremo oeste de Water Street estão as Murray Premises. Erguidas em 1846, estas construções de tijolo e madeira são remanescentes das últimas grandes instalações mercantis e de processamento de peixe, comuns na zona portuária de St. John. As Murray Premises já foram muito movimentadas com o embarque de bacalhau para os mercados mundiais.O conjunto escapou de um incêndio em 1892, assinalando o limite da devastação. Agora um sítio histórico, as construções restauradas abrigam

butiques, escritórios e um excelente restaurante de frutos-do-mar, com fotografias que lembram a cidade do século 19.

🏛 Newfoundland Museum
285 Duckworth St. **📞** *(709) 729 2329.* ⏰ *9h-17h ter, qua, sex; 9h-21h qui; 10h-18h sáb e dom.* ⏺ *seg.*
Este museu mostra a história da província nos últimos 9.000 anos. Artefatos escavados no lugar ilustram a pré-história da Terra Nova. O interesse pelos tempos da colônia favoreceu a restauração de pequenos chalés de pescadores e elegantes salas de estar. Há também uma galeria de arte indígena.

🏛 Zona Portuária
Water St. **📞** *(709) 576 8106.* ♿
Na zona portuária de St. John, Water Street é a mais antiga via pública da América do Norte, do fim do século 16, quando começou o comércio na cidade. Outrora um porto barulhento, com fábricas de gim e bordéis, Water Street e Duckworth Street agora oferecem uma variedade de

lojas de presentes, galerias de arte e alguns dos melhores restaurantes da Terra Nova. Harbour Drive é maravilhosa para caminhar ou descansar. George Street é o centro da vida noturna.

🏛 East End
King's Bridge Rd. **ℹ** *(709) 576 8106.*
East End é um dos bairros de St. John mais favorecidos pela arquitetura, com ruas estreitas de pedra e casas elegantes. Commissariat House, construída em 1836, era onde morava a oficialidade inglesa, no século 19. Esta casa histórica é hoje um museu da Província. Próximo está a Government House, construída na década de 1820, residência do vice-governador.

The Battery
Battery Rd. **ℹ** *(709) 576 8106.*
As casas coloridas situadas na montanha, junto ao porto, são conhecidas como Battery. Com aspecto e atmosfera de vila pesqueira do século 19, é um dos lugares mais fotografados de St. John. A comunidade tem esse nome devido às fortificações militares que defendiam o porto. Os residentes usaram os canhões da bateria para afugentar os navios dos piratas holandeses, em 1763.

🔭 Signal Hill
Signal Hill Rd. **📞** *(709) 772 5367.* ⏰ *Interpretation Centre: jun-out: 8h30-20h; out-mai: 8h30–16h30.* ♿
Esta elevação oferece vistas espetaculares do Atlântico, da entrada do porto montanhoso e da cidade de St. John, aninhada nas encostas da montanha.

Vista de Signal Hill, do pitoresco porto pesqueiro de St. John

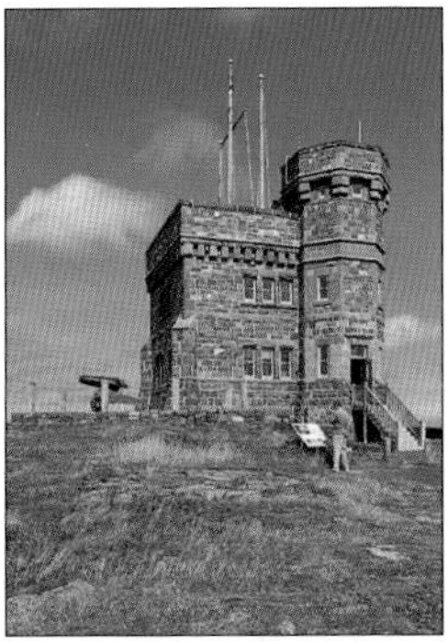

A Cabot Tower, no alto de Signal Hill, acima do porto

🏛 Cabot Tower

Signal Hill Rd. ☎ *(709) 772 5367.* 🕐 *out-set: 8h30-20h30; out-mai: 8h30–16h30.* ♿

A construção da Cabot Tower, no alto de Signal Hill, começou em 1897 para celebrar os 400 anos da chegada de John Cabot. Nos fins-de-semana de verão, soldados a caráter desfilam ao som de marchas e dão tiros de mosquetes e canhões. Foi aqui que outro italiano, Guglielmo Marconi, recebeu o primeiro sinal transatlântico de rádio, em 1901.

🏛 Quidi Vidi Village

Quidi Vidi Village Rd. ☎ *(709) 729 2977.* 🕐 *diariam.*

Do outro lado de Signal Hill, estão as construções consumidas pelo tempo da antiga vila Quidi Vidi, ao redor de um pequeno porto. Os visitantes podem olhar o acervo eclético de antiguidades a venda, em Mallard Cottage, da década de 1750. No alto, Quidi Vidi Battery é uma praça fortificada, construída em 1762 para defender a entrada do porto. Hoje, o sítio é a reconstrução de um quartel. Guias com trajes de época relatam a vida e as dificuldades pelas quais passaram.

🍁 Pippy Park

Nagles Place. ☎ *(709) 737 3655.* 🕐 *diariam.* ♿

Os visitantes podem se espantar ao ver alces soltos em St. John, mas isso acontece porque há um parque natural de 1.400ha, a 4km do centro. Aqui se encontram ainda lagos e jardins do Jardim Botânico. O único Fluvarium da América do Norte está aqui também, com nove janelas subaquáticas de onde se pode observar a atividade natural de um riacho de água doce com trutas.

> **PREPARE-SE**
>
> 👥 *102.000.* ✈ *6km norte da cidade.* 🚌 *Memorial University.* ⛴ *Argentia 130 km SE.* ℹ *St. John's City Hall, New Gower St. (709) 576 8196.* 🎉 *St. John's Days Celebrations (jun); Signal Hill Tattoo (jul-ago); Royal St. John's Regatta (ago).*

🏛 Cape Spear Lighthouse

☎ *(709) 772 5367.* 🕐 *meados mai-meados out: diariam.* 📷 ♿

A 10km a sudeste da cidade fica o ponto mais oriental da América do Norte, o Cape Spear National Historic Site. Situada sobre penhascos à beira-mar castigados pelas ondas, está a majestosa Cape Spear Lighthouse, símbolo da independência da Terra Nova. São dois faróis. O original, construído em 1836 e o mais antigo da Terra Nova, fica ao lado de um outro farol, moderno e automatizado, construído em 1955.

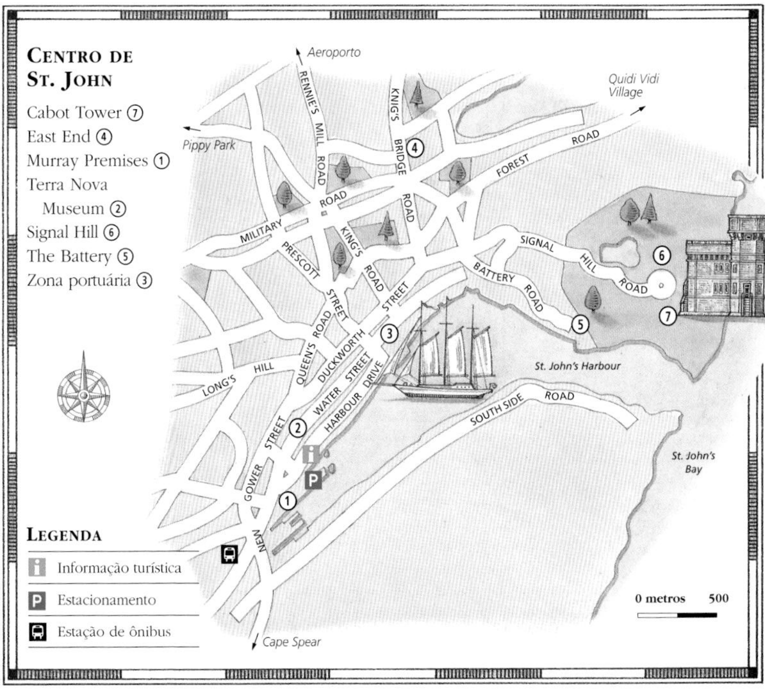
CENTRO DE ST. JOHN
Cabot Tower 7
East End 4
Murray Premises 1
Terra Nova Museum 2
Signal Hill 6
The Battery 5
Zona portuária 3
Aeroporto
Quidi Vidi Village
Pippy Park
RENNIE'S MILL ROAD
KING'S BRIDGE ROAD
FOREST ROAD
MILITARY ROAD
PRESCOTT STREET
KING'S ROAD
SIGNAL HILL ROAD
BATTERY ROAD
QUEEN'S ROAD
DUCKWORTH STREET
WATER STREET
HARBOUR DRIVE
LONG'S HILL
GOWER STREET
NEW GOWER
SOUTH SIDE ROAD
St. John's Harbour
St. John's Bay
Cape Spear
0 metros 500
LEGENDA
Informação turística
Estacionamento
Estação de ônibus

Barcos para observar baleias e pássaros passeiam pela Avalon Peninsula

Avalon Peninsula ❷

🚇 St. John's. 🚢 Argentia. 🛈 Dept. de Turismo, Confederation Building, St. John's (709) 729 2830.

A comunidade pitoresca de Ferryland, na Avalon Peninsula, é o sítio de uma grande escavação arqueológica de Colony Avalon, um povoado fundado pelo explorador inglês lorde Baltimore e 11 colonos em 1621. Este foi o primeiro empreendimento do Novo Mundo, com o objetivo de ser uma colônia auto-suficiente na pesca, agricultura e comércio, com princípios firmes de tolerância religiosa.

Passeio de barco de Witless Bay

Um ano depois havia 32 colonos. A população continuou a crescer e, por muitos anos, foi a única colônia bem-sucedida da região. Embora as escavações até agora tenham desenterrado apenas 5% da colônia, já provou ser uma das mais ricas fontes de artefatos dos primórdios do povoamento europeu na América do Norte. Mais de meio milhão de peças foram recuperadas, entre objetos pessoais e do lar e partes estruturais de muitas construções, inclusive de defesa, uma forja e um conjunto comercial na zona portuária. Um centro conta a história da colônia e um passeio guiado permite ver o trabalho dos arqueólogos no sítio e no laboratório.

No extremo sul da península, **Cape St. Mary's Ecological Reserve** é a única colônia de pássaros marinhos na província que pode ser alcançada a pé. Uma pequena trilha leva por majestosos penhascos ao lugar onde 8.000 alcatrazes-de-cabeça-dourada se reproduzem nas pedras, a poucos metros do penhasco.

A sudoeste da península, de frente para a entrada da cidade histórica francesa de Placentia, os visitantes podem andar pelo **Castle Hill National Historic Site.** Estas fortificações francesas, que datam de 1632, protegiam a cidade, e o local com as ruínas oferece lindas vistas da costa.

🐦 Cape St. Mary's Ecological Reserve
Saindo da Route 100. 🅲 (709) 729 2431. ⬚ todo o ano. Interpretive Centre. ⬚ diariam, mai-out. 🚌 ♿

🏰 Castle Hill National Historic Site
Jerseyside, Placentia Bay. 🅲 (709) 227 2401. ⬚ set-meados jun: 8h30-16h30; fim jun-ago: 8h30-20h. 🚌 ♿ 📷

Burin Peninsula ❸

🚇 St. John's. 🚢 Argentia. 🛈 Columbia Drive, Marystown (709) 279 1211.

A Burin Peninsula apresenta os mais deslumbrantes panoramas da Terra Nova. Picos baixos e escarpados se erguem sobre um tapete verde de urzes, pontilhado por vários lagos. Na cidade pesqueira de Grand Bank, o **Southern Newfoundland Seaman's Museum** é um memorial aos marinheiros que pereceram no mar. Na cidade próxima de Fortune, um ferryboat vai às ilhas de Saint-Pierre e Miquelon, sob jurisdição francesa.

🏛 The Southern Newfoundland Seaman's Museum
Marine Drive. 🅲 (709) 832 1484. ⬚ mai-out diariam. ♿ limitado. 📷

Saint-Pierre e Miquelon ❹

👥 6.400. ✈ ⌧ 🚢 🛈 4274 Place de General DeGaulle (508) 41 23 84.

E stas duas pequenas ilhas estão sob jurisdição da França desde 1783. Saint-Pierre, a única cidade na ilha de mesmo nome, é uma vila encantadora à beira do mar com gendarmes, bicicletas e excelentes padarias francesas onde as pessoas fazem fila todas as manhãs para comprar baguetes. O **Saint-Pierre Museum** explica a história das ilhas, inclusive sua posição como o paraíso dos piratas durante a Lei Seca da década de 1930, quando mais de 3 milhões de caixas de bebida

O Ferryboat da Terra Nova leva visitantes para Saint-Pierre e Miquelon

Cape Bonavista Lighthouse, farol construído no lugar onde Cabot teria chegado ao Novo Mundo

passavam anualmente pelo local. Muitos armazéns da zona portuária construidos para este fim ainda estão de pé.

Um ferryboat diário sai de Saint-Pierre para a vila de Miquelon. A ilha Miquelon é formada por duas ilhas menores, Langlade e Grand Miquelon, unidas por uma faixa estreita, de 12km de extensão. A estrada por este istmo arenoso atravessa dunas com gramíneas onde cavalos selvagens pastam e ondas arrebentam nas praias.

⌂ Saint-Pierre Museum
Rue du 11 Novembre. **☎** 011 508 41 35 70. **◯** 14h-17h diariam. 🗺 ♿

Bonavista Peninsula ➎

🚗 St. John's. **⚓** Argentia.
ℹ Clarenville (709) 466 3100.

Bonavista Peninsula se projeta no oceano Atlântico, uma paisagem costeira de penhascos marinhos, portos em enseadas e pequenas vilas, como Birchy Cove e Trouty.

Acredita-se que a cidade de Bonavista tenha sido o local onde o explorador italiano John Cabot *(pág. 40)* pisou pela primeira vez no Novo Mundo. Há um monumento ao explorador em um promontório perto de Cape Bonavista Lighthouse, de 1843. Na zona portuária, as enormes edificações das Ryan Premises, do século 19, antigamente instala-

ções pesqueiras, hoje estão restauradas e preservadas. Incluem três construções grandes onde o peixe era seco, armazenado e empacotado para embarque, e também exibem a história da indústria pesqueira da América do Norte. Na casa do sal, na zona portuária, pode-se ouvir música local.

Trinity ➏

🚶 300. **ℹ** Trinity Interpretation Centre, West St. (709) 464 2042.

Esta encantadora vila de Trinity, com suas edificações coloridas do século 19, de frente para a Trinity Bay, é uma das mais belas comunidades da Terra Nova. É melhor explorá-la a pé, pois oferece boa seleção de lojas de artesanato e restaurantes. O **Trinity Museum** tem mais de 2.000 artefatos, que ilustram o passado da cidade.

Aqui se encontra a Hiscock House, uma casa restaurada no estilo de 1910, onde Emma Hiscock administrava a loja da vila, a forja e o correio enquanto criava seus seis filhos.

⌂ Trinity Museum
Church Rd. **☎** (709) 464 2244. **◯** meados jun - meados set: 10h-18h diariam. 🗺 🔗

Terra Nova National Park ➐

Trans-Canada Hwy. **🚗** de St. John's. **◯** jun -meados out: diariam. 🗺
♿ 🔗 limitado. **ℹ** Glovertown (709) 533 2801.

As colinas suaves cobertas de florestas e os fiordes profundos do nordeste da Terra Nova compõem a paisagem do Terra Nova National Park. O Marine Interpretation Centre do parque tem mostras da fauna e flora do lugar, inclusive um monitor de vídeo que registra a movimentada vida submarina. Há passeios programados para ver baleias.

Vista do Terra Nova National Park

Notre Dame Bay ❽

🚂 Gander. ⛴ Port-aux-Basques.
🛈 Notre Dame Junction, Rte 1
(709) 535 8547.

A leste de Notre Dame Bay, tradicionais portos, fora da jurisdição portuária da Terra Nova, mantêm um estilo de vida que reflete sua história. O **Twillingate Museum**, localizado em uma reitoria eduardiana, tem várias salas mobiliadas com antiguidades, artefatos aborígines e acervo da história da frota mercante da região.

Passeios de barco levam passageiros para fora da baía a fim de ver enormes icebergs, que se deslocam durante a primavera e o verão, e para observar baleias que nadam ao largo da costa. Wild Cove e Durrell são vilas românticas.

A elegante reitoria eduardiana, sede do Twillingate Museum

Gander ❾

🚶 1.300. ✈ ✕ 🛈 109 Trans-Canada Hwy (709) 256 7110.

M ais conhecida por sua história da aviação, Gander é uma cidade pequena, mas útil para abastecimento e alimentação. Em Grand Falls-Windsor, 50km a oeste de Gander,

Uma mamateek revela a vida no passado, na vila indígena de Grand Falls

o Mary March Regional Museum, assim denominado em homenagem ao último sobrevivente do povo beothuk, hoje extinto, refaz 5.000 anos de ocupação humana no Exploits Valley. Em toda a Terra Nova, os beothuks foram dizimados por doenças e genocídio, entre 1750 e 1829. Atrás do museu, pode-se fazer um passeio guiado pela vila histórica.

A Costa Sudoeste ❿

🚢 Terminal de ferry. ⛴ Port-aux-Basques. 🛈 Port-aux-Basques (709) 695 2262.

A o sul da Terra Nova, 45km ao longo da Route 470, de Channel Port-aux-Basques a Rose Blanche, a estrada atravessa uma paisagem de relevo antigo, montanhas verdes e uma costa batida pelas ondas. Perto de Rose Blanche, uma trilha de 500m em passarela de madeira serpenteia pelo campo de flores silvestres da charneca até as Barachois Falls. No sopé da queda d'água de 55m há um lugar para fazer piquenique. Rose Blanche Lighthouse, farol construído em 1873, se

encontra no alto de um cabo que dá para o porto. A estrada sobre a península oferece paisagens lindas perto de Petit Jardin.

Gros Morne National Park ⓫

📞 (709) 458 2417. 🚂 Corner Brook. ⛴ St. Barbe. ⏰ diariam.
🏊 ♿ 🚻

T ombado pelo Patrimônio da Humanidade das Nações Unidas, Gros Morne é obra-prima de natureza de Terra Nova. Aqui as Long Range Mountains se elevam a 700m sobre os fiordes azuis que cortam as montanhas costeiras. Estão entre as montanhas mais antigas do mundo, são pré-cambrianas e milhões de anos mais antigas que as Rochosas.

A melhor maneira de ver o parque é com um passeio de barco ao longo do Western Brook Pond, um fiorde estreito entre penhascos altos, onde as cachoeiras se pulverizam ao cair. A vida selvagem inclui o alce, o caribu e as águias.

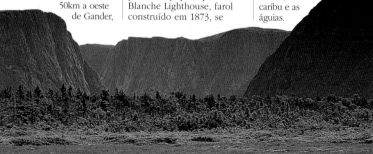

As Long Range Mountains, em Gros Morne National Park, vistas de uma das estradas do parque

Passeio pela Península do Norte ⓬

Viking Trail

Placa da via Hwy 430

Terra de lendas e mistério, o norte da península da Terra Nova oferece aos viajantes aventureiros a oportunidade de experimentar 40 séculos de história humana, desde os primeiros povos aborígines à colonização e à vida pesqueira de hoje. A estrada para o norte acompanha a costa agreste e rochosa. L'Anse-aux-Meadows é um dos importantes sítios históricos, das primeiras culturas que escolheram este lugar inóspito para morar.

DICAS

***Extensão do passeio**: 690km pela Hwy 430.*

***Ponto de partida**: Deer Lake, na junção da Hwy 1.*

***Paradas**: Gros Morne's Wiltondale Visitors' Centre and Tablelands; Port au Choix National Historic Site; Grenfell Museum em St. Anthony.*

Port au Choix ⑤
Este sítio histórico é dedicado às exposições dos índios arcaicos e esquimós de Dorset que aqui viveram em 2000 a.C. e 500 d.C.

Hawke's Bay ④
Estação baleeira do início do século 20, Hawke's Bay se orgulha de suas águas para a pesca do salmão.

The Arches ③
Este belo lugar tem o nome devido a três arcos de calcário, provavelmente de 400 milhões de anos.

Cooks Harbour
L'Anse-aux-Meadows
St. Anthony
Main Brook
Englee
430
Deer Lake

Gros Morne National Park ②
Este lindo lugar é conhecido como um dos mais belos parques de todo Canadá.

L'Anse-aux-Meadows National Historic Site ⑥
Este povoado histórico leva os visitantes a 1000 d.C. com oito reconstruções de edificações de madeira e grama usados pelos vikings quando aqui chegaram.

Deer Lake ①
Centro de reabastecimento e refeições ligeiras para quem começa um passeio, Deer Lake e a região circundante se destacam pelo relevo escarpado, mar cintilante, vida selvagem e pequenas vilas pesqueiras.

LEGENDA

- Percurso do passeio
- Outras estradas
- Vista panorâmica

0 km 25

Cabanas de pescadores na vila Red Bay, costa de Labrador

Estreitos de Labrador ⑬

🚢 *Blanc Sablon.* 🛈 *Labrador Straits Historical Development Association, Forteau (709) 927 5825.*

Inesquecíveis paisagens costeiras explicam por que os estreitos de Labrador são populares na província. Um serviço de ferryboat cruza os estreitos, de Terra Nova a Blanc Sablon, em Quebec, perto da fronteira de Labrador. Dali, a estrada de 85km conduz ao longo da costa pela região selvagem de montanhas altas, agrestes, apenas cobertas de charnecas e abetos torcidos pelo vento.

Uma rota importante de navios atravessava os estreitos de Labrador em meados do século 19. Para auxiliar a navegação nas águas traiçoeiras, o Point Amour Lighthouse foi construído em 1854, perto de L'Anse-Amour. Hoje ponto histórico, esta torre de 30m é o segundo farol mais alto do Canadá. Os visitantes podem subir na torre para ver paisagens deslumbrantes da costa de Labrador.

Na estrada rumo ao farol está o monumento Maritime Archaic Burial Mound National Historic Site, onde uma criança do povo mound foi enterrada há 7.500 anos.

No fim da Route 510 fica o **Red Bay National Historic Site**. Aqui se pode fazer um passeio de barco para uma ilha onde baleeiros bascos, do século 16, trabalharam a primeira feitoria do Novo Mundo. Um passeio pela ilha leva a cabanas, estaleiros e lojas de tanoeiros antigos, onde até 1.500 homens trabalhavam produzindo óleo de baleia para as lâmpadas da Europa.

🞃 Red Bay National Historic Site
Route 510. ☎ *(709) 920 2142.* 🗓 *meados jun-meados out: diariam.* 🎫 ♿

Battle Harbour ⑭

🗙 🚢 🛈 *Mary's Harbour, Terra Nova (709) 921 6216.*

Considerada a capital não oficial de Labrador (da década de 1870 à de 1930), Battle Harbour, um pequeno povoado em uma ilha na costa sul de Labrador, foi uma comunidade pesqueira próspera no fim do século 18 e no século 19. Em 1966, a população, que vinha diminuindo, foi transferida para St. Mary, no continente, mas muitas das edificações da cidade, que datavam de 200 anos, ficaram de pé, e na década de 1990 a cidade foi restaurada. Hoje os visitantes podem ver como era a vida costeira de Labrador há um século.

Nain ⑮

🚶 *1.000.* 🗙 🚢 🛈 *Câmara, Nain (709) 922 2842.*

Em direção ao norte, Nain é uma comunidade de poucas centenas de pessoas. Chega-se à cidade pelo serviço de barco costeiro que leva passageiros e carga, mas não leva carros. Grande parte da população é inuit e o museu local, conhecido como Piulimatsivik, contém valiosos artefatos dos primórdios da cultura inuit. Em Nain estão os mais destacados artistas inuit de Labrador. Há exposições que destacam o papel dos Missionários da Morávia, um movimento evangélico cristão ativo no final do século 18, que desempenhou papel importante ao trazer educação e saúde para esta região. Nas proximidades, Hopedale é o local de uma das muitas Missões da Morávia construídas em Labrador. Hoje a principal instituição é **Hopedale Mission National Historic Site**. Os visitantes podem ver a Missão, construída em 1782, a mais antiga edificação de armação de madeira da Região do Atlântico. Tanto a Missão como outras estruturas

Crianças inuit de Nain

Battle Harbour Island tendo ao fundo icebergs

Rua nevada em Nain durante o longo inverno

foram construídas na Alemanha, embarcadas para este lado do Atlântico e montadas aqui.

🚏 Hopedale Mission National Historic Site

Agvituk Historical Society, Hopedale. 📞 (709) 933 3777. 🕐 diariam. 📷

Igreja Morávia em Happy Valley-Goose Bay

Happy Valley-Goose Bay ⑯

🚹 8.600. ✈ ⊠ ⛴ ℹ Labrador North Chamber of Commerce (709) 896 8787. 📷 obrigatório, faça reservas.

Maior cidade na região central de Labrador, Happy Valley-Goose Bay era parada estratégica dos vôos transatlânticos durante a Segunda Guerra Mundial. Uma base militar canadense agora faz testes de aviões de caça na região. Hoje, a cidade é a sede do Labrador Heritage Museum, onde exposições retratam a história fascinante de Labrador. O museu dedica atenção especial aos caçadores de peles, com apresentações de amostras de peles de animais, ferramentas dos caçadores e o tradicional tilt (o abrigo selvagem).

Churchill Falls ⑰

ℹ Churchill Falls Development Corporation (709) 925 3335. 📷 obrigatório, faça reserva.

A cidade de Churchill Falls está em um lugar ideal para o suprimento de víveres, abastecimento e verificação de pneus, porque não há postos de gasolina entre Happy Valley-Goose Bay e a cidade de Labrador. Churchill Falls é famosa por ter a maior hidrelétrica do mundo. Construída no início da década de 1970, a usina é um feito extraordinário de engenharia, desviando o curso do rio Churchill (o maior de Labrador) e o incrível volume de água que aciona as turbinas subterrâneas que produzem 5.225 megawatts – suficientes para suprir as necessidades de um país pequeno. É possível fazer passeios guiados a esta obra impressionante.

Cidade de Labrador ⑱

🚹 9.000. ⊠ 🚌 ⛴ ℹ Labrador North Tourism Development Corporation (709) 944 7631.

Em meio à tundra, fica a cidade de Labrador, centro da região de mineração que revela a face industrial mais moderna do Canadá. Aí se encontra a maior mina de ferro a céu aberto do mundo e a comunidade se desenvolveu ao seu redor a partir da década de 1950. O prédio histórico do primeiro banco da cidade hoje é o Height of Land Heritage Centre, um museu de fotografia, exposições e objetos dedicados a preservar a história do desenvolvimento de Labrador.

A vasta região selvagem que circunda a cidade, com sua miríade de lagos e rios, é conhecida como o paraíso dos esportistas dedicados à caça e pesca de todo o mundo. Em março, a região patrocina a corrida Labrador 150 Dogsled Race, uma das melhores competições do gênero no mundo. As terras selvagens do oeste de Labrador são o território de 700 mil caribus do rebanho de George River.

O rebanho se desloca livremente pela região o ano todo, pastando na tundra em pequenos grupos. Fabricantes profissionais de roupas levam turistas para acompanhar rebanhos pela região.

O Ferryboat Costeiro de Labrador

O ferryboat costeiro é o principal meio de transporte para muitas comunidades da costa. Saindo de St. Anthony, no norte da Terra Nova, a viagem de ida e volta leva 12 dias, passando por 48 comunidades do norte da região, entregando mercadorias, deixando passageiros e suprimentos em cada porto. Metade do espaço para passageiros é reservado aos turistas. No caminho, o ferryboat pára no porto histórico de Battle Harbour e entra nos fiordes. É comum ver icebergs.

HAND BARROW

New Brunswick, Nova Scotia e Ilha Prince Edward

A BELEZA E A atração do mar estão sempre presentes aqui. O panorama costeiro deslumbrante, vilas pitorescas centenárias, locais históricos famosos e muitas atrações para a família fizeram das Províncias Marítimas um lugar muito procurado nas férias. A baía de Fundy com sua beleza agreste, em New Brunswick, é complementada pela paisagem ondulante das vilas acadianas escondidas em enseadas tranquilas e praias a perder de vista. Com baías cintilantes e cidades pesqueiras gastas pelo tempo, Nova Scotia personifica a atração pelo mar. Hospedarias elegantes e locais históricos evocam a vida do passado. A menor província canadense, Ilha Prince Edward, é mais conhecida pela terras agrícolas verdejantes, penhascos avermelhados e profundas águas azuis, procurada por ciclistas, pescadores e praticantes de caminhadas.

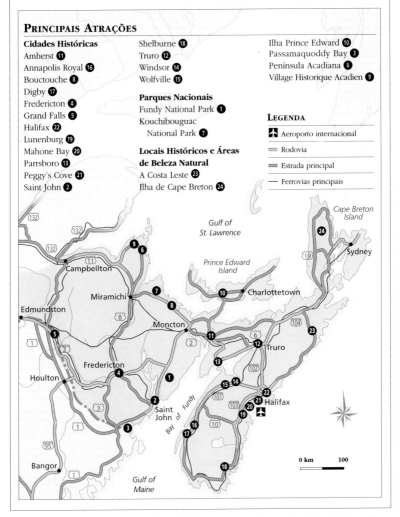

Principais Atrações

Cidades Históricas
- Amherst 11
- Annapolis Royal 16
- Bouctouche 8
- Digby 17
- Fredericton 4
- Grand Falls 5
- Halifax 22
- Lunenburg 19
- Mahone Bay 20
- Parrsboro 13
- Peggy's Cove 21
- Saint John 2
- Shelburne 18
- Truro 12
- Windsor 14
- Wolfville 15

Parques Nacionais
- Fundy National Park 1
- Kouchibouguac National Park 7

Locais Históricos e Áreas de Beleza Natural
- A Costa Leste 23
- Ilha de Cape Breton 24
- Ilha Prince Edward 10
- Passamaquoddy Bay 3
- Península Acadiana 6
- Village Historique Acadien 9

Legenda
- ✈ Aeroporto internacional
- Rodovia
- Estrada principal
- Ferrovias principais

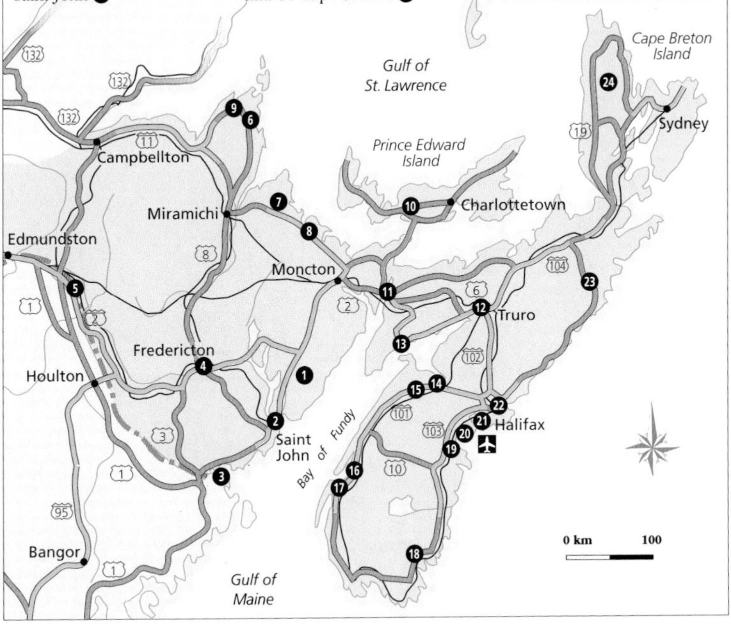

◁ **Fisheries Museum of The Atlantic, Lunenburg, abrigado em uma cabana de pesca de madeira típica da região**

Baleias jubarte brincando na baía de Fundy

Fundy National Park ❶

☎ (506) 887 6000. 🚌 Moncton. 🚌 Sussex. ⛴ Saint John. ◯ diariam. 🗓 jun.-set. ⚒ 🎫

Ao longo da costa leste de New Brunswick, as grandes marés da baía de Fundy marcam o cotidiano local. Duas vezes por dia, mais de 100 bilhões de toneladas de água entram e saem da baía, criando uma diferença de nível de até 15m e erodindo a costa rochosa.

Um dos melhores lugares para apreciar este fenômeno é o Fundy National Park. Aqui, durante a maré baixa, os visitantes podem andar pelas Hopewell Rocks e conhecer os tesouros marinhos. É o lugar favorito dos naturalistas. As marés são responsáveis pelas águas ricas em nutrientes, que atraem a maior população de baleias, inclusive a minke, a jubarte, a baleia-fin e até mesmo a rara baleia-franca.

Saint John ❷

🏚 125.000. ✈ 🚌 ⛴ 🛈 Prefeitura, King St. (506) 658 2990.

Maior cidade de New Brunswick, Saint John ainda conserva o encanto de uma cidade pequena. Em 1785, 14 mil monarquistas, fugindo da Revolução Americana, construíram Saint

John em menos de um ano. Recentemente a restauração fez o centro histórico da cidade um local delicioso de ser explorado. O Old City Market é um mercado público em funcionamento, com produtos agrícolas, frutos-do-mar e cafés e um excelente restaurante de peixes.

No Market Square, nas proximidades, um arejado átrio liga as edificações que outrora foram o centro comercial da cidade. Aqui estão lojas e restaurantes finos, e o animado **New Brunswick Museum**. São três andares com exposições sobre a história natural, cultural e geológica de New Brunswick. Para as crianças, o Hall of Whales e o Tidal Tube, em três níveis, nos quais as águas sobem e descem, recriando o movimento das marés, são a grande atração.

O Loyalist House Museum, situado na bela casa georgiana de 1810, foi construído pelo monarquista David Merritt. Esta casa foi reformada para refletir o estilo de vida de uma família abastada, com mobília autêntica de época.

Alce no Fundy National Park

🏛 New Brunswick Museum
Market Square. ☎ (506) 643 2300. ◯ diariam. ● dez 25. 🗓 ⚒

Passamaquoddy Bay ❸

🚌 St. Stephen. ⛴ Black's Harbour e Letete. 🛈 St. Stephen (506) 466 7390.

Um clima histórico refinado caracteriza as vilas que circundam a Passamaquoddy Bay. Nada é mais encantador do que a cidade de veraneio de St. Andrews-by-the-Sea. De frente para a cidade, o Algonquin Resort, com seu campo de golfe de 27 buracos, lembra os primórdios do século 20, quando St. Andrews era muito procurada pelos ricos e poderosos.

Na cidade, a Water Street concentra butiques, lojas de artesanato e bons restaurantes, que ocupam prédios antigos. Na zona do porto, companhias de turismo oferecem passeios de barco, observação de baleias e aventuras com caiaques. Nas proximidades, a elegante casa georgiana, construída pelo monarquista Harris Hatch, em 1824, é a atual sede do **Ross Memorial Museum**, que contém um grande acervo de antiguidades e arte, reunidas no início do século 20.

Dois ferryboats saem de St. George para Campobello e Grand Manan Islands, a 20km e 30km respectivamente, ao sul de St. Andrews. O Roosevelt Campobello International Park é uma área

Saint John, vista a partir do Saint John River

Encantadora paisagem vitoriana de Fredericton, vista do outro lado do rio Saint John

protegida, de 1.135ha, em Campobello Island, construída ao redor da casa de veraneio do ex-presidente norte-americano Franklin D. Roosevelt. A casa, de 34 cômodos, foi restaurada e exibe objetos históricos e pessoais que pertenceram a Roosevelt e sua família.

Renomada pela beleza costeira escarpada, Grand Manan Island possui altos penhascos rochosos, pitorescas vilas pesqueiras e muitos barcos coloridos ancorados nos píeres. É procurada para observação de pássaros, pois atrai anualmente grandes bandos de pássaros marinhos.

🏛 The Ross Memorial Museum
188 Montague St. **(** (506) 529 5124. ☐ fim jun-ago: seg-sáb; set e out: ter-sáb. 🔾

Fredericton ❹

🏠 44.000. ✕ 🔾 🔢 Prefeitura, Queen St. (506) 460 2041.

Fredericton, ao longo do rio Saint John, é a capital provincial de New Brunswick. Suas casas vitorianas e igreja de frente para o mar fazem desta cidade uma das mais lindas da Região do Canadá Atlântico. Muitas construções históricas refletem sua função inicial como posto militar inglês. A **Beaverbrook Art Gallery** contém um magnífico acervo de quadros dos séculos 19 e 20, inclusive a obra-prima de Salvador Dalí, *Santiago el Grande* (1957). **King's**

Landing Historical Settlement, a 37km a oeste de Fredericton, é um museu histórico que recria a vida cotidiana na vila rural de New Brunswick, no século 19. Mais de cem funcionários vestidos a caráter dão vida às casas, igreja e escola do lugar.

🏛 Beaverbrook Art Gallery
703 Queen St. **(** (506) 458 8545. ☐ jun-out: diariam; fim out-jun: ter-dom. 🔾 🔾 🔾

🏰 King's Landing Historical Settlement
Rte 2, oeste de Fredericton. **(** (506) 363 4999. ☐ jun-meados out: 10h-17h diariam. 🔾 🔾 parcial.

Grand Falls ❺

🏠 6.100. 🔾 🔢 Malabeam Reception Centre (506) 475 7788. 🔾

De Fredericton a Edmundston, o rio Saint John atravessa um vale de montanhas ondeadas, bosques e terras agrícolas. A pequena

cidade de Grand Falls possui uma rua principal, onde pode-se parar para fazer um lanche. A cidade foi denominada de Grand Falls devido à imponente queda d'água no rio Saint John, que dá lugar ao desfiladeiro de Grand Falls. Cercada de parques, as gotículas de água se elevam a mais de 25m. O desfiladeiro, de 1,5km de extensão, tem lados íngremes de até 70m de altura, em alguns lugares.

Subindo o rio na direção norte, a cidade de Edmundston oferece o **New Brunswick Botanical Gardens**. Caminhos circulam entre oito temas de jardins e dois arboretos. Cores brilhantes, perfumes delicados e até música clássica emanam em pontos isolados, para alegria dos visitantes.

🌷 New Brunswick Botanical Gardens
Saint-Jacques, Edmundston. **(** (506) 739 6335. ☐ jun-out: 9h-entardecer diariam. 🔾

Profundo vale de cachoeiras de Grand Falls Gorge

Praias a perder de vista em Kouchibouguac National Park

Península Acadiana ⑥

🚉 Bathurst. 🚌 Bathurst.
⛴ Dalhousie. ℹ️ Water St.,
Campbellton (506) 789 2367.

As tranquilas vilas costeiras e praias da península acadiana são muito procuradas nas férias. Estabelecidos aqui desde o século 17, os acadianos desfrutaram por muito tempo uma agricultura próspera, com centro em lindas vilas, e uma forte tradição musical folclórica *(págs. 58-9)*.

Em Shippagan, pequena cidade costeira na ponta do continente, o **Marine Centre and Aquarium** tem tanques com mais de 3.000 espécies da vida marinha do Atlântico e mostras das indústrias pesqueiras locais.

Ali perto, as ilhas Lamèque e Miscou estão unidas ao continente por passarelas. Em Miscou, 1km de passarelas de madeira atravessa o pântano de turfa, com informações sobre o ecossistema ímpar. Nas proximidades, o Miscou Lighthouse, de 35m de altura, é o mais antigo farol de madeira em operação no Canadá.

Caraquet, com muitos artistas acadianos, é um centro cultural agitado da península. Na orla, centros de aventura oferecem passeios guiados em caiaques na Baie des Chaleurs. Para os que querem uma introdução à história dos acadianos, o **Acadian Wax Museum** oferece uma visita guiada com áudio, percorrendo 23 quadros da história local. As cenas começam com a fundação da "Order of the Good Times", em Annapolis Royal, em 1604, e se concentram na expulsão de 1755.

✈️ **Marine Centre and Aquarium**
Route 113, Shippagan. 📞 (506) 336 3013. 🕐 meados mai-meados out: 10h-18h diariam. 🅿️ ♿
🏛 **Acadian Wax Museum**
Route 11, Caraquet. 📞 (506) 727 6424. 🕐 jun-set: diariam. 🅿️ ♿

Kouchibouguac National Park ⑦

📞 (506) 876 2443. 🚉 Newcastle. 🚌 Newcastle. ⛴ Miramichi. 🕐 diariam.

O nome deste parque deriva da palavra nativa Mi'kmaq, que significa "Rio de Longas Marés". Os 238km² do parque incluem dunas esculpidas pelo vento, pântanos salgados, com muita vida selvagem, e 25km de belas praias, bem como excelente terreno para ciclistas. Uma das atividades mais procuradas do parque é a Voyager Marine Adventure, um passeio de três horas em canoa aos bancos de areia ao largo da costa, onde centenas de focas-cinzentas descansam ao sol.

Bouctouche ⑧

🏘 2.350. 🚌 ℹ️ 14 Acadia St. (506) 743 8811.

Cidade à beira-mar com grande patrimônio acadiano, Bouctouche é sede de **Le Pays de la Sagouine**. Esta vila temática é denominada La Sagouine, lavadeira sábia criada pela autora Antonine Maillet (nascida em 1929), que faz parte da herança popular acadiense. Peças teatrais costumam encenar os contos de Maillet.

Próximo, o Irving Eco-Centre estuda e protege a maravilhosa rede de 12km de dunas, pântanos salgados e praias que se estendem ao longo da entrada do porto de Bouctouche.

🎭 **Le Pays de la Sagouine**
57 Acadia St. 📞 1 800 561 9188.
🕐 meados jun-set: 10h-18h diariam.

Passarela elevada no Irving Eco-Centre, La Dune de Bouctouche

Village Historique Acadien ❾

PREPARE-SE

Route 11, 10km oeste de
Caraquet. ☎ (506) 726 2600.
🚌 de Bathurst. ◻ jun-out:
10h-18h diariam. ■ fim de
out-mai. 🎫 📷 ♿ ⛽ 🚻 🏪

Depois da trágica deportação de 1755-63 (págs. 58-9), os acadianos lentamente retornaram às Províncias Marítimas, abrindo novas fazendas e retomando seu modo de vida. A Village Historique Acadien retrata a comunidade rural acadiana entre 1770 e 1890. As 45 edificações históricas restauradas, inclusive várias fazendas em atividade, ocupam 364ha. Em toda a vila, guias bilíngues vestidos a caráter recriam as atividades do século 19. Pode-se andar em carroças puxadas por cavalo, ver o trabalho do ferreiro, imprensa ou o moinho de saibro e também fazer um passeio pelas fazendas e casas, onde as mulheres se ocupam da fiação, da tecelagem e da cozinha.

Escola e Capela
Durante séculos de turbulência o catolicismo foi o esteio do povo acadiano. Os padres eram também professores e a educação era altamente valorizada pela comunidade.

Carroça puxada por cavalo
Métodos tradicionais são usados nas fazendas. Cultivada por pessoas do lugar, a produção é transportada em carros aos celeiros para o inverno.

Doucet Farm, construída em 1840, foi totalmente restaurada em seu aspecto original.

Mazerolle Farm vende pão fresco e pãezinhos assados diariamente no forno da fazenda.

LOJA DO TANOEIRO
FUNILEIRO
LAGO DE LAGOSTAS

A Capela foi construída pelos pioneiros acadianos e data de 1831.

Poirier Tavern

Savoie House Education Centre

Galpão Robin

Godin House

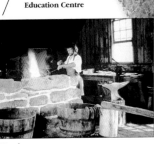

Forja
Dentro da comunidade, em muitos aspectos, o ferreiro era característico de toda vila acadiana. Consertava o equipamento da fazenda e ferrava os cavalos.

0 m   100

O Visitors' Reception Centre oferece uma apresentação audiovisual e cozinha acadiana típica em seu restaurante.

Ilha Prince Edward ❿

Linda e pastoril, a Ilha Prince Edward é famosa por suas belas paisagens. Para onde quer que se olhe, as cores ricas da ilha –fazendas verde-esmeralda, estradas de barro vermelho e mar cor de safira– se entrelaçam e formam padrões variados, que agradam à vista. A ilha é muito procurada por golfistas, que aqui chegam para jogar em um dos melhores campos de golfe do Canadá. É também um refúgio para os que gostam do sol e das praias que circundam a ilha, que parece ter sido feita para uma exploração despreocupada. Estradas serpenteiam pela costa, apresentando uma vista em constante mudança. Pequenas cidades históricas oferecem hospedarias elegantes e galerias de arte. À noite, são servidos famosos jantares com lagosta, pescada diariamente no Atlântico.

Green Gables House
Situada em meio a caminhos verdes, esta casa do século 19 foi o cenário dos contos Anne of Green Gables.

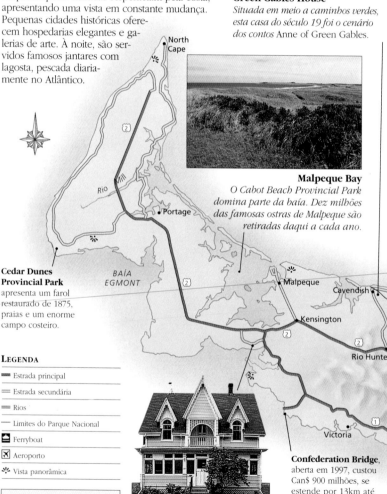

Malpeque Bay
O Cabot Beach Provincial Park domina parte da baía. Dez milhões das famosas ostras de Malpeque são retiradas daqui a cada ano.

Cedar Dunes Provincial Park
apresenta um farol restaurado de 1875, praias e um enorme campo costeiro.

LEGENDA
— Estrada principal
= Estrada secundária
— Rios
— Limites do Parque Nacional
⊟ Ferryboat
✕ Aeroporto
❀ Vista panorâmica

PONTOS ALTOS
★**Charlottetown**
★**PEI National Park**

Rua principal, Summerside
Esta tranquila cidade com ruas arborizadas é conhecida pelo Lobster Carnival, *em julho.*

Confederation Bridge, aberta em 1997, custou Can$ 900 milhões, se estende por 13km até o continente.

0 km   100

★ Prince Edward Island National Park

Caracterizado por 40km de costa, que levam a penhascos vermelhos, praias de areia branca e rosa e mar calmo. Este parque oferece instalações para esportes e férias e tem um centro educacional para os visitantes que se interessam pela vida selvagem marinha.

PREPARE-SE

🛈 Water St., Charlottetown. (902) 368 4444. ✈ Charlottetown. 🚌 para Wood Islands, Borden-Carleton. ⛴ para Wood Islands, Borden-Carleton, Souris.

East Point Lighthouse
No extremo leste da ilha fica este farol do século 19, com uma sala de rádio restaurada. Hoje funciona automaticamente e está aberto aos visitantes.

★ Charlottetown

Fileiras de casas elegantes do século 19 marcam esta cidade pacata, a menor das capitais provinciais do Canadá; em 1867, a Confederação do Canadá foi aprovada aqui.

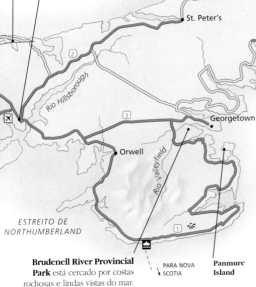

St. Peter's

Souris

PARA ILHAS MAGDALEN

Rio Hillsborough

Georgetown

Orwell

Rio Valleyfield

ESTREITO DE NORTHUMBERLAND

Brudenell River Provincial Park está cercado por costas rochosas e lindas vistas do mar.

PARA NOVA SCOTIA

Panmure Island

Red Point Beach
Rochas vermelhas características levam às praias largas; a areia aqui range misteriosamente sob os pés, para alegria de crianças em férias.

Como Explorar a Ilha Prince Edward

Menor província do Canadá, a Ilha Prince Edward concentra muitas atividades, o que significa que todos os seus pontos são acessíveis. Charlottetown, conhecida como o berço do Canadá, está localizada no centro e suas ruas arborizadas dão início à exploração. Estradas de barro vermelho levam o visitante por dentro de fazendas e vilas pesqueiras aos pequenos parques provinciais espalhados pela ilha. Para o norte encontra-se o relevo verdejante do Prince Edward Island National Park, com suas famosas praias, enquanto no sul há vários pontos mais quentes para nadar.

Cabanas de pesca sobre o French River, perto de Cavendish

Cavendish

Esta é uma cidadezinha tão agitada que até pode ser difícil ver a casa pastoral dos contos *Anne of Green Gables*. O melhor lugar para se encontrar esta atmosfera é a **Lucy Maud Montgomery's Cavendish Home**, onde a autora morou por muitos anos. A cidade também foi locação de **Green Gables**, a casa do século 19 do romance de ficção.

🏛 **Lucy Maud Montgomery's Cavendish Home**
Route 6. 📞 (902) 963 2231.
🕐 jun-out: 10h-17h diariam. 🅿 ♿

🏛 **Green Gables**
Route 6. 📞 (902) 672 6350.
🕐 mai-out: 9h-20h diariam. ♿
Cavendish
Routes 6 e 13. 📞 (902) 963 7830.

Prince Edward Island National Park

Green Gables faz parte do Parque Nacional da Ilha Prince Edward, cuja entrada oeste fica em Cavendish. Este é o lado mais movimentado do parque. A areia macia e as ondas suaves de Cavendish Beach fazem desta uma das mais procuradas praias da província. A estrada costeira do parque leva a North Rustico Beach, favorita pelas vistas. No extremo oeste do parque, o Homestead Trail atravessa 8km de bosques e campinas verdes.

O lado mais tranquilo, a leste, conta com praias e dunas e uma estrada costeira de belas paisagens. O Reeds and Rushes Trail é uma trilha pequena de madeira que leva ao lago pantanoso de água doce, onde gansos e patos se alimentam e fazem seus ninhos.

🌸 **Prince Edward Island National Park**
🅿 Charlottetown. ⛴ Wood Islands.
ℹ (902) 672 6350. 🕐 diariam. 🅿 ♿

A Costa Sul

Vistas encantadoras de terras agrícolas e litorâneas marcam a costa sul, entre Confederation Bridge e Charlottetown. Aqui os visitantes encontrarão Victoria-by-the-Sea, pequena vila com as mais interessantes lojas de artesanato da ilha.

A caminho de Charlottetown, é possível fazer um desvio para **Fort Amherst-Port-la-Joye National Historic Site**. Aqui, em 1720, os franceses construíram o primeiro povoamento permanente da ilha, tomado em 1758 pelos ingleses, que construíram o Fort Amherst para proteger a entrada do porto de Charlottetown. Embora o forte tenha desaparecido há muito tempo, seus vestígios ainda podem ser encontrados nos arredores do parque.

🏛 **Fort Amherst-Port-la-Joye National Historic Site**
Rocky Point. 📞 (902) 566 7626.
🕐 mai-out: diariam. 🅿 ♿

Elevações vermelhas de Cavendish Beach, lugar dos mais procurados no Parque Nacional da Ilha Prince Edward

Vista da igreja do século 19, em Orwell Corners Historic Village

Panmure Island

A beleza natural da região leste da ilha é fácil de ser encontrada, ao sul de Georgetown. Estradas planas são procuradas pelos ciclistas. No verão, **Panmure Island Lighthouse**, farol em construção octagonal de madeira, está aberto e do alto é possível ver praias, pântanos salgados e bosques da ilha. O farol ainda guia os navios ao porto, desde que foi construído em 1853.

Panmure Island Lighthouse

Panmure Island. (902) 838 3568. jul-ago: 9h-18h diariam.

Orwell Corners Historic Village

Fora da pequena vila de Orwell, a Orwell Corners Historic Village recria o dia-a-dia desta comunidade, do século 19. Orwell Corners foi próspera até meados do século 20, quando mudanças no transporte e no comércio diminuíram a importância deste povoado. Restaurada e aberta em 1973, esta pequena vila histórica é encantadora. Há várias edificações para visitar: a ferraria, a igreja, a escola, a loja Clarke e o centro social da vila. No andar de cima do centro, está a loja da costureira de Clarke, que fazia vestidos para as senhoras do lugar. Apenas a 1km daí fica **Sir Andrew Macphail Homestead**. Esta casa vitoriana e seus arredores eram bastante apreciados por Macphail, médico, jornalista, professor e soldado do lugar, que contava entre seus amigos com primeiros-ministros e aclamados escritores, como Rudyard Kipling. A casa exibe objetos da vida de Macphail. Do lado de fora, trilhas ser penteiam por densos bosques.

Orwell Corners Historic Village

Orwell. (902) 651 2013. mai-out: diariam.

Sir Andrew Macphail Homestead

na saída da Route 1, Orwell. (902) 651 2789. jun-set: 10h-17h diariam.

Charlottetown

O berço do Canadá é uma encantadora cidadezinha. Ao longo do Peake's Quay, barcos a vela estão ancorados nos píeres e muitas das construções à beira-mar têm lojas e restaurantes. O elegante **Confederation Centre of the Arts** oferece variedade de shows, inclusive o musical *Anne of Green Gables*. **Province House National Historic Site** é onde se realizou a Conferência de Charlottetown, de 1864 *(pág. 46)*, que levou à formação do Canadá como nação. Muitas salas foram meticulosamente restauradas no estilo do século 19. **Ardgowan National Historic Site** já foi a casa elegante de William Pope, um dos pais da Confederação.

Confederation Centre of the Arts

145 Richmond St. (902) 628 1864. diariam.

Province House National Historic Site

165 Richmond St. (902) 566 7626. diariam; perguntar horários.

Ardgowan National Historic Site

Mount Edward Rd. (902) 566 7050. diariam.

Charlottetown

Water St. (902) 368 4444.

Casas históricas na Great George Street, Charlottetown

LUCY MAUD MONTGOMERY

A mais famosa autora da ilha, Lucy Maud Montgomery, nasceu em Cavendish, em 1874. As proximidades da Green Gables House serviram de palco para seu *best seller* internacional, *Anne of Green Gables*, de 1908, ambientado no fim do século 19. Apenas depois da sexta tentativa o livro foi aceito e hoje milhões de cópias já foram publicadas, em 16 idiomas. Em 1911, Lucy se casou e mudou para Ontário, onde criou dois filhos. Continuou a escrever, produzindo mais 17 livros, dez dos quais retratam Anne, todos ambientados na Ilha Prince Edward, com exceção de um. Faleceu em 1942 e foi enterrada na sua querida Cavendish, a Avonlea sobre a qual escreveu frequentemente.

A autora Lucy Maud Montgomery

Amherst ⓫

🏃 9.700. 🚊 ⓘ Rte 104, saída 1 (902) 667 8429.

Cidade agrícola e comercial movimentada, no centro da Região do Atlântico, Amherst tem vistas para o enorme pântano de Tantramar. À beira do pântano, campos de feno crescem em terra recuperada pelos diques acadianos, durante o século 18. **Cumberland County Museum,** no centro de Amherst, está situado na casa de família do senador R. B. Dickey, um dos pais da Confederação. O museu é dedicado ao desenvolvimento industrial da região, bem como a sua história e história natural. De especial interesse são as mercadorias manufaturadas nas fábricas da cidade.

🏛 **Cumberland County Museum**
150 Church St. 📞 (902) 667 2561. ☐ jun-set: diariam. 🅿 ♿

Truro ⓬

🏃 11.700. 🚊 🚊 ⓘ Victoria Square (902) 893 2922.

Cidade próspera no centro da mais importante rota de transportes da Nova Scotia, Truro é também sítio de um fenômeno geológico único, o fluxo de marés. As grandes marés da baía de Fundy voltam para a terra, invadindo a baía Minas. A maré dá lugar a uma onda que é levada rio acima, por quilômetros, e desemboca na parte posterior da bacia. Um quadro de informação, ao lado de Salmon River, explica cada processo e informa as horas de maré. No Shubenacadie River, nas proximidades, visitantes podem ficar em balsas durante o fluxo da maré. As ondas atingem 2m de altura, especialmente nas luas cheia e nova, criando um turbilhão de água, na qual as balsas competem por quilômetros rio acima.

Parrsboro ⓭

🏃 1.600. ⓘ Main St. (902) 254 3266.

Localizada na costa norte da baía Minas, Parrsboro é famosa pelas mais altas marés do mundo, que chegam a 15m de altura. Minérios e pedras preciosas são levados para a baía Minas, cujas praias estão salpicadas de gemas semipreciosas e fósseis. As excelentes exposições do **Fundy Geological Museum,** em Parrsboro, apresentam exemplos maravilhosos de ametistas encontradas no lugar, bem como pegadas e ossos de dinossauro.

Crânio de dinossauro prosaurópode, do Fundy Museum

🏛 **Fundy Geological Museum**
6 Two Islands Rd. 📞 (902) 254 3814. ☐ jun-meados out: diariam; fim out-mai: ter-dom. 🅿 ♿

Fachada de Haliburton House em Windsor, casa do famoso humorista

Windsor ⓮

🏃 3.600. 🚊 ⓘ Hwy 101, saída 6 (902) 798 2690.

Cidade tranquila, cujas elegantes casas vitorianas dão para o Avon River, Windsor foi a cidade do juiz Thomas Chandler Haliburton, advogado, historiador e autor das histórias canadenses "Sam Slick", muito populares em meados do século 19. Haliburton foi um dos primeiros humoristas a ser reconhecido na América do Norte. Seu inteligente personagem, Sam Slick, era um vendedor de relógios *yankee* que cunhou expressões idiomáticas equivalentes a "Deus ajuda quem cedo madruga" e "chovendo canivetes". Sua casa é hoje o **Haliburton House Provincial Museum.** Cercada por jardins que Haliburton cuidava e amava, a casa está mobiliada com antiguidades da época vitoriana, com muitos objetos pessoais, inclusive uma escrivaninha.

🏛 **Haliburton House Provincial Museum**
414 Clifton Ave. 📞 (902) 798 2915. ☐ jun-meados out: diariam. ♿ limitado.

Two Island Beach em Parrsboro, famosa por dois afloramentos conhecidos como "Brothers Parrsboro"

Wolfville

🏠 3.500. 🚹 Willow Park
(902) 542 7000.

Sede da aclamada Acadia University, Wolfville e seus arredores irradiam encanto. Aqui o verde Annapolis Valley chega às margens da baía Minas e os visitantes podem seguir por caminhos do interior, passando por terras agrícolas, pomares, planícies alagadas pela maré e pântanos salgados, com muita vida selvagem.

Muitas destas terras agrícolas foram criadas pelos diques construídos pelos acadianos, no século 18. Quando os acadianos foram deportados na Grande Expulsão de 1755, os ingleses ofereceram a terra a habitantes da Nova Inglaterra, com a condição de que toda a vila fosse transferida. Esses colonizadores, conhecidos como Planters, foram tão bem-sucedidos que as cidades de Annapolis Valley floresceram.

Wolfville é uma cidade bonita, arborizada, com restaurantes e lojas atraentes. O Centro de Informação Turística da cidade marca o início de uma linda trilha de 5km ao longo dos diques acadianos, até a igreja no **Grand Pré National Historic Site**. Quando os ingleses entraram na vila acadiana de Grand Pré, em agosto de 1755, deu-se início à Grande Revolta, *Le Grand Dérangement*, que consequentemente forçou a retirada de milhares de cidadãos pacíficos da Nova Scotia *(págs. 58-9)*. Em 1921, uma igreja de pedra, nos moldes das igrejas francesas do interior, foi construída no sítio da antiga vila de Grand Pré, como memorial desta tragédia. Hoje visitantes podem fazer um passeio pela igreja e jardins dos arredores, onde se encontra a estátua de Evangelina, a heroína do poema épico de Longfellow sobre os acadianos, à espera de seu amante, Gabriel. O centro de informação turística apresenta exposições sobre os acadianos, sua deportação e consequente repovoamento das Províncias Marítimas. Muitas famílias se

Evangelina de Longfellow

esconderam por ali mesmo, mas todos, inclusive os deportados, voltaram no século 18.

🚏 Grand Pré National Historic Site
Hwy 101, saída 10. 📞 (902) 542 3631. 🕐 diariam. 📷 ⚠️

Annapolis Royal ⓰

🏠 630. 🚏 🚹 Prince Albert Rd.
(902) 532 5769.

No extremo leste de Annapolis Valley fica a histórica e pitoresca cidade de Annapolis Royal. Perto daqui, Samuel de Champlain construiu seu posto de comércio de peles de Port Royal, em 1605 *(pág. 41)*. Empreendimento puramente comercial, este foi o primeiro povoado europeu do Novo Mundo, ao norte da Flórida. O **Port Royal National Historic Site** é uma réplica exata da colônia original, com base nas fazendas francesas da época e plantas

Placa na entrada de Kejimkujik Park

desenhadas por Champlain.

A uma hora de carro para o interior de Annapolis Royal se encontra o **Kejimkujik National Park**, com 381 km² de vida selvagem interiorana, interligado por lagos e rios. Neste parque há numerosos percursos para canoas, 15 trilhas para caminhadas, que variam de passeios curtos a um perímetro de 60km de trilhas de terra e vida selvagem.

🚏 Port Royal National Historic Site
15 km oeste de Annapolis Royal.
📞 (902) 532 2898. 🕐 mai-out: 9h-17h. 📷 ⚠️
🌲 Kejimkujik National Park
Hwy 8. 📞 (902) 682 2772. 🕐 diariam. 📷 meados mai-out. ⚠️

Digby ⓱

🏠 2.300. ✈️ 🚏 ⛴️ 🚹 Shore Rd
(902) 245 2201.

A cidade pesqueira de Digby é quase sinônimo das vieiras suculentas, principal presa dos pescadores locais. A região oferece lindíssimos panoramas e é o início do passeio ao longo de Digby Neck, até a paisagem rochosa costeira das lindas Long e Brier Islands.

As águas ao largo de Long e Brier Islands estão cheias de baleias-fin, minke e jubarte e passeios para observação de baleias são um dos passatempos favoritos da região. Alguns visitantes até podem observar a rara baleia-franca, das quais restam 200 a 350 no mundo, que passam os verões expondo-se ao sol e se reproduzindo na cálida baía de Fundy.

Crianças se divertem no lago com canoas em Kejimkujik National Park

Casas em frente ao rio em Bridgewater, perto de Lunenburg, Nova Scotia ▷

O Dory Shop Museum em Shelburne, centro de construção de barcos

Shelburne ⑱

🚶 2.250. 🚌
ℹ️ Dock St. (902) 875 4547.

Cidade histórica tranquila, aninhada na costa de um porto profundo, Shelburne foi fundada por 3.000 monarquistas do Império Unido, que escapavam da perseguição depois da independência americana, em 1775. Mais monarquistas chegaram nos anos seguintes e a população de Shelburne foi a 16 mil, na época a maior cidade inglesa da América do Norte. Muitos colonos eram comerciantes ricos despreparados para os rigores da vida na terra inculta. Com o tempo muitos se transferiram para Halifax ou voltaram para a Inglaterra, deixando suas belas casas do século 18.

Hoje uma caminhada pela Water Street até o **Dory Shop Museum** revela as mais atraentes casas históricas da cidade. O museu de dois andares de frente para o mar é um estaleiro e loja de barcos *dory* (de fundo chato) desde 1880. Na época da frota de escunas de Grand Banks, as embarcações locais eram famosas por sua resistência e a cidade se gabava de ter sete estabelecimentos que construíam milhares de barcos por ano. O primeiro andar do museu tem exposições sobre a indústria de barcos e da pesca do *cod* (bacalhau). No andar superior, mestres demonstram as técnicas da construção dos barcos *dory*, que pouco mudaram durante um século.

🏛 Dory Shop Museum
Dock St. 📞 (902) 875 3219.
🕐 jun–set: diariam. 🅿️ ♿ limitado.

Lunenburg ⑲

🚶 2.800. 🚌 ℹ️ Waterfront (902) 634 8100.

Nenhuma cidade capta o romance da vida à beira-mar da Nova Scotia como Lunenburg. No século 18, os ingleses, ansiosos por outro povoamento monarquista, fizeram um plano urbanístico para Lunenburg, oferecendo terras aos colonizadores protestantes da Alemanha. Embora estes fossem principalmente agricultores, logo se voltaram para a construção de barcos e passa-

ram a colher as riquezas do mar. Em 1996, a cidade foi declarada Patrimônio da Humanidade pela Unesco, como exemplo de colonização inglesa planejada do Novo Mundo.

O **Fisheries Museum of the Atlantic** ocupa vários prédios históricos de frente para o mar. As docas do museu contam com muitos barcos, inclusive o *Theresa E. Conner*, a última das escunas de Grand Banks.

🏛 Fisheries Museum of the Atlantic
Bluenose Dr. 📞 (902) 634 4794.
🕐 meados mai-meados out: diariam; fim out-mai: seg-sex. 🅿️ ♿ limitado.

Uma das três igrejas de frente para o mar, em Mahone Bay

Mahone Bay ⑳

🚶 1.100. 🚌 ℹ️ Hwy 3 (902) 624 6151.

A pequena cidade marítima de Mahone Bay tem sido chamada a "cidade mais linda do Canadá". Situada nas costas da baía de mesmo nome, a zona portuária tem várias casas que datam do século 18 e, ao fundo do porto, estão três

Vista do Fisheries Museum of the Atlantic, de Lunenberg, ao longo da zona portuária da cidade

igrejas imponentes, que se refletem nas águas calmas.

A cidade atraiu alguns dos melhores artistas e artesãos do Canadá, cujas lojas coloridas se alinham na rua principal. O pequeno **Settlers Museum** oferece exposições e objetos relacionados com o povoamento da cidade, feito por protestantes estrangeiros, em 1754, e como centro de construção de barcos. A exposição mais procurada é a de cerâmica e antiguidades dos séculos 18 e 19.

🏛 **Settlers Museum**
578 Main St. 🕻 *(902) 624 6263.*
◯ *mai-set: ter-dom.*

Peggy's Cove ㉑

🏯 60. 🍴 *Sou'wester Restaurant (902) 823 2561/1074.*

O gracioso farol de Peggy's Cove foi construído no alto de rochas de granito e é uma das atrações mais fotografadas do Canadá, símbolo da ligação da Nova Scotia com o mar. A vila, com suas casas coloridas, agarradas às pedras, e o pequeno porto, com seus píeres e galpões de peixe, certamente compõem a mais pitoresca vila pesqueira da província. É um lugar delicioso para andar, mas os visitantes podem evitar o sol do meio-dia no verão fazendo passeios de ônibus. De manhã cedo e ao entardecer são os melhores momentos para andar calmamente no promontório de granito hoje consumido pelo tempo, sob a brisa marinha e cativantes vistas da costa.

Esta vila é também a terra natal do escultor William E. deGarthe (1907-83). Acima do porto, a deGarthe Gallery tem uma exposição permanente de 65 de seus mais conhecidos quadros e esculturas.

Fora da galeria, o Memorial é uma escultura de 30m de altura, criada por deGarthe, monumento aos pescadores da Nova Scotia. Esculpida em um afloramento de granito nativo, a escultura representa 32

O mais conhecido símbolo da região, o Peggy's Cove Lighthouse

pescadores, suas mulheres e filhos. O grande anjo na escultura é a original Peggy, a única sobrevivente do terrível naufrágio do século 19, que deu nome à vila.

Halifax ㉒

Págs. 86 -7.

A Costa Leste ㉓

🚌 *Halifax.* ✈ *Antigonish.* ⛴ *Pictou.*
🍴 *Canso (902) 366 2170.*

Um passeio pela Costa Leste é uma viagem pelo antigo mundo da Nova Scotia, por cidades e vilas onde a vida pouco mudou desde a virada do século 20. A pequena casa e a fazenda que compõem o Fisherman's Life Museum, em Jeddore, Oyster Ponds (60km a leste de Halifax) é a terra natal de um pescador do interior, sua mulher e 13 filhas, por volta de 1900. Hoje, a casa é um museu histórico, onde os guias,

com trajes de época (muitos deles mulheres de pescadores do lugar), encenam a vida cotidiana simples de uma família de pescadores do interior, cerne da cultura da Nova Scotia. Visitantes que chegam por volta do meio-dia podem ser convidados a participar do almoço feito em um fogão a lenha. Há também demonstrações diárias que incluem confecção manual de tapetes, colcha de retalhos e tricô e os visitantes podem ver a etapa da salga do peixe para armazenagem.

Sherbrooke Village é o maior museu histórico da Nova Scotia. Entre 1860 e 1890, era uma cidade em grande progresso devido ao ouro e às madeiras. Acabado o ouro, Sherbrooke se tornou uma vila rural. No início da década de 1970, 25 dos edifícios históricos mais importantes de Sherbrooke foram restaurados. Dentro da vila, muitos guias, vestidos a caráter, recriam a vida da Nova Scotia no século 19. Um passeio em uma carroça puxada por cavalo oferece uma vista geral da cidade. No Boticário, visitantes podem observar a cuidadosa mistura de remédios patenteados e aqueles interessados no Ambrotype Studio podem vestir-se a caráter e fazer pose para uma câmera de época, que registra a imagem no vidro. Fora da cidade, uma grande roda d'água aciona o laminador de madeira.

🏛 **Sherbrooke Village**
na saída da Hwy 7. 🕻 *(902) 522 2400.* ◯ *jun-out: diariam.* ♿

A Boticária, no museu histórico de Sherbooke Village

Halifax ㉒

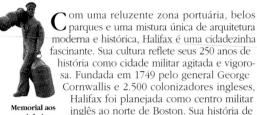

Com uma reluzente zona portuária, belos parques e uma mistura única de arquitetura moderna e histórica, Halifax é uma cidadezinha fascinante. Sua cultura reflete seus 250 anos de história como cidade militar agitada e vigorosa. Fundada em 1749 pelo general George Cornwallis e 2.500 colonizadores ingleses, Halifax foi planejada como centro militar inglês ao norte de Boston. Sua história de aventuras é longa. Aqui, piratas legalizados ou corsários traziam navios capturados e partilhavam com a Coroa, em uma época em que os homens faziam fortuna com o comércio marítimo. Hoje, Halifax é um dos mais importantes centros de estudos e pesquisas do país, com muitas faculdades e cinco universidades.

Memorial aos marinheiros

Como explorar Halifax

Esta é uma cidade fácil de ser explorada a pé, pois os melhores museus, sítios históricos, lojas e restaurantes estão em um centro bem delimitado.

Estendendo-se para oeste a partir da Brunswick Street, o centro é íngreme e verde, ideal para caminhadas para apreciar arquitetura de estilo antigo. Citadel Hill oferece excelentes vistas da cidade, estendendo-se sobre a água.

🏛 Historic Properties

1869 Upper Water St. 📞 (902) 429 0530. 🕐 diariam. ♿ limitado.
As Historic Properties são um acervo de elegantes estruturas de madeira e pedra ao longo do cais, originalmente construídas no século 19, para receber os despojos capturados pelos corsários. Hoje, essas casas são lojas de presentes, pubs e restaurantes finos. É o lugar favorito para encontros nas noites quentes de verão, onde muitos pedestres desfrutam as luzes do porto, a música tocada nos pubs, ou apostam no Sheraton Casino.

🏛 Maritime Museum of the Atlantic

1675 Lower Water St. 📞 (902) 424 7490. 🕐 diariam. ♿ verão. ♿ 🚻 a pedidos.
Este museu da zona portuária oferece muito da história da vida dos marinheiros locais da Nova Scotia, com artesanato, uma fábrica de velas restaurada e, nas docas, a elegante embarcação de pesquisa reformada, Acadia, de 1921. A exposição mais popular é a do *Titanic*, que mostra artefatos recuperados do navio. Há uma grande escadaria, réplica da original, construída em 1997 para o filme *Titanic*, parcialmente filmado em Halifax. Depois da catástrofe de 1912, muitos corpos recuperados foram trazidos para Halifax e 150 estão enterrados na cidade.

🏛 Zona Portuária

ℹ (902) 490 5946.
A Harbourfront Walkway tem lojas de presentes, cafés e restaurantes em pontos históricos ao longo da calçada de tábuas. Este encantador passeio público leva ao Dartmouth Ferry, o mais antigo da América do Norte. Uma viagem pelo porto é um modo barato de aproveitar o panorama de Halifax.

🏛 Government House

1200 Barrington St.
A atual residência do general do exército da Nova Scotia não está aberta ao público, mas vale uma visita para ver o exterior, por seu interesse histórico e arquitetônico. Sua fachada georgiana lhe confere grandiosidade urbana. Concluída em 1807, Government House custou Can$72 mil, soma enorme para uma modesta vila pesqueira.

Ao fundo, o coreto de Halifax Public Gardens, emoldurado pelas flores

🌸 Halifax Public Gardens

Spring Garden Rd. 📞 (902) 490 5946. 🕐 diariam. ♿ limitado.
Criados em 1836, os Public Gardens constituem um oásis vitoriano de verde de 7 hectares em meio à cidade movimentada. Este é um lugar tranquilo para passear. Os caminhos do jardim levam a lagos com patos, fontes e intermináveis canteiros de flores. No centro do jardim, um coreto é palco de concertos aos domingos. Nos fins-de-semana, artesãos se reúnem do lado de fora da cerca de ferro, onde exibem sua mercadoria colorida.

Zona portuária de Halifax, vista do ferryboat da cidade

🏛 Halifax Citadel National Historic Site

Citadel Hill. ☎ *(902) 426 5080.*
🕐 *mai-out: diariam.* $ *verão.*
♿ ✎

Olhando do alto para a cidade, esta enorme fortaleza em forma de estrela domina a vista do segundo maior porto natural do mundo. Construída entre 1828 e 1856, a cidadela e suas fortificações criaram uma defesa tal que a cidade nunca foi atacada. Hoje, os visitantes podem andar no terreno onde o regimento do 78th Highlanders desfila duas vezes por dia. No interior, crianças podem explorar os depósitos de pólvora e os túneis escuros que levam às salas secretas de munição.

🏛 Old Town Clock

Citadel Hill.

No sopé de Citadel Hill está o conhecido marco da cidade, o Old Town Clock. O relógio foi um presente do inglês Edward, então duque de Kent, em 1803. Na época, era comandante militar, apaixonado pela pontualidade. Ele projetou o relógio de quatro faces, uma em cada direção, de tal forma que o exército e os cidadãos pudessem chegar a seus compromissos na hora. Não está aberto ao público, mas a base do relógio já foi residência dos funcionários encarregados de cuidá-lo.

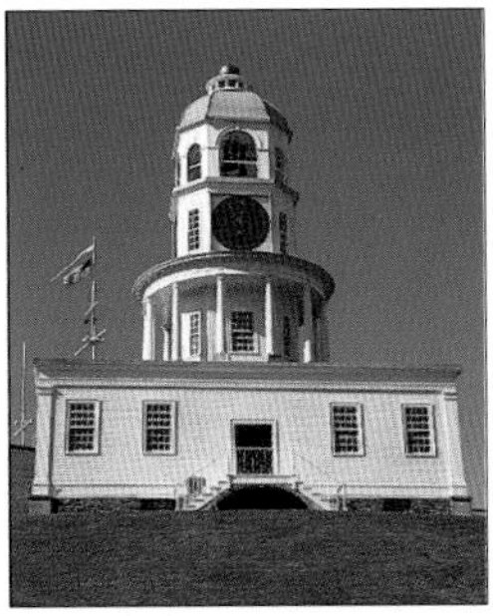

Famoso relógio de Halifax, de 1803, presente da realeza britânica.

Prepare-se

👥 *115.000.* ✈ *35km norte da cidade.* 🚆 *CN Station.* 🚌 *6040 Almon St.*
ℹ *Halifax International Visitors' Centre, 1595 Barrington St. (902) 490 5946.* 🎭 *Nova Scotia International Tattoo (jul); Atlantic Jazz Festival (jul).*

🏛 Province House

1726 Hollis St. ☎ *(902) 424 4661.*
✎ *diariam.* ♿

Iniciada em 1811 e concluída em 1819, a Province House da Nova Scotia é a mais antiga sede de governo do Canadá. O que pode faltar no tamanho da construção é compensado pela elegância do projeto e pelas decisões tomadas em seu interior. Em 1864, os pais da Confederação se reuniram aqui para discutir a formação do Canadá *(pág. 44)*. Turistas podem visitar as salas onde esses planos foram decididos.

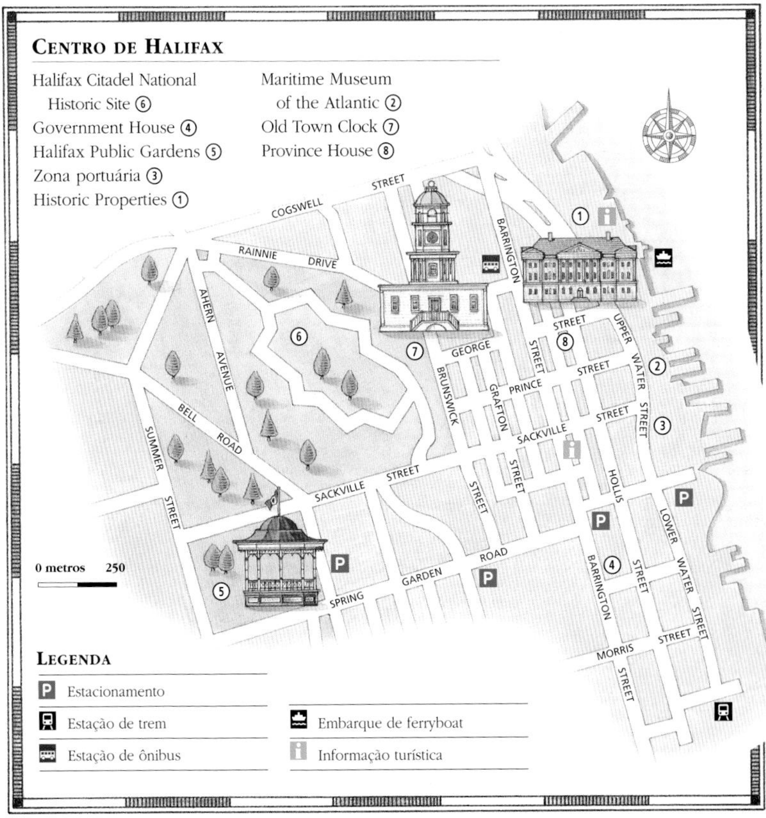
Centro de Halifax
Halifax Citadel National Historic Site 6
Government House 4
Halifax Public Gardens 5
Zona portuária 3
Historic Properties 1
Maritime Museum of the Atlantic 2
Old Town Clock 7
Province House 8
Cogswell Street
Rainnie Drive
Barrington
Ahern Avenue
Bell Road
Summer Street
Sackville Street
Spring Garden Road
George Street
Prince Street
Brunswick Street
Grafton Street
Upper Water Street
Hollis Street
Lower Water Street
Barrington Street
Morris Street
0 metros 250
Legenda
P Estacionamento
Estação de trem
Estação de ônibus
Embarque de ferryboat
Informação turística

Ilha de Cape Breton ㉔

Whisky Glenora

A beleza natural magnífica é a atração em Cape Breton. Todo ano milhares de pessoas percorrem a famosa Cabot Trail cruzando o esplendor escarpado de Cape Breton Highlands National Park *(págs. 90-1)*. Mas a beleza de Cape Breton não está limitada a estas duas atrações; pode ser encontrada nas atraentes estradas do campo e nos rincões menos explorados desta ilha fértil e verde. Especialmente belas são as Mabou Highlands, onde fica o lago Ainslee; o lago Bras d'Or, com as águias voando sobre o litoral; e as vilas costeiras românticas, tais como Gabarus, batida pelo vento. A praça forte francesa reconstruída, do século 18, e a vila, Fortress Louisbourg, são muito visitadas.

Cabot Trail Highway
Esta estrada de 300km, ao redor do noroeste da ilha e de seus parques nacionais, atrai mais visitantes a cada ano.

Igreja de St. Pierre em Cheticamp
Construída em 1883, a torre prateada desta igreja é típica do estilo católico. A igreja é o centro da cidade de Cheticamp, que oferece oportunidade para observação de baleias e concentra 3.000 pessoas da comunidade acadiana.

Lake Ainslee
Lago tranquilo, atrai muitas espécies de pássaros, como águias pescadoras e loons, que vêm se alimentar.

LEGENDA

- Estrada principal
- Estrada secundária
- Percurso panorâmico
- Rios
- Informação turística
- Vista panorâmica
- Aeroporto
- Limites do Parque Nacional
- Ferryboat

0 km   15

Margaree Harbour

Mabou

Port Hastings

St. Pete

Isle Madame

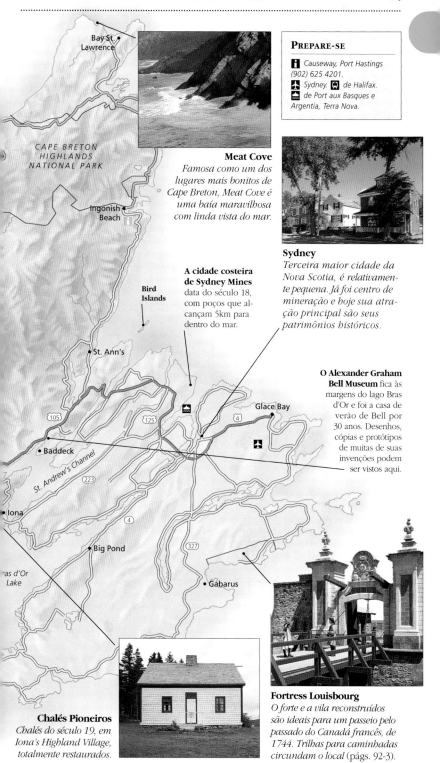

Meat Cove
*Famosa como um dos
lugares mais bonitos de
Cape Breton, Meat Cove é
uma baía maravilhosa
com linda vista do mar.*

Sydney
*Terceira maior cidade da
Nova Scotia, é relativamente pequena. Já foi centro de
mineração e hoje sua atração principal são seus
patrimônios históricos.*

**A cidade costeira
de Sydney Mines**
data do século 18,
com poços que al-
cançam 5km para
dentro do mar.

**O Alexander Graham
Bell Museum** fica às
margens do lago Bras
d'Or e foi a casa de
verão de Bell por
30 anos. Desenhos,
cópias e protótipos
de muitas de suas
invenções podem
ser vistos aqui.

Fortress Louisbourg
*O forte e a vila reconstruídos
são ideais para um passeio pelo
passado do Canadá francês, de
1744. Trilhas para caminhadas
circundam o local (págs. 92-3).*

Chalés Pioneiros
*Chalés do século 19, em
Iona's Highland Village,
totalmente restaurados.*

Como explorar a Ilha Cape Breton

Maior ilha na Nova Scotia, Cape Breton tem uma beleza selvagem e grandiosidade que a tornam um dos panoramas mais marcantes do Canadá. Das terras altas ondulantes, cortadas por riachos cintilantes, às belas praias, os 300km do Cabot Trail constituem um dos passeios mais memoráveis do Canadá. As estradas convidativas do interior conduzem às maravilhosas Mabou Hills, que circundam Lake Ainslee, e a românticas cidadezinhas, onde se incluem Baddeck e o povoamento acadiano de Cheticamp, perto do verdejante Margaree Valley.

Lagosta fresca de Cape Breton

Barcos de pesca da lagosta no porto de Main à Dieu, na Ilha Cape Breton

Cape Breton Highlands National Park

Na década de 1930, o governo canadense demarcou 958km² de terras altas no extremo norte da Ilha Cape Breton para criar o Cape Breton Highlands National Park. O parque oferece as paisagens mais famosas do Canadá, com montanhas, terras selvagens verdejantes e a beleza costeira varrida pelo vento. O aspecto mais conhecido do parque é o trecho de 106km da rodovia de Cabot Trail, que acompanha quase todo o limite do parque, fazendo uma volta de Cheticamp a Ingonish.

Cabot Trail é a principal trilha do parque e onde está a maior parte das atrações. Ao entrar no parque, a via sobe pelos flancos das montanhas costeiras. Muitas vistas panorâmicas neste trecho apresentam paisagens das terras altas elevando-se sobre o mar. Para o interior, a trilha percorre o platô de terras altas. Ao passar pelo French Lake, a curta Bog Walk é uma trilha em passarela de madeira, que corta pân-

tanos, com painéis educativos que descrevem o incomparável ecossistema limitado por um pântano, no qual florescem orquídeas raras. Os visitantes podem ver as pastagens reservadas para os alces nestas terras pantanosas.

Cruzando as French e Mackenzie Mountains, a trilha desce drasticamente para a encantadora comunidade de Pleasant Bay. Depois retorna às terras altas, atravessando a

A pitoresca Ingonish Beach, na Ilha Cape Breton

North Mountain, que, a 475m, é o ponto mais alto do parque. O caminho desce para o Aspy River Valley, onde uma estrada secundária conduz às Beulach Ban Falls, de 30m de altura.

Em Cape North, uma estrada secundária leva a um ponto onde se podem observar baleias, em Bay St. Lawrence, logo fora do parque, e a uma belíssima estrada que conduz a Meat Cove. Mais adiante, o Scenic Loop se separa de Cabot Trail e acompanha a costa, oferecendo vistas deslumbrantes que descem até White Point. Esta estrada se une novamente ao Cabot Trail a leste, onde alcança o resort de Ingonish. O Highland Links Golf Course é um dos melhores campos de golfe do Canadá.

♣ Cape Breton Highlands National Park
ℹ Ingonish Beach. 📞 (902) 285 2691. ○ diariam. 🏷 🔓 limitado.

Baddeck
Do lado oposto ao lago, a partir da propriedade de Alexander Graham Bell, que adorava a pequenina cidade, Baddeck se encontra em meio a ricas terras agrícolas e é um dos melhores *resorts* da ilha. Situada do lado noroeste de Bras d'Or Lake, é uma cidade pequena, amigável, que já encantava os visitantes do século 19. Todas as atrações podem ser alcançadas a pé. A rua principal da cidade acompanha a linha d'água e nela estão lojas, cafés e restaurantes. Passeios de barco podem ser feitos a partir de Water Street, à beira do lago.

A maior atração da cidade é o **Alexander Graham Bell National Historic Site**. O museu contém o maior acervo de fotografias, objetos e documentos da vida do famoso filantropo e inventor. Os primeiros telefones e muitas de suas invenções posteriores, inclusive uma cópia de seu HD-4 Hidrofólio, aqui estão.

Baddeck
ℹ Chebucto St. (902) 295 1911.
🏛 **Alexander Graham Bell National Historic Site**
559 Chebucto St. 📞 (902) 295 2069.
○ diariam. 🏷 🔓

Pescador com isca artificial pesca nas águas repletas de salmão e truta, no Margaree River

Margaree River Valley

Pequeno e de cor verde-esme-ralda, o Margaree River Valley é um mundo encantador em si. O rio atrai grande número de pescadores de salmão e truta, desde meados do século 19. Hoje a região é a favorita de caminhantes e caçadores de antiguidades.

Na pequena cidade de North East Margaree, o peque-no mas elegante **Margaree Salmon Museum** encantará até quem não pesca, pelas lin-das varas e carretéis históricos.

Estradas pavimentadas ou de cascalho acompanham o Margaree River até Big Interval, onde os afluentes do rio se derramam pelas terras altas. É uma região ideal para caminhadas, pesca ou ciclismo e é deslumbrante quando as encostas apresentam as cores do outono.

Margaree Valley

Margaree Fork (902) 248 2803.

Margaree Salmon Museum

60 E. Big Interval Rd. (902) 248 2848. meados jun-meados out: 9h-17h diariam. limitado.

Cheticamp

Esta vibrante cidade é a maior comunidade acadiana na Nova Scotia. A bela igreja de Saint Pierre pode ser vista a quilô-metros do mar. Os acadianos de Cape Breton são artesãos consagrados e as sete coopera-tivas da cidade produzem ce-râmica e tapetes feitos à mão. A mais conhecida tapeceira de Cheticamp foi Elizabeth Le-Fort, cujos trabalhos grandes e complexos, representando momentos da história, estão no Vaticano e na Casa Branca. Muitos de seus melhores tapetes estão expostos no **Dr. Elizabeth LeFort Museum**, em Les Trois Pignons.

Cheticamp é também procu-rada para observação de ba-leias. Há grande variedade delas por aqui.

Dr. Elizabeth LeFort Museum

1584 Main St. (902) 224 2642. mai-out: diariam.

Sydney

Única metrópole da Ilha Cape Breton, Sydney é a terceira maior cidade da Nova Scotia. Orgulha-se de ter a maior fá-brica de aço da América do Norte e é o centro industrial da região. Apesar disso, tem um pequeno e atraente bairro his-tórico em volta da Esplanade, com muitas construções res-tauradas, tais como Cossit House e Jost House, ambas da década de 1870. No centro, butiques, lojas e restaurantes podem ser encontrados em Charlotte Street.

Sydney

Sydney (902) 539 9876.

ALEXANDER GRAHAM BELL

Alexander Graham Bell nasceu em 1847, na Escócia. Sua mãe era surda e, quando crian-ça, ele ficou fascinado pela linguagem e comunicação. Em 1870, Bell e sua família se mudaram para Ontário *(pág. 216)*. Seu trabalho envolvia a transmissão eletrônica da voz e ele passou a experimentar variações com a tecnologia usada pelo telégrafo. Em 1876, transmitiu a primeira mensa-gem telefônica: "Watson, venha aqui, preciso de você". Com a patente de sua invenção, Bell afirmou-se como um dos homens que mudou o mundo. Em 1877, casou-se com Mabel Hubbard, uma de suas estudantes surdas. Em 1885, o casal visitou Cape Breton, onde Bell, mais tarde, construiu sua bela propriedade, Beinn Bhreagh, no Bras d'Or Lake. Lá morou e trabalhou todos os verões até sua morte em 1922. Em Baddeck, o Alexander Graham Bell Museum se concentra em sua vida e em seu trabalho variado.

Alexander Graham Bell

Fortress Louisbourg

Intérprete a caráter

Construída entre 1713 e 1744, a magnífica Fortress Louisbourg era o baluarte militar francês no Novo Mundo. Hoje é a maior reconstrução militar na América do Norte. Os visitantes que entram na fortaleza ingressam no ano de 1744, quando a guerra havia sido declarada entre França e Inglaterra. No interior, muitos guias vestidos a caráter despertam o interesse pela cidade comercial francesa do século 18. Ruas e construções são habitadas por mercadores, soldados, comerciantes de peixe e lavadeiras, todos entretidos com suas tarefas diárias do século 18. Desde o mais simples chalé de pescadores à mais elegante casa do engenheiro chefe militar, os detalhes são extraordinários. Os intérpretes, vestidos a caráter, dão informações sobre a fortaleza, sua história e a vida das pessoas que representam.

Vista geral da Fortaleza
Sede do governo e comando central do poder militar francês no Novo Mundo, a fortaleza abrigava milhares de habitantes da cidade.

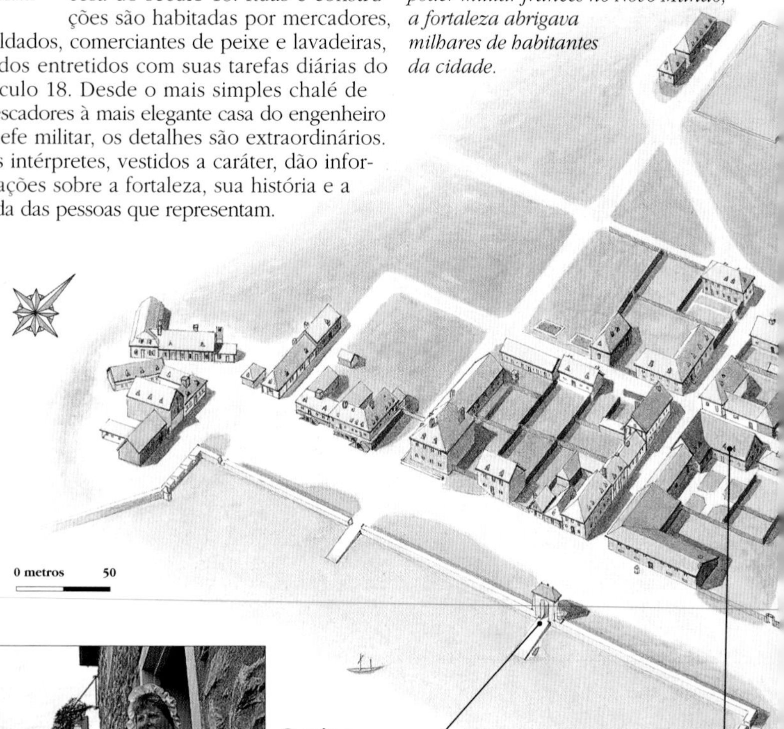

0 metros   50

O cais e Frederic Gate
O cais era o centro da atividade comercial da cidade. Ainda é fundamental para o forte, já que as atividades acontecem no imponente arco amarelo do portão.

PONTOS ALTOS

★ **Baluarte do Rei**

★ **Residência do Engenheiro**

★ **Residência do Engenheiro**
Responsável por todos os projetos de construção na fortaleza, o engenheiro era um dos homens mais importantes e poderosos da comunidade.

PREPARE-SE

Route. 22 SO de Louisbourg.
☎ (902) 733 2280. ○ mai, jun,
set e out: 9h30-17h diariam; jul e
ago: 9h-19h diariam.

★ Baluarte do Rei
A maior construção na Cidadela, os quartéis do
Baluarte do Rei abrigavam 500 soldados franceses,
que moravam, comiam e dormiam aqui.

O armazém de gelo
era usado para guardar
comida fresca para a
mesa do governador.

**Quartos dos
oficiais**

Padaria do Rei
Pode-se comprar pão fresco nesta padaria em funcionamento, que produzia as rações diárias dos soldados.

A Forja
Técnicas tradicio-
nais são exibidas
aqui por operários a
caráter, que mostram
exatamente o artesanato
aprendido no século 18.

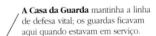

A Casa da Guarda mantinha a linha
de defesa vital; os guardas ficavam
aqui quando estavam em serviço.

O Dauphin Gate
Soldados em uniformes históricos, no portão, desafiam
visitantes, como teriam feito em 1744. Os detalhes artísti-
cos do portão atual foram baseados em relíquias arqueológicas do original, recuperado na década de 1960.

QUEBEC

Introdução a Quebec

QUEBEC É A MAIOR província do Canadá e maior região de língua francesa do mundo: muitos de seus 7 milhões de habitantes mantêm orgulhosos a língua e cultura herdadas dos antepassados franceses. A paisagem varia de vales bucólicos e vilarejos, ao longo da fronteira com os Estados Unidos, às vastas extensões de tundra da Baía de Hudson. O rio São Lourenço está no coração da província. É limitado ao norte pelo belo cenário da desabitada região de Charlevoix, com seus lagos, florestas e tundra estendendo-se até Hudson Strait, e cruza um dos maiores projetos de usina elétrica do mundo, na James Bay. Ao sul fica a montanhosa Gaspé Peninsula. São duas as cidades principais: a multiétnica Montreal e Quebec, capital da província e única cidade murada da América do Norte.

Situado junto a um lago nas **Laurentian Mountains**, o pitoresco *resort* de St- Jovite aparece aqui cercado pelas cores do outono

O centro de Montreal, maior cidade de Quebec, tem uma vibrante vida noturna

0 km   100

LEGENDA

▨ Rodovia

▨ Estrada principal

═ Rio

VEJA TAMBÉM

• *Onde Ficar* págs. 346-50

• *Onde Comer* págs. 366-70

Estreito Hudson

Baía de Hudson

113

111

VAL D'OR

117

Soldados de infantaria desfilam em La Citadelle *(págs. 132-3)*, emoldurados pelo Château Frontenac

Baía de Ungava

QUEBEC

SEPT-ILES

ILE D'ANTICOSTI

138

GASPÉ

BAIE-COMEAU

GASPÉ PENINSULA

132

CHIBOUGAMAU

167

TADOUSSAC

CHICOUTIMI

155

175

40

CIDADE DE QUEBEC

SHERBROOKE

20

HULL

Como Circular

As principais cidades contam com aeroportos. É possível percorrer toda a província de ônibus, pela Voyageur Lines, Orléans Express e outras empresas menores. A empresa de ônibus norte-americana Greyhound também serve Montreal. A Limocar cobre a região das Laurentian Mountains e a Autobus Viens vai às cidades do leste. Viagens de trem ficam restritas à parte sul de Quebec. A região é cortada por uma malha viária ampla e de alta qualidade.

NORTE E SUL DE QUEBEC

CIDADE DE QUEBEC E RIO SÃO LOURENÇO

MONTREAL

Florestas de Plátano

Folha de plátano:
símbolo do país

As antigas florestas de plátano, orgulho de Quebec e Ontário, significam bem mais que uma mostra do esplendor da natureza. Todo ano, no outono, suas folhas tingem o sul de laranja e carmesim, mas é na primavera que surge o produto mais famoso: o xarope de plátano, ou *maple syrup*. As técnicas de extração foram desenvolvidas pelos índios e ensinadas aos europeus no século 17. Os métodos pouco mudaram até meados de 1940, quando parte do processo foi mecanizado. Grande parte, porém, é feita à moda antiga, como a mistura final com as mãos.

O plátano, seja *red maple (Acer rubrum)* ou plátano-doce *(Acer saccharum)*, pode atingir bem mais de 30m de altura e seu tronco chega a 1m de diâmetro. O principal produto é o xarope, embora a madeira dura seja usada para fabricar móveis. A folha de plátano, oficialmente estampada na bandeira nacional em 1965, é o símbolo do Canadá.

Extrair a seiva das árvores é o primeiro passo. Na primavera, quando a seiva aumenta, corta-se o tronco para recolhê-la.

O transporte da seiva é feito em grandes barris acomodados em um trenó puxado por cavalo pelas florestas nevadas. Na década de 1970 foi implantada uma rede de canos plásticos ligando as árvores às choupanas onde o xarope era produzido.

Cabanas de açúcar são construídas na floresta no centro do campo onde os plátanos estão produzindo seiva. Homens e mulheres trabalham horas na lenta evaporação que transforma a seiva em xarope. Os moradores de Quebec têm um ritual na primavera: quando o primeiro xarope fica pronto, ele é derramado sobre a neve e vira um delicioso puxa-puxa gelado.

XAROPE E DERIVADOS DO PLÁTANO

Cerca de 80% da colheita anual se destina à produção de xarope, mas a indústria do plátano não se reduz a uma simples calda adocicada. Fervido lentamente, o xarope endurece e se torna um açúcar dourado, usado para adoçar café ou como bala. A manteiga, batida com açúcar, faz sucesso. Alimentos salgados também se beneficiam: presunto e bacon ficam deliciosos quando conservados no xarope. Os habitantes de Quebec são aficcionados por açúcar e inventaram, com o

Produtos à base de plátano são usados em muitos pratos doces e salgados

xarope, a torta de açúcar (ou *sugar pie*, que leva calda de chocolate no recheio).

O xarope tem várias qualidades. O dourado claro, produzido no início da temporada, é o mais caro e costuma ser engarrafado. O seguinte é um pouco mais escuro, usado na culinária e, por último, o mais escuro, serve de base para aromatizantes e xaropes sintéticos. A indústria do plátano movimenta Can$ 100 milhões por ano.

Xarope de plátano

A HISTÓRIA DO XAROPE DE PLÁTANO

Os primeiros a explorar o plátano foram os canadenses nativos. Muito antes da chegada dos europeus no século 16, tribos de todo o nordeste da América do Norte adoçavam a comida com este xarope. A lenda conta que um chefe iroquês atirou um machado em uma árvore e, no fim do dia seguinte, encontrou-o preso ao tronco, embebido em um líquido adoçado. Naquela noite, sua esposa cozinhou a caça na seiva e assim surgiu o xarope. Lendas à parte, a verdade é que os nativos descobriram a seiva e como refiná-la. As técnicas mudaram pouco desde que foram generosamente ensinadas ao homem branco.

Com a fervura, quarenta litros de seiva rendem só um litro de xarope. A cor dourada e o sabor surgem conforme a destilação se processa. O xarope mais bem cotado tem cor pálida e surge na primavera.

Transformar seiva em xarope requer tempo e paciência. Em fogo a lenha (preferencialmente do plátano), a seiva borbulha até que 98% de sua água evapore. Já existe um evaporador mecânico para ferver a seiva e remover a umidade, mas a tecnologia ainda não substituiu a mão humana na mexida final da mistura em fogo lento.

Hidrovia do Rio São Lourenço

Estendendo-se do Golfo de São Lourenço, na costa atlântica, até Duluth, na ponta oeste do lago Superior em Minnesota, a Hidrovia do Rio São Lourenço e o Sistema dos Grandes Lagos percorrem 3.700km da América do Norte. O Canal do rio São Lourenço em si atinge 553km de Montreal ao lago Erie, dos quais cerca de 245km são navegáveis. Aberto de março a dezembro, é a mais longa hidrovia do mundo a atravessar um continente. O movimento de navios domésticos é grande, porém mais de 60% da carga transportada cruza o oceano, vindo (ou indo) para a Europa, Oriente Médio e África. O tráfego é diversificado: enormes cargueiros de cereais viajam ao lado de barcos de lazer.

LOCALIZE-SE

■ *Hidrovia do rio S. Lourenço*

A HISTÓRIA DA HIDROVIA

A história da hidrovia é antiga: em 1680, o monge francês Dollier de Casson iniciou uma campanha para construir um canal com pouco mais de 1,5km ligando o lago St. Louis a Montreal. O Lachine Canal só foi inaugurado em 1824. Em 1833 foi aberto o primeiro Welland Canal, ligando os lagos Ontário e Erie. O quarto Welland Canal foi a primeira parte moderna da hidrovia, construída em 1932. Em 1951, EUA e Canadá se uniram para criar uma nova rota, iniciada em 1954. Em 25 de abril de 1959 a hidrovia passou a ligar os Grandes Lagos ao mundo.

Barcos de passeio cruzam a hidrovia perto de Thousand Islands, em Kingston, Ontário. No verão, pequenos barcos aproveitam o excelente local para velejar e praticar ski aquático nesta porção da hidrovia.

D'Iberville, o primeiro navio a cruzar o canal

Ottawa

ONTÁRIO

Kingston

Toronto

Lago Ontário

/ LAGO HURON

ESTADOS

UNIDOS

Lago Erie

0 km   100

LEGENDA

🔳 Eclusa

Montreal *é o berço histórico da hidrovia. Foi aqui que o primeiro elo entre os lagos foi construído no século 18, abrindo caminho rumo ao centro da América do Norte. A hidrovia opera nove meses por ano, apesar das baixíssimas temperaturas locais.*

GOLFO DE SÃO LOURENÇO

Cidade de Quebec •

Q U E B E C

Navios cargueiros *transportam minério de ferro, cereais, carvão e outras mercadorias pela hidrovia: mais de 2 bilhões de toneladas de carga passaram por aqui desde 1959. A indústria pesada do Canadá não conseguiria sobreviver sem ela.*

Eclusa de St. Lambert *é alternativa à Lachine Rapids, a oeste de Montreal. A hidrovia é como uma "escadaria aquática" que leva ao coração da América do Norte, elevando e descendo as embarcações de um nível a outro.*

• Montreal

A CONSTRUÇÃO DA HIDROVIA

Em 1895, EUA e Canadá criaram a Deep Waterways Commission para estudar a construção do Canal de São Lourenço. Dois anos depois, o projeto foi aprovado. Depois de 50 anos de briga entre os governos, as construções financiadas pelos dois países começaram em 10 de agosto de 1954 –segundo o primeiro-ministro do Canadá, Louis St. Laurent, o canal seria "um vínculo, não mais uma barreira, entre norte-americanos e canadenses". A enorme empreitada enfrentou problemas, especialmente a descoberta de antigas formações rochosas tão resistentes que um novo maquinário teve de ser desenvolvido para escavá-las. Todo o trabalho, que incluiu transferência de cidades e dragagem dos canais preexistentes, teve de ser feito com o mínimo de interferência no movimento de barcos, trens e carros das cidades principais. Apesar disso, a obra foi concluída nos quatro anos previstos.

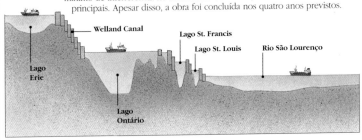

A hidrovia vista em corte transversal: eclusas e níveis de elevação da água

MONTREAL

ESTA É A SEGUNDA *maior cidade do Canadá e a única de língua francesa em toda a América. Os religiosos franceses que fundaram Montreal em uma ilha no século 17 ficariam surpresos ao ver como esta vibrante metrópole sabe desfrutar a vida e ficou famosa pela* joie de vivre *(alegria de viver). Daquela época permanecem algumas das igrejas mais bonitas do país, com suas torres se destacando na paisagem.*

Montreal se localiza na confluência dos rios São Lourenço e Ottawa, o que a tornou o primeiro grande centro comercial do Canadá. Sua fundação data de 1642, com a chegada de um grupo de católicos franceses que estabeleceu aqui um porto e uma comunidade cristã. Com a transferência de grande parte do poder econômico para Toronto, Montreal hoje se destaca mais pela diversidade cultural do que por sua importância geográfica. Cerca de 70% de seus 3 milhões de habitantes têm ascendência francesa, 15% é de origem britânica e os principais grupos étnicos estão representados entre os 15% restantes. Muitas pessoas falam três ou mais línguas. As comunidades formam uma espécie de mosaico, com os anglófonos na parte oeste, francófonos na parte leste e demais grupos étnicos espalhados por toda a ilha.

Embora essa divisão se verifique na prática, ela não é rígida: canadenses de origem inglesa frequentam os restaurantes e bistrôs do centro histórico francês, e os de origem francesa visitam a região tradicionalmente inglesa. Os bairros mais interessantes esparramam-se nas encostas do lado sul do Mont-Royal –o morro de 234m que deu origem ao nome da cidade. Junto ao rio estão as ruazinhas de pedra da Vieux-Montréal. A principal área comercial fica mais ao norte, na Rue Sainte-Catherine e nos corredores da Underground City (cidade subterrânea), um complexo de casas, lojas e centros de lazer que se esconde debaixo da movimentada cidade. Outras atrações modernas incluem o estádio do Olympic Park e o Musée d'Art Contemporain, construído na década de 1990 para complementar os ótimos museus históricos da cidade.

Turistas admiram a vista da cidade

◁ Garçons posando em frente a um bistrô tipicamente francês no centro de Montreal

Como Explorar Montreal

Montreal divide uma ilha de 50km de extensão no rio São Francisco com os outros 28 municípios que formam a Communauté Urbaine de Montréal (Comunidade Urbana de Montreal). A parte mais vibrante da cidade fica entre o Mont-Royal e o rio, com ruas que formam um xadrez muito bem organizado. O Boulevard Saint-Laurent, também conhecido como The Main, divide a cidade entre leste e oeste. Montreal é uma cidade grande, mas fácil de ser explorada.

Os arranha-céus do centro de Montreal ao anoitecer

LEGENDA

	Mapa Rua a Rua: *págs. 106-7*
✈	Aeroporto internacional
🚉	Estação de trem
🚌	Terminal rodoviário
⛴	Ferryboat
ℹ	Informação turística
P	Estacionamento
Ⓜ	Estação de metrô
—	Rodovia
—	Estrada principal
····	Calçadão

PRINCIPAIS ATRAÇÕES

Áreas e Edifícios Históricos

Château Ramezay ❸
Chinatown ❼
Lachine ㉗
McGill University ⓭
Place des Arts ❾
Plateau Mont-Royal ❽
Sir George Etienne-Carter National Historic Site ❹
Square Dorchester e Place du Canada ⓰
Rue Sherbrooke ⓳
Underground City ⓯
Vieux Port ❶

Parques e Jardins

Jardin Botanique de Montréal ㉓
Olympic Park *págs. 120-1* ㉒
Parc Mont-Royal ㉑

Ilhas

Ile Notre-Dame ㉕
Ile Sainte-Hélène ㉔

Igrejas e Catedrais

Basilique Notre-Dame-de-Montréal *págs. 108-9* ❷
Cathédrale Marie-Reine-du-Monde ⓱
Christ Church Cathedral ⑪
Oratoire St-Joseph ⑳

Museus e Galerias

Centre d'Histoire de Montréal ❻
Centre Canadien d'Architecture ⑱
Maison Saint-Gabriel ㉖
McCord Museum of Canadian History ⑫
Musée d'Art Contemporain *págs. 112-3* ⑩
Musée des Beaux-Arts *págs. 114-5* ⑭
Musée Marc-Aurèle Fortin ❺

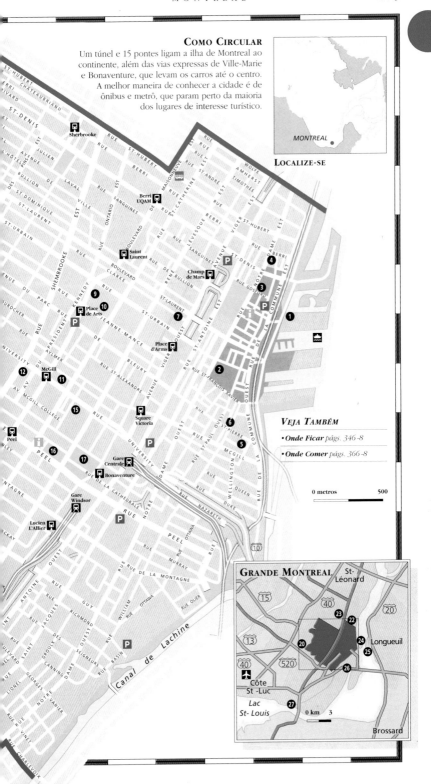

COMO CIRCULAR

Um túnel e 15 pontes ligam a ilha de Montreal ao continente, além das vias expressas de Ville-Marie e Bonaventure, que levam os carros até o centro. A melhor maneira de conhecer a cidade é de ônibus e metrô, que param perto da maioria dos lugares de interesse turístico.

MONTREAL

LOCALIZE-SE

VEJA TAMBÉM

• **Onde Ficar** págs. 346-8

• **Onde Comer** págs. 366-8

0 metros   500

GRANDE MONTREAL St-Léonard

Longueuil

Côte St-Luc

Lac St-Louis

0 km   3

Brossard

Canal de Lachine

Rua a Rua: Vieux-Montréal

Placa na Rue St-Paul

Liderados por Paul de Chomédy e Sieur de Maisonneuve, os fundadores de Montreal construíram a cidade católica que daria origem à Vieux-Montréal, perto da cachoeira Lachine em 1642. Os esforços dos missionários falharam, mas a cidade floresceu e se tornou um próspero centro de comércio de peles, com belas casas e cercada por uma barricada de pedras. Com a expansão de Montreal no século 19, a cidade antiga, Vieux-Montréal, entrou em decadência. Na década de 1960, porém, o bairro foi revalorizado. Os edifícios do século 18 foram renovados e tornaram-se restaurantes, bistrôs e butiques da moda, especialmente nas ruas Notre-Dame e St-Paul.

Vista do rio
Este grupo de ruas históricas próximas ao rio São Lourenço forma um bairro romântico e charmoso em meio a esta cidade moderna.

★ Basilique Notre-Dame
Uma das igrejas mais lindas da América do Norte, esta é a obra-prima católica da cidade. É de 1829 e tem o interior colorido e ricamente decorado ❷

Pointe-à-Callière Archeological Museum
O percurso subterrâneo deste museu leva os visitantes a ruínas escavadas e aquedutos feitos no século 17.

PONTOS ALTOS

★ Basilique Notre-Dame

★ Château Ramezay

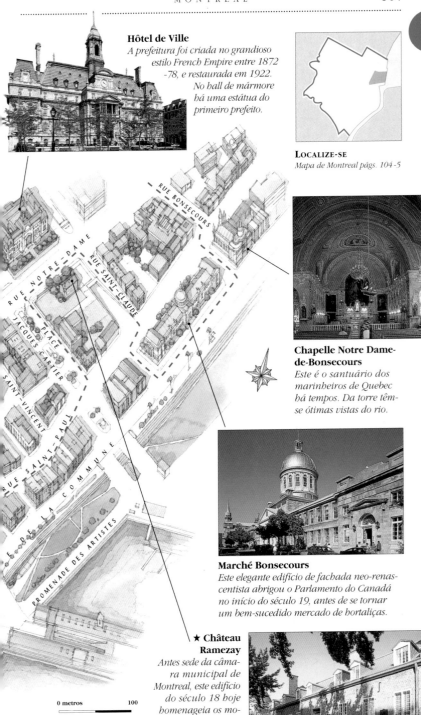

Hôtel de Ville

A prefeitura foi criada no grandioso estilo French Empire entre 1872 -78, e restaurada em 1922. No hall de mármore há uma estátua do primeiro prefeito.

LOCALIZE-SE
Mapa de Montreal págs. 104-5

Chapelle Notre Dame-de-Bonsecours

Este é o santuário dos marinheiros de Quebec há tempos. Da torre têm-se ótimas vistas do rio.

Marché Bonsecours

Este elegante edifício de fachada neo-renascentista abrigou o Parlamento do Canadá no início do século 19, antes de se tornar um bem-sucedido mercado de hortaliças.

★ Château Ramezay

Antes sede da câmara municipal de Montreal, este edifício do século 18 hoje homenageia os moradores da província, com seu ótimo museu de ferramentas e artefatos antigos ❸

0 metros   100

LEGENDA

- - - Percurso sugerido

Vieux-Port ❶

333 Rue de la Commune.
 (514) 496 7678. Central Station. 55: Terminus Voyager. Square Victoria.

Em seus dias de glória no século 19 o Vieux-Port de Montreal foi um dos mais importantes portos fluviais da América do Norte. Sua decadência começou com a chegada dos grandes navios e de aviões no princípio do século 20. No fim da década de 1980, o governo canadense começou a transformá-lo em um dos parques mais frequentados de Montreal. Seus 12,5km de calçadão à beira d'água e o gramado se fundem harmo-

Ciclistas aproveitando o passeio junto ao rio, no Vieux-Port

niosamente nas encantadoras ruas da Vieux-Montréal, dando ao bairro antigo uma enorme vista para o rio.

O porto tem um animado clima de lazer. No verão, turistas e moradores caminham e andam de bicicleta e patins no Promenade du Vieux Port.

Château Ramezay ❸

280 Rue Notre Dame E. (514) 861 3708. VIA Rail. 14, 55. Terminus Voyager. Champ-de-Mars. jun-set: 10h-18h diariam; out-mai: 10h-16h30 ter-dom. 25 dez, 1º jan.

Quando o 11º governador de Montreal, Claude de Ramezay, chegou à cidade em 1702, sentiu saudade da Normandia e decidiu construir sua residência no estilo dos *châteaux* de sua terra natal, com muros de pedra, águas-furtadas e telhados de cobre. As torres redondas e atarracadas, acrescentadas no século

Basilique Notre-Dame-de-Montréal ❷

A Basílica é a mais antiga e grandiosa igreja católica de Montreal e fica no meio da Place d'Armes. A construção original é do século 17, mas foi reprojetada em 1829. O arquiteto norte-americano James O'Donnell se superou criando uma ampla cavidade abobadada que mescla elementos neoclássicos e neogóticos. A nave conta com 3.800 assentos e mais duas fileiras de galerias na parte superior. O templo foi redecorado por volta de 1870, com entalhes em madeira e vitrais assinados pelo artesão canadense Victor Bourgeau.

O altar principal é rodeado por delicados entalhes em pinho e nogueira.

A nave é iluminada por uma rosácea sob um céu azul-celeste.

★ Retábulo do altar
O centro da nave tem um azul profundo, sob um céu de estrelas do douradas.

★ Púlpito
Esta construção rebuscada foi esculpida por Philippe Hébert. Os profetas Ezequiel e Jeremias figuram na base.

PONTOS ALTOS

★ Retábulo do altar

★ Púlpito

19, reforçam o efeito. Muitos dos governadores seguintes moraram aqui. É um dos mais impressionantes legados do regime francês em Montreal, e é aberto ao público.

O castelo foi recuperado como era na época de Ramezay. Merece destaque o Nantes Salon, com painéis esculpidos no século 18 pelo arquiteto francês Germain Boffrand.

Os uniformes, documentos e mobiliário expostos no piso principal refletem a vida da classe dominante da Nova França e os porões mostram as atividades dos humildes colonos. O automóvel vermelho, feito para o primeiro motorista da cidade, é uma curiosidade.

Sir George-Etienne Cartier National Historic Site ❹

458 Rue Notre Dame. [(514) 283 2282. ☐ Central Station. ☐ ☐ Terminus Voyager. ☐ Champ-de-Mars. ◯ meados mai-ago: diariam; set-dez e mar-meados mai: qua-dom. ● jan e fev. ☐ ☐ ☐

George-Etienne Cartier (1814-1873) foi um Pai da Confederação e um dos mais importantes políticos franco-canadenses de sua época. Este patrimônio histórico nacional inclui duas casas adjacentes, de pedras cin-

Relógio ormolu no Etienne-Cartier

zas, pertencentes aos Cartiers na parte leste da cidade antiga. Uma delas é dedicada à sua carreira como advogado, político e empreendedor ferroviário. Nela você pode sentar-se a uma mesa redonda e ouvir um ótimo resumo dos fundamentos políticos do Canadá moderno, em francês ou inglês.

A segunda casa enfoca a vida doméstica da família Cartier, mostrando o estilo de vida da classe média-alta no auge da era vitoriana. Os visitantes podem entrar nos cômodos bem mobiliados e cheios de formalidades para ouvir trechos de gravações dos "empregados" conversando.

As torres gêmeas têm 69m acima da basílica e podem ser vistas a distância na cidade antiga.

The Vieux Séminaire data de 1685 e ainda pertence aos freis sulpicianos, padres que também gerem a basílica. É um dos edifícios mais antigos de Montreal.

Órgão
O renomado fabricante Casavant construiu o órgão acima da porta norte em 1891. Os recitais são frequentes.

Vitrais coloridos
Os vitrais da Basílica vieram de Limoges em 1930. Cada um conta uma história do passado da cidade. Este mostra o pioneiro Maisonneuve subindo o Mont-Royal in 1643.

Musée Marc-Aurèle Fortin ❺

118 Rue Saint-Pierre. ☎ *(514) 845 6108.* 🚊 *Central Station.* 🚌 *Terminus Voyager.* Ⓜ *Square Victoria.* 🕐 *11h-17h ter-dom.* 📷 ♿

Todo feito de pedra, este era um depósito pertencente a uma antiga ordem de freiras. Hoje museu, exibe bom acervo dos trabalhos de Fortin, além de exposições temporárias de pinturas de artistas locais.

Marc-Aurèle Fortin inovou o modo de representar as paisagens canadenses na tela. Quando nasceu, em 1888, as escolas européias influenciavam a arte norte-americana. Fortin amava a luz de sua província natal e usou técnicas incomuns para reproduzi-las. Para mostrar a "luz quente de Quebec", por exemplo, ele pintou algumas imagens sobre fundo cinza. Ao morrer, em 1970, deixou não só uma surpreendente quantidade de obras mas um modo novo de observar a natureza, sobretudo as diversas áreas rurais de sua Quebec nativa.

A fachada acinzentada do Musée Marc-Aurèle Fortin

Centre d'Histoire de Montréal ❻

335 Place d'Youville. ☎ *(514) 872 3207.* 🚌 *61.* Ⓜ *Square Victoria.* 🕐 *meados mai-ago: diariam; set-mai: ter-dom.* ⬤ *meados dez-meados jan.* 📷

Este museu ocupa o belo prédio do corpo de bombeiros, com um gracioso frontão junto ao telhado construído em 1903. As exibições abrangem toda a história de Montreal, do primeiro assentamento indígena até a era moderna, com destaque para o dia-a-dia das pessoas. Há, por exemplo, o manequim de um funcionário da prefeitura do século

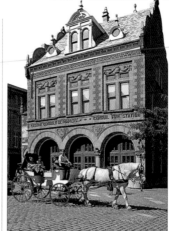

Centre d'Histoire de Montréal

19 alertando sobre as penas para quem deixasse porcos e ovelhas soltos pela cidade. O primeiro andar cobre o período de 1930 a 40 e é particularmente interessante. Enquanto descansa em uma sala da época, o visitante ouve trechos de programas de uma rádio local (há desde um jogo de hóquei à oração do terço) ou pode entrar em uma cabine telefônica e ouvir a conversa de um casal de namorados: um operário e uma balconista.

Chinatown ❼

Ⓜ *Champ-de-Mars; Place des Arts.*

O nome está ficando um pouco anacrônico. Muitos restaurantes e lojas deste bairro de 18 quarteirões a nordeste da Cidade Antiga são de imigrantes vietnamitas e tailandeses,

que vieram para Montreal devido à onda de transtornos ocorridos no sudeste asiático o século 20. Os chineses, contudo, estavam aqui antes. Começaram a chegar em quantidade após 1880, junto com vários imigrantes europeus, e se agruparam neste canto da cidade, tentando evitar a discriminação. À medida que foram prosperando, muitos descendentes dos primeiros imigrantes mudaram para áreas mais ricas, deixando Chinatown para os mais velhos e recém-chegados. Milhares deles vêm aqui nos fins-de-semana e as ruas estreitas ficam abarrotadas de pessoas comprando seda, presentes, discos, hortaliças e churrasquinho de carne.

Os restaurantes abrangem vários tipos de cozinha, como sichuanesa, cantonesa, tailandesa, vietnamita e coreana, e o ar fica impregnado com o aroma de churrasco de porco apimentado e macarrão temperado.

Quem procura uma pausa em meio à agitação deve ir ao pequeno e adorável jardim dedicado ao carismático líder chinês Sun Yat-sen, na Clarke Street. Outras marcas características do local são os dois grandes arcos em estilo chinês que atravessam a Rue de la Gauchetière, além dos dois pagodes autênticos no telhado do moderno Holiday Inn Hotel.

Barraca colorida no agitado mercado de Chinatown

Os moradores aproveitam a descontração do Parc Lafontaine, no Plateau Mont-Royal, para um piquenique

Plateau Mont-Royal ❽

Tourisme Plateau Mont-Royal: (514) 840 0926. M Sherbrooke; Mont-Royal.

Nenhuma outra região capta tão bem a essência de Montreal como o Plateau. As calçadas de suas principais ruas exibem bistrôs, livrarias, butiques e cafés. As boates vão do excêntrico ao tradicional, e na hora de comer é possível escolher entre bares de aperitivos, lanchonetes ou alguns dos melhores restaurantes da cidade. Bares de jazz também são comuns e vão de bem-comportados a nitidamente suspeitos.

Os moradores da área são uma mistura de estudantes, trabalhadores de língua francesa, jovens profissionais na última moda e famílias com raízes na Europa ou na América Latina. Todos se reúnem no Parc Lafontaine, um parque com um teatro ao ar livre, ou no "Balconville", um marco da cidade ligado aos dúplex ou "triplex" onde moram muitas dessas pessoas. Para aumentar o espaço interno, esses conjuntos de casas são repletos de varandas ligadas à rua por belas escadarias de ferro forjado. Embora fiquem escorregadias no inverno, no verão

elas recebem flores e churrasqueiras para abrigar festas, reuniões de família e piqueniques.

As famílias de trabalhadores para os quais as casas foram construídas no início do século 20 viviam modestamente, mas conseguiram acumular dinheiro suficiente para construir igrejas muito grandes e bonitas na paróquia, especialmente a Eglise Saint-Jean-Baptiste. A burguesia católica vivia um pouco mais ao sul, em graciosas casas em estilo Segundo Império na Rue Saint-Denis ou Carré Saint-Louis, uma das praças mais bonitas da cidade.

Place des Arts ❾

183 Rue Ste-Catherine W. (514) 842 2112. M Place des Arts.

Este complexo de salas de espetáculo e teatros é o grande centro de artes cênicas de Montreal. A Opéra de Montréal e a Orchéstre Symphonique de Montréal têm sua sede na Salle Wilfrid Pelletier. Com capacidade para 2.982 pessoas, esta é a maior das cinco salas de concerto do complexo. Os prédios da Place des Arts dividem uma praça ampla e moderna com o esplêndido Musée d'Art Contemporain (págs. 112-3).

Place des Arts, encabeçando as opções de lazer na cidade

Musée d'Art Contemporain ⑩

Aberto em 1964, este museu é a única instituição do Canadá voltada exclusivamente à arte contemporânea. Situado no centro de Montreal, mais de 60% dos cerca de 6 mil desenhos, pinturas, fotografias, vídeos e instalações da coleção permanente são assinados por artistas de Quebec. Alguns trabalhos datam de 1939, mas a ênfase é a produção contemporânea. Há algumas peças de talentos internacionais, como os inovadores e polêmicos Bill Viola, Louise Bourgeois e Andrès Serrano. As exibições são organizadas em galerias amplas e bem iluminadas, cuja elegância ajudou o museu a conquistar um prêmio do Montreal Council. O espaço de exibição se organiza ao redor de uma rotatória que sobe até o centro do prédio.

As Rendas de Montmirail
Detalhe de paisagem pintada pela artista Natalie Roy em 1995, que faz parte da coleção da nova geração de Quebec.

Segundo Piso

★ Círculo de Arenito do Niagara Sandstone *(1981)*
A obra do inglês Richard Long é ousada e peculiar. Ele usa materiais da natureza, que são o próprio tema do trabalho, e organiza uma disposição geométrica que estimula a meditação.

Piso Térreo

LEGENDA

- ☐ Espaço de exposição permanente
- ☐ Espaço de exibição temporária
- ☐ Escultura de Pierre Granche
- ☐ Cinema
- ☐ Galeria de vídeo
- ☐ Galeria multimídia
- ☐ Teatro/Sala de conferências
- ☐ Workshops de arte
- ☐ Espaço sem exposições

Hall de Entrada
Amplo e moderno como as salas de exposição, o hall de entrada é usado para recepções e eventos. Pode ser visto do agradável restaurante instalado no primeiro andar.

PONTOS ALTOS

★ **Pierre Granche**

★ **Richard Long**

GUIA DO MUSEU

Apenas uma pequena parte do acervo do museu está em exposição permanente e pode ser vista no andar de cima, junto às peças que vão sendo revezadas e às obras visitantes. Há um jardim de esculturas, com acesso a partir do prédio principal, com exposições rotativas. É um bom local para descansar durante a visita.

PREPARE-SE

PREPARE-SE

185 Ste. Catherine St. W.
(514) 847 6226. Place-des-
Arts. 11h-18h ter, qui-dom;
11h-21h qua. seg; 25 dez,
1º jan. a combinar.

★ **Como se o tempo...**
da rua (1991-2)
A instalação ao ar livre de
Pierre Granche, em exibição
permanente, é inspirada em
seres mitológicos do Egito
cujas formas simbolizam
Montreal. Em contraste
com o meio urbano, es-
banja humor e poesia.

Entrada Principal

Fachada do Museu
Construído nos anos 1990,
MAC exibe 320 obras de arte,
de um enorme acervo que
vai sendo revezado.

Christ Church Cathedral ⓫

1444 Union Ave. (514) 843 6577.
Central Station. 15. McGill.
8h-17h30 diariam.

O arquiteto Frank Wills
concluiu em 1859 a ca-
tedral que seria sede do
bispado de Montreal. O
resultado foi uma bela
obra em pedra calcá-
ria, com um portal
triplo. As paredes
externas foram deco-
radas com gárgulas.
Como o peso da igreja
era muito grande para
o terreno, em 1940 a
agulha de pedra foi
substituída por uma
de alumínio. Muitos
trabalhadores locais vão aos
concertos ao anoitecer para um
descanso. O interior da catedral
é fresco e escuro, com a nave
em arco pontiagudo e magníficos vitrais, alguns do estúdio
de William Morris, de Londres.

Chinelos inuit no
McCord Museum

Christ Church Cathedral, baseada
em um projeto inglês do século 14

McCord Museum of Canadian History ⓬

690 Rue Sherbrooke W.
(514) 398 7100. Central Station.
24. McGill. 10h-18h ter-sex;
10h-17h sáb e dom. seg.

O advogado David Ross
McCord (1844-1930) era
um colecionador fanático de
tudo o que se relacionasse
ao Canadá, incluindo livros,
fotografias, jóias, móveis,
roupas, documentos, papéis,
pinturas, brinquedos e porcelana. Em 1919, ele doou
suas notáveis aquisições à
McGill University, visando
fundar um museu sobre a
história social do Canadá. O
acervo, agora com mais de 90
mil peças, está instalado em
um imponente prédio de pedra calcária que servia de
centro social para os alunos
da universidade. O
museu tem uma boa
seção sobre o início
da história do país
e sobre arte popular.
Há uma ótima cole-
ção de peças feitas
por índios e inuits,
com roupas, armas,
jóias, peles e cerâ-
mica. A história so-
cial de Montreal pode
ser vista em uma sala separada.
O xodó do museu são as 700
mil fotografias que esmiúçam
cada detalhe do cotidiano da
cidade no século 19.

McGill University ⓭

845 Rue Sherbrooke W. (514)
398 4455. Central Station. 24.
McGill. 9h-18h seg-sex.
faça reserva.

Fundada em 1821, esta é a
universidade mais antiga do
Canadá. Foi construída em terreno doado por James McGill
(1744-1813), comerciante de
peles e especulador de terras.
Os portões Classical Roddick
Gates guardam a entrada principal. Atrás deles, uma avenida
leva até a construção mais antiga do campus, o Neoclassical
Arts Building.

Os mais de 70 outros prédios
variam do rebuscamento vitoriano à frieza do concreto. Um
dos mais encantadores é o
Redpath Museum of Natural
History, com um dos acervos
mais ecléticos e excêntricos da
cidade. Além de muitos fósseis
e um esqueleto de dinossauro,
também tem peças de arte
africana, moedas romanas e
até uma cabeça encolhida.

🏛 **Redpath Museum of**
Natural History
859 Rue Sherbrooke W. (514) 398
4086. 9h-17h seg-qui; 13h-17h
dom. sex e sáb.

Musée des Beaux Arts ⓮

A maior e mais antiga coleção de arte da província de Quebec está em dois prédios, um de frente para o outro e em estilos completamente diferentes, na Rue Sherbrooke. O Benaiah Gibb Pavilion, ao norte, tem pilastras de mármore branco. O Jean-Noël Desmarais Pavilion, ao sul, exibe um enorme arco inclinado de concreto e vidro.

As galerias do Desmarais Pavilion apresentam a arte européia da Idade Média ao século 20, com destaque para a Renascença. A galeria de culturas primitivas liga os dois pavilhões, com uma rica coleção de artefatos que incluem vasos romanos e incensários chineses. O Benaiah Gibb Pavilion exibe obras de arte feitas no Canadá, como trabalhos inuit, mobiliário e prataria de igreja dos primeiros colonizadores e pinturas do século 18 até a década de 1960.

Fachada do Jean-Noël Desmarais Pavilion
Aberto em 1991, este grande pavilhão abriga uma coleção que passou de 1.860 para 26 mil peças.

★ Retrato de uma Jovem (*c.1665*)
Esta pintura famosa foi feita na Holanda, terra natal de Rembrandt. Produzida em estilo realista, o ar pensativo da moça retratada se destaca do fundo negro em um relevo bem definido.

BENAIAH GIBB PAVILION

Batizado em homeangem a um benfeitor do século 19, o Benaiah Gibb Pavilion está ligado à ala sul por um túnel subterrâneo que compreende a galeria de culturas primitivas. O pavilhão se ocupa da América pré-1960, exibindo peças meso-americanas, inuit e ameríndias, bem como mobilia, prataria e arte decorativa da Europa primitiva. As galerias posteriores apresentam a história da pintura no Canadá, desde a arte sacra até os primeiros estudos de artistas locais, como o andarilho Paul Kane e o impressionista James Wilson Morrice. O Grupo dos Sete e Paul-Emile Borduas estão entre os representantes da arte do século 20.

Bule de chá feito no século 18

Piso 3

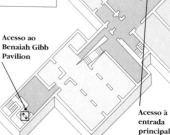

PONTOS ALTOS

- **★ Homem da Casa de Leiva, de El Greco**

- **★ Retrato de uma Jovem, de Rembrandt**

Acesso ao Benaiah Gibb Pavilion

Acesso à entrada principal

Piso S2

PREPARE-SE

1379-1380 Rue Sherbrooke W.
(514) 285 2000.
Central Station. 24.
Guy Concordia. 11h-18h,
ter, qui-dom; 11h-21h, qua.
seg. para mostras
especiais.

Piso 4

★ **Homem da Casa de Leiva** (1590)
Os assombrosos retratos da aristocracia espanhola pintados por El Greco são obras-primas da Renascença.

GUIA DO MUSEU
A excepcional coleção de pintura pode ser vista nos pisos 3 e 4 do Desmarais Pavilion. Nos pisos 1 (térreo) e 2 ficam o café e a loja, ótimos. O piso S2 é a continuação da galeria de culturas primitivas. O acesso à entrada principal pode ser feito a partir dos elevadores situados em todos andares com exposição.

LEGENDA

☐ Arte contemporânea
☐ Arte de culturas primitivas
☐ Arte européia do século 19
☐ Arte européia do século 20
☐ Arte decorativa européia
☐ Velhos Mestres
☐ Exposições temporárias
☐ Espaço sem exposições

Entrada para a Underground City: um labirinto sob a cidade

Underground City ⓯

Central Station. Terminus Voyager. Place des Arts.

Ao inaugurar as primeiras linhas de metrô em 1966, Montreal ganhou sem querer uma área urbana totalmente nova sob a cidade: a Underground City. Teoricamente, é possível viver com todo o conforto aqui embaixo sem pôr os pés para fora. As primeiras estações de metrô tinham túneis subterrâneos apenas entre as duas principais estações, alguns hotéis e o shopping situado sob o centro comercial situado sob a Place Ville-Marie. Hoje há mais de 30km de galerias bem iluminadas, com mais de 1.600 lojas e butiques, 200 restaurantes, hotéis, cinemas e salas de espetáculo.

Square Dorchester e Place du Canada ⓰

1001 Rue Square Dorchester.
(514) 873 2015. Central Station. Terminus Voyager.

Estas duas praças formam um oásis verde na parte central de Montreal. À sombra das árvores da Square Dorchester, situada do lado norte do Boulevard René-Lévesque, estão uma estátua do primeiro-ministro franco-canadense Sir Wilfrid Laurier e um memorial de guerra. Já na Place du Canada, a estátua do primeiro primeiro-ministro do país, Sir John A. Macdonald, fita o imponente Boulevard René-Lévesque.

Os prédios que circundam a praça são bem diversificados. Entre eles há uma igreja gótica, o prédio preto brilhante de um banco e a Sun Life Building (1933), uma enorme fortaleza de pedra que abrigou as jóias da Coroa Britânica durante a Segunda Guerra Mundial.

A variada arquitetura, do histórico ao pós-moderno, na Square Dorchester

Vista noturna de Montreal ▷

Fachada da catedral Marie-Reine-du-Monde, com os padroeiros de Montreal

Cathédrale Marie-Reine-du-Monde ⑰

1085 Rue Cathédrale. 📞 (514) 866 1661. 🚇 Central Station. 🚌 Terminus Voyager. 🚇 Bonaventure. 🕐 6h30-7h30 seg-sex, 7h30-8h30 sáb, 8h30-7h30 dom. ♿

Quando a primeira catedral católica de Montreal foi consumida pelo fogo em 1852, o bispo Ignace Bourget decidiu demonstrar a importância da Igreja Católica no país construindo um novo templo em um bairro dominado, na época, pela elite comercial protestante e inglesa. Para mostrar a lealdade de seu rebanho ao papa, o projeto foi inspirado na Basílica de São Pedro, em Roma.

A catedral foi concluída em 1894, com um quarto do tamanho da basílica italiana. As esculturas no alto da fachada representam os santos padroeiros de todas as paróquias da diocese de Montreal em 1890. O magnífico dossel do altar, réplica do que Bernini fez para a Basílica de São Pedro, era de cobre fundido e folhado a ouro. Outra marca da fidelidade de Bourget a Roma pode ser vista na pilastra do canto nordeste da catedral. Aqui, uma placa de mármore exibe os nomes de todos os moradores da cidade que serviram o exército papal durante a guerra pela independência da Itália por volta de 1850.

O dossel do altar da catedral

Centre Canadien d'Architecture ⑱

1920 Rue Baille. 📞 (514) 939 7026. 🚇 Central. 🚌 Terminus Voyager. 🚇 Guy Concordia. 🕐 jun-set: 11h-18h ter, qua, sex-dom, 11h-21h qui; out-mai: 11h-17h ter, qua, sex-dom, 11h-21h qui. ● seg. 💳 ♿ 📷 solicitar.

Os visitantes atravessam uma porta de vidro na fachada de pedra calcária cinza e quase sem janelas deste amplo edifício em forma de U. As salas de exibição são bem iluminadas e abrigam várias exposições rotativas. Algumas são acadêmicas, outras excêntricas: aqui já foram exibidas casas de bonecas e cidades em miniatura. As duas alas do moderno edifício envolvem a grandiosa Shaughnessy Mansion, situada diante do Boulevard René-Lévesque Ouest. Parte do Centro de Arquitetura, a casa foi construída em 1874 para o presidente da Canadian Pacific Railway, Sir Thomas Shaughnessy, e tem um conservatório em estilo Art Nouveau com teto ornamentado.

O Centre também se destaca por ser uma instituição erudita. Seu acervo de plantas arquitetônicas, desenhos, maquetes e fotografias é o mais importante do tipo no mundo todo. Só a biblioteca tem mais de 165 mil volumes sobre as mais importantes construções já feitas pelo homem.

Rue Sherbrooke ⑲

🚇 Central Station. 🚌 Terminus Voyager. 🚇 Sherbrooke.

Na segunda metade do século 19 Montreal era uma das cidades mais importantes do Império Britânico. Seus comerciantes e industriais respondiam por cerca de 70% da riqueza do país e construíram suas belas residências nas encostas do Mont-Royal, em uma área que ficou conhecida como "Cidade Dourada" ou simplesmente "Cidade". Rue Sherbrooke, entre as ruas Guy e University, era a via principal, e aqui ficavam as mais elegantes lojas, hotéis e igrejas do país.

Um pouco dessa elegância sobreviveu à onda modernizante da década de 1960. Holt Renfrew, a loja de departamentos mais chique de Montreal, e o imponente Ritz-Carlton Hotel ainda estão aqui, assim como duas igrejas requintadas, a presbiteriana St. Andrew and St. Paul e a Erskine American United, na esquina da Avenue du Musée, com vitrais de Tiffany. Butiques, livrarias e galerias ocupam muitas das confortáveis casas de pedra. Famílias milionárias, mas não tanto para morar na Cidade Dourada, construíram belas casas geminadas nas proximidades, nas rues de la Montagne, Crescent e Bishop. Muitas destas casas foram ocupadas por lojas e bistrôs modernos. Um pouco mais a oeste fica o Grande Seminaire, onde estudam os padres da arquidiocese católica de Montreal.

Casa histórica na Rue Sherbrooke, a "Cidade Dourada"

A escadaria do maior templo católico de Montreal, Oratoire Saint-Joseph, é palco de uma peregrinação anual

Oratoire Saint-Joseph ⓴

3800 Chemin Queen Mary. 🖀 (514) 733 8211. 🚇 Central Station. 🚌 Terminus Voyager. 🚇 Côte-des-Neiges. 🕐 7h-21h diariam. ♿

Todo ano, milhares de peregrinos sobem de joelhos os 300 degraus da entrada desta enorme igreja. Tamanha devoção sem dúvida agradaria ao Frei André (1845-1937), personalidade notável a quem se deve a construção deste templo dedicado a São José. Tudo começou quando ele construiu na colina, em seu tempo livre, uma capela para o santo. Os deficientes e enfermos de Montreal uniram-se às suas preces e logo surgiram relatos de curas milagrosas. Frei André começou a atrair peregrinos e então o oratório foi construído para recebê-los. Ele está enterrado aqui e foi beatificado em 1982.

O domo octogonal de cobre no alto da igreja é um dos maiores do mundo: mede 44,5m de altura e 38m de diâmetro. O interior é bastante moderno. As alongadas imagens dos apóstolos em estátuas de madeira colocadas nos transeptos são de autoria de Henri Charlier, responsável também pelo altar principal e pelo gigantesco crucifixo. Os impressionantes vitrais foram feitos por Marius Plamondon. O edifício principal possui um museu sobre a vida de Frei André e uma igreja com cripta iluminada por centenas de velas acesas por fiéis esperançosos, onde há missas diárias.

Parc Mont-Royal ⓴

🖀 (514) 844 4928. 🚇 Central Station. 🚌 11. 🚇 Mont-Royal. 🕐 6h-24h diariam. ♿

A pequena elevação esverdeada que ocupa o centro da cidade tem apenas 234m de altitude, mas mesmo assim os moradores se referem a ela como montanha, ou, em francês: "la montagne". Jacques Cartier batizou o Mont-Royal ("Monte Real") ao visitar o local em 1535 e este, por sua vez, deu nome à cidade. Em 1876 a prefeitura comprou a área e contratou Frederick Law Olmsted, responsável pelo projeto do Central Park de Nova York, para criar um parque no local. Olmsted procurou preservar a natureza como estava, construindo alguns mirantes interligados por trilhas. Gerações posteriores adicionaram o lago artificial (Beaver Lake), a cruz de 30m feita de vigas de ferro e o Voie Camilien Houde, um passeio que corta o parque de leste a oeste.

Os 101ha de campinas e florestas de madeira de lei são um refúgio precioso para os moradores saírem um pouco do ritmo urbano e apreciarem a cidade do alto. O amplo terraço em frente ao Chalet du Mont-Royal dá vista para os arranha-céus do centro. A parte norte do parque é vizinha a dois cemitérios enormes: o Notre-Dame-Des-Neiges, católico, e o antigo e imponente Mount-Royal Cemetery, protestante, onde estão enterrados muitos policiais canadenses.

Vista de Montreal a partir do topo do Parc Mont-Royal

Olympic Park ❷

Construído para os Jogos Olímpicos de 1976, o Olympic Park exibe uma série de prédios futuristas. O arquiteto parisiense Roger Taillibert criou o Estádio Olímpico, hoje chamado de "O Grande Rombo", em referência não só ao formato redondo mas também aos Can$ 695 milhões consumidos na construção. Com capacidade para 56 mil pessoas, o estádio é usado hoje para shows internacionais, campeonatos de beisebol e grandes exposições. A Montreal Tower, de formas arredondadas e com um mirante, fica ao lado do estádio. O Biodome, um museu ambiental que reproduz quatro ecossistemas diferentes, também fica perto.

Pinguim no Biodome

Vista aérea do Olympic Park
Grande atração turística, o parque pode ser visitado em um dia. Outra forma de conhecê-lo é assistindo a um show ou jogo de beisebol.

O Biodome era o velódromo das Olimpíadas de 1976 –isso explica o design do telhado, em forma de capacete de ciclista.

★ Biodome

A recriação das zonas climáticas é impressionante: a úmida floresta tropical, um hábitat polar, as férteis florestas das Laurentian Mountains e o piscoso ecossistema do rio São Lourenço.

Centro Esportivo

Qualquer um fica inspirado a se exercitar ao ver o alto nível dos esportes praticados aqui. Este estádio tem instalações imbatíveis, incluindo piscina de 15m de profundidade para mergulho com cilindro.

★ Olympic Stadium

Este estádio magnífico, concluído em 1976, faz jus às estrelas do esporte mundial que se apresentam aqui.

O teto do estádio foi planejado para ser móvel. Porém, devido a problemas estruturais, foi substituído em 1998 por uma estrutura fixa fechada.

★ Montreal Tower

Com 175m de altura, esta é a maior torre inclinada do mundo. Sua curvatura avança sobre o estádio com um movimento gracioso. Um bondinho leva 76 pessoas por vez ao amplo deck de observação. A viagem não dura nem dois minutos.

Deck de Observação
Desta plataforma de vidro têm-se vistas incríveis. Placas localizam as principais atrações, que podem estar até a 80km de distância.

Um bondinho leva os visitantes ao topo da torre. Há ingressos combinados, que incluem uma visita guiada ao estádio ou ao Biodome.

0 metros   50

PONTOS ALTOS

★ **Olympic Stadium**

★ **Montreal Tower**

★ **Biodome**

PLANTA DA ÁREA DO OLYMPIC PARK

1 Conjunto esportivo

2 Arena esportiva

3 Maurice-Richard Centre

4 Biodome

5 Olympic Stadium

6 Jardim Botânico

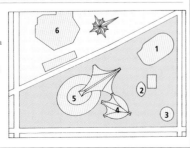

O Jardin Botanique é um oásis de calmaria frente ao burburinho da cidade

Franche de la Marine, recriações de regimentos militares do século 18 que se enfrentaram na disputa pela Nova França até 1759. O forte também abriga o **Musée David A. Stewart**, um pequeno mas ótimo museu sobre história social e militar.

🏛 **Musée David A. Stewart**
20 Chemin Tour de Lille. 📞 (514) 861 6701. ⏱ 10h-17h qua-seg. ⬤ ter; 25 dez, 1° jan. 📷

Jardin Botanique de Montréal ㉓

4101 Rue Sherbrooke E. 📞 (514) 872 1400. 🚇 Pius-X. ⏱ mai-out: 9h-21h diariam; nov-abr: 9h-17h diariam. 📷 ♿

O jardim botânico de Montreal, um dos maiores do mundo, é mesmo uma façanha se pensarmos que estamos em uma cidade de clima tão impiedoso. Em seus 73ha há 30 jardins abertos, dez estufas, um acervo de plantas venenosas muito visitado, a maior coleção de bonsais fora da Ásia e uma "casa de insetos" dos mais variados tipos, vivos e mortos. Os refúgios mais tranquilos do parque são o Montreal-Shanghai Dream Lake Garden, uma encantadora réplica de 2,5ha de um jardim da dinastia Ming (China, século 14), e o impressionante Japanese Garden and Pavilion, onde os visitantes podem relaxar e curtir o cenário.

Árvore de bonsai no Jardin Botanique

muel de Champlain *(pág. 41)*, Ile-Sainte-Hélène abrigou a Expo '67, feira mundial que trouxe milhões de visitantes à cidade no verão de 1967.

Entre os vários resquícios da época, talvez o mais notável seja La Ronde, o parque de diversões da feira, e o domo onde funcionou o Pavilhão dos Estados Unidos da América, agora ocupado pela Biosphere, um centro de análise voltado para os Grandes Lagos e a rede fluvial do rio São Lourenço. Entre o domo e as margens onde quebram as ondas, fica o Fort de l'Ile-Sainte-Hélène, construído em 1825 para defender Montreal de um provável ataque norte-americano. Seus muros de pedra vermelha cercam uma área gramada onde acontecem desfiles, usada atualmente por membros da Olde 78th Fraser Highlanders e pela Compagnie

Ile-Sainte-Hélène ㉔

20 Chemin Tour de Lille. 📞 (514) 844 5400. 🚇 Ile-Ste-Hélène. 🚢 Vieux-Port. ⏱ 10h-17h qua-ter. 📷 ♿ 📷 só grupos.

E sta pequena ilha arborizada no meio do rio São Lourenço teve um papel primordial na transformação de Montreal em cidade moderna. Batizada em homenagem à mulher de Sa-

Ile-Notre-Dame ㉕

110 Rue Notre-Dame. 📞 (514) 842 2925. 🚇 Central Station. 🚌 Terminus Voyager. 🚇 Place d'Armes. ⏱ fim jun-ago: 7h-20h diariam; set-jun: 7h-18h diariam. ♿ 📷 paga.

E stes 116ha de terra circundados pela hidrovia do rio São Lourenço não existiam até 1967, quando a ilha foi criada com rochas vindas da escavação para construção do metrô. Juntamente com a Ile-Sainte-Hélène, ela abrigou a Expo' 67, e hoje ambas formam o Parcdes-Iles. A atração mais conhecida da Ile-Notre-Dame é o Casino de Montréal, propriedade do governo da província instalada no antigo pavilhão da França e Quebec. Todos os dias, pessoas formam fila nos caça-níqueis e mesas de jogo. O cassino não fecha nunca. Há atrações mais refinadas: um canal para remo, construído para os Jogos Olímpicos de 1976, belos jardins floridos e uma área de água cuidadosamente filtrada, onde se localiza a única praia da cidade em que se pode nadar.

A Biosphere tem exposições sobre o sistema fluvial canadense

O cassino da Ile-Notre-Dame, pertencente ao governo da província, funciona 24 horas por dia

No Circuit Gilles Villeneuve, que homenageia o piloto campeão canadense, acontece o Grande Prêmio de Fórmula 1 do Canadá, de junho.

Maison Saint-Gabriel 26

2146 Place de Dublin. **(** (514) 935 8136. **R** Charlevoix. **🚍** 57. **🕐** fim jun-ago: diariam; set-jun: ter-dom. **📷 ♿ 🎫** obrigatória.

Este pequeno fragmento isolado da Nova França à primeira vista parece perdido entre os prédios onde moram os trabalhadores de Pointe-Saint-Charles. O local era uma fazenda quando foi adquirido em 1668 por Marguerite Bourgeoys, a primeira professora de Montreal que hoje é uma santa canonizada. Aqui ela construiu a sede de sua ordem religiosa, fundada em 1655.

A casa foi reconstruída em 1698, após um incêndio. É um belo exemplo da arquitetura do século 17, com grossas paredes de pedra e um telhado inclinado construído sobre uma complicada moldura feita com a madeira das matas locais.

Marguerite Bourgeoys e suas incansáveis freiras trabalhavam na fazenda e tocavam uma escola na propriedade, ensinando crianças nativas e filhos de colonizadores. Elas também abrigavam e educavam as *filles du roy* ("filhas do rei"), órfãs enviadas à colônia para serem as futuras esposas da Nova França. A capela da casa, a cozinha, o dormitório e a sala de visitas estão repletos de objetos do século 17. Há um belo hábito com manto, bordado com seda, prata e ouro por um rico eremita que vivia em uma cabana na propriedade.

Lachine 27

Blvd. St. Joseph. **(** (514) 873 2015. **R** Lionel Groulx. **🚍** 191.

Lachine é um subúrbio a sudoeste de Montreal e inclui a pequena ilha de mesmo nome ao longo da margem oeste das cachoeiras Lachine, onde o rio São Lourenço se abre para formar o Lac-Saint-Louis. Lachine hoje faz parte de Montreal, mas tem uma longa história como cidade independente: o antigo centro-velho, no Blvd. Saint-Joseph, é bem charmoso. Muitas casas antigas viraram restaurantes e bistrôs, com varandas abertas com vistas para o Parc René-Lévesque e o lago. Uma das casas mais velhas, construída por comerciantes em 1670, hoje sedia o **Musée de Lachine**, museu sobre a cidade e galeria de arte. **Fur Trade at Lachine National Historic Site** é um prédio dedicado ao comércio de peles, que sustentou Montreal por anos.

O Lachine Canal, construído no século 19 como desvio da cachoeira, liga a cidade diretamente ao Vieux-Port. A navegação está impedida, mas é possível fazer o percurso pela margem, até de bicicleta.

🏛 Musée de Lachine
110 Chemin de LaSalle. **(** (514) 634 3471. **🕐** mar-dez: 11h30-16h30 quadom. **🎫** reservar.
🏛 Fur Trade at Lachine National Historic Site
1255 Blvd. St. Joseph. **(** (514) 637 7433. **🕐** abr-out: diariam. **📷 ♿ 🎫**

Vista do Musée de Lachine a partir do canal de mesmo nome

CIDADE DE QUEBEC E RIO SÃO LOURENÇO

ORAÇÃO E alma do Canadá francês, a Cidade de Quebec vigia o rio São Lourenço da encosta do Cap Diamant. Como capital da província, a cidade abriga a sede do governo regional e, nos dias de hoje, dos anseios separatistas franco-canadenses. Quase todo mundo aqui prefere falar francês e a cidade tem uma atmosfera parisiense, com minúsculas ruas cheias de surpresas. Seu charme europeu, a bela arquitetura e a crucial importância histórica contribuíram para que a cidade fosse declarada Patrimônio da Humanidade pela Unesco em 1985.

Uma das maiores hidrovias do mundo, o rio São Lourenço abriga fauna e flora marinhas raras. Baleias franca e minke nadam contra a corrente até Tadoussac e se alimentam na foz do rio Saguenay. As Laurentian Mountains erguem-se acima da margem norte do rio e constituem um playground natural o ano inteiro. Próximo à Quebec, a exuberante paisagem da região de Charlevoix oferece um dos cenários mais belos do país, em contraste com os penhascos da despovoada Gaspé Peninsula. A Ile d' Anticosti, já no golfo, é uma impressionante reserva natural.

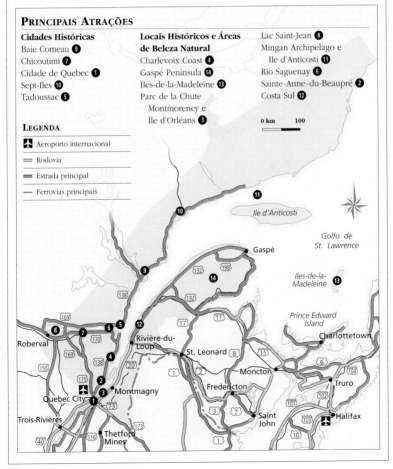

PRINCIPAIS ATRAÇÕES

Cidades Históricas
Baie Comeau **9**
Chicoutimi **7**
Cidade de Quebec **1**
Sept-Iles **10**
Tadoussac **5**

Locais Históricos e Áreas de Beleza Natural
Charlevoix Coast **4**
Gaspé Peninsula **14**
Iles-de-la-Madeleine **13**
Parc de la Chute
  Montmorency e
  Ile d'Orléans **3**

Lac Saint-Jean **8**
Mingan Archipelago e
  Ile d'Anticosti **11**
Rio Saguenay **6**
Sainte-Anne-du-Beaupré **2**
Costa Sul **12**

LEGENDA

✈ Aeroporto internacional
═══ Rodovia
▬▬ Estrada principal
── Ferrovias principais

0 km   100

◁ **Arquitetura histórica na Cidade Baixa de Quebec**

Rua a Rua: Cidade de Quebec ❶

Quebec é uma das cidades mais antigas do continente. Era uma aldeia de iroqueses ao ser descoberta pelo explorador francês Jacques Cartier. Em 1608 o explorador Samuel de Champlain *(pág. 41)* tornou-a uma cidade. Em 1759 os ingleses venceram os franceses em batalha nas Plains of Abraham ("Planícies de Abraão"), fora da muralha da cidade, dominando Quebec e a província. Hoje, a cidade é reconhecida como sede do Canadá francês. A parte mais antiga, chamada de Basse-Ville ("Cidade Baixa"), foi restaurada nos anos 1970. Com escadarias em caracol e cafés, é um local encantador.

★ Basilique Notre-Dame-de-Québec
Esta catedral de 1647 exibe uma rica coleção de relíquias do governo francês em Quebec e obras de mestres da pintura.

Musée du Fort
Aqui o passado militar ganha vida em espetáculos de luz e som que lembram seis batalhas de Quebec e muitas relíquias de guerra.

Holy Trinity Anglican Cathedral
A elegante fachada neoclássica de pedra, de 1804, oculta o interior de carvalho inglês.

Château Frontenac
O cartão-postal de Quebec foi construído na parte alta da cidade em 1893. Tem 600 luxuosos quartos de hóspedes.

0 metros 100

LEGENDA

- - - Percurso sugerido

Musée de la Civilisation

A história da humanidade pode ser vista neste edifício moderno e arejado vinculado a casas históricas espalhadas pela cidade, entre elas a Maison Chevalier.

PREPARE-SE

👥 167.500. ✈ 16km oeste da cidade. 🚌 450 Rue de Gare-du-Palais. 🚢 320 Rue Abraham-Martin. ⛴ 10 Rue des Praversiers. ℹ 835 Avenue Wilfrid-Laurier (418) 649 2608. 🎭 Winter Carnival (fev); Summer Festival (jul).

PORT DAUPHIN

RUE DU SAULT AU MATELOT

SAINT-PIERRE

CÔTE DE LA MONTAGNE

RUE NOTRE-DAME

SAINT-PIERRE

★ Place Royale

Verdadeiro microcosmo da história canadense, a Place Royale passou por uma revalorização e as ruas vizinhas, com arquitetura dos séculos 18 e 19, foram jateadas com areia para retornar ao seu esplendor original.

O funicular vai do Terrasse Dufferin à Cidade Baixa e oferece uma boa vista do centro histórico da cidade.

Maison Chevalier

Construída para um comerciante do século 18, esta casa hoje está vinculada ao Musée de la Civilisation e enfoca a arte decorativa. Mobiliário e prataria típicos de Quebec caracterizam cada cômodo e exibições revelam como era a vida das famílias abastadas nos séculos 18 e 19.

PONTOS ALTOS

★ Place Royale

★ Basilique Notre-Dame

Cidade de Quebec

Contendo em sua área urbana a única cidade murada ao norte do Rio Grande, Cidade de Quebec tem estreitas ruas de pedras arredondadas e edifícios do século 18 que emprestam um ar europeu à pequena capital da província, de apenas 93km². A maioria das atrações está reunida em um local acessível, acima e abaixo do penhasco de Cap Diamant –a Cidadela fica protegida no topo da fortificação natural. Como capital da província de mesmo nome, Quebec abriga a Assemblée Nationale, sede do legislativo, onde os debates são conduzidos em francês, em esplêndidas câmaras atrás da ornamentada fachada, do início do século 19, do grandioso Hôtel du Parlement.

O Château Frontenac se destaca no panorama de Quebec

Explorando a Cidade de Quebec

É possível visitar a pé a maioria das atrações. A cidade pode ser dividida em três partes: Basse-Ville, ou Cidade Baixa, é a parte mais antiga, e serpenteia ao longo do rio São Lourenço. Na parte de cima fica a cidade murada, chamada Haute-Ville, ou Cidade Alta. Assim como na parte baixa, há várias lojinhas e restaurantes. As catedrais, católicas e protestantes, ficam na parte alta, bem como o Château Frontenac. A última parte, Grande Allée, fica além da muralha e abriga o Hôtel du Parlement, sede do legislativo da província.

🏛 Terrasse Dufferin

No topo do Cap Diamant, estendendo-se do Château Frontenac à borda da Cidadela, o Terrasse Dufferin é uma passarela com bancos e quiosques que oferece vistas imbatíveis do rio São Lourenço, Laurentian Mountains e Ile d'Orleans. Durante o congelante inverno, a Prefeitura instala um escorregador de gelo na encosta do penhasco, chamado de Les Glissades de la Terrasse ("Caminho de Gelo do Terraço").

🍂 Parc des Champs-de-Bataille

835 Ave. Wilfrid Laurier. 📞 (418) 648 4071. ⏱ diariam. ♿

Outrora o campo de batalha onde o futuro do Canadá foi decidido, o National Battlefields Park hoje é uma agradável área de lazer, com monumentos grandiosos e uma fonte, que são indícios de sua sangrenta e dramática história. Em 13 de setembro de 1759, sob o comando do general James Wolfe, soldados ingleses derrotaram o exército francês, afirmando o controle da Grã-Bretanha sobre o Canadá (págs. 42-3). Situado fora da muralha de Quebec, o local era chamado Plains of Abraham na época. Em 1908, a área de 100ha foi transformada em um dos maiores parques urbanos da América do Norte.

Joana D'Arc no Parc-des-Champs de Bataille

🏛 Assemblée Nationale

Ave. Honoré-Mercier e Grande Allée E. 📞 (418) 643 7239. 📅 fim jun-início set: diariam; fim set-jun: seg-sex. ♿

O parlamento da província –The Assemblée Nationale– fica logo depois da muralha da cidade antiga, neste gracioso edifício em estilo Segundo Império, concluído em 1886 como uma vitrine da história da província. Nichos ao longo da imponente fachada e nas laterais da alta torre central dispõem 22 figuras em bronze, cada uma representando uma personagem fundamental para o desenvolvimento de Quebec. Os primeiros habitantes foram homenageados em um bronze que retrata a rendição de uma família nativa. A câmara azul é o centro político local.

🏛 Fortifications de Québec

📞 (418) 648 7016. ⏱ abr-out: diariam. 📷 ♿

Depois de um século de paz, as fortificações que protegeram Quebec desde o término de sua construção pelos ingleses em 1760 transformaram-se, na década de 1870, de uma necessidade militar em uma atração popular. Nos extremos norte e leste da cidade, pequenas plataformas com canhões defendem o alto do penhasco, com muros do lado esquerdo que chegam a 2,5m. Dois elegantes portões, o Saint-Jean e o Saint-Louis, fecham a entrada da esquerda. Visitantes podem caminhar sobre as muralhas ao longo de 4km.

Fortalezas do século 18 podem ser vistas no Parc d'Artillerie

Abundantes produtos agrícolas atraem ao mercado de Vieux Port

♛ Vieux Port

100 Quai Saint Andre. ((418) 648 3300. &

Esta região encantadora corresponde aos arredores do antigo porto, a nordeste da cidade murada. Ao contrário da maior parte da Cidade Baixa, repleta de construções históricas, o Vieux Port conta com atrações novas ou restauradas, enfeitando o espaçoso passeio à beira-rio. O calçadão tem butiques finas, prédios residenciais e o local de shows da cidade, além de lojas amplas e arrojadas, instaladas em galpões. Um tranquilo passeio de barco leva à cachoeira Chute Montmorency.

🏛 Musée de la Civilisation

85 Rue Dalhousie. ((418) 643 2158. ◯ *fim jun-inicio set: diariam; fim set-inicio jun: ter-dom.* 🅿 &

O ultracontemporâneo arquiteto canadense Moshe Safdie projetou este moderno edifício de pedra calcária e vidro na Basse-Ville para sediar o novo museu de história e cultura de Quebec. O resultado foi um exemplo do que há de mais atual na arquitetura. A obra ganhou vários prêmios por ter obtido a façanha de se harmonizar com os edifícios históricos ao redor. Três deles foram incorporados à estrutura do museu, incluindo a casa de um comerciante do século 18, Maison d'Estebe. Exposições sobre arquitetura de Quebec e mobília de época foram instaladas em uma casa vizinha, a Maison Chevalier, do século 18.

O museu exibe um acervo de móveis da China imperial e a carcaça de um barco francês, com fundo chato, de 250 anos. A exposição permanente *Mémoires* é um panorama dos 400 anos da história de Quebec. Há objetos de uso diário, como ferramentas, brinquedos, carruagens e artigos religiosos.

O Musée de la Civilisation une arquitetura antiga a moderna

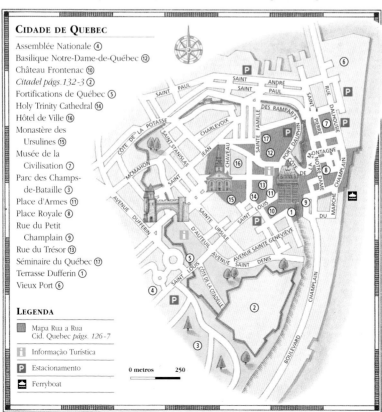

CIDADE DE QUEBEC

LEGENDA

Mapa Rua a Rua Cid. Quebec *págs. 126-7*
Informação Turística
Estacionamento
Ferryboat

0 metros 250

🏛 Place Royale
Rue Saint Pierre.

Esta é, sem dúvida, a praça canadense com maior valor histórico. Samuel de Champlain, fundador de Quebec, fez aqui o seu jardim e Frontenac, governador da então colônia francesa, instituiu um mercado em 1673. Treze anos depois, o local ganhou um busto de Luís XIV e o nome de Place Royale.

A praça pouco mudou desde o século 18 e ainda esbanja elegância e refinamento. Trata-se de um quarteirão revestido com pedras arredondadas no centro da Basse-Ville, cercado por edifícios de tetos inclinados do início do século 18, com venezianas em tons pastel que serviam de residência a comerciantes bem-sucedidos. No século 19 a praça entrou em decadência, mas foi restaurada e hoje é famosa por concentrar artistas de rua.

A movimentada rue du Petit Champlain

🏛 Rue du Petit Champlain
sob o Dufferin Terrace na Cidade Velha. 📞 (418) 692 2613. 🚻 restrito.

A Escalier Casse-Cou, ou "escadaria quebra-pescoço", faz jus ao nome. Ela começa na Haute-Ville e passa por vários andares de lojas de suvenires antes de terminar nesta ruela na parte mais antiga da cidade. Artesãos franceses construíram suas casas aqui no início dos anos 1680 e estivadores irlandeses se mudaram para cá no século 19. Grande parte dessa arquitetura histórica foi preservada, mas a região decaiu bastante no começo do século 20. Hoje, inteiramente restauradas, as casas foram transformadas em lojas e restaurantes. Suas calçadas estreitas são um dos pontos mais movimentados da Cidade Velha. Há algumas butiques interessantes, mas prepare-se para enfrentar a multidão.

O Hotel Château Frontenac, com 600 quartos, é um cartão-postal da cidade

🏛 Place d'Armes
No Canadá pré-inglês, esta praça gramada ao norte do Château Frontenac era palco de desfile de soldados franceses. Hoje, seu uso é mais simpático: carruagens abertas, puxadas por cavalos, levam os visitantes a explorar todo o charme da praça. O Monument de la Foi, no centro, foi erguido para comemorar o tricentenário da chegada dos missionários católicos recoletos, em 1615. No canto sudoeste, próximo à bela catedral anglicana, fica o majestoso Palais de Justice, erguido no início do século 19. Vá até o Musée du Fort, na frente do palácio, para ver uma enorme maquete da Quebec daquele século.

🏛 Château Frontenac
1 Rue des Carrières. 📞 (418) 692 3861. 🚻

O edifício que se destaca no topo do panorama da Cidade Antiga, sobretudo por seu telhado de cobre verde, é um hotel de luxo com vista para o rio São Lourenço, construído pela Canadian Pacific Railway. No século 19, o arquiteto norte-americano Bruce Price concebeu o hotel como um imenso *château* francês, com dezenas de torres e um telhado de cobre, bastante empinado e salpicado de águas-furtadas. A construção continuou por quase um século depois da abertura da primeira parte do hotel, em 1893: a obra só foi concluída em 1983. Feito de pedra e tijolos, o hotel tem hoje mais de 600 quartos. A área social é suntuosa e elegante, com destaque para os salões Verchère e Champlain.

⛪ Basilique Notre-Dame-de-Québec
Place de l'Hôtel de Ville. 📞 (418) 694 0665. 🕐 7h30-16h30 diariam. 🚻

Esta magnífica catedral é a principal sede do arcebispo da Igreja Católica em Quebec, cuja diocese, no passado, se estendia até o México. As duas igrejas que existiam aqui antes de 1640 foram destruídas por incêndios e a primeira catedral construída no local foi demolida pelos ingleses em 1759. Um quarto templo foi erguido, mas pegou fogo em 1922. A catedral atual foi construída segundo a original de 1647. Alguns materiais modernos, como concreto, aço e gesso, foram usados para recriar a leveza da atmosfera, o brilho dos vitrais, o capricho da decoração, e o gracioso dossel sobre o altar arremata o efeito.

A imponente fachada da Basilique-Notre-Dame-de-Québec

🚽 Rue du Trésor

ao lado da Place d'Armes.

Esta estreita alameda situada do outro lado da rue de Buade, na altura da catedral Holy Trinity, é uma espécie de instituição da cidade. Exclusiva para pedestres, fica movimentada no verão, com dezenas de artistas desenhando, fazendo caricaturas ou pintando os muitos turistas. Assistir à feitura dos desenhos e aquarelas de Quebec pode ser divertido.

🏛 Holy Trinity Anglican Cathedral

31 Rue des Jardins. 📞 (418) 692 2193. ⏰ diariam. ♿

Após rezar por quase um século nas igrejas católicas da cidade, em 1804 os protestantes anglicanos finalmente ganharam sua própria catedral, construída com verba do governo. Sua nova matriz foi a primeira catedral anglicana erguida fora da Inglaterra e era uma réplica da enorme St. Martin's in the Fields, igreja neoclássica de Londres. Entre os donativos da Inglaterra estão o livro de orações e a Bíblia doada pelo rei Jorge III. Os bancos são de carvalho da King's Windsor Forest, na Inglaterra, e o toque dos oito sinos é o mais antigo do Canadá. No verão, artistas ocupam o jardim ao seu redor.

🏛 Monastère des Ursulines

Rue Donnacona. 📞 (418) 694 0694. ⏰ diariam. ♿

Em 1639, Mère Marie de l'Incarnation trouxe a Ordem de Santa Úrsula para Quebec e supervisionou a construção de um convento em 1641 –mais tarde, o convento seria destruído por um incêndio. Hoje, os visitantes podem percorrer as alas Saint-Augustin e Saint-Famille, que datam do período de reconstrução entre 1685 e 1715. Cercado por pomares, o charmoso edifício foi desenvolvendo-se gradualmente ao longo dos séculos. Um dos prédios abriga a mais antiga escola feminina da América do Norte.

Cerca de cem freiras ainda vivem e trabalham aqui e a área de visitação é restrita.

Hôtel de Ville (prefeitura) visto do pequeno parque ao redor

O Musée des Ursulines, junto ao convento, exibe uma capela decorada e antiguidades francesas, como mobília Luís XIII, antigas ferramentas e instrumentos de pesquisa científica, pinturas e bordados. O museu também enfoca a história da educação das freiras e as realizações das freiras na província. Mère Marie concluiu o primeiro dicionário de algonquino e iroquês, exibidos aqui ao lado de artefatos e arte nativa.

Relicário do Ursuline Convent

🚽 Hôtel de Ville

Côte de la Fabrique. 📞 (418) 691 4606. ⏰ Interpretive Centre: fim jun-set: diariam; out-jun: ter-dom. ♿

Este imponente edifício figura na ponta oeste da rue de Buade, repleta de artistas de rua vendendo suas obras. Construído em 1833 e ainda abrigando a prefeitura, seus jardins são muito procurados pelos moradores locais. O pequeno parque abriga espetáculos de teatro no verão e serve de ponto de encontro para quem gosta de festivais.

🚽 Séminaire de Québec

2 Côte de la Fabrique. 📞 (418) 692 2843. ⏰ verão. 🎟 obrigatória. ♿

Em 1663, o primeiro bispo de Quebec, François Laval, construiu um seminário perto da catedral para formar os padres católicos que serviriam em sua diocese. A escola foi sendo ampliada ao longo dos séculos, o que resultou em um gracioso complexo de edifícios dos séculos 17, 18 e 19, situados no centro de um pátio gramado.

Dentro do seminário, os visitantes podem apreciar os belos painéis do século 18 que forram as paredes da capela. O Musée de l'Amérique Française faz parte do complexo, com um acervo eclético que inclui uma antiga capela decorada com fascinantes *trompe l'oeils* pintados em madeira.

Interior, feito no século 19, da capela do Séminaire de Québec

La Citadelle

Tanto o exército francês como o britânico contribuíram para a construção desta magnífica fortaleza. Os franceses começaram a erguê-la em 1750 e o trabalho foi concluído pelos ingleses em 1831. O objetivo era proteger Quebec de um possível ataque norte-americano, algo que nunca aconteceu. A Cidadela sedia o famoso regimento franco-canadense Royal 22-ème (Van Doos). Como o local ainda é um quartel militar ativo, os visitantes podem observar os soldados em suas tarefas cotidianas, bem como sua rotina de exercícios.

Emblema do regimento em vitral

A Fortaleza
Em meados do século 19 a Cidadela ficou pronta para defender a parte leste da cidade de Quebec.

Antiga prisão militar

Cap Diamant é o ponto mais alto do penhasco de mesmo nome. Daqui para baixo fica a Cidade Baixa.

Casa do governador-geral
Esta esplêndia mansão, com uma escadaria dupla no centro e hall de mármore, é a residência oficial do governador-geral do Canadá desde o século 19.

Trincheiras
ao redor da Cidadela eram estruturas-chave para a defesa.

A Vimy Cross foi instalada em memória dos canadenses que morreram na batalha de Vimy Ridge, em 1917, na 1ª Guerra.

Cape Diamond Redoubt
Mais antigo edifício da Cidadela, este reduto militar data de 1693. Foi construído pelos franceses, sob a liderança do Conde de Frontenac, para ser a primeira fortaleza de Quebec. Aqui são guardadas relíquias de guerra e a vista para o rio São Lourenço é ótima.

Capela
Parte fundamental da fortaleza, antes de ser usada para fins cerimoniais, era um depósito de pólvora e armamentos ingleses.

★ **Troca da Guarda, Parade Square**
A troca da guarda acontece todos os dias, de junho até o Dia do Trabalho. Os trajes cerimoniais do 22-ème, túnica vermelho-vivo e calças azuis, seguem o padrão inglês.

PREPARE-SE

1 Cote de la Citadelle. 📞 *(418) 694 2815.* ⏰ *diariam.* 📷 ♿ 🚫 *no museu.* 🎫 🖥 ✅ *obrigatória.*

O Quartel
Campo ativo de operação militar, é ocupado pelo regimento mais destemido do Canadá, o 22-ème, que lutou com bravura nas duas guerras mundiais.

O Prince of Wales Bastion abriga um antigo depósito de pólvora. Construído em 1750, chegou a armazenar 2.388 barris de pólvora.

0 metros   25

PONTOS ALTOS

★ **Troca da Guarda**

★ **Dalhousie Gate**

★ **Dalhousie Gate**
Uma das estruturas remanescentes do século 19, este portão é cercado de vigias e canhões. Essas medidas ajudavam a defender com armas de fogo os lados norte, sul e oeste do forte em formato de estrela.

Sainte-Anne-de-Beaupré ❷

Um dos lugares mais sagrados do Canadá, o templo dedicado à mãe da Virgem Maria foi construído no século 17 por um grupo de marinheiros como agradecimento por terem sobrevivido a um terrível naufrágio. Mais de 1,5 milhão de turistas e fiéis vêm aqui a cada ano, incluindo os participantes da procissão do dia da Santa, em julho. O centro da adoração é a basílica, decorada em estilo medieval, construída na década de 1920. Logo após a entrada, duas colunas de muletas testemunham a fé de várias gerações de católicos. Largas colunas dividem o interior em cinco naves e o teto abobadado é enfeitado com mosaicos de ouro retratando a vida de Santa Ana. Sua imagem também pode ser vista na enorme estátua dourada no transepto da basílica, embalando a Virgem Maria.

Estátua de Santa Ana
Em destaque no piso superior, esta estátua ricamente decorada fica em frente às relíquias de Santa Ana ofertadas ao templo pelo papa João XXIII em 1960.

PLANTA DO TEMPLO

1 Basílica   4 Museu
2 Monastério   5 Casa da bênção
3 Seminário

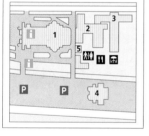

Janelas com vitrais mostram a marcha dos peregrinos pelo templo. O centro das atenções é a rosácea.

A BASÍLICA
Em 1876, Santa Ana foi proclamada padroeira de Quebec e, em 1887, a igreja existente adquiriu o título de basílica. Padres da ordem religiosa do Redentor assumiram o templo em 1878.

Acesso ao piso superior

O piso de mosaico combina com a decoração do teto

★ **A Basílica**
A igreja que havia no local desde 1658 foi nomeada basílica. Em 1922, sofreu um incêndio. A versão atual foi construída em 1923 e consagrada em 1976.

PONTOS ALTOS

★ **A Basílica**

★ **Pietà**

★ Pietà
Cópia fiel da estátua de Michelangelo, cujo original está na Basílica de São Pedro, em Roma.

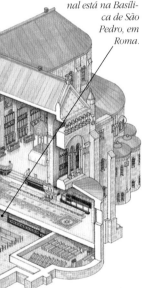

Interior da Basílica
Raios de sol atravessam os vitrais e iluminam o interior dourado e creme, onde cada canto está decorado.

Montmorency Falls: a cachoeira mais impressionante de Quebec

Parc de la Chute Montmorency e Ile d'Orléans ❸

Montmorency Falls (418) 663 3330.
8h30-23h diariam.
Ile d'Orléans Tourist Centre, 490
Cote du Pont, St. Pierre (418) 828 9411.

Situada 7km a leste da Cidade de Quebec, Montmorency Falls é a cachoeira mais famosa da província, maior do que as Cataratas do Niágara. A queda se forma no local onde as águas do rio Montmorency despejam no rio São Lourenço, e sua altitude ultrapassa em 30m o salto de 56m das Cataratas do Niágara, formada pela queda do rio Niágara sobre o lago Ontário. Há muitas maneiras de ver a cachoeira. O parque possui uma ponte suspensa, um bondinho aéreo e trilhas que sobem os penhascos –opção para os mais em forma e arrojados.

Uma ponte moderna e estreita cruza o rio até Ile d'Orléans, ilha repleta de flores, morangos e prósperas terras de cultivo salpicadas de cidadezinhas que revelam todo o fascínio do modo de vida rural tradicional em Quebec.

Charlevoix Coast ❹

166 Blvd. de Comporte, La
Malbaie (418) 665 4454.

A costa de Charlevoix compreende 200km da margem norte do rio São Lourenço, de Sainte-Anne-de-Beaupré, a oeste, até a foz do Saguenay. Declarada Patrimônio Natural pela Unesco por seus espécimes de floresta boreal, a área conserva uma pequena faixa florida na margem sul da vegetação rasteira de tundra, que avança para o norte. Cidadezinhas antigas são protegidas por vales de ondulação suave que vão quase até o rio, enquanto as cidades mais próximas das margens se aninham entre altos penhascos.

Apenas 35km ao norte de Baie-Saint-Paul encontra-se o **Parc des Grands Jardins**, uma vasta extensão de lagos e florestas de taiga com abeto-preto e rebanhos de caribus. As montanhas são baixas e ótimas para caminhadas. Mais ao sul do rio fica a pequena e tranquila ilha chamada Ile-aux-Coudres. As terras férteis do local são pontilhadas de fazendas históricas e um moinho de vento.

Parc des Grands Jardins
Rte. 381. (418) 846 2057. mai-
out: diariam; nov-abr: sáb-dom.

Moulin de L'Ile-aux-Coudres, na
região de Charlevoix

A cidade de Tadoussac, no encontro dos rios São Lourenço e Saguenay

Tadoussac 5

🏛 850. ⬚ ⬚ ℹ *196 Rue des Pionniers (418) 235 4977.*

Ladeadas por butiques, as antigas ruas desta cidadezinha são um agradável ponto de partida para explorar este trecho do rio São Lourenço. Em 1600, comerciantes franceses estabeleceram aqui o primeiro posto de comércio de peles do Canadá, ao perceberem que havia muitas gerações os nativos se encontravam aqui para negociar e discutir. No século 19, mesmo durante o auge do comércio de pele, navios a vapor começaram a trazer turistas ricos para experimentar a beleza selvagem da cidade. A bela paisagem justifica os dois séculos de turismo. Emoldurada por penhascos rochosos e dunas de areia, Tadoussac fica às margens do estuário, no encontro dos rios São Lourenço e Saguenay. Destacam-se na cidade o posto recriado de comércio de peles do século 17 e a mais antiga igreja de madeira do Canadá, a Petite Chapelle, construída em 1747.

No entanto, a grande atração de Tadoussac não está em terra: excursões para observação de baleias percorrem o estuário, onde é possível vê-las de perto. As condições naturais favorecem a existência de uma colônia de belugas brancas, às quais se reúnem, no verão, baleias minke, fin e azul.

Rio Saguenay 6

🚃 Jonquière. 🚌 Chicoutimi. ℹ *198 Rue Racine East (418) 543 9778.*

O rio Saguenay atravessa o fiorde natural mais meridional do mundo. Foi formado pelo deslocamento de uma geleira que abriu uma fenda profunda na crosta terrestre na última glaciação, há 10 mil anos. Águas turvas, com 300m de profundidade em alguns trechos, percorrem 155km sob paredões de 450m de altura, em média. Devido a esta profundidade excepcional, navios oceânicos podem subir o rio até Chicoutimi.

Indo do Lac St. Jean até o estuário do rio São Lourenço, o rio Saguenay é mais conhecido pelas margens exuberantes e vida selvagem que viceja em sua extensão inferior. Parte da região sul do rio, chamada Bas Saguenay ("Baixo Saguenay"), é um parque marinho federal. A maioria dos visitantes visita a colônia de baleias, que adotaram o fiorde como moradia.

Cap Trinité, um paredão de 320m na margem esquerda do curso d'água, oferece bonitas vistas de toda a extensão do fiorde. Uma famosa estátua da Virgem Maria, com 10m de altura, contempla o cenário em uma saliência no penhasco.

Chicoutimi 7

🏛 64.600. ℹ *198 Rue Racine East (418) 543 9778.*

Entre as montanhas da margem oeste do rio Saguenay, Chicoutimi é uma das maiores cidades do norte de Quebec, embora sua população seja relativamente modesta. Este é o centro econômico e cultural da região de Saguenay e seu bairro junto ao rio foi restaurado. Uma caminhada às margens do rio proporciona um panorama das montanhas dos arredores e da confluência dos rios Chicoutimi, Du-Moulin e Saguenay.

Antigo centro da indústria do papel, Chicoutimi ainda exibe uma fábrica de processamento de polpa de madeira, a **Pulperie de Chicoutimi**. É possível ver o maquinário, hoje fora de operação. O museu anexo conta os complicados detalhes desta tradicional indústria de Quebec, responsável pelo fornecimento de papel a quase todo o mercado norte-americano.

🏭 **Pulperie de Chicoutimi**
300 Dubuc. 📞 *(418) 698 3100.*
🕐 *fim jun-set: 9h-18h diariam.* ♿

Vista da margem de um dos trechos do profundo fiorde Saguenay

Passeio pelo Lac-Saint-Jean 8

Lac-Saint-Jean é um oásis no meio do isolamento de rochas e abetos que caracterizam o centro de Quebec. Fazendas de gado leiteiro, vilarejos charmosos como Chambord e praias mornas circundam este lago de 1.350km². O lago e suas margens verdes e onduladas preenchem uma bacia do tamanho de uma cratera, formada pela movimentação de geleiras no fim da última glaciação. Rios estreitos convergem para o lago e caem de forma dramática pelas paredes íngremes da bacia, onde se unirão à água azul e darão origem ao rio Saguenay.

Dicas

Ponto de partida: *Chambord.*
Extensão do passeio: *180km.*
Como circular: *Embora o percurso seja longo, a estrada está bem conservada e a viagem é tranquila. A maioria das cidades do trajeto tem pousadas e restaurantes, incluindo Mashteuiatsh. As estradas vicinais são desvios sem problemas.*

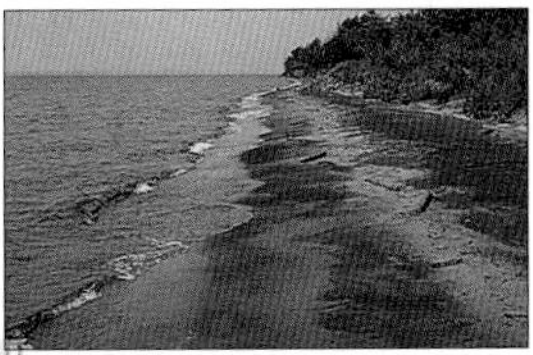

Parc de la Pointe-Taillon 6
Este parque é excelente para a prática de ciclismo e caminhadas, embora seja mais conhecido por suas praias boas e compridas.

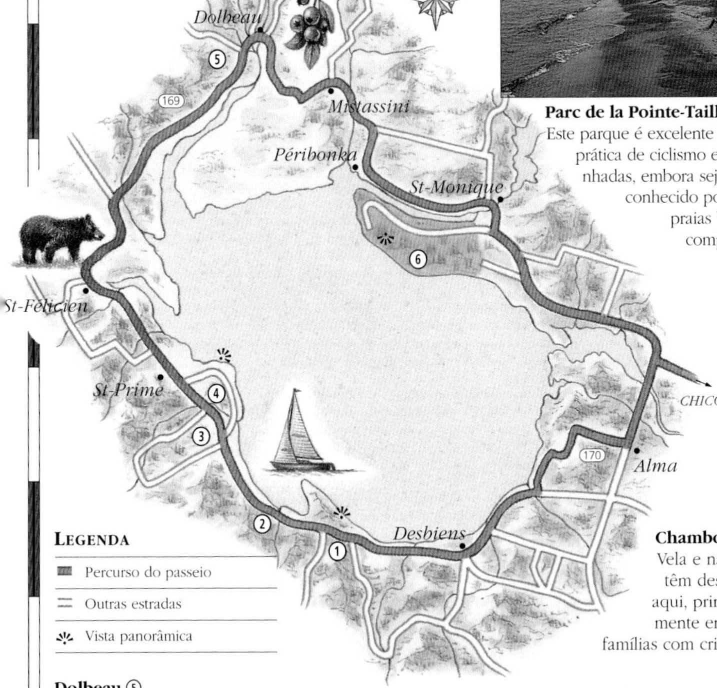

Legenda

- Percurso do passeio
- Outras estradas
- Vista panorâmica

Chambord 1
Vela e natação têm destaque aqui, principalmente entre as famílias com crianças.

Dolbeau 5
A maioria dos visitantes prefere chegar para os dez dias do Western Festival, em julho, com rodeios e *cowboys*.

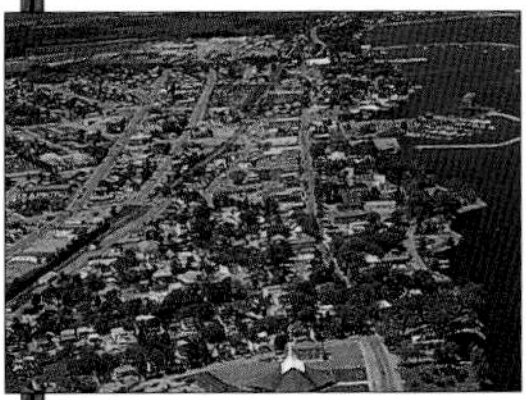

Mashteuiatsh, Pointe Bleu 4
Esta aldeia de índios montagnais é aberta a visitantes, que podem ver em primeira mão antigos métodos de entalhe, caça, tecelagem e culinária.

Roberval 3
Desta pequena e charmosa cidade à beira do lago, se pode ver o fim da prova de natação que acontece em julho desde 1946: os participantes atravessam o lago de lado a lado.

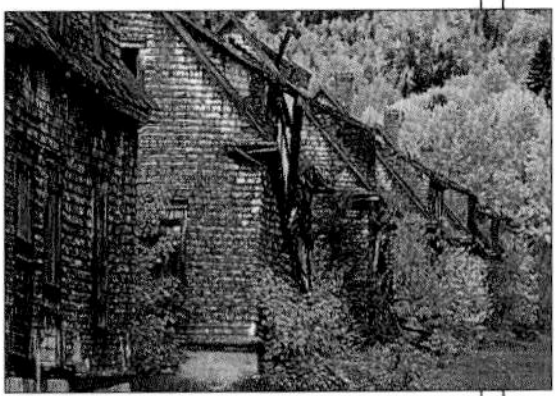

Val-Jalbert 2
Há uma cachoeira de 70m no centro desta cidadezinha, chamada de Ouiatchouan, que alimentava um moinho de polpa de papel nos idos de 1920.

Manic Côte Nord, usina hidrelétrica ao norte de Baie-Comeau

Baie-Comeau ❾

🏚 *26.700.* ⊠ 🚊 ⛴ 🛈 *337 La Salle (418) 294 2345.*

Esta pequena cidade deve sua existência ao jornal norte-americano *Chicago Tribune*, que, em 1936, construiu uma fábrica de papel perto da foz do rio Manicougan para suprir sua gráfica. Baie-Comeau foi declarada cidade histórica em 1985. A parte mais antiga é o bairro Quartier Amélie, com várias casas elegantes e um imponente hotel da década de 1930.

A indústria do papel ainda é vital para a economia da região, mas hoje a importância de Baie-Comeau está mais ligada à usina hidrelétrica de Manic-Outardes, situada na Hwy 389. O complexo começa a 22km ao norte da cidade e termina 200km adiante. O exemplo mais espetacular é Manic-5, a 190km de Baie-Comeau. A barragem Daniel Johnson, com seu belo arco, represa água em uma grande cratera que, segundo geofísicos, pode ter sido criada há milênios por um meteoro.

Sept-Iles ❿

🏚 *26.000.* 🚊 🚢 ⛴ 🛈 *312 Ave. Brochu (418) 962 0808.*

Até meados do século 20, Sept-Iles era apenas uma histórica e pacata aldeia de pescadores às margens de uma grande baía circular. No entanto, após a Segunda Guerra Mundial, este pequeno povoado atraiu a atenção de grandes empresas e se tornou a base da expansão da indústria de minério de ferro no nordeste de Quebec. Sept-Iles hoje é a maior cidade da margem norte do Golfo de São Lourenço e o segundo maior porto, já que faz parte do Canal do rio São Lourenço. Do calçadão os visitantes podem observar grandes navios em atividade e ver de perto a rotina de um porto moderno e movimentado.

Enquanto se gaba de contar com tecnologia marítima de ponta, alguns pontos lembram o passado histórico da cidade. O Vieux Poste, próximo ao centro da cidade, é uma reconstrução caprichada do que foi o centro comercial que abastecia a região. Aqui, os primeiros habitantes se encontravam para negociar peles com comerciantes franceses e um pequeno museu de arte e objetos indígenas vende artesanato nativo.

Vista aérea de Sept-Iles, com o movimentado cais em atividade

Afora sua importância industrial, Sept-Iles é uma área de considerável beleza natural, com quilômetros de praias. O rio Moisie, rico em salmão, corre para o Golfo de São Lourenço a apenas 20km daqui.

As sete ilhas rochosas que deram nome à cidade formam o Sept-Iles Archipelago Park. Perfeito para campistas e praticantes de caminhadas, com suas praias e trilhas, uma das sete ilhas, Ile Grand-Basque, é uma popular área de camping. Outra pequena ilha, Ile du Corossol, foi transformada em santuário de pássaros, e abriga inúmeras gaivotas, trinta-réis e papagaios-do-mar. Esta ilha pode ser conhecida em uma visita guiada.

Mingan Archipelago e Ile d'Anticosti ⓫

🚊 *Sept-Iles.* 🚢 *Sept-Iles.* 🛈 *312 Ave. Brochu, Sept-Iles (418) 962 0808.*

Pouco visitada até pouco tempo, esta região intocada e despovoada vem ganhando fama graças ao cenário inóspito, à rica vida selvagem e ecossistemas preservados. Em 1984, as ilhas do Mingan Archipelago se tornaram o primeiro parque nacional insular do Canadá. Papagaios-do-mar, trinta-réis e várias espécies de gaivotas se abrigam no Mingan Archipelago Wildlife Park, um conjunto de 40 ilhas denominadas Mingan Islands, espalhadas na costa norte do Golfo de São Lourenço. Focas cinzenta, vitulina e da-groenlândia se reúnem ao longo das pequenas enseadas e baías e baleias fin às vezes visitam o local. Além da abundante vida selvagem, as ilhas são conhecidas por seus estranhos monolitos. As esculturas de pedra calcária, com formas surreais, foram erodidas pelo mar durante séculos. As mais famosas impressionam por parecerem com vasos de flores, com relva brotando nas pontas. Para admirar esta manifestação singular da natureza podem-se reservar passeios de barco.

Até 1974, os 8.000km² de extensão da Ile d'Anticosti, a leste do arquipélago, eram proprie-

Estes "vasos de flores" são monolitos de pedra calcária no Mingan Archipelago National Park

dade de Henri Menier, um magnata da indústria de chocolates, que comprou a ilha em 1895 e mantinha um rebanho de veados-de-rabo-branco para deleite de seus amigos caçadores. Agora há cerca de 120 mil veados aqui, resistindo apesar de a caça não ter sido proibida. Há mais de 150 espécies de aves, e praias. A única vila, Port Menier, tem 300 habitantes. É o ponto de desembarque do ferry e de hospedagem.

Foca na Ile d'Anticosti

Costa Sul ⓬

🚆 Rivière-du-Loup. 🚌 Rivière-du-Loup. ⛴ Rivière-du-Loup.
ℹ Rivière-du-Loup (418) 867 3015.

A história das cidades da costa sul começou no século 18, com os colonizadores da Nova França. Pontilhando as planas e férteis áreas agrícolas da margem sul do rio São Lourenço, a oeste de Gaspé, e entrando para o interior em direção a Montreal, cidadezinhas cobrem a área entre Montmagny e Rimouski, as duas maiores cidades. Rivière-du-Loup, uma cidade aparentemente comum perto das demais, proporciona para muitas pessoas um mergulho na verdadeira Quebec. Com uma antiga igreja de pedra que parece

querer atingir o céu, esta velha cidade é cheia de ladeiras e seus chalés do século 18 conferem uma atraente atmosfera francesa. As vistas do topo da cidade são encantadoras. Algumas outras cidades da região têm atrações pouco comuns. Indo pela estrada principal, a Route 32, Trois-Pistoles exibe uma história que começou em 1580, data da chegada dos baleeiros bascos. A ilha de Ile-aux-Basques foi uma estação baleeira no século 16 e hoje abriga uma reserva ambiental que pode ser visitada. Na direção do centro comercial da região, Rimouski, encontra-se o Parc Bic, uma pequena reserva de 33km². Além da diversificada vida selvagem da costa, há aqui dois tipos de floresta: latifoliada decídua e boreal.

Iles-de-la-Madeleine ⓭

ℹ 128 Chemin du Debarcadere, Cap-aux-Meules (418) 986 2245.

As poucas famílias de pescadores que decidiram viver neste remoto arquipélago no meio do enorme Golfo de São Lourenço pintaram seus chalés com vibrantes tons de cor de malva, amarelo e vermelho. Passeios de barco oferecem vistas impressionantes das pequenas comunidades instaladas nas ilhas varridas pelo vento e situadas próximas ao nível da água, mas há mais para se ver nas ilhas do que os barcos podem mostrar. Além de aldeias antigas, elas abrigam algumas das praias mais tranquilas do Canadá, famosas por suas areias e localização protegida.

Chalé pintado de pescador em L' Ile-du-Havre-Aubert, Iles-de-la-Madeleine

Passeio pela Gaspé Peninsula ⑭

Popularmente chamada de La Gaspésie, a Gaspé Peninsula estende-se ao norte de New Brunswick e oferece o visual mais selvagem e atrativo de Quebec. Conforme a península avança para leste, árvores dão lugar a densas florestas de pinheiros e a paisagem se torna rochosa e acidentada. Os penhascos ao longo da costa norte chegam a 500m de altitude. As montanhas Chic-Choc podem atingir 1.300m de altura e são ótima opção de caminhada. Abrigadas pelo escudo formado pelas montanhas há vilas de pescadores do século 18, plantações de frutas, jardins exóticos e parques.

Parc de la Gaspésie ③
Aqui, mais de 800km² de terreno acidentado e coberto de musgo marcam a mudança da vegetação boreal para floresta subalpina.

Cap Chat ②
O nome ("Cabo Gato") deve-se a uma rocha que lembra um gato. O orgulho local é o moinho de vento, a 110m de altitude.

Grand Métis ①
Nesta pequena cidade se encontra um dos jardins mais bonitos do Canadá, um refúgio para mais de mil espécies raras.

CIDADE DE QUEBEC

• *Matane*

RESERVE FAUNIQUE DE MATANE

Amqui •

Saint-Zénon-du-Lac-Humqui

Causapscal

Routhierville •

0km   20

Vallée de la Matapédia ⑨
Começando no ponto onde se encontram dois rios excelentes para a pesca de salmão, a pitoresca Matapédia Valley é atravessada por pontes cobertas, do século 18. Atrás de tradicionais fazendas frutíferas, olmos e plátanos exibem impressionantes cores de outono.

Carleton ⑧
Fundada em 1756 por acadianos refugiados da Grande Expulsão da Nova Scotia (págs. 58-9), Carleton hoje é uma cidade tranquila e descontraída. Bons hotéis e restaurantes ladeiam suas ruas amplas e visitantes desfrutam o ameno clima da costa.

Sainte-Anne-des-Montes ④
É a entrada para o parque e reservas de vida selvagem das Chic-Chocs. Esta cidade do século 19 tem ótimos restaurantes e bons pontos de pesca de salmão.

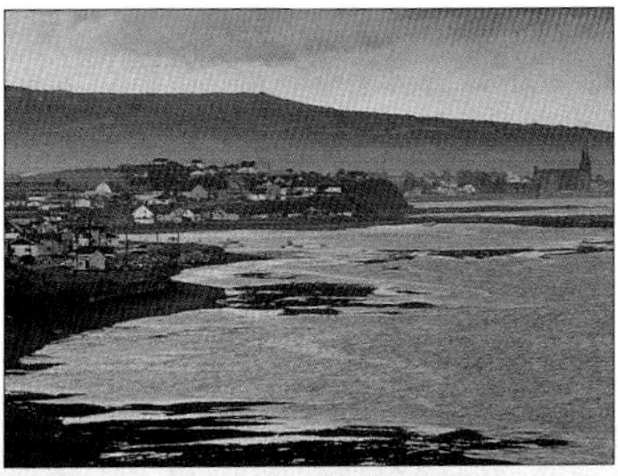

Dicas

A principal estrada desse passeio é a Hwy 132, que circunda toda a costa da península a partir do Grand Métis. Como o trajeto é muito longo para ser feito de uma só vez, programe algumas paradas nas cidadezinhas. A estrada secundária 299 leva a paisagens rochosas e despovoadas do interior.

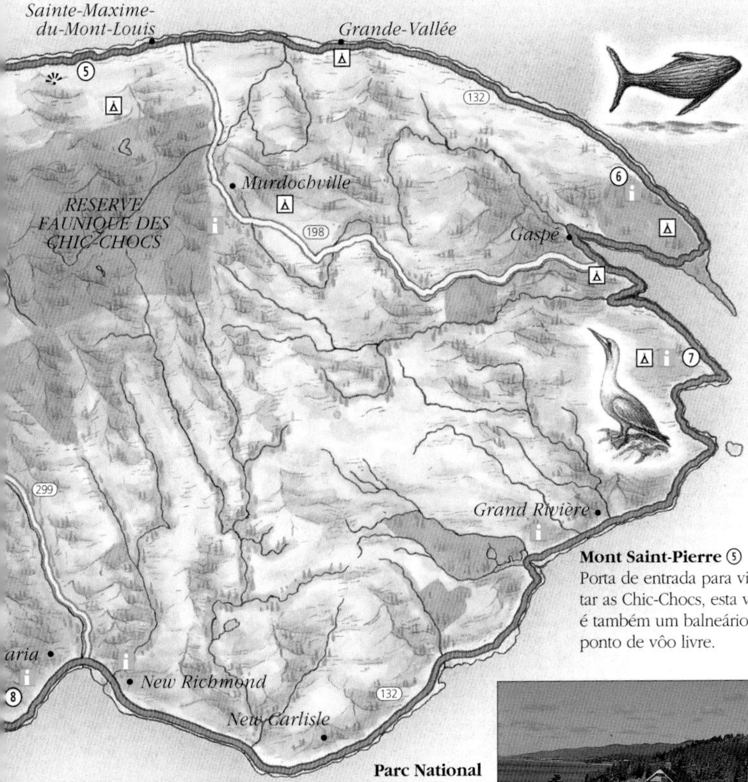
Sainte-Maxime-du-Mont-Louis
Grande-Vallée
5
132
Murdochville
RESERVE FAUNIQUE DES CHIC-CHOCS
198
6
Gaspé
7
299
Grand Rivière
aria
8
New Richmond
132
New Carlisle

Mont Saint-Pierre ⑤
Porta de entrada para visitar as Chic-Chocs, esta vila é também um balneário e ponto de vôo livre.

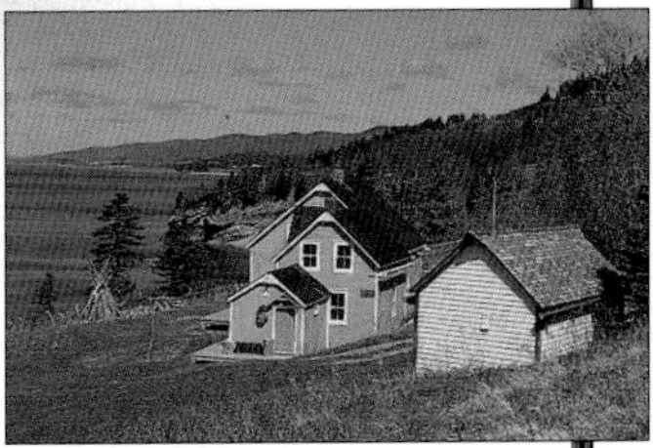

Parc National Forillon ⑥
O parque abrange a parte final dos Montes Apalaches, hoje reduzidos pelo mar a formações acidentadas.

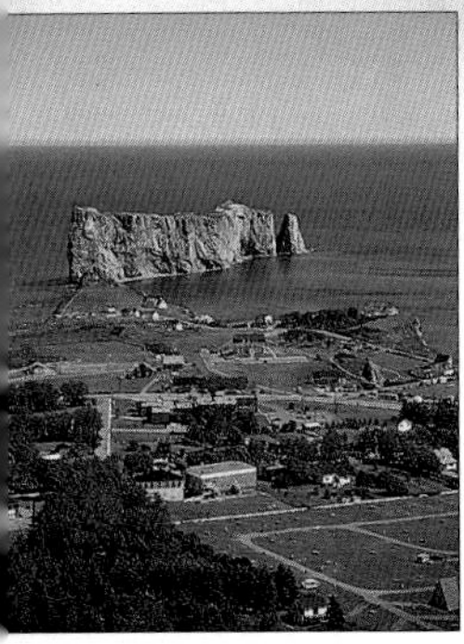

Rocher Percé ⑦
No mar, ao sul da pequena cidade de Percé, fica esta rocha furada, resultado da erosão das marés. Na década de 1930, Percé se tornou popular entre os artistas canadenses e ainda tem muitas galerias de arte.

Legenda

- Percurso do passeio
- Outras estradas
- ⛺ Área de camping
- ℹ Centro de visitantes
- ☀ Vista panorâmica

SUL E NORTE
DE QUEBEC

A GRANDE EXTENSÃO de terras entre Ontário e a histórica Cidade de Quebec, na província de mesmo nome, impressiona pela diversidade. Na parte sul, as prósperas fazendas dos Montes Apalaches e as florestas avermelhadas pelos plátanos atraem muitos visitantes o ano todo. Ao norte, a beleza das florestas de coníferas da gelada Nunavik explode em uma profusão de flores silvestres na primavera, perto da maior usina hidrelétrica do mundo. No centro ficam as Laurentian Mountains, perfeitas para esportistas e amantes da natureza: um cenário intocado com lago e ótimas encostas para esquiar. Povoada pelos nativos até a chegada dos europeus, no século 16, a área foi disputada por franceses e ingleses –que acabaram vencendo em 1759. Hoje, porém, a língua francesa predomina.

PRINCIPAIS ATRAÇÕES

Parques Nacionais
Parc National de
  la Mauricie ❺

Cidades Históricas
Hull ⓬
Joliette ❼
Oka ❾
Rouyn-Noranda ⓯

Sainte-Croix ❸
Sherbrooke ❷
Terrebonne ❽
Trois-Rivières ❻
Val d'Or ⓮

**Locais Históricos e Área de
Beleza Natural**
James Bay ⓰
Lac Memphrémagog ❶
Laurentian Mountains ⓫
Nunavik (fora do mapa) ⓱
Reserve Faunique
  La Vérendrye ⓭

Richelieu Valley ❹
Sucrerie de la Montagne ❿

LEGENDA

✈ Aeroporto internacional

▭ Rodovia

▬ Estrada principal

— Ferrovias principais

0 km   100

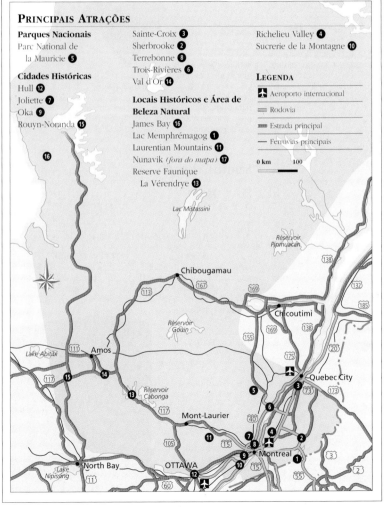

Igreja no Lac Memphrémagog

Lac Memphrémagog ❶

🚇 Magog. ⛴ Magog. ❗ 55 Cabana St., Magog 1 (800) 267 2744.

Esta região pertence aos Distritos do Leste, ou "Jardim de Quebec", que vai do vale do rio Richelieu até a fronteira com os Estados norte-americanos do Maine, New Hampshire e Vermont. Situados entre colinas ondulantes, terras cultiváveis, bosques e lagos, a paisagem é similar à dos Montes Apalaches e os distritos estão entre os maiores produtores de xarope de plátano *(maple syrup)* do Canadá *(págs. 98-9).*

Lac Memphrémagog é um lago estreito e comprido, rodeado de montanhas. Dizem até que nele vive um monstro, chamado Memphré, visto pela primeira vez em 1798. A parte sul do lago invade o Estado de Vermont e os primeiros habitantes da área foram partidários da Grã-Bretanha fugidos da Revolução Americana. A influência inglesa pode ser notada nas charmosas casas de tijolos vermelhos e madeira do fim do século 19, nas cidades junto ao lago, como a bela Georgeville e Vale Perkins, no balneário de Magog, na ponta norte do lago.

Monges beneditinos franceses compraram um dos terrenos mais bonitos do lago em 1912 e construíram a Abbaye Saint-Benoît-du-Lac (uma abadia). Hoje os monges produzem sidra e um famoso blue cheese chamado l'Ermite. Eles também são famosos pelo canto gregoriano, que pode ser ouvido nas missas da abadia.

Sherbrooke ❷

🚶 77.500. ✈ 🚌 ⛴ ❗ 3010 King St. W. 1 (800) 561 8331.

Sherbrooke se auto-intitulou "Rainha dos Distritos do Leste". A cidade é, de fato, o centro industrial, comercial e cultural da região. Situada nas encostas íngremes de um vale, o bairro histórico fica junto às fazendas em declive próximas aos rios Saint-François e Magog. Os primeiros moradores eram partidários do Império Britânico vindos dos Estados da Nova Inglaterra. Embora sua herança possa ser vista nas belas casas e jardins antigos da parte norte da cidade e nos nomes das ruas, atualmente a esmagadora maioria dos moradores fala francês. O centro é o ponto de partida para o Riverside Trail, um lindo parque com 20km de pistas para ciclismo e trilhas às margens do rio Magog.

Sainte-Croix ❸

🚶 2.600. ❗ 6375 rue Garneau (418) 926 2620.

Um charmoso solar, com degraus íngremes à porta, pilastras e entalhes arredondados é a mais esplêndida residência antiga desta bela cidade à beira-rio e sede da impressionante fazenda **Domaine Joly-De-Lotbinière**, fundada em 1851. A casa é cercada de gerânios e nogueiras plantadas em vários níveis do solo até atingirem o rio, na parte baixa do terreno. Entre as plantas raras há 20 carvalhos vermelhos com idade estimada em 250 anos. A fama do jardim se deve, contudo, ao cultivo de *blue potatoes*.

🏛 Domaine Joly-De-Lotbinière
Rte. de Pointe-Platon. 📞 (418) 926 2462. ⭕ jun-set: diariam; out-mai: 10h-18h sáb e dom. 🖼 ♿ restrito.

Richelieu Valley ❹

❗ 1080 Chemin des Patriotes Nord, Mont Saint-Hilaire (450) 536 0395.

Este vale fértil acompanha a parte norte do rio Richelieu por 130km, de Chambly a Saint-Denis, e pertence à Montreal Plain (planície de Montreal). Chambly, cidade industrial, abriga a mais bem preservada de uma série de construções feitas pelos franceses para proteger esta importante via fluvial contra ataques holandeses e ingleses. Trata-se do **Fort Chambly**, também chamado de Fort St. Louis. Construído com pedra maciça em 1709, substituiu as fortificações de madeira feita pelos primeiros colonos em 1655 e está bem conservado. Em Saint-Denis, um museu homenageia os compatriotas de Quebec que lutaram na fracassada rebelião de 1837 contra os ingleses.

Placa do Fort Chambly no Richelieu Valley

Atualmente o rio passa por belas cidadezinhas cercadas por pomares e vinhedos. Mont Saint-Hilaire é famosa pelo cultivo de maçã e tem vista panorâmica para Montreal. Sua igreja do século 19 foi declarada Patrimônio Histórico em 1965 e exibe pinturas do artista canadense Ozias Leduc *(pág. 28).*

🏛 Fort Chambly
2 Richelieu St., Chambly. 📞 (450) 658. ⭕ mar-meados jun: 10h-17h qua-dom; meados jun-set: 10h-18h diariam. ⬤ nov-fev. 🖼

Mont Saint-Hilaire, no Richelieu Valley

Lac Wapizagonke, local privilegiado para a prática de canoagem no Parc National de la Mauricie

Parc National de la Mauricie ❺

saindo da Hwy 155 N. Shawinigan. **℡** *(819) 536 2638.* **🚍** *Shawinigan.* **🚌** *Shawinigan.* **◻** *diariam.* 📷 **♿** *restrito.* ✔ *cobra-se taxa.*

Entusiastas de camping, esqui, caminhadas e canoagem ficam apaixonados por este paraíso de 536km² de florestas, lagos e granito rosa do período pré-cambriano. O parque inclui parte das Laurentian Mountains (*pág. 147*), que fazem parte do Escudo Canadense e se formaram entre 950 mil e 1,4 milhões de anos atrás. A beleza escarpada de La Mauricie também pode ser vista de carro, por sinuosos 63km entre Saint-Mathieu e Saint-Jean-de-Piles.

Outro ótimo percurso para os motoristas começa em Saint-Jean-de-Piles, com belas vistas do estreito vale do lago Wapizagonke. O lago tem trutas e lúcios, uma festa para os pescadores. Mas cuidado: o parque é hábitat de alces e ursos.

Trois-Rivières ❻

🏠 *51.800.* ✈ 🚍 🚌 ⛴ 🛈 *5775 Blvd. Jean XXIII (819) 375 1222.*

A província de Quebec é um dos maiores produtores de papel da América do Norte e a cidade de Trois-Rivières, voltada para o tratamento da polpa e do papel, é um dos principais centros da indústria. Com isso, sua riqueza histórica acaba ficando em segundo plano. Os primeiros colonos, vindos da França, chegaram aqui em 1634. Embora poucas residências da época ainda estejam de pé, a parte antiga da cidade é charmosa e tem algumas casas e lojas construídas nos séculos 18 e 19 –muitas delas convertidas em bares e cafés.

Freiras da Ordem de Santa Úrsula atuam no local desde 1697. O coração do centro velho abriga o **Monastère des Ursulines**, um complexo cheio de recantos com um domo central, uma capela e um pequeno jardim, hoje parque público. Na rue des Ursulines há várias casinhas antigas em diversos estilos arquitetônicos,

A igreja do Monastère des Ursulines, na cidade de Trois-Rivières

que podem ser vistas em uma caminhada pela área. Também é aqui que fica o Manoir Boucher-de-Niverville, um solar de 1730 que sedia a câmara do comércio e exposições temporárias sobre a história da região ao redor dos Distritos do Leste.

♨ Monastère des Ursulines 734 Ursulines. **℡** *(819) 375 7922.* **◻** *mar e abr: qua-dom; mai-out: ter-dom; nov-fev: ligar antes.* 📷

Joliette ❼

🏠 *31.100.* 🚍 🛈 *500 rue Dollard (450) 759 5013.*

Dois padres católicos são os responsáveis pela transformação da cidade industrial de Joliette, perto do rio Assomption, em um centro cultural. Na década de 1920 o padre Wilfrid Corbeil fundou o Musée d'Art de Joliette, cujo acervo permanente inclui desde arte sacra medieval até trabalhos modernos. Em 1974, padre Fernand Lindsay criou o Festival International de Lanaudière, concertos no verão com a presença de alguns dos músicos mais famosos do mundo.

Rawdon, 18km a oeste, faz jus à reputação de ter extraordinária beleza natural. Saindo da cidadezinha, há trilhas que margeiam o rio Ouareau e levam até a pitoresca e impetuosa cachoeira Dorwin.

Terrebonne ⓼

🏠 36.680. 🖳 ➡ 🚽 🚹 *3643 Queen Street (450) 834 2535.*

Esta pequena cidade histórica fica logo a noroeste dos subúrbios de Montreal, perto do rio Mille-Iles. Fundada em 1673, muitas de suas construções originais foram destruídas por um incêndio em 1922. No entanto, algumas belas casas do século 19 sobreviveram e podem ser vistas na rue Saint-François-Xavier e rue Sainte-Marie, muitas ocupadas por animados restaurantes e bistrôs. A maior preciosidade da cidade é **Ile-des-Moulins**, uma estrutura do período pré-industrial que revela o cotidiano histórico de Mille-Iles River, com moinhos d'água para cardar lã, moer café e fazer serragem. Um dos maiores prédios é a fábrica de três andares que foi a primeira padaria em produção em grande escala do Canadá. Construída pela Northwest Company em 1803, produzia os biscoitos sem sal que sustentavam os *voyageurs* dos navios que rumavam para o oeste todos os anos para buscar peles para a companhia.

Terrebonne também é o centro equestre de Quebec. Popular entre os moradores, sedia rodeios e eventos correlatos.

🏛 Ile-des-Moulins

Autoroute 25, saída 22 E. 📞 *(450) 471 0619.* 🕐 *jun-set: 13h-21h diariam.* ♿

O ferry de Oka atravessa o Lake of Two Mountains

Oka ⓽

🏠 3.840. 🖳 ➡ 🚹 *183 rue des Anges (450) 479 8337.*

A forma mais bonita de acesso a esta vila ao norte de Montreal é o pequeno ferry que cruza o Lake of Two Mountains, saindo de Hudson. Ainda no lago é possível avistar a pequena igreja (1878) em estilo neo-românico, emoldurada por montanhas e árvores frutíferas. O templo religioso mais conhecido de Oka é a **Abbaye Cisterciennne**, fundada por um grupo de monges franceses em 1881. A decoração da abadia se reduz ao mínimo necessário, seguindo a tradição cisterciense. A arquitetura neo-românica revela uma graciosa simplicidade junto à tranquilidade dos jardins. Na loja da abadia é possível comprar o queijo Oka, de sabor suave, produzido pelos monges. O Parc d'Oka, com quase 20km² de lagos e florestas, fica nas imediações. Nele estão a melhor praia e área de camping da região de Montreal, atraindo entusiastas de esportes ao ar livre.

⛪ Abbaye Cistercienne

1600 Chemin d'Oka. 📞 *(450) 479 8361.* 🕐 *8h-20h seg-sáb.* 🔴 *almoço e dom.*

Sucrerie de la Montagne ⓾

10km sul Rigaud. 🖳 📞 *(450) 451 0831.* 🕐 *o ano todo, mas ligar antes.* ♿ ✓ *obrigatória.* 🅿

Este paraíso tipicamente canadense fica em uma floresta de plátano de 50ha no alto da Rigaud Mountain próximo a Rang Saint-Georges, Rigaud. A Sucrerie é totalmente voltada para a produção de alguns dos produtos mais deliciosos de Quebec: guloseimas derivadas de plátano *(págs. 98-9)*. O local é a reconstrução de uma choupana do século 19, onde a seiva do plátano era tradicionalmente destilada e fervida em grandes chaleiras para produzir o famoso xarope. Outras 20 construções rústicas abrigam uma padaria fina, uma loja de mantimentos e chalés confortáveis para hóspedes. Tudo gira em torno de um gigantesco restaurante, com capacidade para 500 pessoas, que serve refeições tradicionais, com presunto, sopa de ervilhas, feijão, toicinho (chamado de *oreilles du Christ*, "orelhas de Cristo"), e picles, além de dezenas de derivados de plátano, incluindo xarope, açúcar, balas, bolinhos e pães. O banquete é servido à noite ao som de música folclórica. A visita inclui uma verdadeira aula sobre a produção do xarope, cuja invenção é atribuída aos nativos. Mais tarde eles passaram esses segredos aos colonizadores europeus e os métodos são usados até hoje.

Xarope de plátano

Rue-St-Louis Church em Terrebonne

Tour pelas Laurentian Mountains [11]

Ciclovia

Toda esta região, do animado *resort* Saint-Sauveur-des-Monts, ao sul, até o norte de Sainte Jovite, é um imenso centro de lazer natural. Seus belos lagos, rios, encostas para esquiar e trilhas para ciclismo e caminhadas são visitados em qualquer época do ano. As montanhas fazem parte do antigo Laurentian Shield e têm 1 bilhão de anos. Pontilhadas de bonitas e antigas cidadezinhas em estilo francês, agradam tanto a quem quer descansar como aos adeptos de esportes radicais.

Dicas

É possível fazer este passeio de 175km (ida e volta) de Montreal até as Laurentian Mountains em um dia pela Hwy 15. No entanto, para conhecer e aproveitar melhor a região, prefira a Hwy 117, mais lenta porém muito mais bonita. Pode haver trânsito nos horários de pico entre julho e agosto e de dezembro a março.

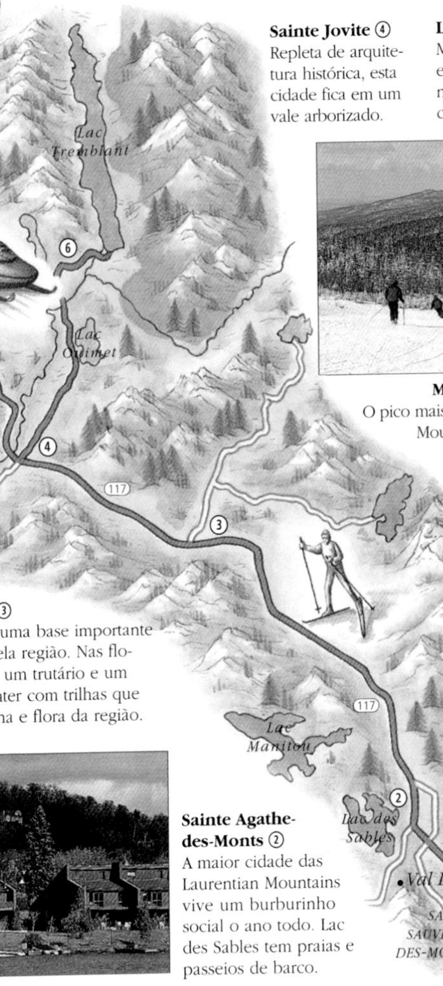

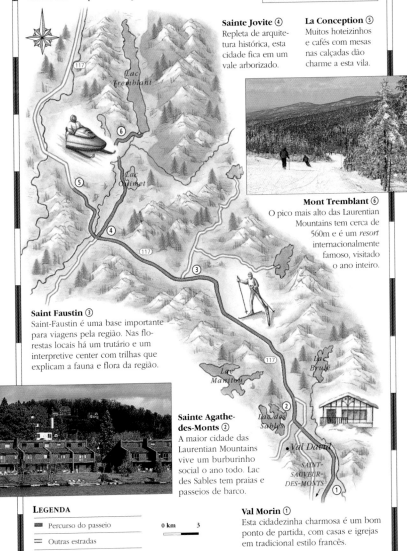

Sainte Jovite (4)
Repleta de arquitetura histórica, esta cidade fica em um vale arborizado.

La Conception (5)
Muitos hoteizinhos e cafés com mesas nas calçadas dão charme a esta vila.

Mont Tremblant (6)
O pico mais alto das Laurentian Mountains tem cerca de 560m e é um *resort* internacionalmente famoso, visitado o ano inteiro.

Saint Faustin (3)
Saint-Faustin é uma base importante para viagens pela região. Nas florestas locais há um trutário e um interpretive center com trilhas que explicam a fauna e flora da região.

Sainte Agathe-des-Monts (2)
A maior cidade das Laurentian Mountains vive um burburinho social o ano todo. Lac des Sables tem praias e passeios de barco.

Val Morin (1)
Esta cidadezinha charmosa é um bom ponto de partida, com casas e igrejas em tradicional estilo francês.

Legenda

- Percurso do passeio
- Outras estradas

0 km 3

A incrível e estrondosa cachoeira Montmorency, na província de Quebec ▷

Hull ⑫

Centro de meditação

Embora seja a principal cidade do oeste de Quebec, Hull parece estar mais ligada à província de Ontário. Situada em frente a Ottawa, do outro lado do rio que divide as províncias, muitos prédios administrativos do governo federal foram instalados aqui. Hull funciona, há anos, como uma espécie de contraponto da capital, com uma atmosfera mais descontraída e agradável, o que se revela até na burocracia –a prefeitura, por exemplo, tem um centro de meditação. Desde sua fundação, em 1800, até bem pouco tempo, a legislação para consumo de álcool era bem mais branda do que a de Ottawa. Hull possui um dos melhores museus do Canadá, o Museum of Civilization, que traça um panorama fascinante da história do país nos últimos mil anos.

PREPARE-SE

🏙 60.700. ✈ Ottawa International, 12km sul da cidade. 🚌 200 Tremblay Rd, Ottawa. ℹ La Maison du Tourisme, 103 Rue Laurier (819) 778 2222. 🎭 Fall Rhapsody (set/out).

♣ Gatineau Park
Hwy 5. 📞 (819) 827 2020.
⏰ diariam.
Com 360km², este oásis de lagos e montanhas entre os rios Gatineau e Ottawa é muito frequentado no fim-de-semana. O parque é adornado com fragmentos de construções góticas demolidas, idéia do ex-primeiro-ministro William Lyon MacKenzie-King.

Casino de Hull
1 Casino Blvd. 📞 (819) 772 2100.
⏰ 11h-15h diariam. ♿
Quatro milhões de turistas são seduzidos a cada ano por este reluzente Casino, que tem 1.300 caça-níqueis e 45 mesas de

Sala de apostas do Casino de Hull

jogos. Inaugurado em 1996, é administrado pelo governo da província de Quebec e fica em um parque com flores e fontes.

♦ Alexandra Bridge
Construída em 1900, esta ponte de aço cruza o rio Ottawa, ligando Ontário a Quebec. Com passarela para pedestres, pistas para veículos e ciclovia, a ponte dá uma bela vista panorâmica do rio, do moderno Museum of Civilization e dos Parliament Buildings de Ottawa.

♦ Maison du Citoyen
25 Laurier St. 📞 (819) 595 7175.
⏰ 8h-17h seg-sex. ● feriados. ♿
No centro deste conjunto de edifícios modernos há um amplo pátio, a Ágora. O local é ponto de encontro dos moradores de Hull o ano todo e também centro de meditação para os trabalhadores. O átrio é cercado pela prefeitura, por uma biblioteca, um teatro e uma galeria de arte.

♦ Promenade du Portage
Ligado às pontes da cidade, esta importante rua do centro cruza uma boa área comercial, com lojas grandes e cafés movimentados. A região, incluindo a Place Aubry, também é uma ótima opção de vida noturna.

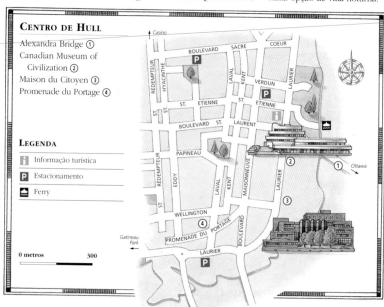

CENTRO DE HULL

Alexandra Bridge ①
Canadian Museum of Civilization ②
Maison du Citoyen ③
Promenade du Portage ④

LEGENDA

ℹ Informação turística
P Estacionamento
⚓ Ferry

0 metros 300

Canadian Museum of Civilization

À s margens do rio Ottawa, este museu foi construído
na década de 1980 para abrigar o acervo da história
social do Canadá. O arquiteto Douglas Cardinal projetou
as fachadas em ondas de ambos os prédios inspirado pela
paisagem canadense. A parte mais curva corresponde à
Canadian Shield Wing, onde fica a ala administrativa do
museu. As exposições são montadas na Glacier
Wing. A entrada é impressionante: no interior do Grand Hall há uma "floresta" de
grandes totens de madeira. O Canada
Hall mostra a evolução do povo canadense desde o tempo dos vikings, dos
primeiros colonos e até os dias atuais.

PREPARE-SE

100 Laurier St. ☎ *(819) 776
7000.* ⬤ *mai-set: 9h-18h diariam.*
🆆 *www.civilization.ca*

As curvas da fachada lembram as paisagens de Quebec

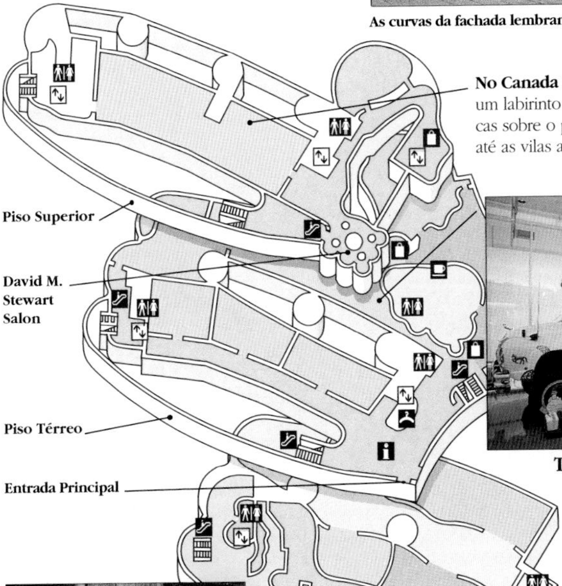

No Canada Hall o visitante percorre
um labirinto de informações históricas sobre o país, da época colonial
até as vilas acadianas e vitorianas.

Piso Superior

**David M.
Stewart
Salon**

Piso Térreo

Entrada Principal

The Children's Museum
*Muito popular, o museu
infantil tem um "tour
mundial" de exposições
interativas, um mercado
internacional e um
ônibus paquistanês
cheio de penduricalhos.*

**Piso
Inferior**

Biblioteca

LEGENDA DA PLANTA

☐ Children's Museum
☐ Grand Hall
☐ Canada Hall
☐ River Gallery
☐ Art Gallery
☐ Salas de exposições temporárias
☐ Alas de exposições permanentes
☐ W.E. Taylor Research Gallery
☐ Marius Barbeau Salon
☐ Cinema IMAX/OMNIMAX™
☐ Espaço sem exposições

★ The Grand Hall
*Iluminada por janelas de três
andares de altura, a sala exibe totens da Costa Oeste. Cada mastro de madeira esculpida aborda um mito nativo.*

PONTO ALTO

★ The Grand Hall

Vista aérea da reserva de vida selvagem de La Vérendrye

Reserve Faunique La Vérendrye ⓭

((819) 736 7431. 🚌 Maniwaki.
⭘ verão. ♿ restrito.

Esta reserva de vida selvagem fica cerca de 190km a noroeste de Montreal pela Hwy 117. Um de seus destaques são os longos e sinuosos rios e correntes. Os milhares de quilômetros de curso d'água são uma lenda entre os praticantes de canoagem. As águas dos rios costumam ser calmas e os 13 mil km² da reserva abrigam um grande número de alces, ursos, veados e castores. A área é praticamente intocada, mas há vários locais para camping

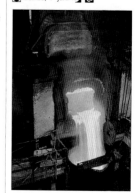

Alce em La Vérendrye

para quem procura um refúgio tranquilo na natureza. Na temporada, os pescadores podem pegar peixes-de-são-Pedro, lúcio, truta e robalo. A Hwy 117 atravessa o parque, dando acesso a muitos de seus rios e lagos, e é o início das trilhas para caminhada

Val d'Or ⓮

🏃 25.000. 🚌 ℹ️ 20 3rd Ave. E.
(819) 824 9646.

Val d'Or, a principal cidade do noroeste de Quebec, é voltada para a mineração. As atrações da cidade são histórias vivas de minas e vilas históricas que a área herdou do comércio de madeira e da mineração. Os mineradores vêm escavando ouro, prata e cobre da região de Val d'Or desde a década de 1920. A caminhada ao topo dos 18m da Tour Rotary, na periferia da cidade, permite avistar 10 minas ainda em atividade.

A Lamaque Goldmine, hoje abandonada, era uma das mais abundantes minas de ouro da área. Em seu auge, no início do século 20, uma cidade se desenvolveu ao seu redor, com um hospital, pensão para trabalhadores solteiros e ruas bem organizadas com pequenos chalés para os homens casados e suas famílias. Os administradores tinham casas mais elaboradas nas redondezas e havia um suntuoso hotel para executivos visitantes. Grande parte disso tudo foi preservado. A cidadezinha (**La Cité de l'Or**) e a mina (**Village Minier de Bourlamaque**) foram declaradas patrimônio histórico em 1979. Estão reconstruídas como na época da corrida do ouro, nos idos de 1850. Os turistas podem percorrer a cidade, os velhos laboratórios e o topo da mina. Os mais ousados podem fazer um tour 90m abaixo do solo para conhecer as técnicas de mineração na história.

🏛 Village Minier de Bourlamaque, La Cité de l'Or

123 Ave. Perrault. **(** (816) 825 7616. ⭘ jun-set: 9h-18h diariam.
🈴 ♿ restrito.

Rouyn-Noranda ⓯

🏃 26.450. 🚌 ℹ️ 191 Ave. du Lac (819) 727 1242.

Como nas demais áreas desenvolvidas do norte de Quebec, as cidades daqui se apóiam na indústria pesada. Rouyn e Noranda despontaram de repente, quando descobriu-se cobre na região. Elas acabaram se unindo em uma única cidade em 1986, mas são bem diferentes. Noranda, na margem norte do lago Osisko, é um cidade cuidadosamente planejada, construída para abrigar os empregados de uma empresa que explorava a hoje extinta mina de cobre local. Os gramados e ruas arborizadas conferem uma atmosfera que lembra a da Inglaterra. Horne Smelter, uma das maiores minas do mundo, fica próxima ao centro da cidade e pode ser visitada se agendada com antecedência.

Rouyn, na margem sul do lago, não é tão bem estruturada mas é mais comercial. Era aqui que os moradores de Noranda vinham se divertir e é uma boa parada para comer algo e abastecer o carro para quem vai para as regiões mais isoladas do norte. Na **Maison Dumulon**, uma reconstrução do primeiro correio e loja de mantimentos de Rouyn, há exposições sobre o pioneirismo dos primeiros colonizadores.

🏛 Maison Dumulon

191 Ave. du Lac. **(** (819) 797 7125.
⭘ jun-set: diariam; out-mai: seg-sex.
⬤ dez 25, 1° jan. 🈴 ♿

Em Noranda o cobre é fundido em grandes blocos para exportação

Rebanhos de caribu migram para o sul no verão, cruzando a área da Hudson Bay em direção a Nunavik

James Bay 🅰

🅱 *Federation des Pourvoyeurs du Quebec, Jonquiere (418) 877 5191.*

O esparsamente povoado município de James Bay tem mais ou menos o tamanho da Alemanha (cerca de 350 mil km²), o que o torna muito maior do que a maioria dos demais municípios da região. Sua paisagem, lagos, matas fechadas e rochas do período pré-cambriano estão longe de ser urbanizados. As florestas cedem lugar à taiga e depois à tundra, tornando-se cada vez mais inacessíveis nas áreas geladas do norte. Porém, o que falta em infra-estrutura sobra em capacidade de produzir energia. Os seis rios principais, que convergem para a baía, produzem energia suficiente para iluminar toda a América do Norte. Até agora, o governo de Quebec gastou mais de Can\$20 bilhões na construção de um terço das represas de um dos maiores projetos de hidrelétricas do mundo. Cinco usinas geram cerca de 16 mil megawatts de eletricidade para grande parte de Quebec e do nordeste dos Estados Unidos. Le Grand 2 (conhecida como LG 2) é a maior barragem e gerador subterrâneo do mundo.

A principal cidade da região é a pequena Radisson. Além de um pequeno mas útil escritório de informações turísticas,

Radisson oferece vista panorâmica dos arredores. Nem todas as 215 barragens da baía podem ser vistas, mas algumas das maiores e uma série de reservatórios, sobretudo o LG 2, logo a leste da cidade, são visíveis do alto.

Uma das grandes usinas hidrelétricas de James Bay

Nunavik 🅲

🅱 *Association touristique du Nunavik (819) 964 2876.*

No extremo norte de Quebec, o município de Nunavik cobre uma área um pouco maior do que a da Espanha continental. Seus habitantes somam cerca de 7 mil, quase todos inuit, e moram nas 14

comunidades ao longo das margens da Hudson Bay, do Hudson Strait e da Ungava Bay. Nunavik é a última fronteira de Quebec, um território belo e selvagem só acessível por helicóptero. Rebanhos de caribus, ursos polares e boialmiscarado vagueiam pela floresta de taiga e pela gelada tundra ártica que cobre a região. Focas e belugas podem ser vistas nas águas geladas.

Kuujjuaq, perto de Ungava Bay, é o maior distrito de Nunavik, com pouco mais de 1,4 mil moradores. É um ótimo ponto de partida para expedições ao belo vale de Kangiqsujuaq, perto de Wakeham Bay, e às inóspitas montanhas ao redor de Salluit.

As pessoas vêm à Nunavik e Kuujjuaq para apreciar as muitas espécies selvagens vivendo tranquilamente em seu hábitat natural. A melhor época para a viagem é durante o verão, quando a temperatura aumenta —mesmo nesta época o chão continua congelado. A região não conta com ferrovias (mal tem estradas) e só deve ser explorada na companhia de um guia experiente e confiável. Muitos grupos e comunidades inuit oferecem serviço de guia e a chance de vivenciar o cotidiano de suas famílias. Prepare-se para uma recepção calorosa, e aproveite para provar a tradicional comida e hospitalidade dos esquimós.

Ontário

Introdução a Ontário

A IMENSA PROVÍNCIA DE ONTÁRIO, a segunda maior do Canadá, tem mais de 2,5 milhões de quilômetros quadrados, e vai desde a região dos Grandes Lagos, na fronteira com os Estados Unidos, até as praias geladas de Hudson Bay. O acesso ao norte de Ontário é difícil –chega-se a esta bela região de rios turbulentos, densas florestas e tundra ártica de avião, trem e por uma ou outra estrada panorâmica. A maior parte do norte também é quase desabitada, ao contrário das terras férteis ao sul e em volta do lago Ontário, pólo que atrai milhares de imigrantes. Na província se encontram Toronto, a maior cidade do Canadá, e as Cataratas do Niágara, o maior centro turístico.

WOODLAND CARIBOU NATIONAL PARK

PICKLE LAKE

RED LAKE

105

599

Lac Seul

Lake Nipigon

DRYDEN

17

NIPIGON

THUNDER BAY

11

Lake Superior

A CN Tower de Toronto é a mais alta torre sem sustentação do mundo

0 quilômetros   150

Barco de turismo aproxima-se da espetacular Horseshoe Falls, Niágara

COMO CIRCULAR

As principais rodovias que cortam a costa norte do lago Ontário são a Hwy 401, que segue para leste e que liga Toronto a Montreal, e a Queen Elizabeth Way (QEW), para o sul, entre Toronto e as Cataratas do Niágara. Toronto, Cataratas do Niágara e Ottawa são ligadas por ônibus e os trens da VIA Rail. De Toronto para o norte, a Hwy 400 funde-se com a Trans-Canada Highway, que segue para leste até o lago Superior. Também há ônibus e trens para o norte.

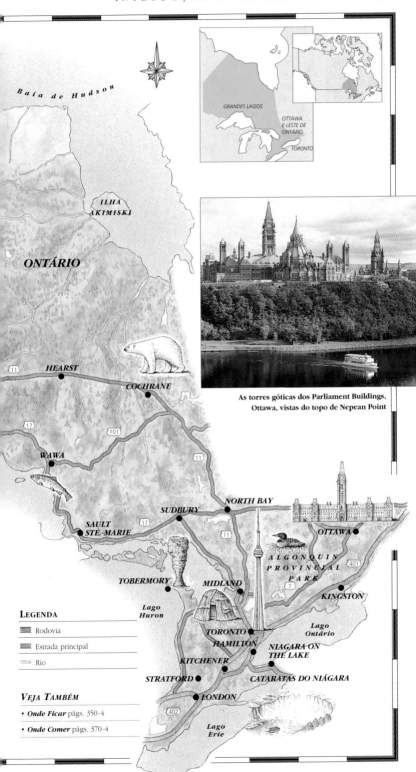

GRANDES LAGOS

OTTAWA E LESTE DE ONTÁRIO

TORONTO

As torres góticas dos Parliament Buildings, Ottawa, vistas do topo de Nepean Point

Baía de Hudson

ILHA AKIMISKI

ONTÁRIO

HEARST

COCHRANE

WAWA

SUDBURY

NORTH BAY

SAULT STE.-MARIE

OTTAWA

ALGONQUIN PROVINCIAL PARK

TOBERMORY

MIDLAND

KINGSTON

Lago Huron

TORONTO

Lago Ontário

HAMILTON

NIAGARA ON THE LAKE

KITCHENER

STRATFORD

CATARATAS DO NIÁGARA

LONDON

Lago Erie

LEGENDA

Rodovia

Estrada principal

Rio

VEJA TAMBÉM

• **Onde Ficar** págs. 350-4

• **Onde Comer** págs. 370-4

Hudson's Bay Company

Timbre da Hudson's Bay Co.

A "Companhia da Baía de Hudson" foi fundada pelo rei Carlos II da Inglaterra em 2 de maio de 1670. A decisão de criar a empresa foi tomada depois da bem-sucedida viagem do navio inglês *Nonsuch*, que retornou da recém-descoberta baía do rio Hudson carregado de valiosas peles de castor. O rei concedeu amplos poderes à companhia, entre eles o monopólio do comércio no vasto território à volta da baía, então chamado de Rupert's Land. A Hudson's Bay Company recebeu ordens de fazer contato com os nativos de Rupert's Land e o comércio se desenvolveu rapidamente –em parte, por causa da moda. Homens e mulheres do século 18 apaixonaram-se pelos chapéus de pele de castor e a demanda pelo produto tornou-se enorme.

Comerciantes de peles europeus desenvolveram intenso comércio com os caçadores nativos, em um sistema sazonal.

Fort Yukon 1846-1869

Fort Good Hope 1821

Fort Simpson 1821

Fort St. James 1821

Edmonton 1795

Cumberland House 1774

Fort Victoria 1843

ENTREPOSTOS TERRITORIAIS E COMERCIAIS

A partir de 1670, a Inglaterra passou a enviar mercadorias de troca para os principais entrepostos da companhia ao redor de Hudson Bay. De modestos assentamentos e depósitos protegidos por cercas, estes entrepostos foram ficando auto-suficientes e passaram a suprir os postos mais novos e menores criados com o avanço da empresa para oeste. Em 1750, a HBC mantinha entrepostos às margens de todos os rios que deságuam em Hudson Bay. Fort Albany, em James Bay, tinha cadeia, hospital, ferreiro, curtume, cais onde se construíam canoas e criação de carneiro e gado. Também empreendia esforços para cultivar alguns produtos. O sistema de entrepostos continuou avançando para oeste até que os direitos territoriais passaram para o novo país do Canadá em 1870.

LEGENDA

🛡️ Entreposto comercial

- - Rota comercial

═ Limites da Rupert's Land em 1670

O Massacre de Sevenoaks *ocorreu em Ontário em junho de 1816, quando funcionários da HBC entraram em confronto com os da rival North West Company e vinte homens morreram. As duas empresas se uniram em 1820.*

Os comerciantes ingleses *ofereciam vários produtos às tribos locais em troca das peles recolhidas no inverno. Entre os produtos mais usados, trazidos de navio na primavera, estavam cobertores, facas, armas e bugigangas diversas.*

ASCENSÃO E QUEDA DA HBC

Até meados do século 19, a HBC reinou suprema no Canadá. Mas, em 1846, uma revolta civil levou os ingleses a desistir dos estados de Washington e Oregon, fixando ali a fronteira dos Estados Unidos. Incapaz de manter o monopólio, a HBC vendeu suas terras ao Canadá em 1870, preservando as áreas ao redor dos entrepostos comerciais. O valor dessas terras ajudou a expansão da HBC nos setores de imóveis e varejo no século 20. Hoje a HBC é uma das maiores empresas do país.

The Bay, Vancouver, uma das modernas lojas de departamento da HBC

Fort Chimo 1830
Churchill 1717
York Factory 1682-1857
Rupert's House 1668
Albany 1679
Moose Factory 1673
Winnipeg 1813
Montreal

0 quilômetros 500

A pele de castor *era mais espessa e valiosa no inverno, quando os nativos se aventuravam no gelo e na neve para caçá-lo. Na primavera, levavam fardos de peles macias aos entrepostos e os trocavam por mercadorias.*

Barcos a vela da companhia *traziam artigos para troca com os nativos. Com a expansão da empresa passaram a trazer material de construção, alimentos e sementes para os assentamentos. Os navios levavam até 16 mil peles de castor.*

O Grupo dos Sete

O Plátano Vermelho, *de A.Y. Jackson, de 1914, marca o esforço do Grupo dos Sete para criar o nacional.*

Tom Thomson,
(1877-1917)

Fundado em 1920, o Grupo dos Sete revolucionou as artes canadenses. Integrado por artistas comerciais empregados em uma empresa de Ontário, este pequeno grupo de pintores inspirou-se na obra de Tom Thomson, um apaixonado pela natureza e que em 1912 começou a visitar o norte selvagem de Ontário para pintar dezenas de quadros impressionistas e de colorido vívido. Seus amigos perceberam que ele estava dando uma nova direção à arte canadense, livre do rígido ponto de vista europeu que caracterizava a pintura até então, e um movimento nacionalista teve início. Depois da Primeira Guerra e da morte de Thomson, em 1917, o grupo de amigos fundou o movimento e realizou uma primeira exposição em Toronto em 1920. Muitos dos quadros retratavam a natureza em Nova Scotia, Ontário e Quebec. Surgia uma nova forma de arte, impulsionada pela sensação de orgulho nacional do povo por seu jovem país.

Canto da Floresta (1919), *de Frank Johnston, é uma das obras do grupo que ilustra melhor a convicção de que "a arte tem de crescer e florescer na terra para que o país seja um verdadeiro lar para seu povo". Usando a bela paisagem como tema, o grupo desenvolveu uma técnica própria.*

Acima do Lago Superior *foi pintado por Lawren Harris em 1922. Conhecido pelas imagens simples e vigorosas, Harris captura o clima duro mas estimulante da região dos Grandes Lagos no inverno, o "norte místico". Ele acreditava que a melhor forma de obter a plenitude espiritual era observando a paisagem. O grupo também acreditava que a expressão verdadeiramente significativa só era alcançada quando o objeto da obra —neste caso, o cenário —era compartilhado entre artista e espectador.*

Cataratas, rio Montreal *(1920) foi pintado por J.E.H. MacDonald, que fez de Algoma sua fonte de inspiração. Cada membro do grupo tinha uma região favorita, a maioria delas em Ontário. As visitas geralmente eram feitas no verão, e um pintor levava o outro para conhecer sua área preferida.*

O GRUPO DOS SETE

Usando como base de apoio um vagão de trem reformado, os membros do Grupo dos Sete iam a pé ou de barco para seus locais favoritos em Algonquin Park, Georgian Bay, Algoma e lago Superior, onde desenvolviam uma nova arte. Depois da exposição de 1920, intitulada The Group of Seven, suas obras marcantes tornaram-se muito populares e as exibições conjuntas se sucederam a cada ano. A inspiração local era essencial para o desenvolvimento da obra e das técnicas do grupo. Seus métodos simples e rústicos rejeitavam as telas a óleo pesadas e realistas produzidas na época na Europa. Cores luminosas e marcas de pincel levaram um crítico a observar que o grupo "atirava suas latas de tinta na cara do público". A última exposição foi em 1931 e o grupo se desfez no ano seguinte, abrindo caminho para um conjunto maior de pintores de todo o Canadá, o Canadian Group of Painters. Fundadores de um movimento de arte genuinamente canadense baseado no amor às belezas naturais de seu país, o Grupo dos Sete ainda tem lugar de destaque nas principais galerias de Ontário e do resto do Canadá.

A foto abaixo, tirada no Arts & Letters Club de Toronto em 1920, mostra, da esquerda para a direita: Varley, Jackson, Harris, Barker Fairley (amigo do grupo e escritor), Johnston, Lismer e MacDonald. Carmichael está ausente.

O Grupo dos Sete em 1920

OUTONO, ALGOMA *(1920)*

Esta tela ricamente desenhada mostra as extraordinárias cores do anoitecer no outono em Ontário. Algoma foi a região escolhida por J.E.H. MacDonald, um paraíso canadense no norte de Ontário que lhe servia de inspiração e que visitou várias vezes. MacDonald registrou temas singulares em suas pinturas, onde a folhagem em fogo e os altos pinheiros ajudam a fixar e a estabelecer uma identidade canadense. Influenciado pelas paisagens áridas retratadas na Escandinávia a partir da virada do século 20, MacDonald destaca a dramaticidade desta cena para engrandecer sua paisagem natal.

TORONTO

ORONTO DEIXOU O *ar comportado e colonial para se tornar uma das mais dinâmicas cidades da América do Norte, um centro cosmopolita onde convivem quatro milhões de habitantes descendentes de centenas de grupos étnicos. Cidade mais rica da região e mais próspera do país, Toronto é o centro financeiro e comercial do Canadá, onde se concentram belos museus, agradáveis cafés e lojas sofisticadas.*

Situada às margens do lago Ontário, Toronto era uma aldeia indígena no século 17 que veio a se tornar entreposto francês de comércio de peles a partir de 1720. Disputada por Estados Unidos e Inglaterra na Guerra de 1812 *(pág. 41)*, desde então Toronto tem sido uma cidade pacífica, que cresceu tremendamente após a Segunda Guerra Mundial, quando recebeu mais de 500 mil imigrantes, italianos em sua maioria e, mais recentemente, chineses.

O primeiro lugar a ser visitado é a CN Tower, terceiro edifício mais alto do mundo e principal atração turística da cidade –do alto pode-se ver Toronto por inteiro. A entrada para a CN Tower fica a curta distância a pé do estádio Skydome e do centro financeiro. Mais para o norte ficam as ruas movimentadas e barulhentas de Chinatown e as soberbas obras de arte da renomada Art Gallery of Ontario. Mais adiante está a Universidade de Toronto, que abrange três museus importantes: o Royal Ontario Museum, o histórico Gardiner Museum of Ceramic Art e o contemporâneo Bata Shoe Museum. Uma rápida viagem de metrô leva à Casa Loma, excêntrica mansão eduardiana que merece uma visita, e à Spadina House, a elegante mansão vitoriana ao lado. Há muitas outras atrações fora do centro da cidade, como o Toronto Zoo e o Ontario Science Centre, por exemplo. A McMichael Art Collection, na vizinha Kleinburg, exibe em ambiente modernista um excelente acervo de obras do Grupo dos Sete.

Os cafés do centro de Toronto estão sempre cheios de gente

◁ **A agulha da CN Tower refletida na fachada de um prédio de escritórios**

Como Explorar Toronto

Toronto é uma metrópole que se espalha por 259km² ao longo da costa norte do lago Ontário. Sua periferia se divide em diversas cidades-satélites, como Etobicoke e Scarborough, que, junto com a própria Toronto, compõem a área da Grande Toronto, conhecida pela sigla GTA. O centro da cidade inclui vários bairros interligados, como o centro financeiro, entre Front Street e Queen Street (a oeste da Yonge Street). Yonge Street é a principal artéria, que corta a cidade de norte a sul.

PRINCIPAIS ATRAÇÕES

Áreas e Edifícios Históricos
Casa Loma 22
Chinatown 12
First Post Office 8
Fort York 23
Little Italy 24
Ontario Parliament
  Building 15
Prefeitura de Toronto 11
Queen Street West 9
Royal Alexandra Theatre 7
Royal York 3
Spadina House 21
Universidade de Toronto 14
Yorkville 20

Parques e Jardins
Ontario Place 25
Queen's Park 16
Toronto Zoo 28

Ilhas e Praias
The Beaches e
  Scarborough Bluffs 27
The Toronto Island 26

Museus e Galerias
*Art Gallery of Ontario
  págs. 174-5* 10
The Bata Shoe Museum 19
Black Creek
  Pioneer Village 30
George R. Gardiner Museum
  of Ceramic Art 17
Hockey Hall of Fame 4
Hummingbird Centre for
  the Performing Arts 5
McMichael Art Collection 31
Ontario Science Centre 29
*Royal Ontario Museum
  págs. 182-3* 18
Toronto Dominion Gallery
  of Inuit Art 6

Arquitetura Moderna
CN Tower pág. 168 1
SkyDome 2

Comércio
Kensington Market 13

COMO CIRCULAR

O sistema de transporte público é excelente. Duas das três linhas de metrô correm no sentido norte-sul; e a outra, leste-oeste. Ônibus e bondes partem das estações de metrô e circulam na área à sua volta. Na hora do rush, o trânsito no centro é complicado.

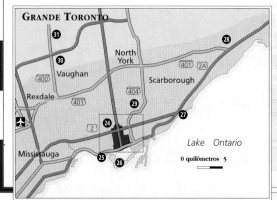

GRANDE TORONTO

North York

Vaughan

Scarborough

Rexdale

Mississauga

Lake Ontario

0 quilômetros 5

A CN Tower destaca-se no céu de Toronto

LOCALIZE-SE

TORONTO

LEGENDA

Centro *veja págs. 172-3*

Área portuária *veja págs. 166-7*

✈ Aeroporto internacional

⛴ Embarque de ferryboats

🚉 Estação de trem

🚇 Estação de metrô

ℹ Informação turística

🅿 Estacionamento

▬▬ Rodovia

▬▬ Estradas principais

▬▬ Área de pedestres

VEJA TAMBÉM

• *Onde Ficar págs. 350-2*

• *Onde Comer págs. 370-2*

0 metros 500

Rua a Rua: Área Portuária

A área portuária de Toronto tem muita história. Originalmente, as águas do lago Ontário banhavam o que é hoje Front Street. Mas durante o reinado de Vitória, 3km foram aterrados para acomodar canteiros de construção da ferrovia e depósitos. As importações e exportações de Ontário passavam por aqui até a década de 1960, quando o comércio local declinou. Nos anos 1980 a área passou por um plano de recuperação que promoveu o aterro de outros 10km quadrados. Neste local existem hoje parques, vias de pedestre, prédios de apartamento, alguns dos melhores hotéis e várias atrações turísticas ao redor do Harbourfront Centre.

★ **Vista da CN Tower**
A mais alta torre sem sustentação do mundo oferece uma vista fantástica de até 160km ao seu redor e piso de vidro para quem tem nervos de aço ❶

Convention Centre
Os dois salões deste centro de convenções são usados para encontros de negócios e para exposições comerciais.

★ **SkyDome**
Com um consumo de energia elétrica equivalente ao de toda a província da ilha Prince Edward, qualquer espetáculo neste imenso estádio é inesquecível ❷

Veleiros de aluguel
Velejar no lago Ontário e ao redor das três Toronto Islands é uma boa maneira de conhecer a cidade. Há excursões turísticas e também veleiros e lanchas para alugar.

0 metros   150

LEGENDA

‒ ‒ ‒ Percurso sugerido

Área Portuária de Toronto
A região portuária foi recuperada e é um lugar agradável e relaxante. Modernas salas de espetáculos confirmam Toronto como terceiro centro mundial de teatro e dança.

LOCALIZE-SE
Veja mapas págs. 164-5

Molson Place
Espetáculos clássicos e modernos são apresentados neste teatro ao ar livre durante o verão. Ele faz parte do complexo Harbourfront Centre, que inclui teatro, cinema e dança.

O Gardiner Expressway é uma via expressa que corta o centro e segue para oeste, até as Cataratas *(págs. 210-3)*.

Queen's Quay Terminal
Centro das atividades no bairro, Queen's Quay é muito animado. Cheio de cafés e restaurantes, esta área de pedestres oferece ainda lojas, artistas de rua e uma bela vista do lago.

PONTOS ALTOS

★ **SkyDome**

★ **CN Tower**

CN Tower ❶

Com seus 553m de altura, a CN Tower é a mais alta estrutura sem sustentação do mundo. Nos anos 1970, a Canadian Broadcasting Company (CBC) resolveu erguer uma nova torre de transmissão em parceria com a Canadian National (CN), conglomerado do ramo de ferrovias. A intenção original não era projetar a torre mais alta do mundo, mas quando se descobriu esta característica, a CN Tower tornou-se uma das maiores atrações turísticas do Canadá. Nela fica o maior restaurante giratório do planeta, que dá uma volta completa a cada 72 minutos.

PREPARE-SE

301 Front St. W. ☎ (416) 868 6937. 🖥 www.cntower.ca
🕐 out-mai: 9h-22h; jun-set: 9h-23h. 🕐 25 dez.

O Sky Pod tem elevador exclusivo e é o ponto mais alto –447m– que se pode visitar.

360 Restaurant
Restaurante de excelente cuisine, *saboreada enquanto o salão gira lentamente e oferece uma vista espetacular.*

O mirante externo é protegido por grades de aço e dá bem a idéia da altura da torre e do quanto ela fica exposta ao vento.

O mirante interno permite que se observe a vista com conforto, protegido do vento. Placas indicam os pontos mais importantes de Toronto.

A CN Tower vista do lago
A torre oferece vistas excelentes em todas as direções. Nos dias claros é possível ver até as Cataratas do Niágara (veja págs. 210-3).

Piso de Vidro
O solo fica 300m abaixo desta grossa placa de vidro reforçado, o que dá tontura até nos mais corajosos.

Os elevadores externos têm parede de vidro e sobe pelo lado de fora da torre até os andares mais altos. A velocidade deixa a pessoa sem fôlego e faz os ouvidos zunir. Os elevadores chegam ao topo em menos de um minuto.

A escadaria interna é a maior do mundo, com seus 1.769 degraus. Só se pode descê-la em emergências. Até hoje, nem as maiores tempestades interromperam os elevadores.

A Cidade Vista do Mirante
A 346m de altura, galerias internas e externas permitem que se aviste Toronto inteira.

SkyDome ❷

1 Blue Jay Way. 🕻 *(416) 341 3663.*
🚇 *Union Station.* 🚌 *Bay St.*
Terminal. 🚉 *Union.* ○ *diariam.*
♿ 🅿 📷

Inaugurado em 1989, o
SkyDome foi o primeiro
estádio esportivo do mundo
a ter um teto móvel. Se o
dia está bonito, é um estádio
aberto, se o tempo está feio,
torna-se coberto, protegendo
tanto jogadores como o público. Este feito da engenharia baseia-se em um princípio
simples: quatro gigantescos
painéis montados sobre ro-
dízios levam apenas 20
minutos para cobrir a área
dos jogos. O projeto é ino-
vador e acima de tudo,
muito prático –o design
lembra uma noz gigante.
A falta de graça do desenho
é compensada, pelo menos
em parte, por um par de
enormes painéis no lado
de fora mostrando o público
em um jogo imaginário,
criação do artista contemporâneo Michael Snow.

O SkyDome é lar de dois
importantes times, o Toronto
Argonauts, da Liga Cana-
dense de Futebol Americano,
e o Toronto Blue Jays, de
beisebol. O estádio também
é usado para shows e eventos especiais. Visitas guiadas
mostram a mecânica do teto
móvel e um filme de 20 minutos sobre suas inovadoras
técnicas de construção.

O luxuoso saguão do hotel Royal York

Royal York ❸

100 Front St. W. 🕻 *(416) 368 2511.*
🚇 *Union Station.* 🚌 *Bay St. Terminal.*
Ⓜ *Union.* 🛏 *121+.* ♿

Aberto em 1929, o
Royal York já foi o
principal hotel de Toronto,
e também o mais luxuoso.
Foi erguido em frente à
estação de trem, para
facilitar a hospedagem
dos dignatários em
visita à cidade.
O prédio era a
primeira coisa que os
imigrantes avistavam
ao sair da estação, e
também por isso
acabou se tornando
um marco. O Royal
York foi projetado
pelos arquitetos Ross e
Macdonald, de Montreal,
em estilo Beaux Arts con-
temporâneo, com fachada

**Porteiro do
Royal York**

irregular que lembra um
castelo francês. Dentro,
as áreas comuns decoradas
com luxo e adornadas com
balcões que lhe dão graça
e charme. O hotel passou
recentemente por uma grande reforma e ainda é um
dos preferidos das pessoas
importantes, embora
atualmente enfrente a
competição de hotéis
mais modernos e sofis-
ticados. A Union
Station, em frente,
também foi projetada
pela dupla Ross e
Macdonald. Construída
antes do hotel, ela com-
partilha um pouco
do estilo Beaux Arts.
A fachada de pedra é
enfeitada por colunas
e o gigantesco saguão tem
no teto uma grande cúpula
sustentada por 22 resistentes
pilares de mármore.

O teto móvel do SkyDome ergue-se sobre o campo, palco de muitos jogos importantes

Hummingbird Centre, sede do balé e da ópera nacionais

Hockey Hall of Fame ❹

BCE Place, 30 Yonge St. 📞 *(416) 360 7735.* 🚇 *Union Station.* 🚌 *Bay Street Terminal.* 🚆 *Union Station.* 🕐 *10h-17h seg-sex, 9h30-18h sáb, 10h30-17h dom.* 📷 ♿

O hockey hall of fame é um tributo ao esporte nacional do Canadá, o hóquei no gelo *(pág. 32)*. O jogo de hóquei, tanto no gelo como na grama, nasceu no Canadá. De simples diversão de inverno nos lagos gelados, passou a esporte profissional, com times e torcida apaixonada. A ultramoderna área de exibição do Hall of Fame é muito interessante, com seções dedicadas aos diferentes aspectos do jogo. Há mostras de tudo, de camisetas de grandes jogadores, entre eles Wayne Gretsky e Ray Ferraro, a uma réplica do vestiário do Montréal Canadiens, passando por tacos e patins de hóquei antigos. Uma seção mostra o desenvolvimento da máscara do goleiro, muito simples no começo e bem sofisticada atualmente. Muitas mostras são interativas e os visitantes podem treinar em um minirrinque de gelo. Um pequeno auditório mostra vídeos dos jogos mais importantes. Um anexo na frente do Hall contém a coleção de troféus, entre eles a cobiçada Stanley Cup, doada por lorde Stanley em 1893.

A Stanley Cup no Hockey Hall of Fame

Hummingbird Centre for the Performing Arts ❺

1 Front St. E. 📞 *(416) 393 7474.* 🚇 *Union Station.* 🚌 *Bay Street Terminal.* 🚆 *Union Station.* ♿

Propriedade da prefeitura municipal, o Hummingbird Centre é um dos principais teatros de Toronto, com mais de 3 mil lugares. Chamou-se O'Keefe Centre até 1996, quando a empresa de software Hummingbird doou milhões de dólares para sua renovação. Agora, inteiramente reformado, o Hummingbird sedia tanto a Canadian Opera Company como o National Ballet of Canada. O Hummingbird oferece também programas variados, entre comédias leves, shows e diversão para crianças, sem falar nos musicais mundialmente famosos. Entre suas produções de sucesso estão o *Drácula* do Houston Ballet e *O Quebra-Nozes*. Artistas de todo o mundo já se apresentaram aqui, tanto eruditos como populares. Mas a acústica do enorme salão sempre foi muito criticada, e quem conhece o local sempre evita sentar nas primeiras fileiras, onde o som é pior.

Toronto Dominion Gallery of Inuit Art ❻

Wellington St. 📞 *(416) 982 8473.* 🚇 *Union Station.* 🚌 *Union Station.* 🚆 *Union Station.* 🕐 *8h-18h seg-sex, 11h-16h sáb e dom.* ♿

O Toronto Dominion Centre consiste em cinco arranha-céus negros erguidos pelo bem-sucedido banco canadense Toronto Dominion Bank. A torre sul exibe uma marcante coleção de arte inuit em dois andares do saguão. O acervo foi selecionado por encomenda do banco por um grupo de especialistas nos anos 1960. Eles adquiriram mais de cem peças de materiais variados, como chifre de caribu e marfim de morsa, mas o forte do acervo são as esculturas em pedra. As de pedra-sabão, de 30cm a 60cm, representam espíritos e animais mitológicos, além de cenas do dia-a-dia. Entre as mais belas estão as de Johnny Inukpuk, como *Mãe alimenta filho* (1962) e *Mulher tatuada* (1958), ambas dotadas de uma força vibrante e primitiva.

Royal Alexandra Theatre ❼

260 King St. W. 📞 *(416) 872 1212.* 🚇 *Union Station.* 🚌 *Bay Street Terminal.* 🚆 *St. Andrew.* ♿

Nos anos 1960, o Royal Alexandra Theatre estava a um passo de ser demolido quando um empreendedor do varejo de Toronto,

Fachada eduardiana do Royal Alexandra Theatre

Um dos agradáveis cafés da Queen Street West

conhecido como "Honest Ed" Mirvish, rei das lojas barateiras, doou os recursos para salvar o belo teatro eduardiano. Seu opulento interior, todo de veludo vermelho, mármore verde e brocado dourado, já foi o lugar mais badalado de Toronto. Hoje em dia, o Royal Alex especializa-se em peças de grande audiência e em musicais famosos, que ficam meses a fio em cartaz. Os ingressos são muito disputados, tanto pelo espetáculo como pela chance de admirar a decoração, e vale a pena fazer reserva. Quem chega cedo pode admirar os traços eduardianos originais do teatro tomando um drinque no bar.

First Post Office ❽

260 Adelaide St. E. ☎ (416) 865 1833. 🚇 Union Station. 🚌 Bay Street Terminal. 🚍 Yonge St. 🕐 9h-16h seg-sex, 10h-16h sáb e dom. ♿ 🚻 a pedido.

No início da era vitoriana, o Império Britânico precisava manter comunicações confiáveis com todas as suas colônias. Em 1829, a Câmara dos Comuns fundou o serviço postal colonial e cinco anos depois estabeleceu uma agência de correio na longínqua e recém-fundada Toronto. Por

incrível que pareça, este First Post Office resistiu a todos os projetos que previam sua demolição. Único exemplar do mundo de uma agência de correio do tempo em que a América do Norte era colônia britânica, o First Post Office continua em plena atividade. Os visitantes podem escrever uma carta usando uma pena e tê-la selada com cera quente por um funcionário vestido a caráter. A distribuição e entrega, porém, são atribuições do serviço regular, o Canada Post. Devastado por um incêndio em 1978, o prédio foi todo restaurado e readquiriu a decoração original, reconstituída a partir dos arquivos municipais e de documentos antigos.

Queen Street West ❾

🚇 Union Station. 🚌 Bay Street Terminal. 🚍 Queen.

O dia todo e até altas horas da madrugada Queen Street West ferve. Estudantes e gente jovem em geral passaram a prestigiar esta velha área de depósitos nos anos 1980 e hoje em dia a rua é um centro de butiques chiques e cafés charmosos, intercalados por grandes lojas de rede. O centro da agitação fica entre as ruas University e Spadina, onde se encontram bons restaurantes e bares a preços razoáveis.

Crianças em Queen Street West

Funcionária com roupa de época sela carta no First Post Office de Toronto

Rua a Rua: Centro

Ao longo do século 19, Yonge Street era o maior pólo comercial de Toronto, repleta de lojas e fornecedores. Também era a rua que separava etnicamente a cidade. Mas em 1964, com a construção da nova prefeitura e de sua praça, a Nathan Phillips Square, em frente à sede antiga do governo, o centro do poder transferiu-se para Queen Street. Ao sul de Queen Street encontra-se o distrito bancário, onde os velhos prédios vitorianos foram substituídos por torres brilhantes de concreto e vidro. A revigorada área portuária, com seus iates e cafés, é um local relaxante em meio ao movimento. Destaca-se em Yonge Street o Eaton Centre, um dos maiores shopping centers do mundo.

Textile Museum
Situado em um prédio de escritório no centro, este museu exibe tecidos, bordados e roupas elaboradas ao longo da história.

★ **Art Gallery of Ontario (AGO)**
Com um acervo que começa no século 14 e se propõe chegar ao século 21, a AGO possui mais de vinte bronzes de Henry Moore ⑩

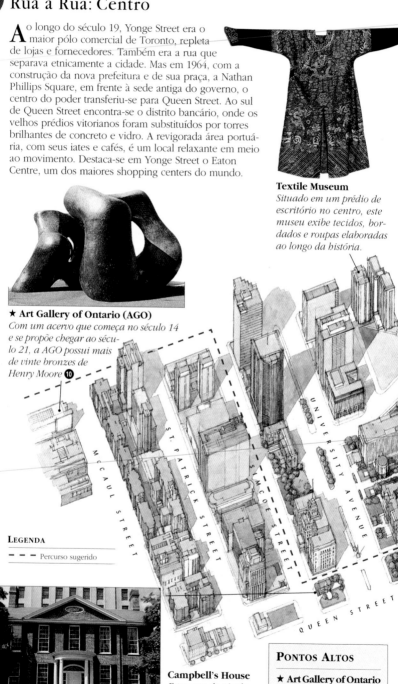

LEGENDA

– – – Percurso sugerido

Campbell's House
Esta casa do século 19 preserva o estilo da burguesia vitoriana.

PONTOS ALTOS

★ Art Gallery of Ontario

★ Prefeitura de Toronto

Eaton Centre

Se Toronto tem um ponto de referência comum a todos, é Eaton Centre, o shopping center na esquina de Yonge e Dundas. A propaganda diz que nele se acha qualquer artigo vendido no mundo.

LOCALIZE-SE
Veja Mapa de Toronto págs. 164-5

Yonge Street

É a principal via norte-sul da cidade.

Church of the Holy Trinity

Esta charmosa igreja católica foi erguida no século 19 e se destaca pelo elegante interior.

0 metros 100

Nathan Phillips Square é a praça onde os jovens costumam se reunir, em frente à prefeitura.

★ Prefeitura de Toronto

Erguido em 1964, este controvertido conjunto aos poucos se tornou popular. A plaza vira rinque de patinação no inverno ⓫

Prefeitura Velha

Contrastando com sua ultramoderna substituta, a elegante prefeitura do século 19 agora sedia o fórum e a Secretaria de Justiça de Toronto.

Art Gallery of Ontario ⑩

Hina e Fatu (1892), Paul Gauguin

Inaugurada em 1900, a Art Gallery of Ontario possui uma das mais extensas coleções de arte e escultura moderna do Canadá. Sua primeira sede permanente foi The Grange, casarão em estilo inglês construído em 1817 e doado à galeria em 1913. Em 1973, The Grange recuperou o estilo original e foi reinaugurado como patrimônio histórico —e liga-se com o prédio moderno que aloja a galeria principal. Na galeria se encontram obras européias, de Rembrandt a Picasso, um bom acervo de pinturas canadenses, com obras do Grupo dos Sete *(págs. 160-1)*, arte inuit e uma seção toda dedicada a esculturas de Henry Moore.

Henry Moore Sculpture Centre

★ Henry Moore Sculpture Centre
Inaugurado em 1974, este museu exibe o maior acervo público de suas obras, entre elas Figura Reclinada Drapeada (1952-3).

Primeiro andar

Floor Burger *(1962)*
O hambúrguer gigante de Claes Oldenburg, de lona pintada e espuma, é um ícone do movimento pop art.

Térreo

Entrada

Fachada
A galeria foi reaberta em 1993, após quatro anos de uma reforma arquitetônica que unificou estilos variados. Do lado de fora, o bronze Duas Formas Grandes *(1966-9), de Henry Moore, domina a entrada principal.*

PONTOS ALTOS

★ **O Vento Oeste, de Tom Thomson**

★ **Henry Moore Sculpture Centre**

★ **Acervo Inuit**

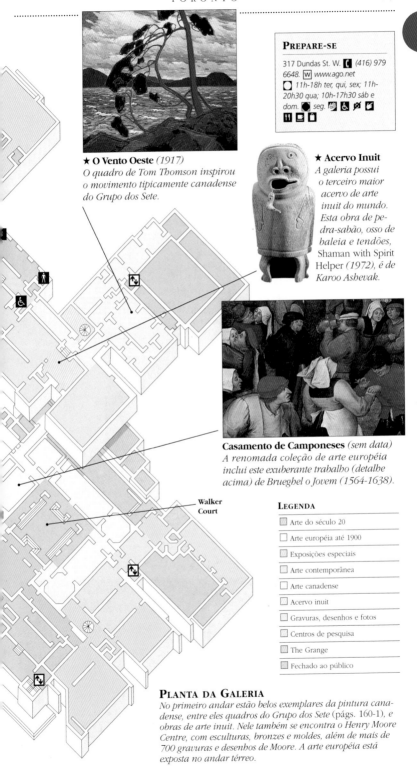

★ **O Vento Oeste** *(1917)*
*O quadro de Tom Thomson inspirou
o movimento tipicamente canadense
do Grupo dos Sete.*

★ **Acervo Inuit**
*A galeria possui
o terceiro maior
acervo de arte
inuit do mundo.
Esta obra de pe-
dra-sabão, osso de
baleia e tendões,*
Shaman with Spirit
Helper *(1972), é de
Karoo Ashevak.*

Casamento de Camponeses *(sem data)*
*A renomada coleção de arte européia
inclui este exuberante trabalho (detalhe
acima) de Brueghel o Jovem (1564-1638).*

**Walker
Court**

LEGENDA

☐	Arte do século 20
☐	Arte européia até 1900
☐	Exposições especiais
☐	Arte contemporânea
☐	Arte canadense
☐	Acervo inuit
☐	Gravuras, desenhos e fotos
☐	Centros de pesquisa
☐	The Grange
☐	Fechado ao público

PLANTA DA GALERIA
*No primeiro andar estão belos exemplares da pintura cana-
dense, entre eles quadros do Grupo dos Sete (págs. 160-1), e
obras de arte inuit. Nele também se encontra o Henry Moore
Centre, com esculturas, bronzes e moldes, além de mais de
700 gravuras e desenhos de Moore. A arte européia está
exposta no andar térreo.*

A ultramoderna prefeitura de Toronto era polêmica nos anos 1960, quando foi inaugurada

Prefeitura de Toronto ⑪

Queen St. W. e Bay St.
☎ (416) 392 7341. 🚇 Union Station.
🚌 Bay Street Terminal. 🚊 Queen St.
🕐 8h30-16h30 seg-sex. ♿

Concluída em 1964, a nova
Prefeitura de Toronto foi
projetada pelo premiado arquiteto finlandês Viljo Revell.
No discurso de inauguração,
o primeiro-ministro Lester
Pearson a definiu como
"um edifício tão moderno
quanto o amanhã", mas
muitos moradores não gos-
taram do que viram e houve
vários protestos. Até hoje,
passados 40 anos, o prédio
mantém sua aparência de
modernidade, com suas
duas torres curvas de concreto e vidro em volta de uma
estrutura central circular, onde os vereadores se reúnem.
A antiga prefeitura, logo em
frente, é um grandioso edifício neo-românico do
século 19, todo enfeitado
de colunas cobertas de
desenhos intrincados.

Chinatown ⑫

🚇 Union Station. 🚌 Bay Street
Terminal. 🚊 505, 77.

A comunidade chinesa
de Toronto é de 250 mil
pessoas, ou 6% da população
total. Houve várias ondas de
imigração chinesa para o Canadá, a primeira
para a Colúmbia
Britânica, em mea-
dos do século 17,
durante a corrida
do ouro. A To-
ronto, os primeiros
chineses chegaram
no fim do século
19, para trabalhar
na Canadian Paci-
fic Railway, e fo-
ram se fixando
nas cidades ao
longo da ferrovia.
Os que os segui-
ram foram traba-
lhar em lavanderias
e fábricas. A onda
mais recente, nos
anos 90, foi de
prósperos nego-
ciantes de Hong
Kong. Os sino-canadenses
moram por toda Toronto,
mas se concentram
nas quatro China-
towns, das quais a
maior e mais movi-
mentada é a de
Spadina Avenue,
entre as ruas Queen
e College, e ao
longo de Dundas
Street, a oeste da
Art Gallery of
Ontario. Estes
poucos quarteirões
são nitidamente
um mundo à parte,
onde o visual, os
sons e os cheiros
lembram Hong Kong. Por
toda parte, lojas e bancas
tomam todas das calçadas,
oferecendo uma estonteante
variedade de delícias chinesas. À noite, placas de
néon anunciam dezenas
de ótimos restaurantes.

Placas de restaurantes
em Chinatown

Kensington Market ⑬

Baldwin St. e Augusta Ave.
🚇 Union Station. 🚌 Bay Street
Terminal. 🚊 510.

Kensington Market é uma
das áreas residenciais
com maior diversidade étnica
de Toronto. Estabelecida na
virada do século 20 por imigrantes do leste europeu, que
se amontoavam em um labi-
rinto de casas modestas perto
da esquina de Spadina Avenue com Dundas Street, e
montavam suas bancas nas
calçadas das ruas estreitas para vender suas mercadorias.
O bazar que instalaram dentro e em torno de suas pequenas casas do começo do
século é desde então a principal atração da área.
Hoje em dia, os comer-
ciantes originais,
judeus, poloneses
e russos, têm a
companhia de por-
tugueses, jamaica-
nos, chineses e
vietnamitas, e a
atmosfera é vibran-
te e animada. O
ponto central é o
mercado aberto em
Kensington Avenue,
que na parte baixa,
partindo de Dundas
Street, é lotado de
lojas de bugigangas
e coisas antigas de que os
modernos gostam, como
anáguas rodadas e parafer-
nália punk. Já na parte alta
predominam lojas de comida
com produtos do mundo
inteiro, de peixe congelado
a queijos e frutas exóticas.

Castanhas do mundo todo são oferecidas no Kensington Market

O Parliament Building, sede do governo da província de Ontário desde 1893

Universidade de Toronto ⑭

27 King's Circle. 📞 (416) 978 2011. 🚇 Union Station. 🚌 Bay Street Terminal. 🚊 St. George. ♿

A Universidade de Toronto, inaugurada em 1850, não tinha ligação com nenhuma religião, um fato raro na época, e causou polêmica entre os que a viam como um desafio ao controle da educação pela igreja. Mas ela conseguiu superar as acusações de falta de religiosidade e acabou por se impor sobre as rivais e se tornar uma das mais prestigiadas universidades do Canadá.

Este passado de dificuldades ajuda a explicar a aparência desorganizada de seu campus, uma área arborizada pontilhada aqui e ali de faculdades. Os prédios mais bonitos ficam no extremo oeste de Wellesley Street. No Hart House Circle encontram-se os aprazíveis pátios e as paredes cobertas de hera de Hart House (1919), imitação das escolas das universidades britânicas de Oxford e Cambridge, e a Soldiers' Tower, memorial neogótico aos alunos que morreram nas duas guerras mundiais. No King's College Circle encontra-se University College, imponente edifício neo-românico de 1859, Knox College, com fachada de arenito cinza, e a bela cúpula

do Convocation Hall. A visita ao campus pode terminar com um passeio pelo Philosophers' Walk, uma trilha através de bem cuidados gramados que termina em Bloor Street West.

Prédios da Universidade de Toronto lembram velhas escolas inglesas

Ontario Parliament Building ⑮

Queen's Park. 📞 (416) 325 7500. 🚇 Union Station. 🚌 Bay Street Terminal. 🚊 Queen's Park. 🚌 97B. 🕐 mai-set: 9h-16h diariam; set-mai: 9h-16h seg-sex. ♿

Nada é modesto no Parliament Building de Ontário, vasto edifício de arenito rosa construído em 1893, que domina o final da University Avenue. Isso porque os representantes eleitos de Ontário quiseram firmar uma posição com o edifício: a província era uma parte pequena (e extremamente leal) do império britânico, mas tinha meios e dinheiro para se destacar. Assim, os Members of Provincial Parliament (MPPs) aprovaram a construção deste imenso e caríssimo edifício em estilo revival-românico. Concluído em 1892, sua fachada é uma mistura de torres, arcos e rosáceas, decorados com altos relevos e encimados por telhados altos.

O interior não fica atrás. Colunas clássicas douradas emolduram a escadaria principal e enormes vitrais iluminam longas galerias forradas de lambris. A câmara dos representantes é bem luxuosa e contém peças de madeira esculpida com apelos ao bom comportamento, como "Honestidade e correção", ou "Coragem sim, artimanha não".

Em 1909, um incêndio destruiu a ala oeste, que foi reconstruída em mármore italiano. A pedra custou muito caro e os MMPs ficaram irritados quando se percebeu que ela continha fósseis de dinossauros, que ainda podem ser vistos no corredor oeste. Algumas sessões do Parlamento são abertas ao público.

O Parliament Building visto por entre as árvores do Queen's Park

Queen's Park ⑯

College St. e University Ave.
📞 (416) 325 7500. 🚇 Union
Station. 🚌 Bay St. Terminal.
🚋 506. 🚇 Queen's Park. ♿

Q ueen's Park fica um pouco
além do Parliament Buil-
ding e é um parque ideal para
descansar, entre as diversas
atrações concentradas nesta
área. O parque faz divisa a
oeste com os prédios do
século 19 da universidade
e tem uma boa vista de seu
campus histórico. De lá partem
vários passeios guiados a pé
pelo parque durante o verão.

Em junho, a ala norte do parque é ocupada pelo Gay Pride
Day, um acontecimento na cidade. Toronto tem uma grande
comunidade de gays e lésbicas
que se mobilizam desde os
anos 1970 para fazer deste festival anual uma grande festa
–que dura um fim-de-semana.

George R. Gardiner Museum of Ceramic Art ⑰

111 Queen's Park. 📞 (416) 586 8080.
🚇 Union Station. 🚌 Bay St. Terminal.
🚇 Museum. 🕐 11h-19h seg-sex,
11h-17h sáb e dom 🌑 1° jan, 25
dez, 31 dez. 📷 ♿

I nagurado em 1984, o
Gardiner Museum of Ce-
ramic Art é o único museu
da América do Norte dedi-
cado exclusivamente à
cerâmica e à porcelana.
Muito bem dispostas, as
peças mostram a his-
tória da cerâmica,
com destaque para
os principais marcos
de seu desenvol-
vimento. Come-
çando pela era
pré-colombiana,
o museu tem
exemplares fasci-
nantes de obras
antigas do Peru e
México, como os vários
deuses da fertilidade.

Entre as peças em cores
vivas de maiólica (uma
cerâmica porosa, vitrificada),
estão jarros feitos em Mallor-
ca, e depois na Itália, do século 13 ao 16. Objetos de
uso diário, alegremente decorados, são complementados
por peças da Renascença que
retratam cenas históricas e
mitos clássicos. Louças de
Delft (de barro com folhas
de zinco) feitas na Inglaterra
também se destacam, mas o
ponto alto do acervo são
os objetos renascentistas da
Itália, da Alemanha e da In-

**The Greeting Harlequin,
cerâmica de Meissen**

glaterra –sobretudo a coleção
de figuras da commedia del-
l'arte. Inspiradas na tradição
italiana de improvisação
teatral cômica, são personagens divertidas, como o Arle-
quim, que, com suas roupas
pintadas em todas as cores
do arco-íris, eram exibidas
nas mesas da aristocracia
para impressionar e divertir
convidados especiais.

As porcelanas também são
espetaculares, com belíssimos
exemplares de Meissen de
1700 a 1780. O belo
aparelho de chá e
chocolate do começo
do século 18, acomo-
dado em uma maleta
de couro feita sob
medida para acom-
panhar senhoras
finas em suas via-
gens, é uma das
maiores atrações.
Cada pequenina
xícara é pintada
com uma cena di-
ferente de temas
náuticos. A coleção de porcelanas também inclui mais de
cem vidros de perfume de
toda a Europa.

Royal Ontario Museum ⑱

Veja págs. 182–3.

The Bata Shoe Museum ⑲

327 Bloor St. W. 📞 (416) 979 7799.
🚇 Union Station. 🚌 Bay St. Terminal. 🚇 St. George. 🕐 10h-17h ter-
sáb; 12h-17h dom. 🌑 1° jan, Sexta-
Feira Santa, 1° jul, 25 dez. 📷 ♿

O Bata Shoe Museum,
inaugurado em 1995, exi-
be a extraordinária coleção de
sapatos de Sonja Bata, direto-
ra da fábrica de calçados do
mesmo nome, uma empresa
de grande porte com lojas em
60 países. Para ter certeza de
que sua coleção ficaria exposta da melhor forma possível,
Sonja convidou o renomado
arquiteto canadense Raymond
Moriyama para projetar o prédio do museu, uma edificação
angular cheia de cantos e curvas criados com a intenção de

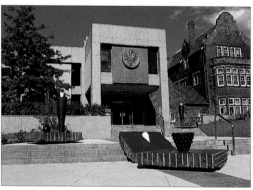

A moderna fachada do Gardiner Museum of Ceramic Art

parecer uma chique caixa de sapatos. Os calçados estão expostos em vários andares, às vezes em montagens temáticas, como a de "Calçados Japoneses e Pădukã: Pés e Sapatos na Tradição Indiana". Todas as montagens utilizam peças do volumoso acervo permanente do museu.

Uma seção fixa, intitulada "All About Shoes" (Tudo sobre sapatos), reproduz as funções e a evolução dos calçados. A exposição começa com uma reprodução em gesso da mais antiga pegada de que se tem notícia, de 4 milhões de anos, descoberta na Tanzânia, e tem um interessante conjunto dos sapatos terminados em ponta usados na Idade Média. Outra seção permanente é a dos calçados de celebridades. A coleção focaliza calçados exibidos em público e conta com peças excêntricas, como o mocassim azul e branco de couro de Elvis Presley, um par de sapatos plataforma de Elton John, o tênis de lamê dourado de Michael Jackson e um velho par de sandálias usado pelo ex-primeiro-ministro Pierre Trudeau.

Também existe uma exposição de calçados incomuns e surpreendentes: botas francesas para amassar castanhas, plataformas venezianas do século 16 e um par de botas do exército americano usadas na Guerra do Vietnã, cuja sola imita as pegadas dos vietcongs inimigos.

O museu também mostra a importância e a habilidade dos inuits e povos nativos na

Tarde ensolarada no Café Nervosa, Yorkville

criação de calçados. A invenção dos sapatos de neve, por exemplo, teria ajudado os inuit a se estabelecer no extremo norte do Canadá.

Yorkville ⑳

🚇 Union Station. 🚌 Bay St. Terminal. 🚌 Bay.

Nos anos 1960 a pequena Yorkville, no centro da cidade, era o ponto onde se encontravam os hippies de Toronto. Frequentado por ícones da contracultura, como Joni Mitchell, era para Toronto o que Chelsea era para Londres e Greenwich Village para Nova York. Os hippies partiram e as pequenas casas de madeira e tijolo de Yorkville foram ocupadas por lojas e restaurantes da moda ou transformadas em moradias chiques e cheias de estilo. Butiques de grifes caras,

livrarias especializadas, lojas de vinhos e de calçados de qualidade são frequentes no bairro e atraem muitos compradores. É uma área ótima para se sentar ao ar livre em um café, tomando um cappuccino e apreciando o movimento. As avenidas Yorkville e Cumberland concentram as lojas mais elegantes nas suas calçadas e nas ruas estreitas que saem delas, onde se encontram pequenos shopping centers discretos e elegantes, como Hazelton Lanes, na esquina de Yorkville Avenue com The Avenue, que tem butiques Ralph Lauren e Versace. A filosofia hippie foi totalmente substituída pela sofisticação a preços altos. A recessão da década de 90 afetou um pouco o comércio local, mas a área continua próspera e desenvolvida. Mesmo com os preços nas alturas, Yorkville e seus cafés são diversão certa.

Saguão do museu de calçados Bata Shoe Museum, Toronto

Reprodução de vestiário no BCE Hockey Hall of Fame, Toronto ▷

Royal Ontario Museum ⑱

Encosto de cabeça Ming na Chinese Gallery

Fundado em 1912, o Royal Ontario Museum (ROM) possui um acervo vasto e extremamente variado de artes puras e aplicadas, ciências naturais e arqueologia. É grande demais para uma só visita –apreciá-lo por inteiro exige alguns dias. Entre os destaques especiais estão uma sala repleta de esqueletos de dinossauros do mundo todo e a fabulosa coleção do Extremo Oriente. Dela faz parte a maior seleção fora da China de objetos da período imperial, como apoios de cabeça de cerâmica e o túmulo de uma figura eminente da era Ming, que foi inteiramente reconstituído e é o único de seu gênero em exposição no Ocidente.

Segundo andar

★ Dinossauros

Na galeria mais visitada do ROM, 13 esqueletos de dinossauros, em cenário do período Jurássico, reproduzem sons e movimentos com técnicas usadas no filme Parque dos Dinossauros.

Primeiro andar

Térreo

Fachada do Museu

Em um belo edifício do início do século 20, o ROM é o maior museu do Canadá. Foi inaugurado em 1914 para alojar o acervo do século 19 da Universidade de Toronto.

Entrada principal

★ Túmulo Ming

Nas galerias chinesas do ROM encontra-se este magnífico túmulo imperial, que pode ter feito parte de um enorme complexo do século 17 onde foi enterrado um general da era Ming.

Cabeça grega de Zeus
Deus dos deuses, Zeus reina sobre 50 estátuas no pátio de esculturas clássicas.

PREPARE-SE

100 Queen's Park. ☎ (416) 586 8000. W www.rom.on.ca
M Museum. ◯ 10h-18h seg-sáb; 10h-20h ter; 11h-18h dom. ◯ 25 dez, 1º jan. 🎫 📷 restrito. 🎫 ♿
🍴 🛍 📷

Múmia Egípcia
Com seu grande acervo de múmias, máscaras mortuárias e objetos domésticos, a coleção egípcia nas galerias do Mundo Mediterrâneo contém os restos de um músico da corte, em um esquife dourado que ainda não foi aberto para não danificar os desenhos elaborados.

GUIA DO MUSEU
Maior museu do Canadá, com 6 milhões de objetos e quatro andares (três mostrados aqui), as 40 galerias do ROM podem ser visitadas com ou sem guia. A cultura canadense domina o andar subterrâneo (não mostrado). No térreo estão as galerias de Arte Asiática e Ciências da Terra. A Galeria dos Dinossauros e de Ciências Vivas fica no primeiro andar. O segundo contém as peças clássicas.

Caverna de Morcegos
Detalhada reconstituição de uma caverna jamaicana de 4km de extensão, onde 3 mil morcegos de cera e plástico recebem os visitantes.

Albatroz Empalhado
Este enorme pássaro, com 3m de uma ponta a outra das asas, é um dos destaques da galeria dos pássaros, que oferece exibições interativas.

PONTOS ALTOS

★ **Túmulo Ming**

★ **Dinossauros**

LEGENDA

☐	Galerias do Leste da Ásia
☐	Galeria Samuel Hall Currelly
☐	Pátio de Esculturas Chinesas
☐	Salão Garfield Weston
☐	Ciências da Terra
☐	Ciências da Vida
☐	Exposições temporárias
☐	Mundo Mediterrâneo
☐	Europa
☐	Fechado ao público

Spadina House ㉑

285 Spadina Rd. 📞 *(416) 392 6910.*
🚇 *Union Station.* 🚌 *77+, 127.*
🚇 *Dupont.* ⭕ *jan-mar: 12h-17h sáb
e dom; abr-ago: 12h-17h ter-dom; set-
dez: 12h-16h ter-sex; 12h-17h sáb e
dom.* ⚫ *seg; 25-26 dez, 1° jan.* 📷
♿ 🎫 *obrigatório.*

James Austin, primeiro presidente do Toronto Domi-
nion Bank, na segunda me-
tade do século 19 morava
nesta elegante casa vitoriana,
a Spadina House, construída
em 1866 sobre uma elevação
com vista para Spadina Avenue. Anna, a última Austin,
mudou-se em 1982 e doou
o prédio ao Historical Board
of Toronto. A Spadina House
é, portanto, uma autêntica
casa de família, contendo
os gostos e estilos de quatro
gerações de canadenses en-
dinheirados. O melhor de
tudo é o próprio ambiente,
onde se destacam o friso Art
Nouveau da sala de bilhar e
a porta no chão da estufa,
que permitia aos jardineiros
cuidar das plantas sem serem
vistos pela família.

**A entrada de Spadina House, com
suas colunas vitorianas**

Fort York ㉓

Garrison Rd. 📞 *(416) 392 6907.*
🚇 *Union Station.* 🚋 *7.* ⭕ *ter-dom.*
⚫ *seg, Sexta-Feira Santa, 18 dez-2
jan aprox.* 📷 ♿ 🎫

Os ingleses construíram
Fort York em 1793 para
garantir o controle do lago
Ontário e proteger a cidade
que veio a se tornar Toronto.
Era um forte modesto e suas
fraquezas ficaram evidentes
quando os americanos o ocu-
param após uma longa batalha na Guerra de 1812 *(pág.
43)*. Depois da guerra, os
ingleses o fortaleceram e sua
presença estimulou a economia local. O complexo militar
de Fort York foi meticulosamente restaurado, com quartel, depósitos de pólvora e
alojamento de oficiais.

Casa Loma ㉒

Este castelo de conto de fadas foi projetado
por E.J. Lennox, também responsável pela
prefeitura velha de Toronto. Não tem
nenhuma pretensão histórica. É apenas um
formidável tributo à persistência de Henry
Pellatt (1859-1939), que fez fortuna utilizan-
do a força das Cataratas do Niágara para
produzir energia elétrica no começo
do século. Em 1911, Pellat decidiu
construir um castelo em Toronto.
Três anos e 3,5 milhões de
dólares canadenses depois,
estava pronta a Casa Loma, uma
mistura de estilo medieval com
tecnologia do começo do século.

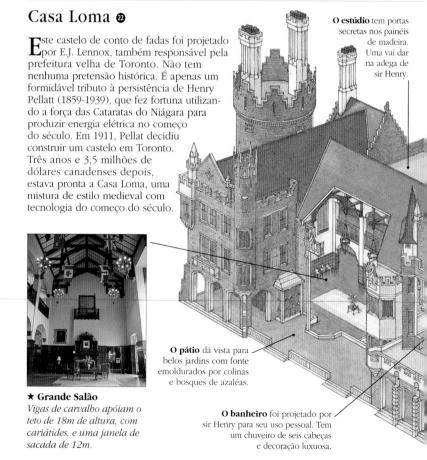

O estúdio tem portas
secretas nos painéis
de madeira.
Uma vai dar
na adega de
sir Henry.

O pátio dá vista para
belos jardins com fonte
emoldurados por colinas
e bosques de azaléas.

O banheiro foi projetado por
sir Henry para seu uso pessoal. Tem
um chuveiro de seis cabeças
e decoração luxuosa.

★ **Grande Salão**
*Vigas de carvalho apóiam o
teto de 18m de altura, com
cariátides, e uma janela de
sacada de 12m.*

Legumes e verduras a venda em Little Italy

Little Italy ㉔

St. Clair Ave. W. 🚇 Union Station.
🚌 Bay St. Terminal. 🚊 512.
ℹ️ 207 Queen's Quay W.
(416) 203 2500.

Há meio milhão de descendentes de italianos em Toronto. Eles estão presentes na cidade desde 1830, mas a primeira grande onda migratória aconteceu entre 1885 e 1924. Depois, houve uma nova onda após a Segunda Guerra, quando a Itália atravessou um período de instabilidade. Italianos moram e trabalham em todos os cantos da cidade, mas mantêm um senso de comunidade na animada "Corso Italia", ou Little Italy, com suas lojas, cafés e restaurantes ao longo de St. Clair Avenue West.

A arquitetura é sem graça, mas muitas casas são pintadas nas cores tradicionais de vermelho, verde e branco. Outros toques europeus estão presentes nos estandes de café expresso e nos cinemas, que passam filmes italianos. A comida mediterrânea servida nos cafés é maravilhosa.

Ontario Place ㉕

955 Lakeshore Blvd. W. 📞 (416) 314 9900. 🚇 Union Station. 🚊 511.
⏰ meados mai-set: 10h-0h. 🅿️ ♿

Ótimo parque temático, este complexo no lago Ontário ergue-se sobre três ilhotas artificiais. Seus brinquedos vão do suave, para crianças pequenas, até os mais aterrorizantes. Children's Village é equipada com playgrounds e piscinas com escorregadores, além de jogos de computador e barcos que batem uns nos outros. Cinesphere é uma grande cúpula com um cinema gigante. Há ainda o HMCS *Haida*, destróier da Segunda Guerra convertido em museu flutuante que mostra o desenho e a casa de máquinas de um navio antigo.

Fachada e jardins
Enormes jardins enfeitam a propriedade com cercas vivas, rosas, gramados e bosques.

PREPARE-SE

1 Austin Terrace. 📞 (416) 923 1171. 🚇 Dupont. ⏰ 9h30-16h diariam. ● 25 dez, 1° jan. 🅿️
📷 🎧 ♿ 🍴 🛍️

★ **Estufa**
As paredes cobertas de mármore de Ontário destacam a cúpula de vitrais. Os canteiros disfarçam os canos de vapor para as plantas raras.

PONTOS ALTOS

★ **Grande Salão**

★ **Estufa**

Trilha para bicicletas em The Toronto Islands

The Toronto Islands 26

🚉 Union Station. 🚌 Bay St. Terminal. 🚋 6, 75. ⛴ Queen's Quay. ℹ️ 207 Queen's Quay W. (416) 203 2500.

No lago Ontário, bem próximo da cidade, as três Toronto Islands, interligadas por pontes, protegem o porto de Toronto e são um bom ponto de recreação em uma área inteiramente para pedestres. Refrescado pela brisa do lago, o visitante foge do calor, que chega a 35 graus no verão. Quando o tempo está bom, tem-se uma bela vista do topo da CN Tower (pág. 168).

Leva-se mais ou menos meia hora para cruzar as ilhas a pé de um extremo ao outro. A leste fica Ward's Island, tranquila área residencial com parques e vida selvagem; no meio está Centre Island, com seu parque infantil, Centreville Amusement Park; e a oeste, Hanlan's Point tem a melhor praia.

The Beaches e Scarborough Bluffs 27

🚉 Union Station. 🚌 Bay St. Terminal. 🚋 linhas leste de Queen St. ℹ️ 207 Queen's Quay W. (416) 203 2500.

The Beaches é um dos bairros mais agradáveis de Toronto. Suas ruas estreitas e arborizadas sobem das margens do lago e são ladeadas de casas de tijolos com varanda. A área fica a leste do centro da cidade, entre Woodbine Avenue e Victoria Park Avenue. Sua via principal, Queen Street East, tem excelentes cafés e butiques de grifes de luxo. Até pouco tempo atrás, The Beaches era um bairro sossegado e pouco visitado, mas sua longa praia de areia e seu calçadão de madeira fizeram deste um lugar da moda –e os preços dos imóveis explodiram. Dois esportes muito praticados são patins tipo rollerblades e ciclismo –a trilha de 3km fica cheia de gente no verão, da mesma forma que a grande piscina pública. As águas poluídas do lago Ontário não são ideais para natação, mas ainda assim muitos se arriscam e é possível alugar pranchas de surfe.

A leste, The Beaches faz fronteira com Scarborough, grande cidade-satélite cuja maior atração também fica na beira do lago: os impressionantes Scarborough Bluffs, rochedos de areia e argila que se estendem por 16km. É possível alcançar os rochedos através de vários parques. O Scarborough Bluffs e o Cathedral Bluffs oferecem uma bela vista das rochas escarpadas. O Bluffers Park é ideal para piqueniques e uma manhã na praia. As rochas exibem camadas de sedimentos de cinco períodos geológicos diferentes.

Toronto Zoo 28

361A Old Finch Ave., Scarborough. 📞 (416) 392 5900. 🚇 Scarborough. 🚉 Kennedy. 🚌 86A. 🕐 meados mai-set: 9h-19h30 diariam; meados mar-meados mai e set-meados out 9h-18h diariam; meados out-meados mar: 9h30-16h30. ⬤ 25 dez. 📷 ♿ 🚻

Toronto se orgulha de possuir um dos melhores zoológicos do mundo. Ele ocupa uma boa parcela do Rouge River Valley e tem fácil acesso, tanto de carro como por transporte público.

Os animais estão agrupados de acordo com seu hábitat natural, ao ar livre, entre florestas e planícies do vale, e em pavilhões cobertos e climatizados.

Pode-se visitar o zoológico a pé, seguindo as rotas bem demarcadas, ou de "zoomóvel", passeio de meia hora comentado (em inglês). Leva cerca de quatro horas para ver os principais animais, entre eles espécies bem canadenses, como alce, caribu e urso-grizzly. Children's Web é uma área com playgrounds, própria para crianças pequenas.

Mãe e filho orangotangos no Toronto Zoo

Antiga oficina de funilaria em Black Creek Pioneer Village

Ontario Science Centre ㉙

770 Don Mills Rd. ☎ (416) 696 3177.
🚇 Oriole. 🚌 Eglinton ou Pape.
🚋 linhas para leste de Eglinton Ave.
🕐 10h-17h diariam. ⬤ 25 dez.
📷 ♿

U ma das atrações de To-
ronto mais procuradas
pelas crianças é o Ontario
Science Centre, com mostras
interativas e exposições em
que se pode tocar, investigar
e explorar diversos fenôme-
nos. Elas estão divididas em
12 categorias, entre elas Terra
Viva, Trocas entre Matéria e
Energia, Rodovia da Informação e Corpo Humano. Os
visitantes podem pousar na
lua, viajar ao fim do universo
ou ter o cabelo arrepiado em
um gerador Van de Graaff.

Black Creek Pioneer Village ㉚

esq Steeles Ave. W. e Jane St.
☎ (416) 736 1733. 🚇 Jane. 🚌 35b.
🕐 mai e jun: 9h30-16h30 seg-sex
10h-17h sáb e dom; jul-set: 10h-17h
diariam; out-dez: 9h30-16h seg-sex,
10h-16h30 sáb e dom.
⬤ jan-abr; 25 dez. 📷 ♿

C om o passar dos anos,
cerca de 40 edifícios do
século 19 foram instalados em
Black Creek Pioneer Village, a
noroeste da cidade, vindos de
outras partes de Ontário. O
resultado não é dos mais
realistas –nunca nenhuma
cidadezinha de Ontário se
pareceu com esta –, mas é um
pedaço da história divertido
de visitar. Funcionários em
roupas de época demonstram
ofícios tradicionais, como as
artes de fazer velas, pão e
gravuras. Entre os
prédios mais inte-
ressantes estão a
Doctor's House,
uma casa de mé-
dico de 1860, e a
mercearia Lasky
Emporium, que
vende realmente
pães e tortas. A
funilaria Tinsmith
Shop é tocada por funileiros
treinados e a vila também tem
uma loja maçônica. Quatro
edifícios são creditados a
Daniel Stong, pioneiro do
século 19: a pocilga, a casa
de defumação e duas mo-
radias, a primeira uma rude
e primitiva cabana de ma-
deira, a segunda uma casa
completa, com lareira de
tijolo e horta.

McMichael Art Collection ㉛

10365 Islington Ave., Kleinburg.
☎ (905) 893 1121. 🚇 Yorkdale.
🚋 TTC 37. 🕐 diariam. ⬤ 25 dez.
📷 ♿

N a periferia de Kleinburg,
a meia hora de carro
do centro de Toronto, Robert
e Signe McMichael construíram uma bela casa de madeira e pedra com vista para
as florestas do Humber River
Valley. Os McMichaels eram
ávidos colecionadores de
arte canadense e, em 1965,
doaram a casa e as pinturas
para o governo. Desde
então, a coleção cresceu e
é uma das maiores da pro-
víncia, com 6 mil peças.
   A maior parte do McMi-
chael é dedicada aos tra-
balhos do Grupo dos Sete
(págs. 160-1), com uma
série de salas exibindo uma
eclética seleção de suas
obras. Os quadros mais
marcantes são paisagens
tipicamente cruas e cenas
das maravilhas selvagens do
Canadá. Cada membro do
grupo tem uma área
separada. Tom
Thomson (o fa-
moso precursor
do grupo) e o
talentoso Lawren
Harris estão par-
ticularmente

"Shibagau Shard", de Bill Vazan, no McMichael

bem representa-
dos. O McMi-
chael também
possui fascinantes salas
dedicadas à arte contemporânea inuit e nativa americana, onde se pode ver,
entre outras, a escultura
*Bases Roubadas dos Índios
de Cleveland e um Yankee
Capturado* (1989),
do renomado artista
canadense contemporâ-
neo Gerald
McMaster.

Fachada de madeira e pedra do prédio da McMichael Art Collection

OTTAWA E LESTE DE ONTÁRIO

UMA DAS REGIÕES mais visitadas do Canadá, o Leste de Ontário é famoso tanto por sua história como pelas belezas naturais. Os inúmeros lagos e rios que dominam a paisagem serviram de via de comércio através de regiões selvagens, para nativos e exploradores. Atualmente, formam um belíssimo playground natural, com ótimos locais para atividades ao ar livre, como andar de barco, pescar, caminhar e esquiar. O rio São Lourenço, uma das maiores vias aquáticas do mundo, nasce na pequena e histórica cidade de Kingston. Ao norte do lago Ontário encontra-se o Canadian Shield, com antigos lagos, rochas e florestas que são a imagem do Canadá. Muito frequentado por canadenses em férias, o Algonquin Provincial Park é uma famosa área selvagem, assim como a bela região dos lagos Kawartha. Erguendo-se majestosamente sobre o rio Ottawa, a capital é um celeiro de história nacional e arquitetura de época que atrai cinco milhões de turistas por ano.

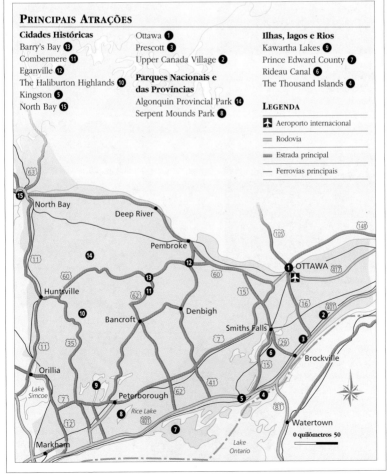

PRINCIPAIS ATRAÇÕES

Cidades Históricas
Barry's Bay **13**
Combermere **11**
Eganville **12**
The Haliburton Highlands **10**
Kingston **5**
North Bay **15**

Ottawa **1**
Prescott **3**
Upper Canada Village **2**

Parques Nacionais e das Províncias
Algonquin Provincial Park **14**
Serpent Mounds Park **8**

Ilhas, lagos e Rios
Kawartha Lakes **9**
Prince Edward County **7**
Rideau Canal **6**
The Thousand Islands **4**

LEGENDA
✈ Aeroporto internacional
═ Rodovia
▬ Estrada principal
— Ferrovias principais

0 quilômetros 50

◁ **Barcos de passeio navegam à noite pelo Rideau Canal, com os Parliament Buildings ao fundo, Ottawa**

Rua a Rua: Ottawa ❶

Ottawa virou capital para não melindrar nem ingleses nem franceses, escolhendo-se uma das duas cidades que viriam a se transformar nos gigantes urbanos de hoje, Toronto e Montreal. De sua fundação, em 1826, até os dias de hoje, Ottawa conquistou uma identidade própria. Nomeada capital da Província do Canadá em 1855, espalha-se pelas margens dos rios Ottawa e Rideau. Mais do que capital política, a cidade mescla descendentes tanto de ingleses como de franceses e possui prédios históricos e modernos em número suficiente para entreter os 4 milhões que a visitam todo ano.

Militar da Polícia Montada conduz seu cavalo perto dos Parliament Buildings

★ Parliament Buildings
A Troca da Guarda em frente ao Parlamento é diária em julho e agosto, um espetáculo grandioso que valoriza a sede do governo.

A Peace Tower foi toda restaurada e é um marco da cidade.

Rideau Canal
Construído no começo do século 19, o canal é hoje um grande parque, com as margens ocupadas por trilhas para ciclismo e caminhadas.

National War Memorial
Todo ano, no dia 11 de novembro, celebra-se uma cerimônia em memória dos mortos de guerra. Aqui também fica a Chama Eterna, acesa em 1967 para celebrar o primeiro século de existência da confederação.

Chateau Laurier é um dos hotéis de luxo mais famosos do Canadá. Oferece acomodações suntuosas aos ricos e famosos desde 1901.

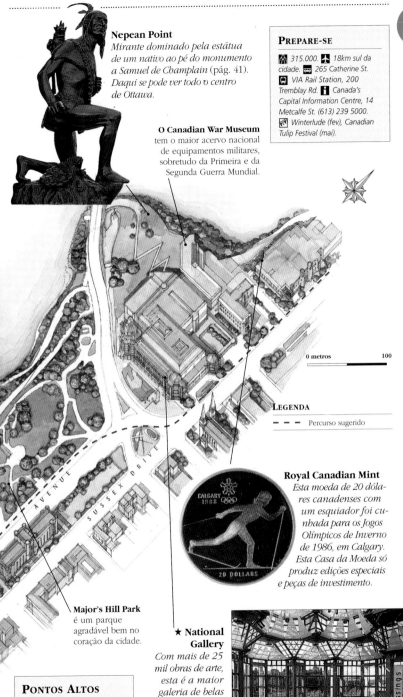

Nepean Point
Mirante dominado pela estátua de um nativo ao pé do monumento a Samuel de Champlain (pág. 41). Daqui se pode ver todo o centro de Ottawa.

O Canadian War Museum
tem o maior acervo nacional de equipamentos militares, sobretudo da Primeira e da Segunda Guerra Mundial.

PREPARE-SE

🏙 315.000. ✈ 18km sul da cidade. 🚌 265 Catherine St. 🚆 VIA Rail Station, 200 Tremblay Rd. ℹ Canada's Capital Information Centre, 14 Metcalfe St. (613) 239 5000. 🎉 Winterlude (fev), Canadian Tulip Festival (mai).

LEGENDA
– – – Percurso sugerido

Royal Canadian Mint
Esta moeda de 20 dólares canadenses com um esquiador foi cunhada para os Jogos Olímpicos de Inverno de 1986, em Calgary. Esta Casa da Moeda só produz edições especiais e peças de investimento.

CALGARY 1988
20 DOLLARS

Major's Hill Park
é um parque agradável bem no coração da cidade.

★ National Gallery
Com mais de 25 mil obras de arte, esta é a maior galeria de belas artes do país. O imponente prédio de granito foi construído em 1988.

PONTOS ALTOS

★ National Gallery

★ Parliament Buildings

Como Explorar Ottawa

Vestido antigo de boneca, Bytown

As atrações do centro da capital ficam próximas entre si e podem ser facilmente visitadas a pé. Ao sul, o Rideau Canal é um parque de recreação aberto o ano inteiro, excelente para andar de barco e passear a pé no verão e para esquiar quando o canal congela no inverno. O National Arts Centre oferece teatro, ópera e balé de alta qualidade. Quem gosta de arte e de história pode passar dias visitando os museus e galerias da cidade. Ottawa é também uma cidade de festivais, sendo os mais procurados o Winterlude, festa em fevereiro que se prolonga por três fins de semana, e o Canadian Tulip Festival, que faz da cidade um mar de flores na primavera. O dia nacional, 1° de julho, também atrai muitos visitantes.

Saindo do centro, a chamada National Capital Region, que compõe a Grande Ottawa, é repleta de museus e exposições, com destaque para a Central Experimental Farm e o National Aviation Museum.

Caixa registradora do século 19 em exposição no Bytown Museum

Os góticos Parliament Buildings erguem-se majestosos contra o céu de Ottawa

recem uma bela vista de Ottawa e lembram muito Westminster, o Parlamento de Londres, pelo estilo e pela localização. Parcialmente destruídos por um incêndio em 1916, os prédios foram restaurados e recuperaram sua grandiosidade.

Os Parliament Buildings podem ser visitados enquanto o governo, deputados e senadores estão em sessão. Os gabinetes da sede do governo são decorados com esculturas em arenito e calcário.

A biblioteca, com sua decoração em madeira e ferro fundido, é imperdível. No verão, a Polícia Montada patrulha os jardins em volta do Parlamento, onde é comum encontrar políticos a caminho do gabinete.

🏛 Parliament Buildings
Parliament Hill. **📞** *1 (800) 465 1867.* **⭕** *diariam.* **🔲** *1° jul.* 🖼

Altos e imponentes, os prédios que sediam o governo nacional dominam a paisagem de Ottawa. Indiferentes aos arranha-céus que se ergueram à sua volta nos 150 anos desde que se tornaram o centro do poder em Ottawa, o Bloco Leste e o Bloco Oeste destacam-se pelo brilho esverdeado de seu telhado de cobre. Os prédios de arenito em estilo gótico foram concluídos em 1860. Situados em uma colina de 50m de altura, ofe-

🏛 Bytown Museum
Ottawa Locks. **📞** *(613) 234 4570.* **⭕** *mai-out diariam.* 🖼

Bytown era o nome original da cidade, que mudou para Ottawa em 1855. Situado a leste de Parliament Hill e às margens do Rideau Canal, no mais antigo (1827) edifício de

National Aviation Museum

LEGENDA

🅿 Estacionamento

ℹ Informação turística

▢ Ottawa Rua a Rua
veja págs. 190-1

o metros — 500

pedra de Ottawa, o Bytown Museum é um ótimo lugar para conhecer a história local. Foi aqui que o coronel John By, oficial encarregado de abrir o Rideau Canal, instalou seu quartel-general em 1826. À medida que a construção avançava, o prédio, chamado de Bytown, passou a ser usado para estocar equipamento militar e di-

O elegante bar do restaurante Zoë's Lounge, no Château Laurier Hotel

nheiro. No térreo há uma exposição sobre a construção do Rideau Canal. Também é muito interessante a exibição de cenas típicas da vida doméstica no século 19.

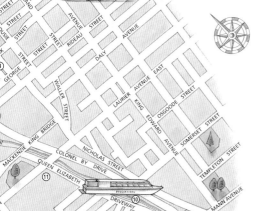

O hotel recebe hóspedes importantes e vale a pena uma visita, não só pelo ambiente mas também pela chance de encontrar alguma celebridade. Tanto o Zoë's Lounge, restaurante com altas colunas, candelabro, palmeiras e um teto de vidro, como o Wilfred's, maior e mais formal, servem comida excelente.

🏛 Canadian War Museum

330 Sussex Dr. ((819) 776 8600. ○ mai-meados set: diariam. 🎫 ♿
Os canadenses são vistos como um povo pacífico, mas tiveram sua participação nos campos de batalha. Este aspecto de sua história está representado neste museu, que contém a maior coleção de equipamento militar do país. Entre os destaques estão uma réplica em tamanho real de uma trincheira da Primeira Guerra Mundial, reproduções da invasão americana de 1775, do desembarque na Normandia (1944) e mostras do papel da Marinha canadense na Batalha do Atlântico, em 1942, quando os aliados lutaram bravamente para proteger a Inglaterra dos barcos alemães. O museu também exibe o carro particular do ministro alemão Goering, coberto de buracos de bala –falsos,

"A volta dos soldados", War Museum

acrescentados posteriormente por outro proprietário, que assim supunha aumentar seu valor. Uma galeria é dedicada a armas, de porretes a metralhadoras. Também vale a pena ver o acervo de arte marcial, voltado para as duas grandes guerras.

🏨 Château Laurier Hotel

1 Rideau St. ((613) 241 1414. FAX (613) 562 7031. ♿
Esta réplica de château francês é uma boa amostra dos edifícios erguidos pelas empresas ferroviárias no começo do século 20. O hotel é um marco da cidade desde que foi inaugurado, em 1912. Situado ao pé de Parliament Hill, tem quartos amplos, de pé-direito alto, decorados com peças inspiradas no estilo Luís 15.

♛ Royal Canadian Mint

320 Sussex Dr. **[** (613) 991 5853.
○ diariam. **▨ ♿ ✆** obrigatório.
Oficina de cunhagem de moedas fundada em 1908 como filial da British Royal Mint, esta casa não produz mais cédulas e moedas regulares –apenas edições de moedas comemorativas e uma moeda de investimento chamada Maple Leaf (folha de plátano). Também processa 70% do ouro do país em sua refinaria, uma das maiores da América do Norte.

O prédio foi restaurado na década de 1980 e oferece visitas guiadas diariamente. Fazendo reserva com antecedência, pode-se ver a transformação de chapas de metal em moedas de ouro.

Fachada da imponente Cathédrale Notre Dame, Ottawa

✟ Cathédrale Notre Dame

esq Sussex Dr. e St. Patrick St.
[(613) 241 7496. **○** diariam. **♿**
Construída em 1839, Notre Dame, com suas torres gêmeas, é a igreja católica mais famosa da cidade. Fica na área de Byward Market e ostenta um espetacular teto em estilo gótico. Também se destacam os vitrais, os relevos e o enorme órgão. Philippe Parizeau (1852-1938) esculpiu os trabalhos em mogno. Em nichos ao redor do santuário, há imagens de madeira dos profetas e apóstolos, feitas por Louis-Philippe Hebert (1850-1917) e pintadas na cor de pedra. Joseph Eugene Guiges, primeiro bispo de Ottawa, supervisionou a conclusão de Notre Dame e é homenageado com uma estátua em frente à basílica.

Byward Market, uma das áreas mais agitadas de Ottawa

♛ Byward Market

Ward St. **[** (613) 244 4410.
○ jan-abr e fim out-nov ter-dom; mai-meados out e dez: diariam.
● 25-26 dez, 1° jan. **♿** restrito.
Este bairro ferve o ano inteiro, ao ar livre no verão, portas a dentro no inverno. A área a leste de Parliament Hill, do outro lado de Rideau Canal, oferece uma vibrante variedade de lojas de artesanato, cafés, butiques, bistrôs, boates e feiras de alimentos. Entre as atrações estão as bancas de artesanato no Byward Market Building, em George Street, e o Sussex Courtyards, um pátio de piso de pedra. Seus cafés estão entre os mais populares da cidade no almoço.

♣ Laurier House

335 Laurier Ave. **[** (613) 992 8142.
○ 9h-17h ter-sáb; 14h-17h dom.
● seg. **▨ ♿**
Hoje um ponto histórico, a Laurier House, casa vitoriana construída em 1878, foi residência de dois notáveis primeiros-ministros, sir Wilfrid Laurier e Mac-kenzie King. Belamente decorada, exibe documentos e objetos pessoais que pertenceram aos dois líderes nacionais, ambos já mortos.

Rideau Canal

ℹ 1 (800) 230 0016.
Construído em meados do século 19, o Rideau Canal é um canal artificial que corta rios e lagos de Ottawa até a cidade de Kingston *(pág. 198)*. Na sua passagem pela capital, o canal oferece uma paisagem tranquila e relaxante, com trilhas à beira d'água para caminhar e andar de bicicleta. Não mais usado para navegar, é hoje um parque de recreação onde se passeia à vontade no verão e, no inverno gelado de Ottawa, transforma-se no rinque de patinação mais concorrido da cidade.

⚘ Central Experimental Farm

Experimental Farm Dr. **[** (613) 991 3044. **○** 9h-17h diariam.
● 25 dez. **▨ ♿ ✆**
A CEF é um projeto nacional que pesquisa todos os aspectos da pecuária e da horticultura, além de oferecer uma das melhores exposições de flores do país, o espetacular festival do crisântemo, em novembro. Pode-se ver uma exposição de flores ornamentais e visitar um jardim botânico com mais de 2 mil variedades de árvores e arbustos. As criações de gado e outros animais atraem as crianças e todos se divertem no passeio pelos 500ha da fazenda em carroças puxadas por magníficos cavalos Clydesdale.

Crianças em contato com os animais da Central Experimental Farm

O restaurante à beira d'água do National Arts Centre, visto de Rideau Canal

🏛 National Arts Centre

53 Elgin St. 📞 (613) 996 5051.
⌚ diariam. 🅿 🎫 obrigatório. ♿
Concluído em 1969, o National Arts Centre tem três andares, um restaurante à beira do canal e um pátio aberto no verão. O prédio, projetado pelo arquiteto canadense Fred Neubold, compõe-se de três hexágonos interligados que se abrem para o rio Ottawa e o Rideau Canal. Muitos expoentes da dança, do teatro e da música, tanto canadenses como estrangeiros, apresentam-se regularmente aqui –entre eles a National Arts Centre Orchestra. O auditório de ópera do centro, Opera, tem capacidade para 2.300 pessoas; seu teatro, o Theatre, com palco ultramoderno, acomoda 950 pessoas; e o Studio, maravilhosa sala para montagens experimentais, pode receber 350. O centro é muito popular e recomenda-se fazer reserva com bastante antecedência.

🏛 Currency Museum

245 Sparks St. 📞 (613) 782 8914.
⌚ mai-set: 10h30-17h seg-sáb; 13h-17h dom; out-abr: 10h30-17h ter-sáb; 13h-17h dom.
Instalado dentro do Banco do Canadá, o Currency Museum conta a história do dinheiro através dos tempos. É um lugar fascinante, que apresenta a curiosa variedade de objetos usados como moeda de troca pelos canadenses ao longo da história: dente de baleia, contas de vidro, cereal, papel e metal –enfim, o dinheiro do Canadá em todas as formas. Os visitantes podem apreciar o trabalho no banco e fazer perguntas aos funcionários.

🏛 National Museum of Science and Technology

1867 St. Laurent Blvd. 📞 (613) 991 3044. ⌚ mai-set: 9h-18h diariam; out-abr: 9h-17h ter-dom. 🅿
As exposições permanentes deste museu interativo apresentam informações fascinantes sobre as pesquisas espaciais canadenses, o transporte através da história e as tecnologias modernas e industriais. Pode-se andar em uma genuína locomotiva a vapor e explorar uma minissala de controle, empurrando as alavancas que vão lançar um foguete de brincadeira. Crianças e adultos também podem participar da missão para salvar uma colônia em Marte. Outra atração, mais prosaica, é a incubadeira de pintinhos de verdade.

🏛 National Aviation Museum

Aviation e Rockcliffe Parkways.
📞 (613) 993 2010. ⌚ mai-set: diariam; out-abr: ter-dom. 🅿
Este prédio enorme perto do Rockcliffe Airport possui mais de cem aviões de guerra e de tempos de paz. O famoso 1909 *Silver Dart*, uma das primeiras máquinas voadoras, está aqui, bem como o cone do nariz do *Avro Arrow*, caça supersônico que criou uma crise política no Canadá quando o governo decidiu interromper seu desenvolvimento, nos anos 1970. O *Spitfire*, o companheiro dos aliados na Segunda Guerra, aparece ao lado de aviõezinhos históricos, como o *Beaver*, e dos primeiros jatos comerciais. As mostras detalham os feitos de heróis de guerra canadenses, como o ás da Primeira Guerra Billy Bishop, e o audiovisual Walkway of Time conta a história da aviação.

Réplica de foguete no National Museum of Science and Technology

National Gallery of Canada

Inaugurada em 1988, a National Gallery of Canada é o cenário perfeito para as destacadas coleções nacionais de arte. Situado no centro da cidade, o marcante edifício de granito rosa e vidro do arquiteto Moshe Safdie é ele próprio uma obra de arte na forma de arquitetura. A National Gallery é um dos três maiores museus do país e principal galeria de arte do Canadá, com um excelente acervo de obras nacionais e estrangeiras. Fica a curta distância a pé de Rideau Canal e Major's Hill Park.

Biblioteca

Segundo andar

No. 29 (1950)
Vívido exemplo das técnicas de Jackson Pollock, esta tela fazia parte de um imenso painel cortado em seções –daí seu título, Nº 29.

Café

PLANTA DA GALERIA
No primeiro andar a galeria mostra o maior acervo do mundo de arte canadense. Também exibe obras estrangeiras e as principais exposições itinerantes. O segundo andar tem as galerias européia e americana e uma seção de gravuras, desenhos e fotos. Os visitantes podem descansar em um dos dois pátios ou no agradável café.

★ **Capela de Rideau Street**
Situada em um pátio isolado, esta capela de 1888 foi salva da demolição e transferida para este local.

LEGENDA

☐ Exposições especiais
☐ Galeria canadense
☐ Arte contemporânea
☐ Galerias européia e americana
☐ Arte asiática
☐ Gravuras, desenhos e fotos
☐ Arte inuit
☐ Fechado ao público

PONTOS ALTOS

★ **Capela de Rideau Street**

★ **The Jack Pine, de Tom Thomson**

Escultura Inuit
Esta Aurora Boreal Decapitando Um Jovem, de 1965, também é representada em uma escultura primitiva.

Fachada da National Gallery
Além de expor pinturas, gravuras, peças de arquitetura e fotografias, a galeria realiza apresentações que incluem cinema, palestras e concertos.

PREPARE-SE

380 Sussex Dr. (613) 990 1985. FAX (613) 990 9824. W http://national.gallery.ca 3, 306. mai-out 10h-18h sex-qua, 10h-20h qui; nov-abr: 10h-17h qua, sex-dom, 10h-20h qui. seg, ter, 26 dez, 1º jan. em exposições especiais. algumas áreas. 11h e 14h.

★ The Jack Pine *(1916)*
Considerado o pai do principal movimento de arte nacionalista do Canadá, o Grupo dos Sete, no começo do século 20, o pintor Tom Thomson impressiona pelos retratos vivos da paisagem de Ontário, aqui representada em um óleo brilhante que mostra uma árvore envolvida pelo cenário agreste.

Blanche *(c.1912)*
Membro destacado do Grupo dos Sete, James Wilson Morrice mudou-se para Paris, onde pintou sua modelo preferida, Blanche Baume, em estilo pós-impressionista, muito influenciado por Bonnard e Gauguin.

Primeiro andar

Térreo

Entrada principal

Sala de conferências

Water Court
Este espaço arejado faz um belo contraste contemporâneo com os tesouros do passado exibidos no resto da galeria. Water Court é um pátio usado para exibir esculturas.

Upper Canada Village ❷

🚊 Cornwall. 🚌 🚹 Morrisburg
1 (800) 437 2233.

E sta cidadezinha do interior foi transferida para 11km a oeste de Morrisburg para não ser coberta pelas águas do rio São Lourenço durante a construção do Seaway, nos anos 1950. Atualmente, preservada em sua forma original, é uma boa amostra da história da província, com seus 40 edifícios autenticamente pré-Confederação (1867). Moradores em roupas de época trabalham na fornalha da ferraria e no moinho, enquanto lanterneiros e marceneiros usam ferramentas do século 19. A padaria e o armazém funcionam de verdade. A história também está presente no vizinho **Battle of Crysler's Farm Visitor Centre**, memorial aos mortos na Guerra de 1812.

⚔ Battle of Crysler's Farm Visitor Centre

saída 758 da Hwy 401. 📞 (613) 543 3704. ⏰ meados mai-meados out 9h30-17h diariam. 💳 ♿

Prescott ❸

🏃 4.000. 🚊 🚌 🚹 360 Dibble St. (613) 925 2812.

A s maiores atrações desta cidade do século 19 são sua arquitetura e o acesso ao rio São Lourenço. A região às margens do lago, toda restaurada, e sua movimentada marina convidam a um passeio

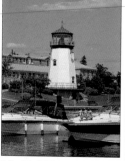

O farol de 1838 monta guarda na marina de Prescott

agradável. Nesta cidade de casas antigas fica a ponte de acesso ao Estado de Nova York, nos Estados Unidos.

Fort Wellington National Historic Site, mais a leste, também atrai muita gente. Construído durante a Guerra de 1812 e reconstruído em 1838, conserva até hoje quatro muros e algumas edificações originais, como uma casa de pedra, que se tornou museu militar, e uma réplica de alojamento dos oficiais. Guias em roupas de época conduzem as visitas no verão. Em julho, um festival militar reproduz batalhas antigas.

⚔ Fort Wellington

Prescott. 📞 (613) 925 2896. ⏰ fim mai-meados out diariam. ♿

The Thousand Islands ❹

🚹 2 King St. East, Gananoque (613) 382 3250.

O rio São Lourenço, um dos maiores do mundo, é a porta de entrada dos navios de grande porte que se dirigem aos Grandes Lagos. Poucos trechos da viagem são tão belos e charmosos quanto o de Thousand Islands, onde as águas são pontilhadas de ilhotas que vão desde Kingston até as cidades ribeirinhas de Gananoque, Brockville, Ivy Lea e Rockport. Há diversas excursões de barco ao local, partindo de Kingston.

Deste trecho do rio se avista Boldt's Castle, extravagância construída pelo milionário Boldt do ramo da hotelaria e abandonada quando sua mulher morreu, em 1904. Oscar, primeiro cozinheiro de Boldt no Waldorf Astoria, inventou o célebre molho de saladas Thousand Island quando cozinhava para hóspedes no castelo. Turistas incomodados com o balanço do barco vão se animar ao

Veleiro navega por The Thousand Islands

ver o Thousand Islands Parkway, estrada que vai da bela cidade de Gananoque até Mallorytown Landing.

Kingston ❺

🏃 141.000. ✈ 🚊 🚌 ⚓ 🚹 209 Ontario St. (613) 548 4415.

A ntigo centro de estaleiros e de comércio de peles, Kingston foi por breve período (1841-4) a capital da Província Unida do Canadá (pág. 45). Seus belos edifícios de calcário foram erguidos por gerações de ricos construtores de navios. Sede da regata da Olimpíada de 1976, Kingston é uma das capitais dos veleiros de água doce da América do Norte e ponto de embarque para muitos cruzeiros. A cidade tem uma infinidade de museus, e um dos mais populares é o **Old Fort Henry**, antigo bastião inglês restaurado. Nele, soldados em uniformes de época vermelho vivo representam treinamentos, exercícios de artilharia e tocam na banda de flautas e tambores, ao estilo de meados do século 19. A principal escola de treinamento do Exército do Canadá fica na cidade. O

Guarda em Old Fort Henry

Royal Military College Museum, instalado em uma torre de 1846, conta a história militar da região.

Mais para oeste encontra-se o **Marine Museum of the Great Lakes**. Ele exibe cenas da história dos Grandes Lagos e dos navios que navegaram por ele, como o primeiro construído para este propósito, justamente em Kingston, em 1678. O museu também aloja um navio quebra-gelo de 3 mil toneladas, transformado em um confortável bed-and-breakfast. A tecnologia moderna é explorada em Kingston Mills, extremo sul de Rideau Canal, onde um sistema de comportas permite que os barcos sejam levantados 4m.

Casa histórica na rua principal de Picton, na tranquila Quinte's Isle

♜ Old Fort Henry

Kingston. 🕿 (613) 542 7388.
🕐 meados mai-fim set: diariam.
🅿 🅰

🏛 Marine Museum of the Great Lakes

55 Ontario St. 🕿 (613) 542 2261.
🕐 jun-out 10h-17h diariam; nov-mai: 10h-16h seg-sex. 🅿 🅰

Rideau Canal ❻

🛈 34a Beckwith St. South, Smiths Falls (613) 283 5170.

O Rideau Canal, construído em 1832 para servir de defesa contra os norte-americanos, tem 200km de extensão. A melhor maneira de apreciar esta via aquática de águas brilhantes e cristalinas é de barco. Um grande feito de engenharia do século 19, suas

Vista do Rideau Canal a partir da cidade de Westport

47 comportas e 24 barragens permitem que os navios flutuem por lagos cercados de bosques e áreas cultivadas, parando em cidadezinhas agradáveis, e que se visite o **Canal Museum**, em Smith's Falls. Ao norte de Kingston, o canal tem vários parques e trilhas para canoas. Bastante popular é a Rideau Trail, de 400km, um sistema de trilhas para caminhadas que vai de Kingston até a capital, Ottawa.

🏛 Canal Museum

34 Beckwith St. S. 🕿 (613) 284 0505.
🕐 meados jun-meados out: diariam; meados out-meados jun: ter-dom.
🅿 🅰

Prince Edward County ❼

🛈 116 Main St., Picton.
🕿 (613) 476 2421.

Charmoso e conhecido pelo sossego e pela hospitalidade, Prince Edward County é uma ilha cercada pelas águas do lago Ontário e da baía de Quinte, e também é chamada de Quinte's Isle. As maiores atrações são as duas áreas de camping e as praias do Sandbanks Provincial Park. Nestas praias, montes de areia de até 25m de altura formam um dos maiores sistemas de dunas de água doce do mundo.

Integrantes do United Empire Loyalists (pág. 42) estabeleceram-se na ilha depois da Revolução Americana (1775), e aqui fundaram pequenas cidades e uma forte atividade agropecuária. Os turistas podem absorver parte da arquitetura histórica em passeios de carro ou de bicicleta pelas estradas locais e pela rodovia Loyalist Parkway, parando de vez em quando para apreciar melhor a paisagem.

Serpent Mounds Park ❽

Rural route 3. 🕿 (705) 295 6879.
🚉 Coburg. 🚌 Peterborough.
🕐 meados mai-meados out 9h-20h diariam. 🅿 🅰

Situado à beira do lago Rice, Serpent Mounds era um cemitério dos índios nativos. Um bosque de velhos carvalhos contém nove montes-túmulos de um povo que viveu aqui há mais de 2 mil anos. Único de seu gênero no Canadá, o monte mais alto tem formato de ziguezague, que se supõe representar uma serpente em movimento. O local ainda é sagrado para os nativos. O lago Rice, bom para pesca e para piqueniques, fica a pouca distância.

No pequeno rio Indian, a 9km, Lang Pioneer Village pode ser uma recordação mais tradicional do passado, com 20 construções do século 19 restauradas, jardins e animais de fazenda. Os visitantes podem ver um antigo moinho de cereais em funcionamento e trabalhadores em trajes de época demonstram suas habilidades. Ferreiros e lanterneiros mostram seu trabalho e também o ensinam aos interessados.

A vegetação e a calma lagoa no Petroglyphs Provincial Park

Kawartha Lakes ❾

ℹ️ Peterborough (705) 742 2201. 🚉 Peterborough. 🚌 Cobourg.

Os lagos Kawartha fazem parte da Trent-Severn Waterway, via aquática construída no século 19 que percorre 386km entre o lago Ontário e a Georgian Bay. A área hoje em dia é um paraíso de lazer, com diversas atividades aquáticas, entre elas cruzeiros e excelente pesca. Uma forma muito comum de explorar as redondezas é alugar um *houseboat* (barcocasa) nas cidades ribeirinhas. Bem no centro da região fica a cidade de Peterborough, famosa por sua universidade, pelos seus parques e por possuir a maior comporta hidráulica do mundo. Pouco mais de 20km ao norte encontra-se uma reserva indígena, Curve Lake Indian Reserve, sede da Whetung Gallery, um dos melhores lugares para comprar artesanato nativo.

O **Petroglyphs Provincial Park**, 30km ao norte de Peterborough, também chamado de "Pedras que Ensinam", contém mais de 900 inscrições nos seus rochedos de calcário branco. Redescobertos em 1954, estes belos símbolos e figuras de animais, barcos, espíritos e pessoas estão muito bem preservados. Seu propósito era contar a história dos homens das tribos. Depois de cada lição, os anciãos cobriam as pedras de limo, para que não se estragassem. Atuamente, estão cobertas de vidro, para proteção contra a chuva ácida. São até hoje consideradas um lugar sagrado dos povos nativos.

🌸 Petroglyphs Provincial Park

Northey's Bay Rd. saindo da Hwy 28. 📞 (705) 877 2552. ⏰ mai-out: 10h-17h diariam.

The Haliburton Highlands ❿

ℹ️ Haliburton (705) 457 2871.

Haliburton Highlands é um local muito frequentado o ano inteiro pelos canadenses que apreciam a vida ao ar livre, por suas florestas e lagos e pela paisagem espetacular. No verão, os turistas andam de barco, pescam e nadam. No outono, a magnífica paisagem avermelhada recebe os visitantes, que também vêm para caçar veados. O inverno traz os esquiadores e praticantes de snowboard, muitas vezes munidos também de snowmobiles.

Um dos destaques do belo cenário da Highway 35, rodovia que vai de Minden, ao norte, até Dorset, é a cidadezinha de Haliburton. Do mirante no topo de um rochedo se tem uma vista espetacular da infinidade de cores das árvores de Ontário no outono, quando a folhagem vai do vermelho vivo ao laranja em vários tons.

Combemere ⓫

🥾 250. ℹ️ Ottawa Valley Tourist Association, 9 International Dr., Pembroke (613) 732 4364.

A cidadezinha de Combemere é estratégica para quem se dirige aos parques do Leste de Ontário, inclusive o Algonquin (*págs. 202-3*), rio Carson e lago Opeongo, por ser o melhor ponto de suprimento de combustível e alimentos. A poucos quilômetros ao sul de Combemere está o **Madonna House Pioneer Museum**, mantido por uma comunidade laica católica fundada por Catherine Doherty que tem representação em todo o mundo. O museu é administrado por voluntários, que se sustentam com sua cooperativa e se dedicam a arrecadar fundos para os pobres, inclusive com um programa de reciclagem em vigor desde 1963.

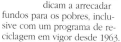
Maddona, Pioneer Museum

🏛️ Madonna House Pioneer Museum

Hwy 517. 📞 (613) 756 0103. ⏰ meados mai-meados out 10h-17h ter-sáb.

Golfistas pegam um atalho na bela paisagem de Haliburton

Chalés em Barry's Bay, onde vivem muitos dos artesãos de Ontário

Eganville **12**

🏠 1.300. ℹ️ Ottawa Valley Tourist Association, 9 International Dr., Pembroke (613) 732 4364.

Este vilarejo na Highway 60, com seus pequenos restaurantes e posto de gasolina, serve muito bem os turistas que visitam a região. Entre as atrações locais estão as cavernas de **Bonnechere Cave**, a 8km de distância. Elas eram o fundo de um mar tropical há 500 milhões de anos. Gradualmente, ergueram-se até a superfície e são cobertas de fósseis primitivos. É uma propriedade particular, aberta ao público no verão.

🕳️ Bonnechere Caves
📞 (613) 628 2283. ⏰ mai-início set: diariam; fim set-out: sáb e dom. 📷

Barry's Bay **13**

🏠 1.100. ℹ️ Ottawa Valley Tourist Association, 9 International Dr., Pembroke (613) 732 4364.

Cidadezinha muito atraente, Barry's Bay tem uma grande população polonesa, como a vizinha Wilno, onde se instalou a primeira comunidade polonesa do Canadá. A área é moradia de muitos artistas e artesãos que vendem seus artigos nos vilarejos. Barry's Bay também tem boas lojas de equipamentos aquáticos e para esportes ao ar livre, muito praticados nos vizinhos Kamaniskeg Lake and Redcliffe Hills, onde há chalés para alugar. Próximo a Wilno, sobre uma coluna com bela vista para o vale, encontram-se a igreja e a gruta de St. Mary's.

Algonquin Provincial Park **14**

Págs. 202-3.

North Bay **15**

🏠 56.000. ✈️ 🚌 🚂 ℹ️ 1375 Seymour St. (705) 472 8480.

Chamada de entrada para o norte, North Bay fica na ponta leste do lago Nippissing, 350km ao norte de Toronto. O maior destaque da região são as quíntuplas Dionne. Nascidas em 1934, sua casa modesta foi transferida para outro local e faz parte do popular **Dionne Homestead Museum**, muito procurado por turistas, canadenses ou não.

O lago Nippissing, nas proximidades, é ótimo para pescar e pela natureza selvagem em volta. Os cruzeiros de barco no lago seguem a velha rota dos exploradores franceses. North Bay é ainda ponto de partida para diversas áreas de camping.

🏛️ Dionne Homestead Museum
1375 Seymour St. 📞 (705) 472 8480. ⏰ meados mai-meados out: diariam. 📷 ♿

AS QUÍNTUPLAS DIONNE

A pequena Corbeil foi palco de um milagre em 28 de maio de 1934, com o nascimento das quíntuplas Dionne: Annette, Emilie, Yvonne, Cecile e Marie, as filhas idênticas de Oliva e Elzire Dionne. O peso ao nascer das cinco juntas era de 6,1kg; os pulmões eram tão frágeis que precisavam de pequenas doses de rum diariamente para poder respirar. Especialistas dizem que as chances de uma mulher dar à luz quíntuplos idênticos é de 1 em 57 milhões. As meninas se tornaram estrelas internacionais, atraindo levas de curiosos a North Bay nos anos 1930. A "Indústria das quíntuplas" ganhava dinheiro cobrando ingresso para ver as meninas brincando. A casa dos Dionne foi transferida para North Bay em 1985, e nela os visitantes podem voltar 60 anos no tempo e imaginar como foi o nascimento de quíntuplas nesta modesta casa de fazenda.

Algonquin Provincial Park ⑭

"Passagem de alce"

Para os canadenses, o Algonquin, com seus verdes bosques de pinheiros e plátanos, lagos cristalinos e bandos de animais silvestres, é um símbolo do Canadá tão marcante quanto as Cataratas do Niágara.

Fundado em 1893, o parque Algonquin é o mais antigo e o mais conhecido de Ontário, estendendo-se por 7.725km quadrados de natureza quase intocada. São muitos os animais silvestres: castores, alces e ursos podem ser avistados em seu hábitat natural, e pelo parque ecoa o belo e insistente canto do loon (ave aquática norte-americana), presente em todo o norte de Ontário. Em agosto, os guias organizam as "noites do uivo", em que os turistas imitam o som dos lobos e tentam fazê-los responder. Há muitas atividades ao ar livre e um passeio por um trecho da rota das canoas, de 1.500km, é imperdível.

Killarney Lodge
O parque tem diversos chalés de madeira onde os turistas podem se hospedar nas temporadas de verão e outono.

A Algonquin Gallery
é um museu de arte internacional voltado para cenas da natureza e da vida selvagem. Entre os pintores expostos está Tom Thomson, precursor do Grupo dos Sete *(págs. 160-1).*

Alce na Highway 60
Todos os dias se avistam alces no parque, principalmente perto dos lagos e das poças à beira da estrada, que eles parecem adorar.

Lago Canoe
Uma trilha de canoagem de 1.500km corta o parque. Há trechos para iniciantes e famílias, alguns com apenas 6km, e outros de até 70km, para esportistas experientes. As rotas são muito bem demarcadas.

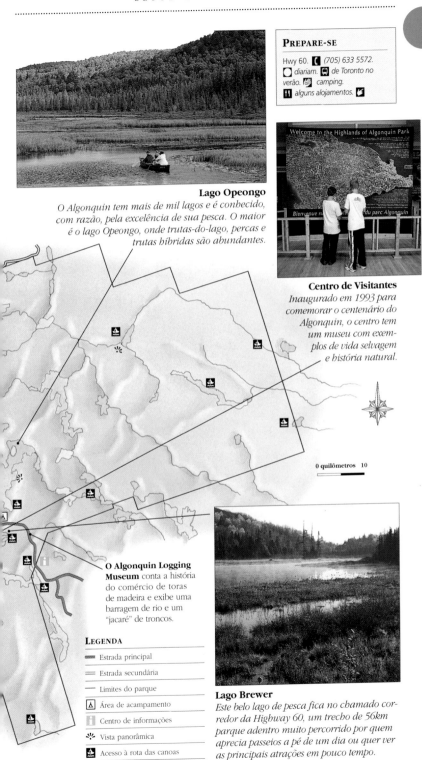

Lago Opeongo

O Algonquin tem mais de mil lagos e é conhecido, com razão, pela excelência de sua pesca. O maior é o lago Opeongo, onde trutas-do-lago, percas e trutas híbridas são abundantes.

PREPARE-SE

Hwy 60. ☎ (705) 633 5572.
☐ diariam. ☐ de Toronto no verão. ☐ camping.
☐ alguns alojamentos. ☐

Welcome to the Highlands of Algonquin Park

Bienvenue ... du parc Algonquin

Centro de Visitantes

Inaugurado em 1993 para comemorar o centenário do Algonquin, o centro tem um museu com exemplos de vida selvagem e história natural.

0 quilômetros 10

O Algonquin Logging Museum conta a história do comércio de toras de madeira e exibe uma barragem de rio e um "jacaré" de troncos.

LEGENDA

━━━ Estrada principal

═══ Estrada secundária

─── Limites do parque

🅰 Área de acampamento

ℹ Centro de informações

☼ Vista panorâmica

⚓ Acesso à rota das canoas

Lago Brewer

Este belo lago de pesca fica no chamado corredor da Highway 60, um trecho de 56km parque adentro muito percorrido por quem aprecia passeios a pé de um dia ou quer ver as principais atrações em pouco tempo.

GRANDES LAGOS

É UMA PENA que a fama das Cataratas do Niágara tenha obscurecido algo dos muitos e variados encantos dos Grandes Lagos canadenses, como as pequenas cidadezinhas rurais às margens do lago Erie, as baías coalhadas de ilhotas no lago Huron e a natureza em volta do lago Superior. As Cataratas, entre as mais célebres do mundo, ocorrem no ponto em que o rio Niágara despenca 50m, entre os lagos Erie e Ontário. A terra fértil em volta dos lagos e rios era moradia das tribos nativas, mas, para os comerciantes de peles, essencial foi a via aquática fornecida pelos lagos. Na Guerra de 1812, o Canadá britânico conquistou o controle do comércio na margem norte dos lagos.

Entre 1820 e 1850, fazendeiros, mineiros e lenhadores estabeleceram-se na então província mais rica do país. Hoje, a estrada Trans-Canada Highway percorre a margem norte dos lagos Huron e Superior por mais de 1.000km, passando pelo espetacular Killarney Park, por lugarejos pitorescos como Sault Ste. Marie, até alcançar o movimentado porto de Thunder Bay.

PRINCIPAIS ATRAÇÕES

Parques
Georgian Bay Islands National Park 14
Killarney Provincial Park 22
Point Pelee National Park 6

Cidades Históricas
Brantford 11
Goderich 17
Hamilton 1
Kitchener-Waterloo 10
London 8
Niagara-on-the-Lake 2

Orillia 12
Sainte-Marie among the Hurons 16
Sault Ste. Marie 24
Stratford 9
Temagami 23
Thunder Bay 26
Windsor 7

Áreas de Beleza Natural
Bruce Peninsula 20
Cataratas do Niágara 3
Ilha Manitoulin 21
Lago Erie 5
Lago Huron 19
Lago Superior 25
Muskoka 13

Nottawasaga Bay 15
Sauble Beach 18
Welland e Welland Canal 4

LEGENDA
✈ Aeroporto internacional
═ Rodovia
▬ Estrada principal
— Ferrovia principal

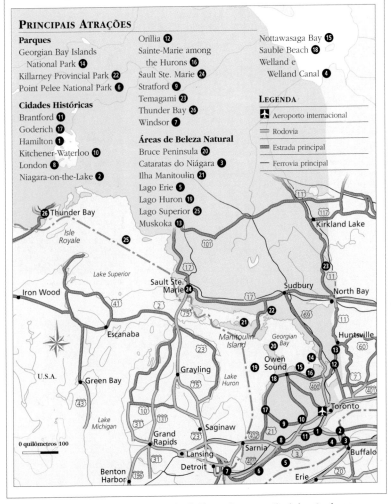

◁ As cores vibrantes do Killarney Provincial Park refletidas nas águas tranquilas do lago Cranberry

As colunas da entrada de Dundurn Castle, Hamilton

Hamilton ❶

🏠 322.350. ✈ 🚆 🚌 🚪 ℹ 127 King St. East (905) 546 2666.

A cidade de Hamilton fica no extremo ocidental do lago Ontário, cerca de 70km de Toronto. Seu forte é a siderurgia e de suas usinas saem 60% da produção de aço do país. Mas, embora bastante industrial, a cidade tem atrações interessantes. O **Dundurn Castle** é uma mansão no estilo regência do começo do século 19, com um belo acervo de móveis de época. Foi construída para os McNab, uma das mais influentes famílias de Ontário, da qual fazia parte sir Allan Napier McNab, primeiro-ministro do Canadá (1854-6).

Outra atração é o jardim botânico **Royal Botanical Gardens**, que exibe florestas, pântanos e pequenos lagos em uma área de 1.093ha no lado norte do porto de Hamilton. Trilhas ao longo da margem do lago Ontário conduzem o visitante aos jardins especiais, sendo os mais notáveis o das rosas (Rose Garden), o das flores do lago, como peônia e íris (Laking Garden) e o perfumado jardim de lilases (Lilac Garden). Já o Mediterranean Garden ocupa uma vasta estufa e contém plantas de clima mediterrâneo trazidas de diversas partes do mundo. Ainda na cidade, o Canadian Warplane Heritage Museum exibe mais de 30 aviões, todos em condições de vôo, da Segunda Guerra até a era do jato.

Rosa do Royal Botanical Gardens

🏛 Dundurn Castle

610 York Blvd. 📞 (905) 546 2872. ⏱ meados mai-início set: 10h-16h diariam; fim set-meados mai: 12h-16h ter-dom. 🎫 ♿ restrito.

♣ Royal Botanical Gardens

680 Plains Rd. West. 📞 (905) 527 1158. ⏱ diariam. 🎫 ♿ restrito.

Niagara-on-the-Lake ❷

🏠 13.000. 🚆 ℹ 153 King St. (905) 468 4263.

Niagara-on-the-Lake é uma charmosa cidadezinha de elegantes casarões de madeira e ruas arborizadas situada na foz do rio Niágara, no ponto em que ele deságua no lago Ontário. Seu nome original era Newark, e com esse nome se tornou capital do Alto Canadá (como Ontário era chamado) em 1792. Não durou muito —quatro anos depois, os ingleses resolveram mudar a capital para mais longe da fronteira com os Estados Unidos e escolheram a cidade de York (atual Toronto). Foi uma decisão acertada. Em 1813, os norte-americanos em guerra atravessaram o rio Niágara e destruíram Newark (págs. 42-3).

Quando a guerra acabou, os ingleses voltaram e reconstruíram suas casas. A cidade em estilo georgiano que eles construíram permanece quase intacta até hoje.

É um prazer caminhar pelas ruas agradáveis, mas também não se pode deixar de ir a **Fort George**, um forte britâ-

nico do fim do século 19, cuidadosamente restaurado. O forte fica a sudeste da cidade e possui uma paliçada de barro e madeira que circunda dez edifícios, réplicas dos antigos, entre eles o quartel, a casa de guarda e o alojamento dos oficiais. Há também um depósito de pólvora, todo adornado de madeira e latão, onde os homens usavam sapatos especiais, sem fivelas, para prevenir fagulhas e explosões. Guias em uniformes militares de época descrevem a vida no forte no século 19.

Niagara-on-the-Lake realiza anualmente o Shaw Festival, prestigiado festival de teatro que vai de abril a novembro. Há peças do dramaturgo irlandês George Bernard Shaw e de outros autores.

🏛 Fort George

Queen's Parade, Niagara Pkwy. 📞 (905) 468 4257. ⏱ 9h30-17h30 diariam. 🎫 ♿

O jardim de hospedaria do século 19 em Niagara-on-the-Lake

Cataratas do Niágara ❸

(Págs. 210-3)

Welland e Welland Canal ❹

🏠 48.000. ✈ 🚌 ℹ Seaway Mall, 800 Niagara St. (905) 735 8696.

Importante centro siderúrgico, Welland é cortada pelo Welland Canal, construído para resolver um problema das Cata-

Vista aérea da pequena cidade de Long Point, às margens do lago Erie

ratas do Niágara. Por causa das cataratas, era impossível a passagem de barco entre os lagos Ontário e Erie. Em consequência, os produtos tinham de ser descarregados de um lado do rio e transportados até o outro, processo demorado e caro. Por isso, empresários locais, no começo do século 19, mandaram escavar um canal entre o istmo de 45km que separa os lagos, a oeste do rio Niágara.

O **Welland Canal** era uma construção rústica, que foi sendo melhorada até chegar à versão atual, com oito comportas gigantes capazes de ajustar o nível de água em 99m. Grande obra de engenharia, o canal acomoda navios de qualquer tamanho. Pode-se seguir pela margem norte de carro, pela Government Road, que vai do lago Ontário a Thorold, onde ficam sete das oito comportas.

O mirante na terceira, Lock No. 3, é um bom ponto de observação e tem um centro de informações sobre a história do canal.

Outra curiosidade chama a atenção em Walland: 28 gigantescos murais que cobrem as paredes de alguns prédios do centro da cidade.

Lago Erie ❺

🚹 *100 Goderich St., Fort Erie (905) 871 3505.*

O lago Erie tem este nome por causa da tribo que vivia às suas margens. Os erie, ou povo-gato, eram célebres por sua habilidade na pesca. Com 400km de comprimento e uma média de 60km de largura, o lago Erie é um dos mais rasos dos Grandes Lagos

e serve de fronteira entre Canadá e Estados Unidos. Sua margem norte é tranquila, com calmas cidadezinhas rurais e pequenas baías recortadas em terreno suave. Três penínsulas partem da costa canadense, e em uma delas fica o Point Pelee National Park, onde milhares de pássaros migratórios frequentam a floresta virgem na primavera e no verão.

Cerca de 30km ao sul das Cataratas do Niágara, a pequena cidade de Fort Erie situa-se no encontro do rio Niágara com o lago Erie, de frente para Buffalo, nos Estados Unidos. Uma ponte enorme, Peace Bridge, liga as duas cidades, mas quem passa por ela não costuma prestar atenção na pequenina Fort Erie. Perde, assim, a chance de conhecer um dos mais imponentes fortes ingleses reconstruídos, entre os vários ao longo da fronteira canadense-americana. O **Fort Erie** é uma réplica da fortaleza destruída pelos americanos na Guerra de 1812. Tem ponte levadiça, quartel, depósito de munição, alojamento dos oficiais e casa de guarda. O forte era um posto muito almejado pelos soldados ingleses, pela facilidade de desertar, cruzar o rio e se unir ao Exército americano, que pagava mais e oferecia melhores condições.

🏛 **Fort Erie**
350 Lakeshore Rd. 🔲 *(905) 371 0254.*
🔲 *meados mai-set: diariam.*
🔲 🔲 *restrito.*

Navio mercante atravessa o Welland Canal perto da cidade de Welland

Point Pelee National Park ❻

📞 (519) 322 2365. 🚃 Windsor. ✈ Windsor. ◯ diariam. 🏚 ♿ ⛩

Parecido com um dedo longo e estreito, o istmo de 20km no lago Erie onde está instalado o Point Pelee National Park é o extremo sul do Canadá continental. O parque se estende por vários tipos de terreno: pântanos, campo aberto e florestas antigas –estas, uma raridade, por serem das poucas do país que nunca sofreram a ação das madeireiras. A variedade de tipos de árvores dá ao local uma aparência de selva, onde o cedro-vermelho, a nogueira-preta, o sassafrás branco, a nogueira, o plátano e a sumagreira lutam para garantir seu lugar ao sol. A vegetação variada atrai milhares de pássaros, nas migrações da primavera e do outono. Mais de 350 espécies já foram avistadas no parque, e as aves podem ser observadas a partir de torres e trilhas especiais. Todo outono, legiões de borboletas monarcas pretas e laranja são avistadas no parque. Um pontilhão de madeira atravessa Point Pelee e oferece bons pontos de observação. Podem-se alugar bicicletas e canoas no começo e no fim do pontilhão que percorre boa parte do parque. O centro de informações tem um pequeno museu da fauna e da flora locais.

A cascata na entrada principal do Casino, Windsor

Windsor ❼

🏛 191.450. 🚶 ✈ 🚃 🚌 ℹ 333 Riverside Drive W. (519) 255 6530.

Cidade sustentada pela indústria automobilística, Windsor se parece muito com sua vizinha americana, Detroit. As ruas são limpas e arborizadas e o calçadão à beira do rio muito agradável, mas é seu cassino, o Casino, que atrai visitantes o ano inteiro. A cidade tem muitos bares e cafés animados, sendo os mais populares os que se situam nos três primeiros blocos da rua principal, Ouellette. Por sua vez, a **Art Gallery of Windsor** tem ótimas mostras itinerantes.

Pintura contemporânea na Windsor Art Gallery

A cidade já foi o paraíso da fabricação clandestina de bebidas. Para reviver essa época, visite a Hiram Walker Distillery, uma das destilarias que contrabandearam milhões de garrafas de bebidas para os Estados Unidos, pelo rio Detroit, durante a Lei Seca.

De Windsor, uma estrada de 20km para o sul ao longo do rio Detroit leva ao Fort Malden, forte construído pelos ingleses em Amherstburg. Pouco resta do forte original, mas um quartel de 1819 foi restaurado e na velha lavanderia agora funciona o centro de informações. Aqui é contado o papel do forte na Guerra de 1812 *(págs. 42-3)*, quando os ingleses e os índios Shawnee planejaram invadir os Estados Unidos.

🏛 **Art Gallery of Windsor**
445 Riverside Dr. W. 📞 (519) 969 4494. ◯ diariam. 🎟 donativo. ♿

London ❽

🏛 305.150. 🚶 ✈ 🚃 🚌 ℹ 300 Dufferin Ave. (519) 661 5000.

A simpática London fica no centro de uma das regiões mais férteis do Canadá e é a principal cidade da área. Nela se encontra a renomada University of Western Ontario, que possui uma excepcional galeria de arte moderna e um campus repleto de casarões vitorianos. Os poucos quarteirões que formam o centro da cidade são elegantes e bem cuidados. Os edifícios mais bonitos são as duas catedrais do século 19, a anglicana St. Paul, construída em 1846 no estilo revival gótico, e a católica St. Peter, erguida pouco depois.

O pontilhão atravessa boa parte do Point Pelee National Park

Na parte noroeste da cidade, o Museum of Archeology relata os 1.100 anos de história dos assentamentos na área. Uma atração bem popular é a vizinha Lawson Indian Village, reconstituição de uma aldeia dos índios neutral de 500 anos atrás, com ocas de olmo e paliçadas de cedro.

Réplica de uma aldeia indígena de 500 anos no Lawson Indian Village,

Stratford ❾

🚶 28.000. 🚌 🛈 88 Wellington St. (519) 271 5140.

Em 1830, um dono de estalagem chamado William Sargint abriu o "Shakespeare Inn" à beira de uma das estradinhas rurais que cortavam o sul de Ontário. Aproveitando

A FERROVIA SUBTERRÂNEA

Nem ferrovia, nem subterrâneo, o movimento com este nome (Underground Railroad, ou UGRR) foi fundado por abolicionistas no começo do século 19 para ajudar escravos do sul dos Estados Unidos a fugir para os Estados do norte e para o Canadá. A organização secreta alojava de refúgio em refúgio os que conseguiam escapar até chegarem a seu destino. Funcionou até o fim da Guerra Civil Americana, em 1865. O reverendo Josiah Henson, um dos que escaparam pela UGRR, fundou uma escola para ex-escravos. O livro *A Cabana do Pai Tomás*, de Harriet Beecher Stowe, escrito em 1851, é baseado na sua história.

Reverendo Josiah Henson

a deixa, os fazendeiros que se estabeleceram na área deram ao rio o nome de "Avon" e batizaram a cidade de "Stratford", como a de William Shakespeare, na Inglaterra.

Em 1952, um jornalista local, Tom Patterson, organizou o primeiro Shakespeare Festival, uma pequena mostra de teatro realizada em uma tenda. O festival cresceu e se tornou uma das mais importantes temporadas teatrais do Canadá –vai de maio a novembro e atrai meio milhão de visitantes. As principais montagens são de Shakespeare, mas outros autores são encenados também, inclusive

contemporâneos. Stratford é uma cidade bonita, com gramados verdes, parques à beira do rio e cisnes. Voltada para o turismo, tem mais de 250 hotéis e vários bons restaurantes. O centro de visitantes oferece para consulta um livro com informações e fotos dos *bed-and-breakfast* da cidade e também organiza passeios que incluem seus muitos prédios históricos. Um dos destaques é a prefeitura em estilo vitoriano, com torres e torreões. Stratford possui diversas galerias de arte; a Gallery Indigena exibe um belo acervo de obras nativas.

Os jardins "shakespearianos" às margens do rio Avon, em frente ao fórum de Stratford, Ontário

Cataratas do Niágara ❸

American Falls
O rio Niágara tem 30m de largura no ponto em que forma a American Falls.

O estrondo poderoso das cachoeiras de Niagara Falls (pronuncia-se "naiágara fols") pode ser ouvido a qùilômetros de distância, mas nada prepara o visitante para o magnífico arco de água espumante que despenca de um rochedo de 52m de altura, em meio a nuvens densas. São, na verdade, duas cataratas no ponto em que o rio é repartido pela Goat Island, uma ilhota perenemente borrifada pelos respingos das cachoeiras. De um lado de Goat Island fica a canadense Horseshoe Falls; do outro, já nos Estados Unidos, está a American Falls, um pouco menor. O barco *Maid of the Mist* leva os visitantes para perto da cascata. Melhor ainda é a descida por uma série de túneis na rocha que desembocam atrás das Horseshoe Falls, onde o barulho da água é ensurdecedor.

Rainbow Bridge
Esta elegante ponte oferece vista panorâmica das cachoeiras. A ponte cruza a ravina que separa Estados Unidos e Canadá. Em dias ensolarados, arco-íris brilham entre a espuma que sobe das águas.

Alfândega

O Niagara Falls Museum mostra objetos e fotografias de aventureiros que desafiaram as cachoeiras de várias formas –de caiaque, de escafandro e até em um barril.

Clifton Hill
Esta rua tem várias atrações. No Ripley's Believe it or Not Museum vê-se, entre outras esquisitices, um cão com dentes humanos.

PONTOS ALTOS

★ **Horseshoe Falls**

★ **Passeio no**
    Maid of the Mist

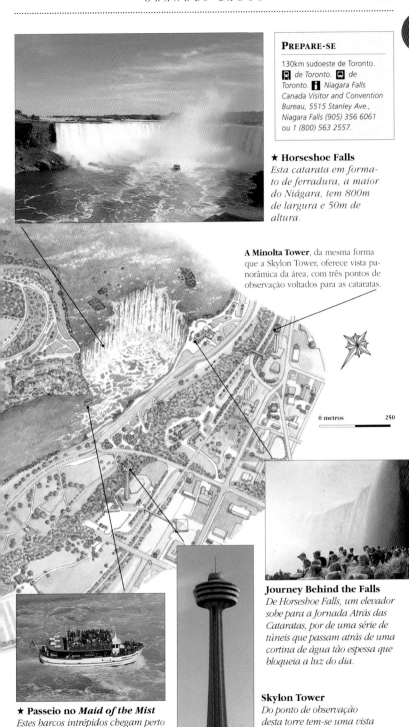

PREPARE-SE

130km sudoeste de Toronto.
🚌 de Toronto. 🚗 de
Toronto. ℹ Niagara Falls
Canada Visitor and Convention
Bureau, 5515 Stanley Ave.,
Niagara Falls (905) 356 6061
ou 1 (800) 563 2557.

★ Horseshoe Falls
*Esta catarata em forma-
to de ferradura, a maior
do Niágara, tem 800m
de largura e 50m de
altura.*

A Minolta Tower, da mesma forma
que a Skylon Tower, oferece vista panorâmica da área, com três pontos de
observação voltados para as cataratas.

0 metros   250

Journey Behind the Falls
*De Horseshoe Falls, um elevador
sobe para a Jornada Atrás das
Cataratas, por de uma série de
túneis que passam atrás de uma
cortina de água tão espessa que
bloqueia a luz do dia.*

★ Passeio no *Maid of the Mist*
*Estes barcos intrépidos chegam perto
da chuva de espuma e respingos ao
pé das cataratas. Os passageiros
recebem capas de chuva.*

Skylon Tower
*Do ponto de observação
desta torre tem-se uma vista
completa das cataratas. Abre
também à noite, quando as
águas são iluminadas.*

Como Explorar as Cataratas do Niágara

As Cataratas do Niágara são uma pequena cidade às margens do rio Niágara. Famoso destino de quem viaja em lua-de-mel, está bem equipada para receber os 14 milhões de pessoas que visitam as Cataratas do Niágara todo ano. A cidade divide-se em três seções. Ao sul estão as cataratas, ladeadas por uma estreita faixa de terra que acompanha a margem do rio até Clifton Hill –a rua mais animada de Ontário, tomada de parques de diversões e atrações bizarras. A oeste fica a avenida dos hotéis, Lundy's Lane. Ao norte, em Bridge Street, encontram-se a região comercial e os terminais de ônibus e de trem.

revoltas ao pé das cataratas. É uma viagem emocionante –e molhada. Os passageiros recebem capas de chuva.

Museu de cera e outras atrações de Clifton Hill

Horseshoe Falls

Em formato de ferradura, com 800m de largura e 50m de altura, Horseshoe (ferradura, em inglês) Falls é formada pela queda das águas turbulentas do rio Niágara sobre a borda de um rochedo semicircular. O fenômeno acontece no ponto em que o rio liga os lagos Erie e Ontário. Como os dois lagos estão em níveis diferentes, ocorre a queda d'água. As cataratas são uma visão impressionante, mesmo agora que uma parte substancial do rio é desviada pelas hidrelétricas instaladas em seu percurso. Um dos resultados do desvio da água do rio para mover turbinas é a mudança no ritmo da erosão. Na virada do século 20, as águas pulverizavam o rochedo à média de 1m por ano. Atualmente, a média é de 30cm por ano.

Passeio no *Maid of the Mist*

🚢 Maid of The Mist

River Rd. 📞 *(905) 358 5781.*
⭕ *meados mai-out: diariam.* 🈳 ♿
A melhor forma de ver a força da queda d'água é fazendo o passeio no *Maid of the Mist*. Os barcos partem de um ancoradouro de Clifton Hill e se arrastam rio acima até as águas

Clifton Hill

De sofisticada Clifton Hill não tem nada. Esta rua curta e estreita que sobe o Niágara é tomada por casas de *fast food* e atrações bizarras. Placas de néon e outdoors gigantes apontam para espetáculos como o Livro Guiness de Recordes Mundiais, a Casa de Frankenstein, o That's Incredible Museum (Museu Isto é Incrível), o Museu Houdini e o Ripley's Believe it or Not! Museum (Museu Acredite se Quiser do Ripley!). Neles, o visitante pode falar com o gênio preso numa garrafa de vidro e ver esquisitices, como o homem das muitas pupilas.

Great Gorge Adventure

4330 River Road. 📞 *(905) 371 0254.*
⭕ *meados abr-meados out: diariam.*
🈳 ♿
A força da correnteza do Niágara é mais bem apreciada no fundo do cânion onde ele

O arco de águas espumantes em forma de ferradura que forma Horseshoe Falls

Passarela de madeira ao longo do Niágara, parte de Great Gorge Adventure

corre. O passeio Great Gorge Adventure começa num elevador, passa por um túnel e desemboca em uma passarela de madeira que segue as margens do rio lá embaixo. Os redemoinhos e as corredeiras são fantásticos e perigosos.

Old Scow

Um pouco acima das cataratas, preso nas pedras no meio do rio, encontra-se o Old Scow, uma balsa que naufragou em 1918 quando, ao ser rebocada para cruzar o rio, uma corda que a prendia ao rebocador se partiu. A balsa disparou na direção da cachoeira e seus dois tripulantes pareciam condenados à morte quando, a 750m da queda, o barco se prendeu nas pedras. Eles ainda tiveram de esperar mais 29 horas para serem resgatados, ambos com vida. Desde então, o Old Scow permanece preso às pedras, enferrujando e desfazendo-se lentamente.

Niagara Glen Nature Reserve

3050 River Road. **[** (905) 371 0254. **O** diariam.
O pequeno parque Niagara Glen Nature Reserve fica a 7km das cataratas, rio abaixo. Este trecho da ravina foi preservado quase intocado, com arbustos e árvores baixas que se agarram ao paredão rochoso. Supõe-se que toda a área fosse assim antes da chegada dos europeus. Quatro trilhas

para caminhadas passam por rochas, cavernas e flores silvestres. Descer é fácil, mas a subida de volta é árdua.

Whirlpool Rapids

3850 River Road. **[** (905) 371 0254. **O** abr-out: diariam; mar: sáb e dom.
O rio Niágara faz uma curva acentuada cerca de 4,5km abaixo das cataratas, formando um voraz redemoinho, um dos trechos de água mais letais da América do Norte. O fenômeno acontece porque o rio vem direcionado para o lado noroeste do cânion e, de repente, é forçado a virar e correr em direção contrária. A melhor vista do redemoinho e das corredeiras ao seu redor é do Spanish Aero Car, um bondinho colorido especialmente projetado

para atravessar a garganta acima do rio. Dele também se vêem as cataratas de uma perspectiva diferente.

Niagara Parks Botanical Gardens and Butterfly Conservatory

2565 River Road. **[** (905) 371 0254. **O** diariam. **[** para a estufa. **[**
Um jardim botânico, o Niagara Parks Botanical Gardens, localiza-se 9km abaixo das cataratas e ocupa 40ha de belos jardins divididos em zonas diferentes. Um dos pontos mais bonitos durante o verão é o roseiral, que tem mais de 2.000 espécies de rosas. Outro conjunto de canteiros contém espécies raras do mundo inteiro, tantas e tão variadas que oferecem um espetáculo de encher os olhos o ano inteiro. Em outro local crescem árvores de todos os tipos e alturas, de faias e amoreiras a magnólias e teixos.

A incubadeira de borboletas é o lugar mais visitado de todo o jardim botânico. A visita começa com a exibição de um vídeo no pequeno auditório, que explica seu ciclo de vida, de ovo a larva e, por fim, borboleta. As borboletas ficam todas sob uma enorme cúpula aquecida e são milhares –uma das maiores coleções do mundo. Os visitantes circulam por passagens através da cúpula e da floresta tropical onde elas fazem seus ninhos.

Borboleta do Botanic Gardens and Conservatory

Whirlpool Rapids vista do Spanish Aero Car

Turistas vêem de perto as águas espumantes da magnífica Horseshoe Falls ▷

O estúdio de Alexander Graham Bell em Bell Homestead, Brantford

Kitchener-Waterloo ⑩

🚹 210.300. 🚉 🚌 🛈 80 Queen Street N. (519) 745 3536.

O nome original desta cidade, Berlin, dado por imigrantes alemães no começo do século 19, mudou para Kitchener (importante general do império britânico) durante a Primeira Guerra. Atualmente, é um centro de suprimentos para as comunidades agrícolas ao redor, inclusive grupos religiosos como os menonitas (veja quadro na pág. ao lado). Os visitantes podem observar os menonitas em suas roupas antigas, andando de charrete pela cidade. Os descendentes de imigrantes alemães são um dos principais motivos para se visitar Kitchener-Waterloo. Todo ano eles organizam a **Oktoberfest**, festa de nove dias com muita salsicha, chucrute e cerveja.

Brantford ⑪

🚹 85.000. ✈ 🚉 🚌 🛈 1 Sherwood Drive (519) 751 9900.

B rantford é uma cidade industrial cujo nome homenageia Joseph Brant (1742-1807), líder da confederação de tribos chamada Seis Nações. Brant, chefe dos índios iroqueses, fixou-se aqui em 1784. Antes disso, vivia na fronteira e, julgando que os interesses de seu povo estavam mais bem protegidos com os ingleses, mandou que seus guerreiros lutassem do lado da Inglaterra na Guerra da Independência dos Estados Unidos (1775-83). Mas os ingleses perderam e, depois da guerra, a tribo teve de se mudar mais para o norte, onde os ingleses lhe deram um pedaço de terra onde hoje é Brantford. Os iroqueses ainda vivem na região e promovem o Six Nations Pow Wow, com danças e artesanato tradicional, em agosto. Brantford também está associada à História do telefone. Em 1876, a primeira ligação interurbana foi feita de Brantford para o vizinho vilarejo de Paris por Alexander Graham Bell (1847-1922), que emigrara da Escócia para Ontário em 1870. A casa de Bell está preservada no **Bell Homestead National Historic Museum**, que fica a curta distância da cidade. O museu conta com dois prédios. Um é a casa, mobiliada com móveis de época, onde são exibidas as invenções de Graham Bell e a história do telefone. Outro é o primeiro escritório da empresa Bell, transferido de Brantford para o museu em 1969.

Frutas em Brantford

🚇 Bell Homestead National Historic Museum

94 Tutela Heights Rd. 📞 (519) 756 6220. ⏰ 9h30-16h30 ter-dom. 🚫 25 dez, 1° jan. 🚻 ♿

Orillia ⑫

🚹 26.000. 🚌 🛈 150 Front St. S. (705) 326 4424.

O rillia é uma cidadezinha simpática onde morou o escritor e humorista Stephen Leacock (1869-1944). Seus desenhos mais famosos, Sunshine Sketches of a Little Town, ironizam o provincianismo de Ontário, contando a vida na pequena e fictícia cidade de Mariposa. Sua casa à beira do lago é hoje um museu, **Stephen Leacock Museum**, com móveis e objetos originais.
Orillia espalha-se ao longo do canal que liga o lago Couchiching ao lago Simcoee e é um bom ponto de partida para passeios em ambos. O Centennial Park, nas margens dos lagos, tem uma marina e um calçadão de madeira que acompanha toda a praia de Couchiching.

🏛 Stephen Leacock Museum

50 Museum Drive, Old Brewery Bay. 📞 (705) 329 1908. ⏰ diariam. 🚻 ♿

Bethune Memorial House na cidade de Gravenhurst, Muskoka

Muskoka ⑬

🚹 50.000. 🚌 Gravenhurst. 🚌 Huntsville. 🛈 295 Muskoka Rd. S., Gravenhurst (705) 687 4432.

M uskoka é o nome da região ao norte de Orillia, entre as cidades de Huntsville e Gravenhurst. Ela ganha vida no verão, quando os moradores das cidades grandes instalam-se em suas casas de veraneio. O centro das atividades é Gravenhurst, balneário ao sul do lago Muskoka. Aqui, um pequeno museu homenageia o médico Norman Bethune (1890-1939), pioneiro no uso unidades móveis de transfusão de sangue, na Guerra Civil Espanhola. Bethune Memorial House, a casa onde nasceu, foi restaurada e mobiliada ao estilo do fim do século 19.

Windsurf em Turgean Bay Island, Georgian Bay

Georgian Bay Islands National Park ⑭

((705) 756 2415. **🚂** Midland.
🕐 diariam. **🎫** verão. **♿ 🅿**

As águas azuis de Georgian Bay são pontilhadas de pequenas ilhas, muitas vezes não mais que um pedaço de rocha guardado por um pinheiro solitário. A baía é grande, bonita, e deságua no lago Huron. Sessenta das ilhotas estão reunidas no Georgian Bay Islands National Park. O ponto central do parque é a ilha Beausoleil e a atividade

COMUNIDADE MENONITA

A seita dos cristãos menonitas foi fundada na Europa no começo do século 16 e muito perseguida porque seus adeptos se recusavam a jurar fidelidade ao Estado e a participar de guerras. No século 17, um grupo de dissidentes fundou um ramo ainda mais rigoroso, os amanitas (ou amish), que emigraram para os Estados Unidos e também para Ontário, em 1799. Toda propriedade amish pertence ao grupo, eles não usam máquinas modernas, andam até hoje de charrete e usam roupas antigas.

Casal amish em sua charrete

mais comum na região é navegar pelas águas profundas, de barco, iate ou canoa.

Beausoleil é cortada por diversas trilhas de caminhada, mas é importante ir preparado, pois trata-se de um local remoto. Para chegar à ilha é preciso tomar um táxi aquático em Honey Harbour. O percurso demora 40 minutos. Há excursões de barco de um dia pelas ilhas.

Nottawasaga Bay ⑮

🚂 Barrie. **🚌** Wasaga Beach.
ℹ 550 River Rd. W., Wasaga Beach
(705) 429 2247.

Pedaço da bela Georgian Bay, Nottawasaga Bay é um dos locais mais frequentados da região nas férias. O balneário de Wasaga Beach tem quilômetros de praias douradas e muitos chalés. Os visitantes podem conhecer o curioso Nancy Island Historic Site, atrás de Beach Area 2. Lá

se encontra, muito bem preservado, o HMS *Nancy:* um dos poucos barcos britânicos remanescentes da Guerra de 1812 *(págs. 42-3).*

Outras relíquias navais estão expostas em Penetanguishene, a leste. Discovery Harbour é reconstituição da base naval britânica que existiu aqui em 1817. A pequena enseada também exibe réplicas de quartel, oficina de ferreiro e casas e também um alojamento de oficiais original, de 1840, além de dois veleiros, o *Tecumseh* e o *Bee,* construídos segundo especificações do século 19. No verão, voluntários organizam passeios e os passageiros podem ajudar a conduzir os barcos.

A oeste de Nottawasaga Bay está Owen Sound, que já foi um porto importante dos Grandes Lagos e hoje é um local tranquilo, onde a atração é o Marine-Rail Museum, que mostra o passado da cidade e fotos de navios e marinheiros vitorianos.

Discovery Harbour, base naval britânica restaurada em Nottawasaga Bay

Sainte-Marie Among the Hurons ⑯

Sainte-Marie entre os Hurons é uma das mais interessantes atrações de Ontário. Situada 5km a leste da cidade de Midland, é a reconstituição de uma missão que padres jesuítas estabeleceram entre a tribo dos hurons em 1639.

Vaso iroquês do século 17

O vilarejo se compõe de duas seções, uma para europeus (com capela e oficinas) e outra para os hurons, com duas ocas compridas cobertas de casca de árvore. Na fronteira entre as duas está a pequena igreja de São José, estrutura simples de madeira de onde os jesuítas partiam para converter os hurons ao cristianismo. Seus esforços tiveram reações variadas e o relacionamento complexo entre as duas culturas é explorado em detalhe neste interessante museu.

Entrada de Oca
As ocas indígenas têm paredes de casca de árvore escoradas em um tronco de cedro entortado para formar um arco.

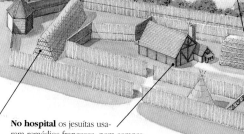

No hospital os jesuítas usaram remédios franceses, nem sempre com sucesso. Os hurons não tinham resistência a doenças européias, como gripe e sarampo.

★ Em Volta da Fogueira
Dentro da oca, peixe, peles e tabaco eram pendurados no teto, para secar. Uma fogueira ficava acesa o inverno inteiro e a fumaça causava problemas de saúde.

Igreja de São José
Aqui estão enterrados os jesuítas Jean de Brébeuf e Gabriel Lalement, que foram capturados, amarrados a um tronco e torturados até a morte pelos iroqueses.

Tenda Ojibway e Paliçada
Esta tenda no estilo ojibway fica perto da paliçada de troncos que cerca a missão. Acredita-se que os jesuítas as mantinham para que os visitantes ojibway se sentissem em casa.

PONTOS ALTOS

★ **Em Volta da Fogueira**

★ **Artesanato**

★ Artesanato
Guias em trajes de época demonstram ofícios tradicionais
dos hurons e dos franceses, entre eles o trabalho na forja
e a arte de fazer canoas.

A oficina de ferreiro
fornecia a Sainte-Marie
produtos essenciais, como
dobradiças e pregos, muitas
vezes de ferro reciclado.

A carpintaria
tinha abundante reserva
de madeira local. Os
padres contrataram
carpinteiros da França
para construir a missão.

Capela
A velha capela foi recriada
em detalhes. A luz se filtra
por entre as toras e o interior
oferece uma idéia do que
sentiam os padres quando
se reuniam para a missa,
ao nascer do dia.

Entrada

0 metros   25

Baluartes ajudavam na
defesa da missão. Feitos
de pedra para resisitr a
flechas e tiros de mos-
quete, também serviam
de postos de vigia.

Plantações
Em Sainte-Marie, as plantações seguiam o método dos
hurons, alternando-se o cultivo de milho, feijão e abóbora.
Assim, colhiam-se alimentos o
ano inteiro, complementados
por carne e peixe.

Goderich ⑰

👥 7.450. ⊠ ❚ Hamilton St. e Hwy 21. ℂ (519) 524 6600.

Goderich é uma cidadezinha aprazível com vista para o lago Huron, no estuário do rio Maitland. Foi fundada em 1825 pela inglesa Canada Company, que convenceu o governo de Ontário a ceder 1 milhão de hectares de terras férteis da província por 12 centavos o acre, negócio tão bom que muitos suspeitaram de corrupção. Para atrair colonos, a empresa mandou construir a Huron Road, que vai de Cambridge, a leste, até Goderich. A planta da cidade é planejada, com as ruas principais partindo do centro em formato octogonal.

Goderich possui dois excelentes museus. O primeiro é o **Huron County Museum**, com um grande acervo de equipamentos agrícolas antigos. Os mais interessantes são as máquinas enormes e desajeitadas (tratores, colheadeiras e empilhadeiras) usadas entre o fim do século 18 e o começo do século 20. O museu tem ainda um imenso debulhador a vapor.

A **Huron Historic Jail**, construída entre 1839 e 1842, é uma autêntica prisão do período vitoriano. Nela podem-se visitar as celas úmidas, os aposentos dos carcereiros e a casa do diretor, do século 19. A cidade também é famosa pelo pôr-do-sol, em especial quando apreciado às margens do lago Huron.

As areias douradas de Sauble Beach, na margem do lago Huron

🏛 **Huron Historic Jail**
181 Victoria St. N. ℂ (519) 524 2686. ⬜ mai-set: 10-16h30 seg-sáb, 13h-16h30 dom. 🔲

🏛 **Huron County Museum**
110 North St. ℂ (519) 524 2686. ⬜ mai-set: 10h-16h30 seg-sáb, 13h-16h30 dom. 🔲 ♿

Sauble Beach ⑱

🔲 Owen Sound. ❚ RR1, Sauble Beach (519) 422 1262, aberto mai-set.

As areias douradas desta praia, uma das melhores de Ontário, estendem-se por 11km ao longo da costa do lago Huron. Em volta da praia encontra-se uma sequência de locais para camping, cabanas e chalés. O centro das atividades nesta região é Sauble Beach, um vilarejo de apenas 500 habitantes. As ruas sossegadas oferecem agradáveis hotelzinhos e *bed-and-breakfasts*. Entre as áreas reservadas para camping, a mais bonita e tranquila é Sauble Falls Provincial Park, ao norte da praia.

Lago Huron ⑲

❚ Sarnia, margem sul (519) 344 7403. ❚ Barrie, Georgian Bay (705) 725 7280. ❚ Sault Ste. Marie, margem norte (705) 945 6941.

De todos os Grandes Lagos, o Huron é o que oferece paisagens mais variadas ao longo de suas margens. Ao sul, o lago se estreita nas proximidades das cidades industriais de Sarnia e Windsor, no seu percurso até o lago Erie. A costa sudeste é uma suave ribanceira, limite de uma das regiões agrícolas mais produtivas de Ontário. Mais ao norte, o longo e estreito istmo da Bruce Peninsula penetra no lago Huron, marcando o ponto de uma grande mudança no terreno costeiro. Aqui termina a parte plana e começa a região mais escarpada –esculpida por geleiras– do chamado Canadian Shield. A transição é claramente notada na área de Georgian Bay, uma região de lagos, florestas e praias que atrai muitos visitantes. Nas águas pontilhadas de ilhotas do lago praticam-se muitos esportes aquáticos. Outras atividades populares aqui são natação, caminhadas e pescarias.

Fachada de prédio histórico em Goderich

Bruce Peninsula ⓴

Esta península de 100km separa o lago Huron de Georgian Bay e exibe uma das paisagens mais belas da região. O Bruce Peninsula National Park ocupa a margem leste e possui penhascos íngremes e rochedos de calcário cortados por trilhas de caminhadas. Passando o porto de Tobermory, na ponta da península, outro parque, Fathom Five Marine National Park, abrange 19 ilhas desabitadas. O lugar é procurado por mergulhadores, atraídos por suas águas cristalinas e belas formações rochosas.

Dicas

Percurso: *O passeio segue a Hwy 6, que se alcança por Owen Sound, ao sul, e Tobermory, ao norte.*
Extensão: *100km.*
Pontos de apoio: *Excursões de mergulho e passeio a Flowerpot Island partem de Tobermory, que oferece boas acomodações.*

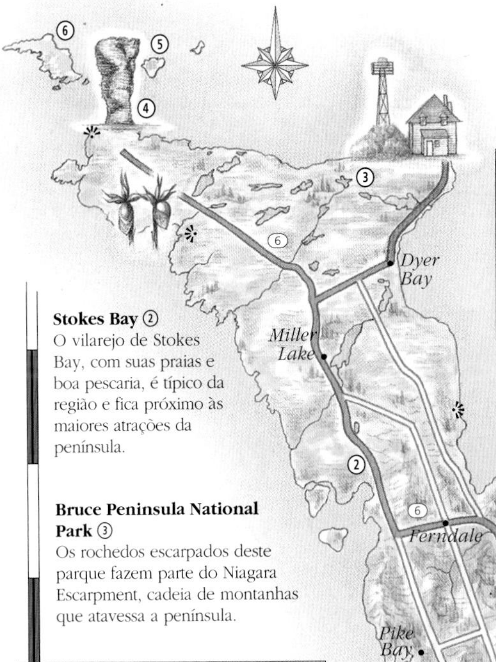
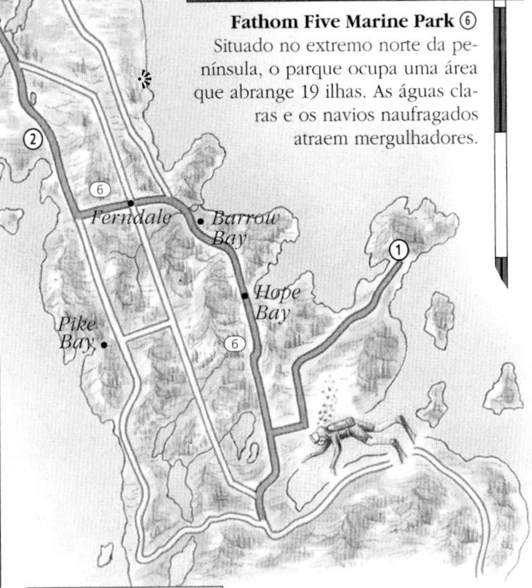

Cape Croker ①
Na ponta de Cape Croker há um farol, Cabot Head Lighthouse, ao qual se chega pela estrada costeira que parte de Dyer's Bay.

Fathom Five Marine Park ⑥
Situado no extremo norte da península, o parque ocupa uma área que abrange 19 ilhas. As águas claras e os navios naufragados atraem mergulhadores.

Stokes Bay ②
O vilarejo de Stokes Bay, com suas praias e boa pescaria, é típico da região e fica próximo às maiores atrações da península.

Bruce Peninsula National Park ③
Os rochedos escarpados deste parque fazem parte do Niagara Escarpment, cadeia de montanhas que atavessa a península.

Tobermory ④
Na ponta norte da península, esta aldeia de pescadores é ponto de passagem de turistas. Daqui partem os ferryboats para Flowerpot Island.

Flowerpot Island ⑤
Única ilha do Fathom Five Marine Park, com alguns serviços básicos, é famosa pelas torres de pedra ao longo da costa.

0 quilômetros 5

Legenda

- Percurso do passeio
- Outras estradas
- Vista panorâmica

Ilha Manitoulin ㉑

🚶 5.000. 🚗 ℹ️ *Little Current (705) 368 3021.*

Próxima à margem norte do lago Huron, Manitoulin, com seus 2.800km quadrados, é a maior ilha de água doce do mundo. Lugar tranquilo, de cidadezinhas calmas, terras cultivadas, bosques e lagos, sua costa é coberta de praias compridas e desertas. Um canal, North Channel, separa Manitoulin do continente, e suas águas cristalinas atraem velejadores, enquanto amantes das caminhadas buscam as muitas trilhas espalhadas pela ilha.

Os índios ojibway vivem neste lugar há 10 mil anos, e lhe deram o nome de Grande Espírito –Manitou (Manitoulin quer dizer ilha de deus). Descendentes dos indígenas ainda constituem um quarto da população da ilha. Em agosto, celebram sua cultura em um dos maiores festivais indígenas do Canadá, o Wikwemikong ("baía do castor").

Na margem norte, a Gore Bay possui cinco pequenos museus sobre os primeiros habitantes. A maior cidade da ilha, Little Current, é um local sossegado com um punhado de restaurantes e hotéis modestos.

Reflexo da paisagem no lago George, no Killarney Provincial Park

Killarney Provincial Park ㉒

📞 *(705) 287 2900.* 🚌 *Sudbury.* 📅 *diariam.* ♿ *alguns serviços.*

O Killarney Provincial Park é um recanto intocado da província, com lagos cristalinos, florestas de pinheiros e outras árvores, pântanos e as espetaculares La Cloche Mountains, que se destacam pelas encostas de pedras brancas. A paisagem magnífica inspirou muitos artistas, sobretudo os do Grupo dos Sete *(págs. 160-1).* Um deles, Franklin Carmichael, descreveu o parque como "a paisagem mais desafiadora e gratificante" de Ontário. Os 100km da trilha chamada La Cloche Silhouette Trail levam

Gore Bay, ilha Manitoulin

de uma semana a dez dias para serem percorridos e atraem muitos turistas, pela vista maravilhosa das montanhas e de Georgian Bay. Os lagos e rios também podem ser apreciados seguindo-se uma das várias e bem demarcadas rotas de canoas.

Temagami ㉓

🚶 1.000. 🚂 🚗 ℹ️ *Chamber of Commerce, Lakeshore Rd. (705) 569 3344.*

O pequeno balneário de Temagami e seus arredores já atraíram comerciantes e caçadores de peles, pintores e escritores, entre eles Grey Owl *(pág. 248),* o inglês que se fazia passar por índio canadense e virou uma celebridade como naturalista e conservacionista na década de 1930. A cidade fica às margens do lago Temagami, de águas profundas e longos fiordes e

O lago Temagami tem muitas rotas de canoas

baías, além de 1.400 ilhas cortadas por numerosas rotas de canoas e trilhas para caminhadas e para mountain bike.

Ainda mais remoto é o Lady Evelyn Smoothwater Wilderness Park, a oeste. Ele só é acessível de canoa ou hidroplano, partindo de Temagami, mas as dificuldades são recompensadas por uma paisagem excepcional. Bem mais acessível é o ponto de observação de Temagami Fire Tower, de 30m de altura, de onde se vêem florestas e lagos. Tanto ele como o Finlayson Provincial Park, muito procurado para piquenique e camping, ficam perto de Temagami.

Sault Ste. Marie ㉔

🏠 81.500. ✕ 🚗 🏠 ➕ Huron St. e Queen St. W. (705) 945 6941.

No ponto em que as corredeiras do rio St. Mary ligam o lago Superior ao lago Huron encontra-se a bonita cidade de Sault Ste. Marie, uma das mais antigas comunidades européias de Ontário. A cidade era originalmente uma missão jesuíta e entreposto de peles instalada pelos franceses em 1688 (*sault* quer dizer corredeira em francês). Ela prosperou a partir de 1798, quando um canal permitiu o desvio das corredeiras. Este canal foi desde então sendo aprimorado e alargado, e atualmente é rota de grandes navios cargueiros para o interior, mantendo a economia local ativa e próspera.

Há muitas excursões para o canal, mas a maior atração de **Sault Ste. Marie** é o trem da **Algoma Central Railway**, que oferece viagens de um dia da cidade para as florestas ao redor. O trem segue rumo norte entre árvores, lagos escondidos e ravinas, até chegar ao espetacular cenário do Agawa Canyon, onde pára duas horas para o almoço.

Na cidade, o Roberta Bondar Pavilion, enorme estrutura em forma de tenda, exibe murais que contam a história de Sault. O pavilhão tem o nome da primeira astronauta canadense, que participou da

Comportas de Sault Ste. Marie

missão *Discovery* em 1992, e nele ocorrem concertos, exposições e um mercado de frutas e legumes no verão.

🚂 Algoma Central Railway
129 Bay St. 📞 (705) 946 7300. ⬤ jun-meados out: uma vez por dia. 🅿 ♿

Lago Superior ㉕

ℹ️ Ontario Travel Information Centre, Sault Ste. Marie (705) 945 6941.

O menos poluído dos Grandes Lagos, o lago Superior tem o maior volume de água doce do mundo, com uma superfície de 82 mil km quadrados. São frequentes as tempestades súbitas e violentas, temidas pelos marinheiros locais. A costa norte é um terreno selvagem, batido pelos ventos e dominado por altos

rochedos de granito e florestas que parecem nunca acabar. A melhor forma de conhecê-la é visitando o Pukaskwa National Park e o Lake Superior Provincial Park, acessíveis pela Trans-Canada Highway (Hwy 17), que segue um belíssimo percurso ao longo da margem norte do lago.

Thunder Bay ㉖

🏠 114.000. ✈ ✕ 🚗 ➕ Terry Fox Information Centre, Hwy 11/17 E. (807) 983 2041.

Situada na margem norte do lago Superior, Thunder Bay é o terceiro maior porto de água doce do Canadá, com imensos elevadores de cereais dominando a área do cais.

A cidade foi fundada pelos franceses, como entreposto comercial, em 1679. Sua origem é preservada em Old Fort William, réplica completa de um antigo entreposto de comércio de peles, com comerciantes, exploradores e nativos em trajes de época. Fort William acabou juntando-se à vizinha Port Arthur para formar a cidade de Thunder Bay, em 1970.

🏛 Old Fort William
saindo de Broadway Ave. 📞 (807) 473 2344. ⬤ meados mai-meados out 10h-17h diariam. 🅿 ♿ restrito.

Lago Superior, maior lago de água doce do mundo

CENTRO DO CANADÁ

Como Explorar o Centro do Canadá

O CENTRO DO CANADÁ é formado pelas províncias de Manitoba, Saskatchewan e leste de Alberta, que ocupam a parte mais rica do país em energia e contam com a agricultura mais produtiva. As pradarias dominam a região, quase sempre associadas a extensos campos, e cobrem a vasta área do interior, cujo tamanho equivale ao do México. Mas a região não possui apenas pradarias. Há também uma ampla diversidade de paisagens, com florestas de álamos, a oeste e norte das planícies; tundra, ao norte de Manitoba; e as terras áridas de deserto rochoso, ao sul.

Vista da ponte Broadway e do centro de Saskatoon, junto ao rio South Saskatchewan

Silos e vagões para o transporte de trigo, nos campos da pradaria canadense

COMO CIRCULAR

Winnipeg, Edmonton, Regina e Saskatchewan, as quatro principais cidades da região, são bem servidas de transportes públicos, com conexões regulares de avião, trem e ônibus a partir da Colúmbia Britânica e de outras províncias. Todas elas contam com aeroportos internacionais. Saindo de Winnipeg, a ferrovia Trans-Canada Highway acompanha a rota da Canadian Pacific Railway, criada no século 19, e percorre 1.333km a oeste rumo a Calgary. A Yellowhead Highway, que corta paisagens mais atraentes, começa em Forks, Winnipeg, atravessa Yorkton e Saskatoon, percorrendo 1.301km até Edmonton, e continua pelo Jasper National Park e Colúmbia Britânica.

LEGENDA

- Rodovia
- Estrada principal
- Rio
- -- Fronteiras provinciais

CHURCHILL ●

Baía de Hudson

MANITOBA

● LAGO LYNN

THOMPSON

(106)

● FLIN FLON

● THE PAS

(60)

(3)

(10)

Lago Winnipeg

As pradarias de Manitoba são uma das regiões agrícolas mais ricas do Canadá

0 km 150

● YORKTON

● DAUPHIN

(16)

REGINA

PORTAGE LA PRAIRIE

● WINNIPEG

VEJA TAMBÉM

- **Onde Ficar** págs. 352-3
- **Onde Comer** págs. 372-3

Dinossauros e Pré-História do Canadá

É mais fácil pensar nas terras áridas do vale do rio Red Deer, no centro do Canadá, como palco de tiroteios e coiotes do que imaginar que a região já foi povoada por dinossauros. Há mais de 75 milhões de anos, o local era um pântano tropical, semelhante a Everglades, na Flórida, hábitat preferido destes répteis enormes, que dominaram a Terra durante 160 milhões de anos. Todas as espécies de dinossauros encontradas aqui são do período Cretáceo (144-65 milhões de anos atrás). Grandes mudanças no clima, que passou de úmido e tropical a desértico, contribuíram para preservar o incrível número de resquícios de dinossauros na região. Hoje, o Dinosaur Provincial Park é Patrimônio Histórico da Humanidade das Nações Unidas.

LOCALIZE-SE

Este crânio de triceratops mostra uma saliência anatômica que protegia o pescoço do animal de ataques. Seus chifres têm 1m de comprimento. Em Alberta foram achados mais tipos de dinossauros com chifre do que em qualquer outro lugar.

Profissionais treinados escavam um sulco ao redor dos ossos, enquanto ainda estão no chão. Uma vez retirados, serão comparados aos ossos contíguos.

A magnólia é tida como uma das primeiras plantas da Terra com flores (hoje classificadas como angiospermas). Alastrou-se bastante no período Cretáceo.

Joseph Burr Tyrrell fez a primeira descoberta importante de partes de um dinossauro no vale do rio Red Deer, Alberta, em 1884. Ele era geólogo e, ao procurar minas de carvão, encontrou um crânio de 70 milhões de anos de um albertossauro, o que atraiu paleontólogos para estudar os fósseis. O Royal Tyrrell Museum of Palaeontology, de Drumheller, leva seu nome (pág. 246).

Esta recriação artística de uma paisagem do Cretáceo representa a flora da época. As samambaias dominavam o país e cresciam em grandes florestas, que atingiam 18m de altura. Algumas espécies ainda existem nos trópicos.

O Horseshoe Canyon *segue o curso do rio Red Deer. Suas montanhas altas e desgastadas expõem camadas de sedimentação. As geleiras dos períodos de glaciação erodiram a lama e a areia que enterravam os restos de dinossauros e plantas. A erosão cria uma paisagem lunar, árida, expondo ossos, madeira petrificada e outros fósseis.*

Este ninho de dinossauro, *exposto no Royal Tyrrell Museum, foi descoberto em Devil's Coulee, Alberta, em 1987. Contém vários embriões e ovos do hadrossauro herbívoro.*

A Royal Tyrrell *Field Station, no Dinousaur Provincial Park, foi inaugurada em 1987 e oferece aos visitantes explicações sobre os dinossauros da região.*

ESCAVAÇÃO PERTO DE DRUMHELLER

O Royal Tyrrell Museum realiza visitas a escavações arqueológicas, nas quais os participantes podem experimentar a emoção de "descobrir" o esqueleto de um dinossauro. Várias expedições são conduzidas por paleontólogos importantes, que ensinam a utilidade de ferramentas específicas, como martelos, cinzéis e pincéis. A escavação de fósseis é uma atividade especializada. Os técnicos têm de gravar a localização de cada pequeno pedaço de osso antes de o esqueleto poder ser reconstruído.

O osso da perna de um dinossauro-bico-de-pato está completo. Abaixo dele, outro pedaço de osso é coberto por uma camada de sulfato de cálcio como proteção durante o transporte ao laboratório.

O esqueleto reconstituído *de um albertossauro se ergue na Sala do Dinossauro (Dinousaur Hall) do Royal Tyrrell Museum of Palaeontology. O primeiro dinossauro descoberto na região era um predador carnívoro. Apesar de ter 8m de altura e pesar cerca de duas toneladas, este réptil atingia a velocidade de 40km por hora.*

A Polícia Montada

A Royal Canadian Mountain Police sintetiza o orgulho nacional canadense. O primeiro premiê do país, Sir John A. Macdonald, fundou a Polícia Montada do Noroeste em 1873, em Ontário, depois que a violência no oeste do país (entre contrabandistas de bebida e nativos) chegou ao clímax com o massacre de Cypress Hills *(pág. 245)*. Na marcha para o oeste, a Polícia Montada chegou ao rio Oldman, Alberta, 70km a oeste de Cypress Hills, onde construiu o Fort Macleod, em 1874. Seu principal objetivo era estabelecer boas relações com os aborígines das pradarias e manter a ordem sobre os novos colonizadores do fim do século 19. A Polícia Montada conquistou respeito por sua diplomacia, policiando os operários da Canadian Pacific Railroad e a Corrida do Ouro de Klondike e de Yukon, na década de 1890. Em reconhecimento por sua atuação recebeu o prefixo Royal em 1904.

Mountie Tradicional

As exuberantes Cypress Hills testemunharam o terrível massacre que levou à criação da Polícia Montada do Noroeste.

A marcha para o oeste percorreu 3.315km, a partir de Fort Dufferin, Manitoba, até o sul de Alberta. Uma força de 275 homens, 310 cavalos e gado foi enviada para prender comerciantes ilegais de uísque que operavam no oeste. Enfrentando temperaturas extremas, praga de insetos e falta de mantimentos, a Polícia Montada chegou ao rio Oldman em 1874.

A Longa Marcha

O inspetor James M. Walsh consolidou a reputação de bravura da Polícia Montada quando levou apenas seis homens para negociar com o chefe sioux Touro Sentado. Com a derrota diante do general Custer na batalha de Little Big Horn, em 1876, os sioux se refugiaram nesta região. Embora fossem inimigos dos povos locais blackfoot e *cree*, não houve conflitos depois da chegada da Polícia Montada. A delegação de Walsh garantiu a manutenção da lei e da ordem no meio-oeste canadense, despertando respeito por sua diplomacia. O chefe nativo blackfoot Crowfoot o elogiou: "Eles nos protegeram como as penas protegem o pássaro no inverno".

O chefe Touro Sentado

James M. Walsh

As aventuras da Polícia Montada inspiraram numerosos escritores e cineastas. Com feições bem marcadas e trajes vermelhos, seus oficiais, apelidados de "mounties", eram heróis perfeitos. Talvez o filme mais conhecido seja "Rose Marie", de 1936, estrelado pelo cantor Nelson Eddy e pela atriz Jeanette MacDonald.

Os Skilled Horsemen (hábeis cavaleiros) da Musical Ride são selecionados a partir de dois anos na corporação. Começam, então, sete meses de treinamento intensivo.

MUSICAL RIDE

O Musical Ride é um espetáculo equestre sensacional, no qual 32 cavaleiros montados realizam manobras ao som de músicas. A coreografia não mudou desde que foi criada pelo Exército Britânico, há mais de um século. Em formação cerrada, os cavalos trotam, galopam, se reagrupam e atacam. No verão, o Ride é executado em diferentes partes do Canadá e Estados Unidos.

Como símbolo do Canadá, a imagem da Polícia Montada está presente em todo o tipo de material, desde selos e papel-moeda até este cartaz promocional do lago Louise, em Banff National Park, da década de 1940.

32 cavalos especialmente criados fazem parte do Musical Ride. São garanhões puro-sangue cruzados com éguas pretas hanoverianas, treinados durante dois anos.

A Polícia Montada atual é uma força policial de 20 mil homens, responsável pela execução da lei federal em todo o país. Seus deveres incluem desde a contagem de aves migratórias até questões de espionagem. Jatos e helicópteros são usados pela corporação hoje.

CENTRO DO CANADÁ

CENTRO DO CANADÁ

O Centro do Canadá inclui uma vasta região de florestas boreais e pastos férteis, conhecidos como Pradarias, que atravessam Manitoba, Saskatchewan e parte de Alberta. É a terra natal das Primeiras Nações, que dependiam dos rebanhos de búfalos para o fornecimento de alimento, abrigo e ferramentas. No fim do século 19 os búfalos foram caçados quase à extinção. Os colonizadores europeus construíram cidades e fazendas, alguns se casaram com nativas e formaram um novo grupo cultural, os *métis*. No século 20, a economia da região passou a depender de gasolina, petróleo e cereais. Hoje, as Pradarias estão pontilhadas de silos e são conhecidas por suas paisagens e cidades históricas fascinantes.

PRINCIPAIS ATRAÇÕES

Cidades Históricas
Batoche National Historic Park 28
Churchill 32
Dauphin 8
Duck Lake 29
Edmonton 23
Flin Flon 31
Fort Qu'appelle 10
Gimli 5
Lethbridge 18
Maple Creek 16
Medicine Hat 17
Moose Jaw 12
North Battleford e Battleford 27
Portage La Prairie 6
Red Deer 21
Regina 11
Saskatoon 13
Selkirk 3
Steinbach 2
The Pas 30
Vegreville 24
Winnipeg 1
Yorkton 9

Rios e Lagos
Lago Winnipeg 4

Parques Nacionais e das Províncias
Cypress Hills Interprovincial Park 15
Dinosaur Provincial Park 20
Elk Island National Park 22
Grasslands National Park 14
Prince Albert National Park 26
Riding Mountain National Park 7
Wood Buffalo National Park 25

Museus
Royal Tyrrell Museum of Palaeontology 19

LEGENDA
- Aeroporto internacional
- Rodovia
- Estrada principal
- Ferrovias principais

0 km 250

(mapa)

⊲ **Garota de origem índia, com traje típico, em apresentação de dança tradicional, em Alberta**

Winnipeg ❶

Winnipeg é uma cidade cosmopolita, bem no centro geográfico do Canadá. Mais de 50% da população de Manitoba vive aqui, principalmente nos subúrbios, que refletem uma ampla gama de culturas. Sua localização, na confluência dos rios Red e Assiniboine, tornou-a um importante centro comercial para os povos das Primeiras Nações, há 6 mil anos. No século 17, os europeus se estabeleceram aqui para comercializar peles. Durante a década de 1880, os cereais se tornaram a principal riqueza do oeste, graças à ferrovia que passava por Winnipeg. Hoje, a cidade, com museus, construções históricas e excelentes restaurantes, oferece uma estadia agradável aos visitantes.

Como Explorar Winnipeg

A maioria das atrações de Winnipeg está no centro da cidade e pode ser visitada a pé. O excelente Manitoba Museum of Man and Nature e o Ukrainian Cultural Centre ficam perto do Exchange District.

Na junção dos rios Red e Assiniboine está The Forks, um centro de diversões para a família, dedicado à história da cidade. No encontro das ruas Portage e Main está a zona financeira e comercial, com bancos e shopping centers.

🏛 St. Boniface

Cultural Centre, 340 Blvd. Provencher. 【 (204) 233 8972. ⬤ seg-sáb. ♿
A segunda maior comunidade de idioma francês fora de Quebec vive no distrito de St. Boniface. Este bairro tranquilo, de frente para The Forks, do outro lado do Red River, foi fundado por padres, em 1818, para abrigar os *métis (pág. 45)* e franceses. No mesmo ano, os padres construíram a Basílica de St. Boniface. Mesmo destruída por um incêndio em 1968, sua linha da fachada ainda atrai os turistas. O líder *métis* Louis Riel foi enterrado na basílica depois de executado por ter participado da rebelião em Batoche, em 1881. Em 1844, as Grey Nuns (ordem religiosa canadense) construíram o hospital que hoje abriga o St. Boniface.

🏛 Manitoba Children's Museum

The Forks. 【 (204) 956 5437. ⬤ diariam. 📷 ♿
Localizado em The Forks, o Manitoba Children's Museum oferece atividades para crianças de 3 a 11 anos. Na galeria All Aboard (uma referência ao grito "Todos a bordo" dos ferroviários) as crianças podem virar condutores por um dia, brincando em uma locomotiva a diesel de 1952 e aprendendo a história das ferrovias. Podem também navegar na Internet ou produzir um programa de TV no estúdio.

🏛 The Forks National Historic Site

45 Forks Market Rd. 【 (204) 983 6757. ⬤ parque: diariam; escritório: seg-sex. 📷 eventos especiais. ♿
O centro de diversões The Forks National Historic Site promove a história da cidade. O porto fluvial, os armazéns e os estábulos desta que já foi uma movimentada estação ferroviária foram restaurados.

Os estábulos, com tetos altos, clarabóias e pontes internas de comunicação abrigam um mercado, com grande variedade de alimentos especiais, produtos frescos, carne e peixe. Artesanato, jóias e arte nativa são vendidos no galpão onde se guardava o feno.

Situado em um parque de 23ha,

A entrada colorida do Manitoba Children's Museum

0 metros   500

LEGENDA

🚉 Estação de trem VIA

🅿 Estacionamento

ℹ Informação turística

Barcos de cruzeiro e canoas podem ser alugados no porto de The Forks

The Forks tem um anfiteatro ao ar livre e quatro torres de seis andares, de onde se pode apreciar a cidade. O passeio ao longo do rio oferece vistas maravilhosas do centro e do bairro de St. Boniface.

🏠 Dalnavert

61 Carlton St. ☎ (204) 943 2835. 🕐 ter-qui, sáb e dom. 🔴 seg e sex. 📷 ♿

Construída em 1895, esta linda casa vitoriana restaurada é um exemplo da arquitetura estilo Rainha Ana, com elegante exterior em tijolos vermelhos e varanda de madeira. A casa pertenceu a Sir Hugh John Macdonald, governador anterior de Manitoba e único filho vivo do primeiro premiê do Canadá, John A. Macdonald. O mobiliário rico reflete o estilo de vida de uma casa opulenta do fim do século 19.

CENTRO DE WINNIPEG

A estátua do Golden Boy enfeita o domo do Legislative Building

🏛 Legislative Building

esq Broadway e Osborne. ☎ (204) 945 5813. 🕐 visitas seg-sex. ♿

O Legislative Building –sede do Legislativo da província– foi construído com um raro e valioso tipo de pedra calcária e adornado com pequenos fósseis em toda a sua fachada. O prédio é cercado por 12ha de lindos jardins, onde há estátuas de poetas como Robert Burns, da Escócia, e Taras Ahevchenko, da Ucrânia.

🏛 Winnipeg Art Gallery

300 Memorial Blvd. ☎ (204) 786 6641. 🕐 ter-dom. 🎫 gratuito qua.

A Winnipeg Art Gallery tem o maior acervo de arte inuit do mundo. Mais de 10 mil entalhes, gravuras, desenhos e tecidos vêm sendo adquiridos desde 1957. Especialmente interessante é o painel de quatro corpos com colagem de tecidos intitulado "Four Seasons of Tundra", da artista inuit Ruth Qaulluaryuk. A galeria também apresenta pinturas góticas e renascentistas, doadas pelo fidalgo irlandês Visconde Gore.

Map labels: ALEXANDER AVENUE, RUE ST JOSEPH AVENUE, RUE AUBERT, HBARD AVE, Red River, PIONEER AVENUE, WATER AVENUE, AVENUE, MAIN STREET, AVENUE DE LA CATHÉDRALE, RUE DESPINS, ASSINIBOINE AVENUE, DOLLARD STREET, THOMAS STREET, BARRY STREET, RIVER AVENUE, Royal Canadian Mint

♛ Exchange District e Market Square

Albert St. ☎ *(204) 942 6716.*
Quando a companhia ferroviária Canadian Pacific Railway construiu a linha transcontinental que passava por Winnipeg, em 1881, a cidade progrediu, o que levou à criação de bolsas de mercadorias como a Winnipeg Grain Exchange. Em função dela, este bairro passou a se chamar Exchange District. Nele se instalaram elegantes casas, hotéis, bancos, armazéns e teatros, feitos em terracota e pedra trabalhada. O bairro é hoje National Historic Site (patrimônio histórico nacional) e foi restaurado, abrigando butiques, lojas de artesanato, móveis e antiguidades, galerias, estúdios e lofts residenciais.

O centro do bairro é o Old Market Square, um espaço popular onde se realizam festivais e concertos ao ar livre.

⛪ Ukrainian Cultural and Educational Centre

184 Alexander Ave. E. ☎ *(204) 942 0218.* ◯ *10h-17h seg-sex, 10h-15h sáb, 14h-17h dom.* ♿
Situado em um imponente edifício da década de 1930, no Exchange District, o Ukrainian Cultural and Educational Centre relembra a história e a cultura do segundo maior grupo étnico do Canadá. O centro oferece uma visão ímpar da história e da cultura ucranianas, em seu museu, galeria e biblioteca.

As exposições do museu incluem tecidos de cores vibrantes e entalhes em madeira, mas a atração mais popular é a coleção de ovos de Páscoa pintados à mão, cujo nome original é Pysanky.

Os muros originais do século 19 circundam os prédios de Lower Fort Garry

♛ Lower Fort Garry

Hwy 9, perto Selkirk. ☎ *(204) 785 6050.* ◯ *mai-set: 10h-18h diariam.* ♿♿
Localizado a 32km ao norte de Winnipeg, às margens do rio Red, Lower Fort Garry é o único entreposto comercial de peles, construído em pedra, ainda existente no Canadá. O forte foi criado em 1830 por George Simpson, governador da divisão norte da Hudson's Bay Company, cuja casa é hoje uma das principais atrações do forte.

Antes de explorar o forte, os visitantes podem ver um filme sobre sua história no centro de recepção. Muitas construções foram restauradas, inclusive as dependências do funcionário encarregado e a loja, com pilhas de peles.

Royal Canadian Mint

520 Lagimodière Blvd. ☎ *(204) 257 3359.* ◯ *mai-ago: 9h-16h seg-sex.* ♿♿♿
O Royal Canadian Mint –a Casa da Moeda– fica em um belíssimo edifício de vidro cor-de-rosa. Aqui são produzidas mais de 4 bilhões de moedas anualmente, para circulação no Canadá e em outros 60 países, incluindo a Tailândia e a Índia.

♣ Assiniboine Park

2355 Corydon Ave. ☎ *(204) 986 5537.* ◯ *diariam.* ♿
Estendendo-se por 153ha ao longo da margem sul do rio Assiniboine, o parque de mesmo nome é um dos maiores parques urbanos da região central do Canadá.

Uma de suas atrações mais procuradas é o Leo Mol Sculpture Garden, jardim com cerca de 50 esculturas de bronze, que leva o nome do autor das obras, um conhecido artista local. A estufa do parque oferece um jardim tropical com vários tipos de flores e arbustos. O parque também apresenta um jardim inglês, uma estrada de ferro em miniatura e um belo exemplo de jardim clássico francês. O antigo pavilhão de descanso hoje é a Pavilion Gallery, galeria de arte especializada nos artistas locais. O zoológico Assiniboine Park Zoo abriga 275 espécies diferentes, mas é especializado em animais de altas latitudes e montanhas, como ursos polares, pumas, wapitis e águias-calvas, o símbolo dos Estados Unidos.

As diversas trilhas para ciclismo e caminhadas são procuradas por turistas e moradores da cidade no verão, assim como as pistas de esqui cross-country, patinação e tobogã são a grande atração do inverno.

Escultura no jardim Leo Mol, Assiniboine Park

A pirâmide de vidro cor-de-rosa é a sede do Royal Canadian Mint

Manitoba Museum of Man and Nature

Mostras extraordinárias da geografia e das pessoas da região são apresentadas com criatividade neste museu, inaugurado em 1970. O visitante se desloca por galerias organizadas cronologicamente com mostras que vão da pré-história até os nossos dias. Cada área geográfica tem sua própria galeria: desde a Galeria da História da Terra, por exemplo, com fósseis de 500 milhões de anos, até a recriação de Winnipeg na década de 1920, com uma estação de trem, um cinema e um consultório de dentista. Uma das maiores atrações do museu é a réplica do *Nonsuch*, navio a vela do século 17.

PREPARE-SE

190 Rupert Ave. ☎ (204) 956 2830. 🚌 11. ○ meados mai-set: 10h-18h diariam; set-mai: 10h-16h ter-sex; 10h-17h sáb e dom. ● seg, set-mai. ♿🅿🚻📷📹

LEGENDA

- ☐ Galeria de Orientação
- ☐ Galeria da História da Terra
- ☐ Galeria do Ártico/Subártico
- ☐ Galeria da Floresta Boreal
- ☐ Galeria das Pastagens
- ☐ Sala da Descoberta
- ☐ Galeria Urbana
- ☐ Galeria do Nonsuch
- ☐ Galeria da Hudson's Bay Company
- ☐ Galeria de Parques/Florestas Mistas
- ☐ Exposições temporárias
- ☐ Espaço sem exposição

Diorama do Alce
Um alce e sua cria, entre as coníferas da floresta boreal, fazem parte da exposição que inclui índios cree fazendo pinturas rupestres e apanhando alimento antes da chegada do inverno.

Mezanino Boreal

Mezanino da História da Terra

Galeria do Nonsuch
Este brigue de dois mastros, construído na Inglaterra em 1970, é réplica do Nonsuch, *que chegou em 1688, à procura de peles.*

Entrada principal

GUIA DO MUSEU
As galerias estão em dois níveis, com escadas de acesso aos mezaninos de História da Terra e Floresta Boreal. Parte de um anexo de três andares, construído em 1999, abriga o acervo da Hudson's Bay Company.

Caça ao Bisão
Um caçador métis *de bisões simboliza para o museu o relacionamento do homem com o meio ambiente.*

As pradarias explodem em cores no verão do Centro do Canadá ▷

Cavalos aram a terra, em Mennonite Heritage Village, Steinbach

Steinbach ❷

🏃 11.350. ✈ 🚆 ℹ️ Hwy 12N.
(204) 326 9566.

Auma hora de carro a sudeste de Winnipeg, Steinbach
é uma comunidade com negócios importantes em transporte
rodoviário, serviços gráficos,
indústria e principalmente comércio
de veículos. Estas
atividades são
exercidas principalmente pelos
menonitas, membros de um grupo protestante
reconhecido por
sua honestidade nos negócios.

Máquina a vapor em
Mennonite Heritage Village

Os menonitas chegaram a
Steinbach em carroças puxadas
por bois, em 1874, fugidos da
perseguição religiosa na Rússia.
Embora não fosse servida de
ferrovias, a cidade cresceu
graças à habilidade dos menonitas como fazendeiros e, mais
tarde, como revendedores
de carros (apesar de, eles
mesmos, preferirem não usar
automóveis). A **Mennonite
Heritage Village**, que fica nas
proximidades, recria a colonização menonita do século 19,
com construções originais
centenárias como a igreja e a
escola. O restaurante serve
pratos caseiros como o *borscht*,
uma sopa feita de repolho e
creme, segundo a receita tradicional. Uma loja oferece
artigos artesanais, como, por
exemplo, as balas vitorianas.

🏛 **Mennonite Heritage
Village**
Hwy 12 North. 📞 (204) 326 9661.
🕐 mai-set: diariam. 🔲🔳

Selkirk ❸

🏃 9.800. 🚆 ℹ️ 200 Eaton Ave.
(204) 482 7176.

Onome da cidade homenageia o quinto visconde de
Selkirk, Thomas Douglas, cuja
família estava ligada à Hudson's Bay Company. Selkirk foi
fundada em 1882,
quando os colonizadores chegaram
pelo rio Red.
Hoje, na Main
Street, uma estátua de um bagre de 7,5m de
altura atesta que
Selkirk é a "Capital da América do Norte do
Bagre" e uma excelente opção
para a pesca esportiva.

A principal atração de Selkirk
é o Marine Museum of
Manitoba, onde estão expostos
seis navios históricos restaurados, entre eles o S.S. *Keenora*,
de 1897, o vapor mais antigo de Manitoba.

Lago Winnipeg ❹

🚆 Winnipeg. 🚆 Winnipeg.
ℹ️ Winnipeg (204) 945 3777.

Olago Winnipeg é enorme,
com 350km de extensão,
e domina a província de
Manitoba, ligando sua porção
sul ao norte, junto à baía de
Hudson, via rio Nelson. Os
resorts à beira do lago são
muito procurados por turistas
canadenses e estrangeiros.

Muitas praias se concentram
na costa sudeste do lago, inclusive Winnipeg Beach, conhecida por ter uma das melhores baías de windsurf do
lago. Uma enorme cabeça de
índio, esculpida em madeira
pelo artista nativo Peter "Wolf"
Toth, pode ser vista no parque
local. Chamada de *Whispering
Giant* (Gigante que Sussurra),
a escultura homenageia os povos das nações ojibwa, cree
e assiniboine, todas de
Manitoba.

Grand Beach, no **Grand
Beach Provincial Park**, tem
longas praias de areia fina e
enormes dunas cobertas de
grama, com mais de 8m de
altura. Atrás das praias fica o
pântano, conhecido como "a
lagoa", um dos tesouros do
parque, com muitas espécies
de pássaros, como o raro maçarico, ameaçado de extinção.

A oeste do lago, o **Oak
Hammock Marsh** é o hábitat
de 280 espécies de pássaros e
animais. O pântano, formado
de pradarias e penhascos com
árvores como o carvalho, abriga pássaros e patos, como o
maçarico (ave costeira), o

Navios históricos em frente ao Marine Museum of Manitoba, em Selkirk

Escultura de cedro entalhado, no parque de Winnipeg Beach

marreco e o *sharp-tailed sparrow* (parente do tico-tico).

Mais ao norte, o **Hecla Provincial Park** ocupa uma série de ilhas no lago. Uma passarela une a terra firme à ilha Hecla, originalmente habitada pelo povo anishinabe (ojibwa). Os primeiros colonizadores europeus foram os islandeses, que chegaram em 1875. Hoje, a vila costeira de Hecla é um lindo museu ao ar livre, apresentando construções restauradas do século 19. A partir de Hecla, há muitas trilhas para bicicleta e caminhadas, que levam a pontos panorâmicos onde se podem observar aves aquáticas, tais como as garças-azuis-grandes e o raro mergulhão.

♣ **Grand Beach Provincial Park**
Hwy 12, perto Grand Marais. ☎ (204) 754 2777. ⏰ diariam. 🅿️ ♿ parcial.

♣ **Hecla Provincial Park**
Hwy 8, perto Riverton. ☎ (204) 378 2261. ⏰ diariam. ♿

Gimli ❺

♟ 2.100. 🚉 ℹ️ Centre St. (204) 642 7974.

Localizada na margem oeste do lago Winnipeg, Gimli é a maior comunidade islandesa fora da Islândia. Quando os colonizadores chegaram à vizinha Willow Creek, em 1875,

tinham adquirido direito à terra. Logo proclamaram um estado independente, que durou até 1897, quando o governo insistiu em que outros imigrantes poderiam se instalar em Gimli. Hoje, o **New Iceland Heritage Museum** conta a história da cidade.

Gimli tem um clima náutico muito peculiar, com ruas de pedra que levam ao pitoresco porto e ao píer de madeira. No Icelandic Festival of Manitoba, realizado em agosto, os visitantes podem fazer de conta que são vikings, participando de jogos, ouvindo música folclórica e degustando especialidades islandesas.

A 25km a oeste de Gimli, a região de preservação Narcisse Wildlife Management Area foi criada para garantir o hábitat

de milhares de *red-sided garter snakes* (cobras não-venenosas americanas), que podem ser vistas durante o verão, em uma trilha curta.

🏛 **New Iceland Heritage Museum**
Gimli Public School, 62 Second Ave. ☎ (204) 642 4001. ⏰ jul e ago: diariam; telefonar para visitas fora de estação. 💰 doações. ♿

Portage la Prairie ❻

♟ 13.400. 🚉 🚌 ℹ️ 11 Second St. NE (204) 857 7778.

Portage la Prairie está localizada no centro de uma rica área agrícola de cultivo de trigo, cevada e canola. A cidade recebeu este nome francês, que significa "desvio por terra", por ficar entre o lago Manitoba e o rio Assiniboine, que formavam uma importante via fluvial para os primeiros viajantes. Hoje, esta comunidade progressista oferece atrações como Fort La Reine Museum e Pioneer Village, no lugar onde o forte original foi construído pelo explorador francês La Vérendrye, em 1738. O museu exibe ferramentas e fotografias da vida nas pradarias no século 19. A ferrovia em exposição apresenta um vagão, um barracão para o vigia e o carro de Sir William Van Horne, fundador da Canadian Pacific Railroad. Pioneer Village recria com perfeição o povoamento do século 19, com lojas autênticas e a igreja.

Estátua de um viking, na vila de Gimli

Pioneer Village, parte do conjunto de Fort La Reine, em Portage la Prairie

Riding Mountain National Park ❼

Hwys 10 e 19. 📞 1 800 707 8480.
⭕ diariam. 🚻 ♿ parcial.

Uma das atrações mais procuradas do oeste de Manitoba é o Riding Mountain National Park, uma área selvagem de 3.000km². As melhores trilhas para caminhadas e alguns dos mais belos cenários da província são encontrados no centro do parque, onde há um platô coberto por florestas e lagos. A leste, uma floresta sempre verde de ciprestes, abetos e pinheiros abriga alces e wapitis. Um pequeno rebanho de 30 bisões também pode ser visto no parque, perto do lago Audy. Os bisões foram reintroduzidos aqui na década de 1930, depois de dizimados no século 19. A região mais desenvolvida está em volta do pequeno povoado de Wasagaming, onde podem ser obtidas informações sobre a rede de trilhas para ciclismo, caminhadas e passeios a cavalo existentes no parque. Também há canoas para alugar, que permitem explorar o maior lago do parque, o Clear.

Wasagaming é o povoado mais importante do parque com hotéis, restaurantes e campings. Na vila Anishinabe, nas proximidades, os visitantes podem acampar em legítimas cabanas indígenas.

Um dos bisões do rebanho do Riding Mountain National Park

Dauphin ❽

🚻 8.800. ✈ 🚌 🚍 ℹ 3rd Ave. (204) 638 4838.

Cidade arborizada agradável, Dauphin foi batizada pelo explorador francês La Vérendrye, em homenagem ao príncipe francês, que é chamado de delfim. Situada ao norte do Riding Mountain National Park, Dauphin é um centro de abastecimento e distribuição das fazendas do vale do rio Vermilion. O Fort Dauphin Museum, na zona urbana, é a réplica de um posto comercial

do século 18. A exposição inclui uma canoa de casca de bétula, típica dos caçadores de peles, e várias edificações pioneiras, como escola, igreja e ferraria.

Atualmente, o domo em forma de cebola da Church of the Resurrection é um tributo aos imigrantes ucranianos, que começaram a chegar em 1891. Uma refeição tradicional ucraniana, incluindo os saborosos bolinhos recheados *pirogi*, faz parte do passeio pela igreja.

Yorkton ❾

🚻 16.700. ✈ 🚌 🚍 ℹ cruzamento Hwy 9 com Hwy 16 (306) 783 8070.

Quando foi fundada, em 1882, Yorkton era uma comunidade agrícola. Localizada no centro de Saskatchewan, destaca-se pela arquitetura de suas igrejas, especialmente a católica de St. Mary, que reflete a herança ucraniana da cidade. Construída em 1914, tem um maravilhoso domo, a 21m de altura, com ícones e pinturas. A filial do **Western Development Museum** de Yorkton (um dos quatro da província) focaliza a história dos imigrantes da região.

🏛 Western Development Museum

Yellowhead Hwy. 📞 (306) 783 8361.
⭕ mai-meados set: diariam. 🚻 ♿

O imponente domo da igreja católica de St. Mary, em Yorkton

Elegante fachada da Motherwell Homestead

Fort Qu'Appelle ❿

🚻 2.000. ℹ Regina (306) 789 5099.

Assim denominada em 1864 por causa do posto comercial de peles da Hudson's Bay Company, a pitoresca cidade de Fort Qu'Appelle se situa entre Regina e Yorkton, na Highway 10. O **Fort Qu'Appelle Museum** foi construído no local do antigo forte e inclui um pequeno edifício no exterior, parte de sua estrutura original. O museu exibe artefatos nativos, tais como antigos trabalhos em contas e um acervo de fotografias de pioneiros.

O rio Qu'Appelle, de 430km, corta cerca de dois terços do sul de Saskatchewan. Em Fort Qu'Appelle o rio se alarga e forma uma fileira de oito lagos, em cujas margens estão vários parques provinciais. Circuitos panorâmicos pelo interior são apenas uma das atrações do vale.

A 30km a leste de Fort Qu'Appelle fica o **Motherwell Homestead National Historic Site**. Construído pelo político William R. Motherwell, esta casa de pedra, com grandes jardins, está aberta à visitação. Motherwell introduziu muitas melhorias agrícolas na região e foi tão bem-sucedido que, depois de viver na pobreza por 14 anos, tornou-se secretário da Agricultura de Saskatchewan de 1905 a 1918.

🏛 Fort Qu'Appelle Museum

esq Bay Ave. e Third St. 📞 (306) 332 6443. ⭕ jul-set: diariam. 🚻 ♿ limitado.

🏠 Motherwell Homestead

na saída da Hwy 22. 📞 (306) 333 2166. ⭕ mai-out: diariam. 🚻 ♿ limitado.

Regina ⓫

🚶 199.700. ✈ ⌧ 🚌 ℹ️ Hwy 1 E
(306) 789 5099.

Regina, a capital de Saskatchewan, é uma cidade amistosa e movimentada. Seu nome é um tributo à rainha Vitória e foi dado por sua filha, a princesa Louise, casada com o então governador geral do Canadá. Regina foi fundada em 1882, mas começou como um acampamento, chamado Pile O'Bones. O nome deriva de "oskana" (palavra da língua cree que significa "ossos de bisão"), devido às pilhas de ossos abandonadas após a caça.

Hoje, Regina é uma cidade moderna e progressista, cujos arranha-céus contrastam com as 350 mil árvores do parque urbano Wascana Centre, de 930ha. O parque possui um grande lago artificial, onde está a ilha Willow –local procurado para piqueniques, que pode ser alcançado por ferryboat. O parque também abriga cerca de 60 espécies de aves aquáticas, entre elas numerosos gansos canadenses. O **Royal Saskatchewan Museum**, no parque, enfoca a história dos povos das Primeiras Nações, dos primórdios até hoje. Há palestras de chefes tribais sobre a terra e seus recursos, bem como murais, esculturas e pinturas contemporâneas de artistas de Saskatchewan.

Ganso canadense no Wascana Centre Park

Um dos muitos murais dos edifícios do centro, em Moose Jaw

O quartel general original da Polícia Montada do Noroeste fica a oeste do centro da cidade. Hoje, o quartel da Real Polícia Montada do Canadá treina todos os "mounties" e também sedia o **RCMP Centennial Museum**, que conta a história da corporação desde o início, com o massacre de Cypress Hills, em 1873 *(pág. 245)*. Um dos destaques da visita ao museu são as cerimônias e exercícios desempenhados por grupos especialmente treinados da Polícia Montada. Entre as atrações estão a Sergeant Major's Parade, a Musical Ride e as Sunset Retreat Ceremonies.

🏛 Royal Saskatchewan Museum
esq Albert St. e College Ave. ☎ (306) 787 2815. ☐ diariam. ● dez 25. ♿
🏛 RCMP Centennial Museum
Dewdney Ave. W. ☎ (306) 780 5838. ☐ diariam. ♿

Moose Jaw ⓬

🚶 34.500. ⌧ 🚌
ℹ️ 99 Diefenbaker Dr. (306) 693 8097.

A tranquila cidade de Moose Jaw foi fundada pela Canadian Pacific Railroad, em 1882, para ser um terminal ferroviário. Logo depois, a American Soo Line de Minneapolis, Minnesota, construiu outro terminal. Hoje, uma série de murais relembra os pioneiros da estrada de ferro e os fazendeiros, e decoram 29 edifícios perto da 1st Avenue, no centro. Nas proximidades, a River Street concentra hotéis da década de 1920 e armazéns que refletem a época em que Moose Jaw era a "cidade do pecado" –quando a Lei Seca nos EUA criou a produção ilegal de bebida no Canadá, contrabandeada para Chicago por gângsteres como Al Capone.

A filial do Western Development Museum de Moose Jaw concentra-se principalmente em exposições relacionadas às ferrovias.

Cadetes da Academia da Real Polícia Montada do Canadá em marcha, em Regina

Dançarino tradicional de powwow, em Wanuskewin Park, Saskatoon

Saskatoon ⑬

🏙 229.750. ✈ 🚆 🚌 ⓘ 6306 Idylwyld Dr. N. (306) 242 1206.

Fundada em 1882 pelo metodista de Ontário John Lake, como uma colônia de abstinência alcoólica, Saskatoon está situada no meio da pradaria. Hoje, a cidade é um centro agrícola e comercial e um movimentado ponto de apoio regional aos criadores de gado e agricultores de trigo das comunidades vizinhas. A história da região é contada na filial do Western Development Museum de Saskatoon, que focaliza os anos de progresso do século 18, recriando a movimentada rua principal de uma cidade típica da pradaria, com a estação ferroviária e o hotel.O

rio South Saskatchewan atravessa a cidade acompanhado de parques viçosos, incluindo o belíssimo **Wanuskewin Heritage Park,** de 120ha, que se dedica a contar a história das Primeiras Nações. Muitos sítios arqueológicos confirmam a existência de comunidades de caça e coleta há 6.000 anos. Algumas das escavações estão abertas ao público e um excelente centro de informação tem um laboratório arqueológico que explica a pesquisa atual. As colinas arborizadas do parque e os riachos pantanosos ainda são lugares sagrados para os povos da planície do norte, que atuam como guias. Trilhas fáceis levam o visitante a cabanas indígenas dispostas em círculo e pontos de onde os bisões saltavam para a morte *(pág. 294)*.

Na margem do rio também estão dois fascinantes museus, o Ukrainian Museum of Canada, com seu acervo de tecidos coloridos tradicionais, e a Mendel Art Gallery, com arte das Primeiras Nações, como cerâmica inuit e objetos de vidro.

⚜ **Wanuskewin Heritage Park**

na saída da Hwy 11. 📞 (306) 931 6767. 🔘 diariam. ● Sexta-Feira Santa, dez 25. 🏷 ♿ limitado.

Grasslands National Park ⑭

cruzamento Hwys 4 com 18. ⓘ Val Marie (306) 298 2257. 🚌 Val Marie. 🔘 diariam. ♿ parcial.

Situado a sudoeste de Saskatchewan, o Grasslands National Park foi fundado em 1981 para preservar uma das últimas pradarias originais da América do Norte. O parque é uma região de climas extremos, onde as temperaturas podem chegar a 40°C, no verão, e até -40°C, no inverno. A vida selvagem no parque é rara e inclui lagarto-de-corno-curto e gavião-ferrugíneo. A paisagem escarpada do vale do rio Frenchman é o único local onde ainda vive o cão-das-pradarias-de-rabo-preto no Canadá. É possível andar e acampar no parque, mas as instalações são básicas.

Cão-das-pradarias

A leste do parque está a paisagem fantástica formada pelas geleiras das **Big Muddy Badlands**. No início do século 20, cavernas de arenito erodidas e ravinas profundas eram esconderijo de ladrões de gado, como Butch Cassidy e Dutch Henry.

🏔 **Big Muddy Badlands**

na saída da Hwy 34. 📞 (306) 267 3312. Passeios no verão com saída de Coronach. 🏷

Montanhas isoladas de topo chato *(buttes)* em Big Muddy Badlands, vistas do Grasslands National Park

Cypress Hills Interprovincial Park ⓯

Hwy 41. **ℹ** *(306) 662 2645.* **▣**
Maple Creek. ○ *diariam.* **♿** *parcial.*

Atravessando o limite entre Saskatchewan e Alberta, o Cypress Hills Interprovincial Park oferece lindas vistas da planície, do alto de picos de 1.400 metros de altura. A paisagem é semelhante ao sopé das Montanhas Rochosas, com muitos pinheirais e flores silvestres. Caminhadas pelas trilhas do parque permitem ao visitante ver alces, wapitis e veados-de-rabo-branco, bem como mais de 200 espécies de pássaros que param aqui durante a migração, como o raro cisne-corneteiros e o *mountain chickadee* (passarinho norte-americano).

Na parte leste do parque, em Saskatchewan, **Fort Walsh National Historic Site** abriga a reconstrução do Fort Walsh, construído em 1875 pela Polícia Montada para impedir que os comerciantes ilegais de uísque causassem problemas aos nativos. Nas proximidades, os postos de comércio de venda ilícita de bebida –Farwells e Solomons– foram reconstruídos. Guias vestidos a caráter contam a história do massacre de Cypress Hills.

⚑ Fort Walsh National Historic Site
Cypress Hills Interprovincial Park.
☎ *(306) 662 2645.* ○ *mai-out: 9h-17h diariam.* 🅿

Maple Creek ⓰

🏚 *2.300.* **▣ ℹ** *Hwy 1 West (306) 662 2244*

Localizada na beira de Cypress Hills, Maple Creek é tratada carinhosamente de "a antiga cidade das vacas". Foi fundada como um centro de criadores de gado, em 1882. A cidade parece ser do Velho Oeste, com caminhões, trailers e criadores de gado transitando pelo centro. A fachada original das lojas do século 19 de Maple Creek incluem o elegante Commercial

Hotel, com seu hall de mármore. O mais antigo museu da província, o Saskatchewan Old Timers' Museum, se orgulha de seu acervo de quadros e objetos que contam a história dos nativos e dos primórdios da colonização da região.

Medicine Hat ⓱

🏚 *46.700.* **✕ ▣ ℹ** *8 Gekring Rd SE (403) 527 6422.*

Ovale do rio South Saskatchewan é o cenário da cidade de Medicine Hat, centro da indústria de gás de Alberta. Fundada em 1883, Medicine Hat é conhecida pela Seven Persons Coulee, barranco que abrigou um acampamento nativo e de onde os búfalos saltavam para a morte, e hoje um dos sítios arqueológicos mais importantes do norte. Provas de que os povos aborígines moraram aqui há 6.000 anos têm sido encontradas. Podem ser feitos passeios pelo sítio arqueológico.

Iron Bridge sobre o Oldman River, em Lethbridge

Lethbridge ⓲

ℹ *66.050.* **✕ ▣ ℹ** *2805 Scenic Dr. (403) 320 1222.*

Carvão, petróleo e gás são a base do sucesso de Lethbridge. A terceira maior cidade de Alberta herdou seu nome do proprietário de minas William Lethbridge, em 1885, mas povos das Primeiras Nações, como os blackfoot, habitam a região desde tempos pré-históricos.

Situada nas margens do rio Oldman, Lethbridge é a sede do famoso Fort Whoop-up, estabelecido em 1869 pelos comerciantes de uísque John Healy e Alfred Hamilton, com o propósito de lucrar com a venda ilícita e frequentemente mortal de uísque. Muitos nativos, atraídos pela bebida, foram envenenados e até mortos pela fermentação, feita de substâncias como tabaco e tinta vermelha. Hoje, a réplica do Fort Whoop-up tem um centro para visitantes que descreve a história do posto comercial.

MASSACRE DE CYPRESS HILLS

Em 1º de junho de 1873, um grupo de comerciantes de uísque atacou um acampamento assiniboine, matando homens, mulheres e crianças pelo suposto roubo de seus cavalos. Muitos nativos já tinham morrido por ingerir a bebida dos comerciantes, adulterada com substâncias tais como tinta e estricnina.

O massacre levou à criação da Polícia Montada do Noroeste. O primeiro posto foi em Fort Macleod, em 1874, e o seguinte em Fort Walsh, em 1875. Isso arrasou o comércio de uísque e deu aos "mounties" a confiança dos nativos.

Dois nativos *assiniboine*, em gravura de 1844

Royal Tyrrell Museum of Palaeontology 🔟

O albertossauro é o logo do museu

O extraordinário Royal Tyrrell Museum of Palaeontology foi inaugurado em 1985 e é o único museu do Canadá que abrange os 4,5 bilhões de anos da história da Terra. A disposição das mostras permite aos visitantes seguir a evolução dos dinossauros e fósseis de diferentes idades. O museu se vale de recursos multimídia como computadores, vídeos e dioramas tridimensionais para recriar diferentes paisagens pré-históricas, dando vida à era dos dinossauros.

PREPARE-SE

Hwy 858, 6km NW de Drumheller.
📞 (403) 823 7707. 🚌 Calgary.
🕐 mai-ago: 9h-21h diariam; set e out: 10h-17h diariam; nov-abr: 10h-17h ter-dom. ♿ 📷 🚻 ♿

LEGENDA

☐	Hall da Ciência
☐	Terópodo Extremo
☐	Descobertas
☐	Xisto Burgess
☐	Hall dos Dinossauros
☐	Mar de Pegadas de Ursos
☐	Idade dos Répteis
☐	Idade dos Mamíferos
☐	Paleontoconservatório
☐	Paleozóico terreste
☐	Sala de Novas Descobertas
☐	Galeria do Pleistoceno
☐	Espaço sem exposição

Hall dos Dinossauros
Aqui um T-rex observa do alto outros 35 esqueletos completos de dinossauros.

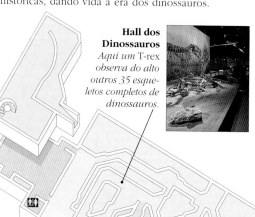

A **"Introdução aos Fósseis"**, parte desta galeria, explica os fósseis e sua formação, da resina de árvore fossilizada (âmbar) aos moldes naturais e formas de 500 milhões de anos.

GUIA DO MUSEU
O acervo está disposto em vários níveis, alcançados por uma série de rampas. Cada área é dedicada à mostra de uma era geológica. Exposições introdutórias sobre fósseis e dinossauros são seguidas de mostras sobre mamíferos pré-históricos e das glaciações. A maior e mais procurada parte do museu é o Hall dos Dinossauros.

ESCAVAÇÕES DO MUSEU

Visitantes em uma escavação

A maioria dos resquícios de dinossauros do museu foi encontrada em Alberta Badlands, paisagem árida de ravinas e escarpas íngremes. Há vários passeios pela região, como uma observação de escavações de duas horas ou acampamentos de uma semana ou mais. Os visitantes podem ajudar os paleontólogos a desenterrar fósseis e ossos de dinossauros.

Albertossauro
O fóssil do albertossauro foi encontrado em 1884, no Drumheller Valley, pelo homônimo do museu, Dr. J.B. Tyrrell. Primo do carnívoro T-rex, este réptil era um caçador feroz.

O maior lago de Elk Island National Park, Astotin Lake, é circundado por uma trilha muito procurada

Dinosaur Provincial Park ⑳

Route 544. ☎ (403) 378 4342.
◯ diariam. 🏞 ♿ parcial.

A duas horas de carro a sudeste da cidade de Drumheller, o Dinosaur Provincial Park, Patrimônio Histórico da Humanidade tombado pela Unesco, foi estabelecido em 1955 e contém um dos mais ricos sítios de fósseis do mundo. Localizado ao longo do vale do rio Red Deer, o parque tem esqueletos de dinossauros, principalmente do período Cretáceo, entre 144 e 66,4 milhões de anos atrás *(págs. 228-9)*. Mais de 300 achados importantes foram feitos aqui e mais de 30 instituições no mundo têm espécimes deste vale em exposição.

Saindo de Drumheller, é possível fazer um passeio de 48km pelo **Dinosaur Trail**, que leva os visitantes ao "Vale dos Dinossauros"

e apresenta fósseis e mostras relacionadas à vida pré-histórica, bem como vistas extraordinárias da paisagem árida, a partir de pontos altos, como o Horseshoe Canyon.

🏞 Dinosaur Trail
ℹ️ Drumheller (403) 823 1331.

Red Deer ㉑

🏛 63.100. 🚍 ℹ️ Heritage Ranch, Hwy 2: (403) 346 0180.

L ocalizada a meio caminho entre Calgary e Edmonton, esta cidade movimentada foi fundada em 1882 por colonizadores escoceses, como ponto de parada para os viajantes. Hoje moderna, com boas instalações culturais e recreacionais, é o eixo do distrito de parques do centro de Alberta. A cidade tem construções interessantes, como a premiada igreja de St. Mary e a Water Tower, ponto turístico conhecido como "Green Onion" (cebola verde). A bela reserva de Waskasoo Park está localizada ao longo do rio Red.

Hoodoos, torres de pedra esculpidas pela erosão glacial, em Drumheller

Elk Island National Park ㉒

Hwy 16. ☎ (780) 992 2950.
◯ diariam. 🏞 ♿ parcial.

E stabelecido em 1906 como primeiro santuário da vida animal do Canadá, Elk Island se tornou parque nacional em 1913. Oferece recantos selvagens a meia hora de carro de Edmonton. Com 194km², é excepcional por ser hábitat de mamíferos grandes, como o wapiti e espécies de bisão raras e ameaçadas de extinção. A paisagem das áreas de transição com álamos (campinas, florestas e alagados) é, segundo a World Wildlife Fund for Nature, um dos hábitats mais ameaçados da América do Norte.

Álamos crescem principalmente nas colinas, enquanto o bálsamo, o choupo e a bétula branca surgem perto de lugares úmidos. Plantas como *sedge* e salgueiro também crescem ao longo de pântanos e abrigam pássaros, tais como o *swamp sparrow* (parente do tico-tico) e pequenos pássaros cantores amarelos.

Elk Island é procurado para passeios de um dia e também por ser um bom lugar para piqueniques. Há 13 trilhas para caminhadas, com diferentes dificuldades e extensões. No verão, várias atividades estão disponíveis, como natação, canoagem e acampamento. Esqui cross-country é a mais procurada no inverno.

Palácio de Gelo, em Edmonton

Edmonton ❷❸

iii 890.000. ✈ ⊠ 🚊 🚌 ℹ
9797 Jasper Ave. (780) 496 8400.

Edmonton se estende pelo vale do rio North Saskatchewan e fica no centro da província de Alberta, da qual é capital. Estabelecida como uma série de postos comerciais da Hudson's Bay Company em 1795, é atualmente o centro da indústria petrolífera do Canadá.

O centro de Edmonton se desenvolve ao redor da Jasper Avenue e Sir Winston Churchill Square, onde edifícios altos de vidro se destacam das lojas e restaurantes. Sem dúvida, a maior atração de Edmonton é o gigantesco **West Edmonton Mall**, conhecido como o maior shopping center do mundo,

com mais de 800 lojas e serviços, um parque de diversões, mais de 100 restaurantes, um parque aquático com praia e ondas, um campo de golfe e uma pista de patinação. Em contraste, o centro da cidade abriga uma das construções mais antigas de Alberta, a Alberta Legislature, inaugurada em 1912. De frente para o antigo Fort Edmonton, o edifício é cercado de jardins e fontes.

A sudoeste do centro, Fort Edmonton Park recria o forte original da Hudson's Bay Company, com a reconstrução de ruas de 1885 e 1920. Aqui os visitantes experimentam tempos passados, caminhando entre lojas e casas comerciais originais, e andando em carros puxados por cavalo, trem a vapor ou bonde.

🎡 West Edmonton Mall
170th St. e 87th Ave. 📞 *(780) 444 5200.* ⭕ *diariam.* ♿

Vegreville ❷❹

iii 5.300. 🚌 ℹ *na Pysanka gigante (780) 632 6800.*

Ao longo da Yellowhead Hwy, em direção leste a partir de Edmonton, está a cidade ucraniana de Vegreville. Sua comunidade é famosa por produzir os tradicionais ovos de Páscoa decorados ucranianos, ou pysanki. Visível da estrada,

este ovo gigante é decorado com desenhos dourados, prateados e cor de bronze, que contam a história dos colonizadores ucranianos da região e comemoram sua fé religiosa, as colheitas abundantes e a proteção que receberam dos "mounties". O ovo tem 7m de altura e é feito com mais de 3,5 mil pedaços de alumínio.

Um ovo de Páscoa gigante, feito pelos ucranianos de Vegreville

Wood Buffalo National Park ❷❺

principal acesso: Fort Smith, NWT. 📞 *(867 872 7900).* ⭕ *diariam.* 🏞

O maior parque nacional do Canadá, Wood Buffalo National Park, é quase do tamanho da Dinamarca, com uma área de 44.807km². Foi transformado em Patrimônio da Humanidade pela Unesco, em 1983, por oferecer ampla gama de hábitats para animais de espécies raras, inclusive de bisões.

Há três meios ambientes diferentes aqui: planaltos com florestas marcados pelo fogo; um platô grande mal drenado, com riachos e pântanos; e o delta Peace-Athabasca, cheio de campinas de *sedge*, pântanos e lagos rasos. É comum ver falcões-peregrinos e águias-calvas e o parque é o único lugar de nidificação de um tipo raro de grou no mundo.

A HISTÓRIA DE GREY OWL

Muito antes de a preservação do meio ambiente se tornar popular, o naturalista conhecido por Grey Owl (coruja cinzenta) abraçou sua causa. Inspirado por sua mulher de origem *mohawk*, Anahareo, ele escreveu o primeiro de seus best sellers: *Men of the Last Frontier*, em 1931, e no mesmo ano se tornou o naturalista oficial do Prince Albert National Park. Construiu uma cabana às margens do lago Ajawaan, de onde administrava o programa de proteção ao castor.

Ao morrer de pneumonia, em 1938, o público se revoltou quando um jornal revelou que ele era inglês. Nascido em Hastings, em 1888, Archibald Stansfield Belaney tornou-se o Grey Owl ao retornar ao Canadá após a Primeira Guerra. Ele usava calças de couro e cabelo trançado em estilo apache. Hoje, seu legado simboliza a proteção à vida selvagem do Canadá.

Grey Owl alimenta um castor

Prince Albert National Park ㉖

Estabelecido em 1927, o Prince Albert National Park, com 3.875 km² de vida selvagem, varia de terrenos suavemente ondulados, cobertos de álamos, ao sul, a abetos e pinheiros da floresta boreal, ao norte. O meio ambiente diversificado permite a existência de espécies como alce, lobo e caribu, nas florestas; wapiti, bisão e texugo, em áreas mais abertas. O centro do parque e as áreas mais acessíveis aos visitantes são trilhas para caminhada e canoagem ao redor dos lagos Kingsmere e Waskesiu. A cidade de Waskesiu é o melhor lugar para começar a explorar o parque.

PREPARE-SE

na saída da Hwy 2. 📞 *(306) 663 4522.* ⬤ *meados mai-ago: 8h-22h diariam; set-mai: 8h-16h. Centro da Natureza aberto jul-ago: 10h-17h diariam.* 🅿 📷 ♿ ⛺

LEGENDA

━━ Estrada principal

═══ Estrada secundária

╴╴ Trilha para caminhadas

━ Rios

⛺ Camping

🍴 Área para piquenique

ℹ Informação turística

❀ Vista panorâmica

A cabana de Grey Owl
Uma das trilhas mais procuradas leva à cabana de Grey Owl, "Beaver Lodge".

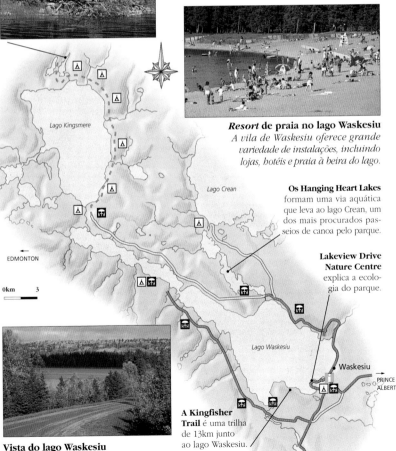

Resort de praia no lago Waskesiu
A vila de Waskesiu oferece grande variedade de instalações, incluindo lojas, hotéis e praia à beira do lago.

Os Hanging Heart Lakes
formam uma via aquática que leva ao lago Crean, um dos mais procurados passeios de canoa pelo parque.

Lakeview Drive Nature Centre
explica a ecologia do parque.

Lago Kingsmere

Lago Crean

EDMONTON

0km   3

Lago Waskesiu

Waskesiu

→ PRINCE ALBERT

A Kingfisher Trail é uma trilha de 13km junto ao lago Waskesiu.

Vista do lago Waskesiu
Folhagem de outono da floresta boreal, ao redor do lago, vista da Kingsmere Road.

Carreta de canhão em Fort Battleford National Historic Site

North Battleford e Battleford ②

🚶 19.500. 🚐 ℹ️ *Centro Turístico, cruzamento Hwys 16 com 40 (306) 445 2000.*

As comunidades de North Battleford e Battleford, conhecidas como The Battlefords, estão uma em frente à outra no vale do North Saskatchewan River. O nome deriva da região no rio Battle que presenciou antigos conflitos entre os blackfoot e os cree. Povoado importante no oeste, Battleford foi escolhido como sede do governo dos Territórios de Noroeste, de 1876 a 1882. Hoje, essas comunidades são centros industriais importantes, embora a filial de North Battleford do Western Development Museum enfatize a vida rural das pradarias.

Uma das mais populares atrações em The Battlefords é a **Allan Sapp Gallery**, instalada na antiga biblioteca municipal. Allan Sapp é um dos artistas canadenses atuais mais apreciados. Seu trabalho promove as tradições da comunidade Northern Plains Cree de maneira simples, com pinturas e desenhos coloridos com delicadeza.

Do outro lado do rio, logo ao sul de Battleford, o **Fort Battleford National Historic Site** tem um posto restaurado da Polícia Montada do Noroeste. A fortaleza tem edifícios originais, tais como o Sick Horse Stable, onde os cavalos da Polícia Montada são levados para se recuperar da vida dura. Guias a caráter contam a história de quando 500 colonizadores se refugiaram no local, durante a Rebelião do Noroeste.

🏛 **Allan Sapp Gallery**
1091 100th St. 📞 *(306) 445 1760.* ⏰ *13h-17h diariam.* ♿ *limitado.*

🏯 **Fort Battleford National Historic Site**
acesso pela Hwy 4. 📞 *(306) 937 2621.* ⏰ *meados mai-out: diariam.* 📷 ♿

Batoche National Historic Park ②

Route 225 pela Hwy 312. 📞 *(306) 423 6227.* ⏰ *mai-out: diariam.* 📷 ♿

A vila original de Batoche foi o lugar onde os *métis* enfrentaram a Canadian Militia pela última vez, liderados por Louis Riel e Gabriel Dumont, em 1885 *(pág. 45).*

No século 17, os comerciantes de peles de origem européia começaram a se casar com mulheres índias e adotaram idiomas e costumes nativos. O povo resultante dessa mistura de raças, conhecido como *métis*, havia se rebelado em 1869, em Winnipeg, quando intuíram que o governo federal poderia privá-los de seus direitos à terra. A história se repetiu em 1885 e então os *métis* rebeldes chamaram de volta Riel, exilado em Montana, para declarar um governo provisório em Batoche. A violência foi desencadeada a 9 de maio de 1885 e passou para a história como a Rebelião do Noroeste. Riel entregou-se, foi julgado por traição e enforcado em Regina.

Hoje, o Batoche National Historic Park ocupa a vila e o campo de batalha originais. Os 648ha de parque abrigam a igreja de St. Antoine de Padou, a reitoria e o cemitério, onde os líderes *métis* estão enterrados. Um centro de informações oferece uma apresentação audiovisual sobre a história de Batoche e da rebelião, sob o ponto de vista dos *métis*.

Igreja St. Antoine de Padou e reitoria em Batoche National Historic Park

URSOS POLARES

Conhecido como o "Lorde do Ártico", o magnífico urso polar pode pesar até 650kg. Durante o outono, os ursos começam a se reunir ao longo da baía, a leste de Churchill, esperando o degelo para caçar focas. Seu agudo olfato pode detectar um cheiro a até 32km de distância e perceber a presença de focas debaixo de 1m de neve e gelo.

Cerca de 150 ursos passam por Churchill durante a estação. A melhor maneira de vê-los é em um "buggy de tundra", veículo semelhante a um ônibus, aquecido e seguro, que se eleva a dois metros do solo.

O majestoso urso polar

Duck Lake ㉙

🚶 670. 🚉 ℹ️ *301 Front St. (306) 467 2277.*

Um pouco a oeste da pequena vila agrícola de Duck Lake foi afixada uma placa em comemoração aos primeiros tiros da Rebelião do Noroeste. A 26 de março de 1885, um intérprete da polícia e um emissário *cree* discutiram e o oficial foi morto. Durante a batalha que se seguiu, 12 "mounties" e seis *métis* foram mortos. A batalha de Duck Lake está representada em uma série de murais, no centro de visitantes da cidade.

The Pas ㉚

🚶 5.900. 🚉 🚉 ℹ️ *324 Ross Ave. (204) 623 7256.*

Este que já foi um posto-chave do comércio de peles, há 300 anos, é hoje um importante centro de transporte e distribuição industrial para o noroeste de Manitoba. Nas imediações está o Clearwater Lake Provincial Park, cujo nome remete ao lago, tão claro que permite ver o fundo, a 11m de profundidade. O parque oferece trilhas que passam pelas "cavernas", resultado de um fenômeno geológico pelo qual massas de pedra se separaram dos penhascos da costa e criaram enormes fissuras, que são abrigo de animais como ursos pretos, esquilos e furões.

Flin Flon ㉛

🚶 7.200. ✈️ 🚉 ℹ️ *Hwy 10A (204) 687 4518.*

Ladeiras íngremes indicam que Flin Flon está sobre rochas pré-cambrianas (tão antigas quanto a formação da crosta terrestre, há cerca de 3,8 bilhões de anos). A região é famosa por oferecer um tipo especial de pedra verde de origem vulcânica. A cidade tem o nome do personagem do romance *The Sunless City*, de J. E.P. Murdock, livro lido por um garimpeiro na época em que reivindicou sua mina, em 1915. Cobre e ouro ainda são encontrados em Flin Flon, mas os visitantes vêm aqui para conhecer a região selvagem do Grass River Provincial Park.

Numerosas ilhas pontilham os lagos do sistema fluvial do parque, que tem sido uma rota de comércio há séculos, usada por nativos e mais tarde por exploradores europeus e comerciantes de peles, para se deslocarem das florestas do norte às pradarias. Hoje, os visitantes podem seguir a rota histórica em passeios de canoa e pescar lúcio, truta-do-lago, turbot e perca.

Churchill ㉜

🚶 1.100. ✈️ 🚉 ℹ️ *211 Kelsey Blvd. (204) 675 2022.*

Situada na foz do rio Churchill, na baía de Hudson, a cidade mantém o aspecto das cidades pioneiras, sem hotéis de luxo nem ruas calçadas e com poucas árvores. A paisagem ártica se vê livre da neve de junho ao fim de agosto. Churchill não tem acesso por estrada. Pode ser alcançada apenas de avião ou trem, a partir de Winnipeg, Thompson e The Pas. Apesar de tão remota, foi um importante ponto de entrada no Canadá para os primeiros exploradores, que chegaram de barco no século 18. A Hudson's Bay Company estabeleceu um posto avançado de comércio de peles aqui, em 1717.

Hoje, os visitantes procuram ursos polares, belugas e a grande variedade de flora de tundra na região. Na primavera, a tundra fica coberta de musgos e liquens e explode em pequenas flores vermelhas, violeta e amarelas. No verão, as belugas se deslocam rio acima para águas mais quentes, e podem ser vistas em passeios de barco ou em mergulhos.

Letreiro alerta sobre ursos polares, perto de Churchill

Colúmbia Britânica e Montanhas Rochosas

Introdução à Colúmbia Britânica e às Montanhas Rochosas

A NATUREZA PRIVILEGIADA da Colúmbia Britânica, incluindo as escarpas, florestas e lagos das Montanhas Rochosas, atrai milhões de pessoas anualmente para inúmeras atividades ao ar livre. A paisagem da região é bem diversificada, e compreende desde os picos de rocha nua no norte até os prósperos pomares e vinhedos do Okanagan Valley, no sul. O clima temperado faz com que esta província tenha mais espécies de animais e plantas do que qualquer outra parte do país.

Na ilha de Vancouver (Vancouver Island), uma grande ilha a oeste, o turista pode apreciar uma floresta tropical e a bela paisagem costeira do Pacific Rim National Park. Situada entre o oceano Pacífico e as Coast Mountains, Vancouver é uma cidade bastante interessante, com fácil acesso para o restante da região e para a cidade de Calgary, a leste.

Florestas tropicais centenárias do Gwaii Haanas National Park, nas ilhas Queen Charlotte

Iluminado por 3.000 lâmpadas, o parlamento de Victoria se espelha nas águas do Inner Harbour, na ilha de Vancouver

VEJA TAMBÉM

- **Onde Ficar** págs. 355-9
- **Onde Comer** págs. 375-9

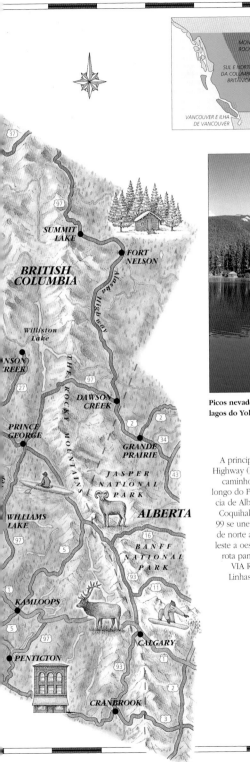

Picos nevados próximo ao Emerald Lake, um dos lagos do Yoho National Park, nas Rochosas

COMO CIRCULAR

A principal rodovia da região, a Trans-Canada Highway (Hwy 1), sai de Vancouver, passa pelo caminho aberto durante a corrida do ouro ao longo do Fraser Canyon e segue rumo à província de Alberta. De Hope partem três estradas: a Coquihalla Highway vai até Kamloops; a Hwy 99 se une à Hwy 97 e corta o Okanagan Valley de norte a sul; e a Hwy 3 atravessa a região de leste a oeste. Quem viaja de trem pode pegar a rota panorâmica entre Vancouver e Jasper, da VIA Rail. A BC Rail leva até Prince George. Linhas de ônibus operam em toda a região.

0 km   100

LEGENDA

▨ Rodovia

▨ Estrada principal

≡ Rio

-- Fronteiras provinciais

Montanhas Rochosas

O trecho canadense das Montanhas Rochosas constitui uma parte mais recente da Western Cordillera, uma grande cordilheira que se estende do México ao Canadá. As Rochosas do Canadá foram formadas entre 20 milhões e 120 milhões de anos atrás. Incluem alguns dos picos mais altos do país, a Columbia Icefield (um campo de gelo de 389km²) e lagos glaciais. Os campos ficam cobertos de flores silvestres no verão, e no inverno a neve atrai os esportistas. A fauna e a flora das Rochosas canadenses são preservadas em diversos parques nacionais. Os mais famosos são os de Banff, Jasper e Yoho *(págs. 298-309)* –neste se encontra o famoso depósito de fósseis de Burgess Shale.

Orquídea das Rochosas

LOCALIZE-SE

Rochosas canadenses

Liard River Hot Springs são fontes termais situadas ao longo da famosa Alaska Highway *(págs. 260-1)*. Sua formação pode ser explicada da seguinte forma: aqui a água penetra no solo por fendas e fissuras, até atingir as rochas superaquecidas (1.000°C) da crosta terrestre. O vapor produzido se eleva e atinge a superfície, onde é condensado.

Watson Lake

Fort Nelson

Rocky Mountain Trench

Fort St. John

Dawson Creek

Grande Prairie

Jasp

Prince George

Fraser River

Kamloops

Hoodoos é o nome dado a estas formações rochosas parecidas com cogumelos, esculpidas pelo vento e pela areia. Situam-se ao redor dos picos do Muncho Lake Provincial Park, no norte das Rochosas canadenses.

A Icefields Parkway *(Hwy 93), entre o Lake Louise, no Banff National Park, e Jasper, é uma estrada com vistas para a paisagem serrilhada dos picos mais recentes. Eles se formaram na fase final da elevação das montanhas, entre 15 e 20 milhões de anos atrás. Cadeias mais antigas, como a dos Apalaches (pág. 19), apresentam topo arredondado por estarem expostas à erosão há mais tempo.*

*O Maligne Canyon,
com paredões de
50m de profundi-
dade, fica no Jasper
National Park. Este
precipício surgiu
com o derretimento
da geleira que cobria
o vale. O rio Maligne
passa na estreita
fenda formada lá
embaixo, com
diversas cavernas
subterrâneas.*

COMO AS MONTANHAS ROCHOSAS FORAM FORMADAS

A formação das Rochosas se deve a três
fatores principais. Primeiro, grandes áreas
da crosta terrestre (chamadas de placas
tectônicas), em constante movimento,
criaram elevações. Em seguida, a placa
norte-americana foi pressionada pela placa do Pacífico, que formou uma cadeia
de vulcões a partir da rocha derretida.
Finalmente, erosões durante as glaciações, bem como a ação dos rios e dos
ventos, depositaram rochas sedimentares
sobre a placa norte-americana, que to-
mou a forma atual com novo movimento
das placas entre 25 e 50 milhões de anos
atrás. Os picos serrilhados revelam que
esta é uma formação recente.

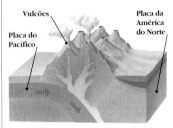

Vulcões

Placa da
América
do Norte

Placa do
Pacífico

1 Há cerca de 150 milhões de anos, a placa do Pacífico moveu-se para leste, juntando-se à rocha
derretida das profundezas da placa norte-americana.
Esta parte se elevou, formando a Western Cordillera.

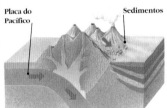

Placa do
Pacífico

Sedimentos

2 A Cordillera sofreu erosão durante milhões de
anos durante várias glaciações. Por causa
disso, os sedimentos se acumularam na costa
leste da cadeia montanhosa, íngreme e escarpada.

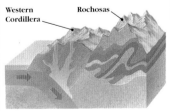

Western
Cordillera

Rochosas

3 Há cerca de 50 milhões de anos, a placa do Pacífico continuou a se mover, forçando a Cordillera para o leste, comprimindo as rochas sedimentares e levando-as a formar as Montanhas Rochosas.

Lewis Overthrust, *no Waterton Lakes National
Park, é um fenômeno geológico. Quando as rochas
se moveram para o leste durante a formação das
Montanhas Rochosas, uma massa composta pela
camada mais inferior (chamada de Lewis Thrust)
elevou-se e irrompeu nas pradarias.*

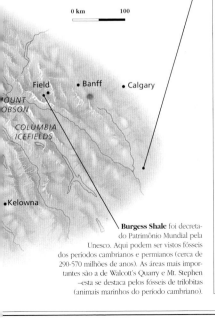

0 km   100

Field   • Banff   • Calgary

'OUNT
OBSON

COLUMBIA
ICEFIELDS

• Kelowna

Burgess Shale foi decretado Patrimônio Mundial pela
Unesco. Aqui podem ser vistos fósseis
dos períodos cambrianos e permianos (cerca de
290-570 milhões de anos). As áreas mais importantes são a de Walcott's Quarry e Mt. Stephen
–esta se destaca pelos fósseis de trilobitas
(animais marinhos do período cambriano).

Fauna e Flora da Costa da Colúmbia Britânica

Da fronteira sul com os Estados Unidos até a extremidade norte, perto das ilhas Queen Charlotte, a região costeira da Colúmbia Britânica é considerada o ecossistema mais rico do país. As águas mornas do norte do oceano Pacífico amenizam o clima e dão origem à uma floresta úmida temperada onde vivem veados-do-rabo-preto, ursos-pretos e onças-pardas. A floresta também cobre várias ilhas, baías e enseadas habitadas por muitas espécies animais e vegetais, incluindo algumas das árvores mais altas do Canadá. A pseudotsuga e o abeto-sitka podem atingir 91m de altura.

Os cisnes-corneteiros têm esse nome por causa do som que emitem. Eles vivem em lagos, rios e áreas alagadas.

FLORESTA ÚMIDA TEMPERADA
O elevado índice de chuvas e o clima ameno são responsáveis por estas florestas exuberantes, ricas em cedros, abetos e pinheiros. As espécies mais altas são a pseudotsuga e o abeto-sitka. Sob as árvores crescem musgos, samambaias e flores silvestres, entre elas as orquídeas. Campanhas ambientalistas tentam proteger a área do desmatamento.

*A **águia-calva**, com a inconfundível cabeça branca, pode ser vista em bandos mergulhando para apanhar peixes ao redor das ilhas Queen Charlotte. A área tem a maior concentração desta ave na Colúmbia Britânica.*

*O **urso-preto branco** vive apenas na costa da Colúmbia Britânica. Pertence à família do urso-preto comum e é hábil na pesca do salmão.*

*Os **patos-arlequins** são pequenos e tímidos, e os machos distinguem-se por serem malhados. Bons nadadores, gostam de rios turbulentos e das fortes ondas do Pacífico.*

*O **veado-do-rabo-preto** só pode ser visto no norte da costa do Pacífico. É o menor representante da família dos veados e serve de presa para as onças-pardas da região.*

SALMÃO

As águas da costa da Colúmbia Britânica abrigam cinco espécies de salmão: rosa, coho, chinook, sockeye e chum. Eles formam a base de uma das indústrias pesqueiras mais importantes do mundo. Todos os salmões do Pacífico desovam na água doce apenas uma vez quando adultos, morrendo em seguida. Os filhotes migram para o mar, onde crescem até atingir entre 7kg e 45kg. Adultos, eles nadam longas distâncias contra a correnteza até voltar para o local onde nasceram.

O salmão chinook salta subindo a correnteza para desovar.

O salmão sockeye é um alimento muito apreciado por sua carne firme e saborosa.

HÁBITAT DA COSTA

A orla costeira do norte do Pacífico é banhada por águas mornas, e a diversidade de sua fauna e flora é insuperável por qualquer outro litoral de clima temperado. A região possui milhares de ilhas e enseadas, abrigando diversos animais. Entre os mamíferos se encontram as baleias cinzenta, jubarte e orca, lontras-marinhas, focas e leões-marinhos.

Os leões-marinhos-do-norte vivem em grupos na costa da Colúmbia Britânica. Grandes e pesados, locomovem-se na terra com as nadadeiras dianteiras.

A gaivota-de-glauco é uma ave marinha grande e de costas escuras, que faz seu ninho nos rochedos da costa e nas ilhotas.

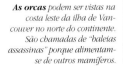

As orcas podem ser vistas na costa leste da ilha de Vancouver no norte do continente. São chamadas de "baleias assassinas" porque alimentam-se de outros mamíferos.

As lontras-marinhas quase foram exterminadas pela indústria de peles. São brincalhonas e povoam a costa da Colúmbia Britânica e a ilha de Vancouver.

Alaska Highway

A construção da Alaska Highway foi um empreendimento extraordinário. A estrada, que serpenteia por 2.451km de montanhas, *muskeg* (pântanos cobertos de musgo) e florestas, foi concluída em 1942, apenas oito meses e doze dias após o início da obra. Ela atravessa toda a Colúmbia Britânica, ligando os Estados Unidos ao Alasca, e foi erguida após o ataque japonês a Pearl Harbour, em 1941, como rota militar para defender a costa noroeste do mais isolado Estado americano.

Na época a estrada era toda de cascalho, mas hoje conta com duas pistas e está asfaltada na maior parte. O traçado está sendo gradualmente remodelado para diminuir as curvas. A atual extensão da estrada já é menor: 2.394km.

ALASCA

YUKON

TERRITÓRIOS DO NOROESTE

COLÚMBIA BRITÂNICA

ALBERTA

LOCALIZE-SE

   Mapa da área

YUKON

FAIRBANKS

Destruction Bay

Haines Junction

Johnson's Crossing

KLUANE NATIONAL PARK

LLEWELLYN GLACIER PROVINCIAL PARK

O *Kluane National Park* *oferece algumas das paisagens mais belas vistas da rodovia. As Kluane Mountains estão entre as mais altas do Canadá, e o gelo cobre quase a metade do parque.*

Whitehorse *é a capital de Yukon e centro regional da indústria madeireira e de mineração. A cidade, situada na milha (mile) 910 da rodovia, mantém o clima fronteiriço, e nela pode-se ouvir coiotes à noite.*

A histórica Mile 836 indica o local do Canol Project. Esse oleoduto foi erguido ao longo da rodovia, como parte do projeto militar. O duto se estende por 965km até a refinaria de petróleo de Whitehorse.

O lago Teslin *foi batizado no idioma tlingit e significa "águas extensas e estreitas". A rodovia margeia os 130km de extensão do lago, que é emoldurado por picos cobertos de neve. Atualmente a região atrai pescadores em busca de trutas, salmonídeos e pikes, e também caçadores.*

No **inverno,** a Alaska Highway costuma ficar coberta de neve. Desde que foi aberta para a população, em 1949, grupos de trabalhadores mantêm as condições de uso durante o ano inteiro.

A CONSTRUÇÃO DA RODOVIA

A Alaska Highway foi construída em menos de nove meses por engenheiros do exército norte-americano e trabalhadores canadenses. O cartaz para recrutamento de mão-de-obra alertava: "Não se trata de um piquenique. Será preciso enfrentar pântanos, rios, gelo e frio. Os mosquitos, moscas e borrachudos, mais do que perturbar, irão causar danos físicos. Se você não está preparado para trabalhar nestas condições, NÃO SE CANDIDATE".

Os trabalhadores viviam em acampamentos que mudavam de lugar conforme a construção progredia. Se um grupo ficasse preso em um dos muitos pântanos, recorria-se a técnicas como colocar toras de madeira lado a lado e depois cobri-las com cascalho. Em certos trechos era preciso utilizar cinco camadas.

Caminhão atolado aguarda colocação de toras

No trecho do Peace River Valley a estrada corta férteis áreas de cultivo, entre Dawson Creek e Fort St. John. Antes da construção da ponte suspensa sobre o rio Peace em 1943, a travessia era feita em ferryboats.

Historic Mile 588 ou "Contact Creek" é o local de encontro das duas equipes de obras, vindas do norte e do sul, em 1942.

Sign Post Forest, em Watson Lake, reúne mais de 10 mil placas. A primeira foi colocada em 1942 por um soldado com saudade de Illinois.

LEGENDA
- Alaska Hwy
- Outras rodovias
- Parques nacionais e da província
- Fronteiras provinciais

Vancouver e Ilha de Vancouver

VOLTADA PARA AS ÁGUAS dos estreitos de Johnstone e Georgia, Vancouver é de uma beleza geográfica restrita a poucas cidades do mundo. As montanhas da costa emolduram edifícios com cúpulas de cobre e torres de vidro. O capitão James Cook reivindicou a área para os ingleses quando fez uma parada em Nootka Sound, ilha de Vancouver, em 1778. Até então a área era habitada por mais de 10 mil anos pelo povo de Coast Salish, cuja cultura pode ser conhecida em dois dos melhores museus canadenses: o UBC Museum of Anthropology, em Vancouver, e o Victoria's Royal BC Museum. Constituída como cidade depois que um incêndio destruiu o recém-instalado povoado de Granville em 1886, Vancouver tem bairros históricos, jardins exuberantes e parques bem preservados em seus arredores. Uma curta travessia de ferryboat leva até o famoso Pacific Rim National Park, na ilha de Vancouver, a mais importante área de observação de baleias do país.

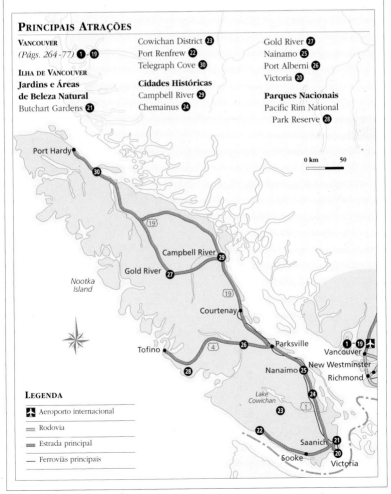

Principais Atrações

VANCOUVER
(Págs. 264-77) **1**-**19**

ILHA DE VANCOUVER
Jardins e Áreas de Beleza Natural
Butchart Gardens **21**

Cowichan District **23**
Port Renfrew **22**
Telegraph Cove **30**

Cidades Históricas
Campbell River **29**
Chemainus **24**

Gold River **27**
Nainamo **25**
Port Alberni **26**
Victoria **20**

Parques Nacionais
Pacific Rim National Park Reserve **28**

Port Hardy
30
19
Campbell River **29**
Gold River **27**
Nootka Island
19
Courtenay
Tofino
26 Parksville
28 Nanaimo **25** Vancouver **1**-**19**
New Westminster
Richmond
24
Lake Cowichan
23
22
Saanich **21**
Sooke **20**
Victoria

0 km 50

LEGENDA

✈ Aeroporto internacional
═ Rodovia
▭ Estrada principal
― Ferrovias principais

◁ **Detalhe de um tótem haida, esculpido em cedro, representando uma serpente de duas cabeças**

Como Explorar Vancouver

O centro de Vancouver constitui a área principal. Consiste em uma extensão de terra cercada pelas águas da English Bay. O centro parte da Robson Square. O Stanley Park (com 404,7ha) ocupa a ponta da península, perto de West End. Os bairros históricos de Chinatown e Gastown ficam perto da Main Street, via que corta a cidade de norte a sul.

PRINCIPAIS ATRAÇÕES

Ruas e Edifícios Históricos
Chinatown ❷
Old Hastings Mill Store ⓬

Locais Históricos
Capilano Suspension Bridge ⓲
Royal Hudson Steam Train ⓮

Parques e Jardins
Dr. Sun Yat-sen Chinese Garden ❶
Grouse Mountain ⓱
Lighthouse Park ⓳
Lynn Canyon Park e Ecology Centre ⓰
Queen Elizabeth Park
  e Bloedel Conservatory ❾
Stanley Park ⓭
Van Dusen Botanical Gardens ❿

Arquitetura Moderna
BC Place Stadium ❹

Museus e Galerias
Maritime Museum ❻
Science World ❸
*University of British Columbia Museum
  of Anthropology págs. 274-5* ⑪
Vancouver Art Gallery ❺
Vancouver Museum e Pacific
  Space Centre ❼

Áreas de Compras
Granville Island ❽
Lonsdale Quay Market ⓯

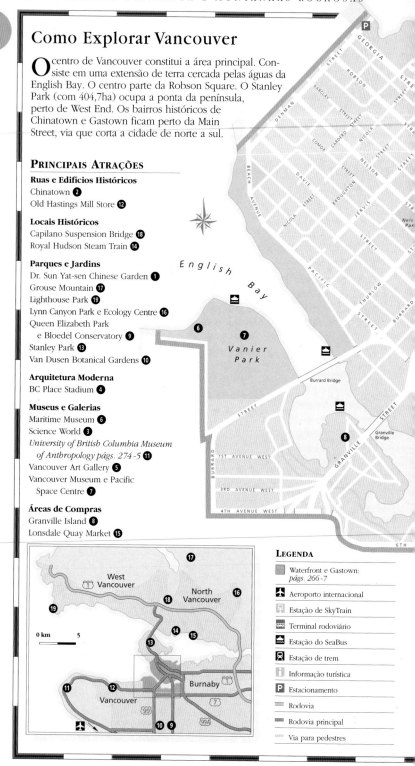

LEGENDA

Waterfront e Gastown: *págs. 266-7*
Aeroporto internacional
Estação de SkyTrain
Terminal rodoviário
Estação do SeaBus
Estação de trem
Informação turística
Estacionamento
Rodovia
Rodovia principal
Via para pedestres

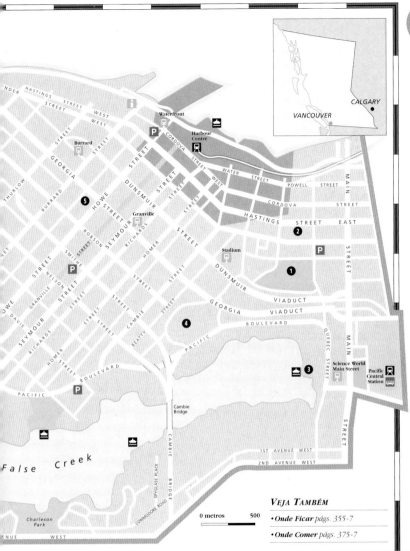

CALGARY

VANCOUVER

Waterfront

Harbour Centre

Burrard

Stadium

Granville

Science World Main Street

Pacific Central Station

Cambie Bridge

False Creek

Charleson Park

VEJA TAMBÉM

• **Onde Ficar** *págs. 355-7*

• **Onde Comer** *págs. 375-7*

0 metros   500

COMO CIRCULAR

Como a maior parte do centro fica cercado de água, o amplo sistema de transporte de Vancouver inclui o Sea-Bus, ônibus e o SkyTrain, um sistema sem condutor que circula acima e abaixo da superfície. O SeaBus liga Lonsdale Quay em North Vancouver à estação de Waterfront Station, na qual se pode passar para o sistema de ônibus ou do SkyTrain. Diversos habitantes fazem seu percurso diário de carro e convém evitar o horário de pico, porque só há acesso para o centro por algumas pontes –entre elas a Lion's Gate Bridge.

Rua a Rua: Waterfront e Gastown

Uma das áreas mais antigas de Vancouver, Gastown fica em frente da Burrard Inlet e entre Columbia Street, a leste, e Burrard Street, a oeste. O bairro cresceu ao redor de um saloon, aberto em 1867 pelo "tagarela" Jack Deighton, cuja estátua pode ser apreciada na Maple Tree Square. Hoje, Gastown é uma agradável mistura de ruas pavimentadas de pedregulhos, construções restauradas do século 19 e lojas. Nas ruas Powell, Carrall e Cordova ficam lojas elegantes e galerias, cafés e restaurantes distribuem-se pelas passagens e pátios. Um café bastante apreciado funciona no local da primeira cadeia da cidade. Na esquina das ruas Water e Cambie, os visitantes podem apreciar as badaladas do relógio a vapor a cada 15 minutos, além dos artistas de rua.

★ Canada Place

O Canada Place é uma maravilha arquitetônica à beira da água, com vidro e velas brancas. Abriga um hotel, dois centros de convenção e um terminal de barcos.

O SeaBus

Pode-se ter lindas vistas da baía a bordo do SeaBus, um catamarã que transporta passageiros pela Burrard Inlet entre a Waterfront Station e o Lonsdale Quay, em North Vancouver.

A Waterfront Station funciona em uma bela construção do século 19 da Canadian Pacific Railroad.

★ Harbour Centre Tower

O Harbour Centre é um edifício moderno e alto, famoso por sua torre. Do alto de seus 167m, pode-se avistar Victoria, na ilha de Vancouver —em um dia de bom tempo.

PONTOS ALTOS

★ Canada Place

★ Harbour Centre Tower

Water Street
Muito do charme de Gastown vive nesta rua. A Water Street exibe lâmpadas a gás e pavimentação de pedra, além de lojas, cafés e o famoso relógio a vapor.

LOCALIZE-SE
Mapas págs. 264-5

Relógio a Vapor
Para alguns este é o primeiro relógio a vapor do mundo – construído na década de 1870. Toca a cada 15 minutos na esquina das ruas Water e Cambie.

"Gassy" Jack Statue
Gastown deve seu nome ao "tagarela" Jack Deighton, marinheiro inglês famoso por sua grandes histórias e pelo saloon que abriu em 1867 para os trabalhadores de uma serraria.

A Inuit Gallery, na Water Street, reúne diversas peças de arte inuit, como jóias e pinturas originais.

Fazer compras na Powell Street, em suas lojas elegantes e pequenas galerias, é uma experiência agradável.

0 metros 100

Triangular Building
Similar ao Flatiron Building, de Nova York, esta estrutura notável foi erguida em 1908-9 para abrigar um hotel. Fica na esquina das ruas Alexander e Powell, hoje é residencial.

Pavilhão do Dr. Sun Yat-sen Classical Chinese Garden

Dr. Sun Yat-sen Classical Chinese Garden ❶

578 Carrall St. ☎ *(604) 662 3207.* 🚇 *Central Station.* 🚇 *Central Station.* 🚌 *19, 22.* 🚋 *Downtown terminal.* ☐ *jun-set: 9h30-19h; out-mai: ligar antes.* ● *25 dez.* 🈵 🚻 ♿

Construído para a Expo '86, esta recriação dos jardins da dinastia Ming, de 800 anos, oferece refúgio para o agito do centro de Vancouver. A tranquilidade do jardim se deve aos antigos princípios taoístas, que procuram atingir um equilíbrio saudável entre as forças contrastantes do homem e da natureza.

Durante a construção do local, mais de 50 artesãos vieram de Suzhou, Cidade Jardim da China, para aplicar só ferramentas e técnicas tradicionais. Os pavilhões e as passarelas foram feitos com materiais trazidos da China, entre eles telhas elaboradas à mão e pedregulhos para o pátio. Diversas plantas e árvores simbolizam virtudes humanas. O salgueiro representa a graça feminina, o bambu e a ameixeira a força masculina.

Chinatown ❷

Pender St. 🚇 *East Hastings e East Pender Sts routes.*

O bairro chinês é mais antigo do que a cidade. Em 1858, chegou ao Canadá o primeiro grupo de imigrantes chineses em busca de ouro. A Canadian Pacific Railroad e a promessa de emprego na ferrovia atraíram mais trabalhadores chineses na década de 1880. Hoje, Chinatown se estende da Carrall até a Gore Streets e ainda constitui local de acolhida para imigrantes asiáticos mais recentes.

Chinatown foi tombada em 1970 como área histórica, e diversos edifícios foram restaurados. Telhados com decoração elaborada e balcões cobertos são típicos dessas construções. A principal via, Pender Street, é o melhor local para se apreciar os detalhes arquitetônicos comuns nos andares superiores, como os balcões de madeira pintados. Placas de ruas com ideogramas chineses completam a atmosfera.

Seja para apreciar um pato chinês, observar o preparo dos bolinhos conhecidos como won tons ou se deliciar com os inúmeros pratos disponíveis nos vários restaurantes, a atração principal do bairro é a comida. Igualmente fascinantes são as lojas, de padarias que oferecem pães salgados e doces tradicionais a herbanários, a joalherias especializadas em jade. Para fugir um pouco da agitação de Chinatown procure as diversas casas de chá e o Dr. Sun Yat-sen Chinese Garden, perto daqui, que também oferece chá e bolos, e durante o verão organiza concertos semanais de música chinesa à luz suaves das lanternas.

Placa bilíngue em Chinatown

Science World ❸

1455 Quebec St. ☎ *(604) 268 6363.* 🚇 *Central Station.* 🚋 *Central Station.* ☐ *10h-17h seg-sex, 10h-18h sáb e dom.* ● *25 dez.* 🈵 ♿

Em frente às águas de False Creek, perto da Main Street Railway Station, fica o alto domo geodésico (47m) que hoje abriga o museu de ciências de

O assombroso domo geodésico abriga o Science World de Vancouver

Vancouver, o Science World. O domo foi erguido para a Expo '86 pelo inventor norte-americano R. Buckminster Fuller e hoje constitui um dos principais cartões-postais da cidade. Em 1989, o museu interativo foi transferido para este local.

Entre as diversas atividades interativas estão o passeio pelo interior de uma câmera e brincadeiras com líquidos magnéticos, o que torna o local muito apreciado pelas crianças. Na Sara Stern Search Gallery, os visitantes podem tocar e sentir a pelagem, os ossos e a pele dos animais, enquanto no Shadow Room os turistas "caçam" a própria sombra. Diversas apresentações com laser também são realizadas no local.

Outro destaque do museu é seu famoso cinema Omnimax, situado no alto do domo. Uma enorme tela exibe filmes de vôos por paisagens grandiosas como o Monte Everest e o Grand Canyon.

BC Place Stadium ❹

777 Pacific Blvd. Sul. 🅒 *(604) 661 7373.* 🚇 *Stadium.* 🕐 *variado, depende dos eventos programados.* 🌐 🎦 *mai-out: ter-sex.* ♿

Ponto de destaque no perfil da cidade, o telhado com domo branco do BC Place Stadium já foi chamado de "cogumelo gigante". Quando foi inaugurado, em 1983, tratava-se do primeiro estádio coberto do Canadá e o maior domo sobre vão livre do mundo. Versátil, o estádio pode em poucas horas ser transformado de um campo de futebol com capacidade para 60 mil pessoas para uma acolhedora sala de concertos para 30 mil espectadores.

A rainha Elizabeth II e o Papa João Paulo II estão entre os visitantes famosos do local. Os turistas que desejam encontrar uma celebridade podem fazer um passeio "por trás dos bastidores", pelas salas dos guarda-roupas ou áreas para a imprensa. O estádio também abriga o **BC Sports Hall of Fame**

O gigantesco domo do BC Place Stadium

and Museum, com acervo sobre a história dos heróis esportivos locais.

🏛 BC Sports Hall of Fame and Museum

BC Place Stadium. 🅒 *(604) 687 5520.* 🕐 *10h-17h diariam.* 🌐 ♿

Vancouver Art Gallery ❺

750 Hornby St. 🅒 *(604) 662 4719.* 🚇 *Central Station.* 🚌 *Central Station.* 🚎 *3.* 🕐 *diariam.* 🌐 ♿

O que já foi o imponente tribunal de justiça da Colúmbia Britânica hoje abriga a Vancouver Art Gallery. O edifício foi projetado em 1906 por Francis Rattenbury, um arquiteto conhecido pelo estilo gótico da sede do Parlamento de Victoria e pelo Empress Hotel *(pág. 278)*. O interior foi modernizado em 1983 por Arthur Erikson, outro arquiteto famoso, autor do UBC Museum of Anthropology *(págs. 274-5)*.

Fachada da Vancouver Art Gallery, com elementos vitorianos

Entre o enorme acervo de arte canadense moderna e antiga, entre elas obras do Grupo dos Sete *(págs. 160-1)*, o local também abriga o maior acervo do mundo de quadros de uma das artistas canadenses mais apreciadas, Emily Carr. Carr nasceu em 1871 e estudou a cultura local, capturando o modo de vida nativo e as paisagens do litoral ocidental. Com frequência ela retratou objetos haida, como tótens. Cores como o azul, verde e cinza predominam nos retratos da tormentosa costa oeste.

Maritime Museum ❻

1905 Ogden Ave. 🅒 *(604) 257 8300.* 🚇 *Central Station.* 🚌 *Central Station.* 🕐 *final mai-ago: diariam; set-meados mai: ter-dom.* ● *25 dez.* 🌐 ♿

A escuna *St. Roch* em exposição permanente no Maritime Museum relembra o passado de Vancouver como porto e centro de comércio. Construída em 1928 para ser um barco de suprimento para a Polícia Montada, entre 1940-42, o *St. Roch* foi o primeiro navio a atravessar a Northwest Passage em ambas as direções.

Outras peças em exibição são o *Man the Oars* e o *Map the Coast*, que conta a história do capitão inglês George Vancouver e da tripulação do *Chatham* e do *Discovery*, que mapeou as enseadas da costa da Colúmbia Britânica em 1792. Do Children's Maritime Discovery Centre se avista o porto da cidade com a ajuda de um poderoso telescópio.

Vancouver refletida nas águas do Johnson Strait, com as Coastal Mountains ao fundo ▷

Escultura de aço em frente à peculiar fachada do Vancouver Museum

Vancouver Museum e Pacific Space Centre ❼

1100 Chestnut St., Vanier Park.
📞 (604) 738 7827. 🚇 Central
Station. 🚉 Central Station. 🚌 22.
🕐 jul e ago: diariam; set-jun: ter-
dom. ♿♿

Situado no Vanier Park, perto do Maritime Museum (pág. 269), o Vancouver Museum distingue-se na paisagem da cidade. Erguido em 1967, o local exibe um teto branco e curvo, já comparado a um disco voador. Em frente a ele, uma singular escultura moderna, parecida com um enorme caranguejo de aço, situa-se em uma fonte, no lado sul do museu.

Faz parte da mostra permanente a Orientation Gallery, que recria o litoral rochoso e o interior montanhoso da Colúmbia Britânica. A história de Vancouver, da cultura dos povos aborígines ao início da formação da cidade, pode ser apreciada em uma série de belas fotos preto e branco. O museu se destaca pela abordagem da vida cotidiana, com mostras como a que exibiu vagões da Canadian Pacific Railroad da década de 1880, roupas da década de 1930 e placas de ruas da cidade.

Parte do museu, o Pacific Space Centre agrada muito às crianças. O Cosmic Courtyard é um espaço interativo voltado para a exploração do espaço, inclusive o envolvimento do Canadá na pesquisa espacial e na astronomia.

Aqui, os visitantes podem lançar um foguete ou ser um astronauta no simulador Virtual Voyages.

Granville Island ❽

1398 Cartwright St. 📞 (604) 666
5784. 🚇 Central Station. 🚉 Central Station. 🚌 51. 🕐 Mercado:
9h-18h diariam; outras lojas: 10h-18h diariam. ♿

Este antigo bairro industrial reúne diversas lojas, galerias e estúdios de artistas, que ocupam os galpões coloridos com telhas de estanho. O incêndio de 1886 destruiu quase toda a cidade e levou os moradores a se mudar para o sul, para a ilha de Granville e arredores. Muitos dos edifícios antigos foram construídos em locais reivindicados em 1915 pelas nascentes indústrias de madeira e ferro.

Placa da Granville Island Brewing Company

Na ilha não há filiais de redes de lojas, e as pequenas lojas, famosas por seus produtos variados, originais e de qualidade, exibem objetos de arte local, tapetes, jóias e tecidos.

A ilha também é um centro de artes performáticas e sedia diversas companhias de música, dança e teatro. Um mercado aberto todos os dias oferece uma grande variedade de alimentos, reflexo da diversidade étnica de Vancouver. Os cafés à beira da água e os restaurantes ocupam a False Creek Shore, onde antigamente ficavam as serrarias.

Queen Elizabeth Park e Bloedel Conservatory ❾

Cambie St. 📞 Conservatory: (604)
257 8584. 🚌 15. 🕐 Conservatory:
mai-set: 9h-18h seg-sex; 10h-21h sáb
e dom; out-abr: 10h-17h30 diariam.
♿ para Conservatory. ♿

O Queen Elizabeth Park situa-se em Little Mountain, a colina mais alta de Vancouver (152m) e proporciona belas vistas da cidade. Apesar de ter sido erguido no lugar de duas antigas pedreiras, os jardins do parque florescem sempre, começando no início da primavera, quando as tulipas cobrem as encostas.

O domo plástico do Bloedel Conservatory ocupa o alto da colina e reúne plantas de diversas zonas climáticas do planeta, de florestas tropicais a cáctus do deserto. O local exibe ainda coloridas aves tropicais e lagos com carpas japonesas.

Domo de plástico do Bloedel Conservatory, no Queen Elizabeth Park

A encantadora paisagem de outono no Stanley Park

Van Dusen Botanical Gardens ❿

5251 Oak St. ☎ (604) 257 8666. 🚇 Central Station. 🚌 Central Station. 🚌 17. ◷ ano todo; telefonar para saber os horários. 🅿 ♿

S ituado no centro de Vancouver, este jardim de 22ha foi inaugurado em 1975. Em 1960, o local foi reivindicado pelos proprietários originais, a Canadian Pacific Railroad, que pretendia erguer ali um prédio residencial. O fato iniciou uma campanha entre os moradores, e uma doação de W.J. Van Dusen –um rico negociante– conseguiu salvar os jardins.

Durante todo o ano, os visitantes apreciam exibições de mais de 7.500 espécies de plantas dos seis continentes, distribuídas entre lagos e esculturas de mármore. Na primavera, podem-se apreciar narcisos, açafrão e milhares de azaléias em flor. No verão, rosas ocupam o Perennial Garden e em setembro os tons vermelhos e alaranjados do outono tomam conta do local.

Escultura do Botanical Gardens

University of British Columbia Museum of Anthropology ⓫

Págs. 274-5.

Old Hastings Mill Store ⓬

1575 Alma Rd. ☎ (604) 734 1212. 🚌 4th Ave. route. ◷ jul e ago: 11h-16h ter-dom; set-jun: 13h-16h sáb e dom. Doação. ♿

A Old Hastings Mill Store foi a primeira loja de Vancouver e uma das poucas construções que sobreviveu ao Grande Incêndio de 1886. Construída em 1865, em 1930 a loja foi levada de barco do local original, em Gastown, para as margens da Jericho Beach, e depois trazida para o endereço atual, na Alma Street, na esquina da Point Grey Road. O local destinava-se a sediar o iate clube, mas na década de 1940 as pessoas contribuíram com diversos artefatos históricos e hoje a casa abriga um pequeno museu. Por trás da fachada de ripas, o museu reúne um acervo que inclui diversos objetos vitorianos, como uma charrete,

Old Hastings Mill Store, uma das casas mais antigas de Vancouver

várias máquinas de costura antigas e uma ampla coleção de objetos nativos, entre eles diversas cestas feitas à mão.

Stanley Park ⓭

2099 Beach Ave. ☎ (604) 257 8400. 🚇 Central Station. 🚌 Central Station. 🚌 135, 123. 🚢 Horseshoe Bay. ◷ diariam. ♿

E ste magnífico parque de 404ha de natureza, situado a poucos quarteirões do centro, originalmente era o lar dos nativos das tribos musquean e squamish. O local deve seu nome a Lord Stanley, governador geral do Canadá, e foi transformado em parque pelo conselho local em 1886. Aqui os visitantes têm a chance de conhecer as atrações típicas de Vancouver: praias, trilhas para caminhadas e bosques de cedro e de abetos, além de magníficas vistas do porto English Bay e das montanhas da costa. Podem-se alugar bicicletas perto da entrada do parque e dar uma volta pelo dique (um percurso de cerca de 10km). No parque também funciona o **Vancouver Aquarium**, no qual os visitantes podem observar baleias, orcas e belugas, pelo vidro dos enormes tanques.

⤷ **Vancouver Aquarium**
Stanley Park. ☎ (604) 659 3474. ◷ jun-set: 9h30-20h diariam; out-abr: 10h-17h30 diariam. 🅿 🎦 ♿

University of British Columbia Museum of Anthropology ⓫

Fundado em 1947, este notável museu abriga um dos mais belos acervos do mundo sobre a arte dos povos nativos da costa noroeste. Criado pelo arquiteto canadense Arthur Erickson em 1976, o museu ocupa uma linda construção com vistas para as montanhas e para o mar. No Great Hall, enormes janelas e altos pilares foram inspirados pela arquitetura *post-and-beam* das casas dos haida e constituem o local ideal para mostras de tótens, canoas e louças de festa. Pelas janelas do saguão, o visitante pode apreciar o belo complexo externo de esculturas, que inclui duas casas projetadas por Bill Reid, um artista haida contemporâneo.

★ **O Grande Hall**
A notável estrutura de vidro e concreto do Grande Hall constitui o cenário ideal para tótens, canoas e esculturas.

CASAS HAIDA E TÓTENS

Dispostas de frente para a água, essas duas casas haida e o acervo de tótens retratam com fidelidade a tradição artística dos Haida e de outras tribos do noroeste do Pacífico, como os Salish, Tsimshan e Kwakiutl. Animais e criaturas míticas representando diversos clãs estão esculpidos em cedro nos tótens e nas casas, feitos entre 1959 e 1963 por artistas nativos atuais, como Bill Reid, da tribo haida, e Doug Cranmer, da tribo namgis.

Tótens entalhados em cedro rosa

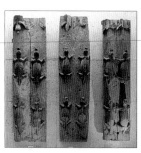

Na subida
Acredita-se que essas imagens serviam de decoração nas casas das Primeiras Nações. Entalhadas em tábuas de cedro, têm estilo simples, típico das esculturas de Coast Salish.

Vaso de cerâmica
Este vaso com belos enfeites foi feito na Europa Central em 1674 por adeptos da seita anabatista. Os motivos com folhagens contrastam com os animais bem estilizados, retratados na base da peça.

PONTOS ALTOS

★ O Grande Hall

★ O Corvo e os Primeiros Homens, de Bill Reid

**★ O Corvo e os
Primeiros Homens** *(1980)
Esculpido em cedro amarelo
por Bill Reid, esta interpreta-
ção moderna do mito da criação dos haida retrata o
corvo, sábio e astuto,
tentando induzir
a humanidade a
vir ao mundo
a partir de um
enorme marisco.*

PREPARE-SE

6393 NW Marine Drive.
(604) 822 5087. 4 UBC,
10 UBC. jun-set: 10h-17h
qua-dom, 10h-21h ter; out-mai:
11h-17h qua-dom, 11h-21h ter
 seg, 25-26 dez

GUIA DO MUSEU
*O acervo do museu está distribuí-
do em um andar. A galeria Ramp
conduz ao Great Hall, que exibe as
culturas dos povos das First Nations da
costa noroeste. A galeria Visible Storage
contém objetos de outras culturas,
e uma variedade de cerâmicas
européias dos séculos 15 a 19
está exposta na galeria
Koerner Ceramics .*

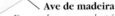

Ave de madeira
*Decorada com madrepérola,
essa ave de madeira era um
adorno de cabeça usado em
cerimônias importantes, como
em nascimentos e casamentos.*

**Portas entalhadas
em cedro rosa**
*O detalhe ao lado faz parte do
entalhe da magnífica porta de
cedro rosa que guarda a entrada do museu. Elaborada
em 1976 por um grupo de
artistas das Primeiras Nações
do centro cultural 'Ksan, perto
de Hazelton, as portas exibem
a história dos primeiros povos
da região do Skeena River, na
Colúmbia Britânica.*

LEGENDA

☐	Galeria Ramp
☐	Great Hall
☐	Rotunda
☐	Depósito visível/coleção para pesquisa
☐	Galeria arqueológica
☐	Galeria Koerner Ceramics
☐	Espaço para mostra temporária
☐	Galeria do teatro
☐	Espaço sem exposição

Restaurada, o Royal Hudson Steam Train leva turistas até Squamish

Royal Hudson Steam Train ⑭

BC Rail Station, 1311 W. First St. *(604) 984 5246.* meados mai-set: qua-dom. reservar com antecedência.

Uma das maiores atrações de Vancouver, o Royal Hudson Steam Train foi construído em 1940 para ser usado na Colúmbia Britânica. A réplica do trem Royal Hudson que transportou o rei George VI e a rainha Elizabeth pelo Canadá em 1939, foi restaurada em 1974 para fazer viagens durante o verão, até Squamish. O percurso de duas horas oferece lindas vistas das florestas e das paisagens costeiras da Colúmbia Britânica a partir de um vagão panorâmico. O interior do vagão-restaurante da Parlor Class exibe móveis autênticos, em couro e madeira, da década de 1940. De Squamish, pode-se visitar as Shannon Falls ou o West Coast Railway Heritage Museum, perto dali. Outra opção é voltar no M.V. *Britannia*, um barco que navega por Howe Sound.

Lonsdale Quay Market ⑮

123 Carrie Cates Ct. *(604) 985 6261.* Central Station. Central Station. Waterfront. 9h30-18h30 sáb-qui, 9h30-21h dom.

Inaugurada em 1986, esta notável construção em vidro e concreto faz parte do terminal do North Shore Sea-Bus. O Lonsdale Quay Market tem um andar exclusivo para alimentos, com um mercado onde se encontra de pães frescos a frutas silvestres, além de diversos cafés e restaurantes que preparam todo tipo de comidas étnicas. No segundo andar, lojas oferecem produtos artesanais como jóias, cerâmicas e tecidos. O complexo inclui um hotel cinco estrelas, um bar e um nightclub.

No verão, são realizados aqui festivais musicais. Os visitantes podem apreciar as vistas do porto pelas amplas passagens do local.

Lynn Canyon Park e Ecology Centre ⑯

3663 Lynn Canyon Park Rd. *(604) 981 3103.* Central Station. Hastings. 228, 229. Horseshoe Bay. abr-set: 10h-17h diariam; out-mar: 12h-16h 25 e 26 dez; 1º jan. **Doação** restrito

Situado entre o Mount Seymour e a Grouse Mountain, o Lynn Canyon Park se destaca por suas florestas. Trata-se de um apreciado local para caminhadas, que reúne várias trilhas sinalizadas, algumas íngremes e sinuosas e que passam por rochedos e quedas d'água. Porém, diversas trilhas são caminhos entre as pseudotsugas, cicutas ocidentais e cedros rosas. Caso você adentre mais na floresta, poderá ver ursos-pretos, onças-pardas e veados-do-rabo-preto, mas a maioria dos visitantes mantêm-se nas trilhas principais, onde passam esquilos, gaios e pica-paus. Do alto da ponte suspensa de 70m que cobre o desfiladeiro, têm-se lindas vistas.

Perto dali, o Ecology Centre organiza passeios guiados, exibe filmes sobre história natural e realiza interessantes mostras sobre a fauna e flora da região.

Grouse Mountain ⑰

6400 Nancy Greene Way. *(604) 984 0661.* Lonsdale Quay. 236. 9h-22h diariam.

A partir do topo da Grouse Mountain os turistas podem ter idéia da grandeza das paisagens da Colúmbia Britânica e uma bonita vista de Vancouver. Em um dia claro, pode-se ver a ilha de Vancouver a oeste, as Coastal Mountains ao norte e as Columbia Mountains a leste.

Apesar da trilha de 3km que leva ao topo da montanha de 1.211m é mais fácil subir de teleférico Skyride. No alto, funciona um resort para esquiadores, que inclui escolinha para o esporte, pistas de esqui, locadoras de equipamentos e snowboarding, além de restaurantes com belas vistas.

À noite, a montanha fica iluminada e muitas pessoas aparecem para aulas noturnas de esqui.

Outras trilhas saem do topo da montanha, mas exigem mais esforço. Tanto no verão como no inverno, o resort oferece grande variedade de atividades, como passeios ciclísticos, passeios guiados para observar a natureza e competições de hang-gliding, sem falar nas

Belas florestas de pseudotsugas e cedro-rosa no Lynn Canyon Park

Vista de Vancouver a partir da Grouse Mountain

Lighthouse Park ⑲

Na saída de Beacon Lane, West Vancouver. ▌ *(604) 925 7200.* 🚇 *Central Station.* 🚌 *Central Station.* ⛴ *Horseshoe Bay.* ◯ *diariam.*

O nome do parque deriva de um farol hexagonal construído na foz da Burrard Inlet em 1910 para orientar os navios a passar pelo canal sob nevoeiro. O Lighthouse Park constitui uma área pouco explorada de 75ha, que inclui uma antiga floresta selvagem e uma costa rochosa. As árvores nunca foram cortadas e algumas das pseudotsugas têm mais de 500 anos.

É grande a variedade de trilhas para caminhadas e algumas conduzem ao ponto de observação, perto da Point Atkinson Lighthouse (18m de altura). Daqui, pode-se ter lindas vistas para o Strait of Georgia na direção da ilha de Vancouver. Uma caminhada de 2 horas, com cerca de 5km de extensão em meio à antiga floresta, leva os visitantes a uma bela área de vales cobertos de musgo e rochedos íngremes, de onde se observam aves marinhas. Mais perto do litoral, pode-se tomar banhos de sol sobre rochedos lisos.

atividades que envolvem madeira, como mostras de escultura feitas com serra. Um cinema exibe filmes sobre a história de Vancouver.

Capilano Suspension Bridge ⑱

3735 Capilano Rd, North Vancouver. ▌ *(604) 985 7474.* 🚇 *Central Station.* 🚌 *Highlands 246.* ◯ *diariam (telefonar; o horário muda de acordo com a estação).* ● *25 dez.* 💳 ▌ *mai-out.* ♿ *restrito.*

A Capilano Suspension Bridge é um apreciado ponto turístico desde sua fundação, em 1889. O pioneiro escocês George Grant Mackay, atraído pela beleza do lugar, ergueu uma pequena cabana em frente ao Capilano Canyon. Dali, o acesso ao rio que passa embaixo era praticamente impossível e alguns dizem que Mackay construiu a ponte para que seu filho, que gostava de pescar, pudesse chegar ao Capilano River.

A ponte atual, a quarta a ser erguida no local, fica a 70m acima do desfiladeiro e atrai milhares de turistas todos os anos. Amantes da natureza se encantam com as vistas para os antigos bosques (árvores antigas que nunca foram abatidas), além de lagos com trutas e quedas d'água com 61m de altura. Guias contam a história do local para os turistas. A casa de chá original, de 1911, hoje abriga uma loja de suvenires.

Farol Point Atkinson, no Lighthouse Park

A Capilano Suspension Bridge atravessa o lindo Capilano Canyon, repleto de árvores

Victoria ⑳

Cidade calma e agradável, Victoria, na ilha de Vancouver, desfruta a fama de ter um antigo clima de cidade litorânea, impressão acentuada no verão pela abundância de flores exibidas nas floreiras e cestas que decoram os postes, os balcões e as lojas. Fundada por James Douglas em 1843 para ser um entreposto comercial de peles da Hudson's Bay Company, Victoria viveu seus momentos de apreensão durante a corrida do ouro (1858-63), quando milhares de aventureiros frequentavam os mais de 60 saloons da Market Square. Em 1871, Victoria tornou-se a capital da Colúmbia Britânica mas foi superada em tamanho por Vancouver, hoje a maior cidade do Estado. Victoria continua sendo o centro político e é apreciada pelos turistas.

Barcos de pesca e embarcações de lazer no Inner Harbour de Victoria.

Como Explorar Victoria

Um passeio pelo Innèr Harbour de Victoria revela muitas das principais atrações da cidade, como o excelente Royal British Columbia Museum e seus belos registros sobre a geologia e a cultura nativa da região. Duas construções do século 19 se destacam: o Empress Hotel e os Parliament Buildings, projetados pelo famoso arquiteto e apreciador de Victoria, Francis Rattenbury. Entre a Fort Street e a View Street situa-se o Eaton Centre, um shopping de quatro andares. A Bastion Square, com lojas e restaurantes, situa-se a oeste do Market Square e de suas restauradas construções dos anos 1850.

⚜ Parliament Buildings

501 Belleville St. ☎ (250) 387 3046. ⏰ 8h30-17h diariam. ⏺ 25 dez, 1° jan. ♿ 📷

Voltados para as águas do Inner Harbour, os Parliament Buildings de Victoria, com suas várias cúpulas, formam uma visão espetacular, sobretudo à noite, quando luzes iluminam a fachada. Projetada por Francis Rattenbury em 1892, a construção foi concluída em 1897. Rattenbury, um arquiteto inglês de 25 anos, chegou na Colúmbia Britânica um ano antes e venceu um concurso nacional para sele-

PRINCIPAIS ATRAÇÕES

Parliament Buildings iluminam as águas do Inner Harbour

cionar o autor do projeto do novo Parliament Building. Depois disso, projetou vários outros edifícios no estado, entre eles o Empress Hotel, perto dali, e o Crystal Garden.

O projeto relembra a história da Colúmbia Britânica. Uma estátua do explorador George Vancouver situa-se no alto do domo principal. Na parte interna, murais retratam cenas do passado.

🏨 Empress Hotel
721 Government St. 📞 (250) 384 8111. 🕐 diariam. ♿

Projetado por Francis Rattenbury e concluído em 1905, o Empress é uma das grandes atrações de Victoria. Perto dos Parliament Buildings, o Empress Hotel fica de frente para o Inner Harbour e destaca-se na paisagem com seu estilo gótico. Observe a luxuosa decoração do bar e as áreas

PREPARE-SE

🏙 71.500. ✈ Victoria Airport. 25 km norte da cidade. 🚉 Via Station, 450 Pandora Avenue. 🚌 Pacific Coach Lines, 1150 Terminal Avenue. ⛴ BC ferries. ℹ 812 Wharf Street. 📞 (250) 953 2033. 🎭 Jazz Fest International (jun); Victoria Shakespeare Festival (jul e ago); First People's Festival, Royal BC Museum (ago).

A Bastion Square é um local procurado no almoço

Victoria, da Hudson's Bay Company, fundado em 1843, funcionava aqui. Hoje, a praça inclui o edifício MacDonald Block, erguido em 1863 em estilo italiano, com elegantes colunas de ferro e janelas em arco. O antigo tribunal de justiça, de 1889, abriga o BC Maritime Museum. No verão, turistas e trabalhadores locais almoçam nos cafés.

🏨 Market Square
560 Johnson St. 📞 (250) 386 2441. 🕐 10h-17h diariam. ● 25 dez, 1º jan. ♿ restrito

Situada dois quarteirões ao norte da Bastion Square, na esquina na Johnson Street, a Market Square reúne alguns dos mais belos saloons, hotéis e fachadas de lojas de Victoria. A maioria das construções foi erguida nas décadas de 1880 e 1890, durante o apogeu da corrida do ouro de Klondike. Após décadas de abandono, a área recebeu em 1975 a reforma merecida. Hoje é o paraíso para compras, com lojas que vendem de livros e jóias a instrumentos musicais e objetos artesanais.

sociais do hotel, como a Crystal Dining Room, com móveis antigos e o belo domo de vidro da Tiffany.

🏨 Bastion Square
Government St. 📞 (250) 995 2440. 🕐 diariam. ♿

Essa praça muito bem restaurada fica em frente ao porto de Victoria e abriga algumas das construções mais antigas da cidade. Aqui havia hotéis de luxo e escritórios, erguidos no apogeu do final da década de 1800, e hoje abriga butiques e lojas de suvenires. A restauração começou em 1963, quando descobriu-se que o entreposto comercial de Fort

LEGENDA

🚉 Estação de trem

🚌 Terminal rodoviário

🅿 Estacionamento

⛴ Ferryboat

ℹ Informação turística

0 metros 500

Um dos enormes totens em exibição no Thunderbird Park

❧ Thunderbird Park

esq Belleville e Douglas Streets.
Este parque compacto fica na entrada do Royal British Columbia Museum (*págs. 282-3*) e abriga um valioso acervo de totens gigantes planos e pintados. Durante os meses de verão, é possível observar artistas nativos em atividade no Thunderbird Park Carving Studio, trabalhando na confecção de belos totens entalhados. Os monumentos exibem e preservam lendas de diferentes tribos dos povos aborígines da costa noroeste.

🏛 Helmcken House

10 Elliot St. Square. 📞 (250) 387 4697. 🕐 *mai-out: 11h-17h diariam; nov-abr: 12h-16h diariam; dez: horários especiais.* ● *jan.* 📷 ♿ 🎫
Situada na Elliot Square, na área de Inner Harbour, a casa do Dr. John Sebastian Helmcken, funcionário da Hudson's Bay Company, foi erguida em 1852 e acredita-se que seja a mais antiga da Colúmbia Britânica. O jovem médico construiu a casa com pseudotsugas retiradas da floresta que cercava o local. Essa casa de ripas, simples, mas com projeto elegante, mantém parte do mobiliário original, como o

piano, que pode ser tocado pelos visitantes. Também abriga uma coleção de bonecas antigas e objetos que pertenceram à família, como roupas, sapatos e artigos de toucador.

❧ Crystal Garden

713 Douglas St.
📞 (250) 381 1213. 🕐 *diariam.* ♿
Construído em 1925 para abrigar a maior piscina de água salgada do Canadá, o Crystal Garden foi inspirado no Crystal Palace de Londres e foi projetado pelo arquiteto Francis Rattenbury. A piscina deu lugar a um verdejante jardim tropical, cujas folhagens servem de lar para cerca de 65 espécies diferentes de macacos raros e aves tropicais. Enquanto aprecia um chá na estufa, o turista pode observar as coloridas borboletas que voam no local.

Papagaio no Crystal Gardens

🚻 Eaton Centre

Government St. 📞 (250) 389 2228. 🕐 *9h30-18h seg, ter e sáb; 9h30-21h qua-sex; 11h-17h dom.* ♿
O Eaton Centre é um shopping center perto do Inner Harbour e foi erguido conservando as fachadas de diversas construções históricas da Government Street. O Driard Hotel, projetado em 1892 por John Wright,

escapou da demolição graças a uma campanha popular, assim como ocorreu com as fachadas do Times Building, de 1910, e do Lettice and Sears Building, do século 19. Por trás dessas elegantes fachadas, três andares reúnem lojas que oferecem desde presentes a chocolates caseiros e alimentos sofisticados.

🚻 Carr House

207 Government St. 📞 (250) 383 5843. 🕐 *meados mai-meados out: 10h-17h diariam.* 📷 ♿ 🎫
Emily Carr, uma das artistas canadenses mais conhecidas (*págs. 28-9*), nasceu em 1871 nesta graciosa casa de ripas amarelas. O local foi construído em 1864 pelos famosos arquitetos Wright e Saunders, instruídos pelo pai da pintora, Richard Carr. Situados a apenas alguns minutos do Inner Harbour, na 207 Government Street, tanto a casa como os jardins em estilo inglês estão abertos a visitação. Todos os ambientes têm móveis do século 19, com algumas peças que pertenceram à família. Os turistas podem passear pela sala de jantar em que Emily deu sua primeira aula às crianças locais. O retrato que ela fez de seu pai permanece sobre a lareira da sala de estar onde, aos oito anos, a artista fez seus primeiros desenhos.

Carr House, onde nasceu a renomada pintora Emily Carr

♣ Beacon Hill Park
Douglas St. 📞 (250) 361 0600.
☐ diariam. ♿

No final do século 19, esse gracioso parque era usado para acomodar os cavalos. Em 1888, porém, John Blair, um jardineiro escocês, redesenhou o local incluindo dois lagos e começou uma arborização. Refúgio apreciado pela artista Emily Carr, este parque de 74,5ha hoje é famoso por suas árvores antigas –entre elas os raros carvalhos Gary, alguns com mais de 400 anos–, lagos com patos e um antigo campo de críquete com mais de cem anos.

⛪ Art Gallery of Greater Victoria
1040 Moss St. 📞 (250) 384 4101.
☐ 10h-17h seg-qua, sex e sáb, 10h-21h qui, 13h-17h dom. ♿

O eclético acervo desta galeria está instalado em uma bela mansão vitoriana situada em Moss Street, a leste da área central, e a poucos quarteirões a oeste do Craigdorrach Castle. Por dentro, belas molduras de madeira, lareiras originais e tetos altos servem de cenário para diversas exposições, como a do amplo acervo de pintura e cerâmica chinesa e japonesa. A galeria também abriga o único santuário xintô (religião japonesa que cultua o espírito dos antepassados) na América do Norte. O acervo de arte contemporânea canadense inclui obras da famosa artista local Emily Carr. Criadas entre as décadas de 1900 e 1930, as pinturas de Carr estão entre as mostras mais apreciadas. Em seus quadros, a pintora retrata as tempestades do noroeste e a vida dos povos nativos.

Detalhe do santuário xintô da Art Gallery

♠ Craigdarroch Castle
1050 Joan St. 📞 (250) 592 5323.
☐ jun-set: 9h-19h diariam; out-mai: 10h-16h30 diariam. ⚫ 25, 26 dez, 1°jan. ♿

Concluído em 1889, o Craigdarroch Castle era o projeto preferido de Robert Dunsmuir, um milionário do carvão. Embora não seja um castelo verdadeiro, o projeto desta enorme casa baseou-se no lar dos ancestrais de Dunsmuir, na Escócia, e mistura diversos estilos arquitetônicos, como o romântico e o gótico francês.

Em 1959, o castelo foi ameaçado de demolição e um grupo de cidadãos formou um movimento para lutar pela restauração do local. Hoje, o interior restaurado da casa funciona como um museu, onde se pode ter idéia do estilo de vida do rico empreendedor canadense.

O castelo se destaca por ter um dos mais belos acervos de janelas com vitrais em estilo Art Nouveau da América do Norte. Diversas salas e entradas mantêm o piso de madeira e painéis entalhados em carvalho branco, cedro e mogno. Todos os ambientes estão mobiliados com ricos móveis vitorianos do final do século 19 e exibem as cores originais, como verde, rosa e ferrugem vivos. Foram retiradas diversas camadas de tintas do teto da sala de estar até se chegar à pintura original, feita à mão em técnica de estêncil. Entre os motivos descobertos, destacam-se leões e borboletas retratados com detalhes.

Torre do Craigdarroch Castle, em estilo gótico francês

⚐ Government House
1401 Rockland Ave. 📞 (250) 387 2080. ☐ diariam (jardins apenas). ♿

A atual Government House foi concluída em 1959 depois que um incêndio destruiu a construção de 1903, projetada pelo famoso arquiteto Francis Rattenbury.

A casa, residência oficial do Tenente-Governador da Colúmbia Britânica e representante da rainha, não é aberta para visitação. Os turistas podem apreciar apenas os 5,6ha de lindos jardins com gramados, lagos, um jardim inglês e um jardim de rosas em estilo vitoriano. Têm-se lindas vistas a partir do Pearke's Peak, um monte que surgiu das formações rochosas que cercam a propriedade e abriga jardins de rochas.

Government House, de 1959, construída com granito azul e rosa

The Royal British Columbia Museum

O Royal British Columbia Museum conta a história da região a partir de sua história natural, da geologia e dos povos locais. O museu é considerado um dos melhores do Canadá pelo modo como apresenta suas mostras. Uma série de dioramas recriam os sinais, sons e até odores de locais como a costa do Pacífico, o oceano e a floresta temperada, tudo na Natural History Gallery, no segundo andar.

Cada aspecto da história da região é exibido no terceiro andar, incluindo a reconstrução de uma cidade do início do século 20. Os visitantes podem experimentar o cotidiano de um saloon ou do cinema de filmes mudos. O magnífico acervo de arte e cultura nativas inclui uma Big House cerimonial.

Terceiro andar

Chinatown do século 19
Parte de uma cena de rua de 1875 , esta loja de ervas chinesas exibe materiais usados na tradicional medicina chinesa.

★ **First People's Gallery**
A galeria das Primeiras Nações exibe peças como este chapéu de 1897, de casca de cedro e raiz de abeto, com o timbre do cabrito-montês, do clã do corvo.

Máscaras cerimoniais
O rato, o guaxinim e o martim-pescador aparecem entalhados nessas máscaras, usadas pela família Mungo para dançar nas cerimônias.

LEGENDA DO TÉRREO

☐ First People's Gallery
☐ Modern History Gallery
☐ Exposições principais
☐ Natural History Gallery
☐ Teatro do MUSEU
☐ Sala do National Geographic IMAX
☐ Área sem exposições

Exterior do museu
O prédio para exposições principais foi aberto em 1968, depois de ocupar vários locais no Legislative Buildings. O museu também abriga um prédio de arquivo e uma Heritage Court.

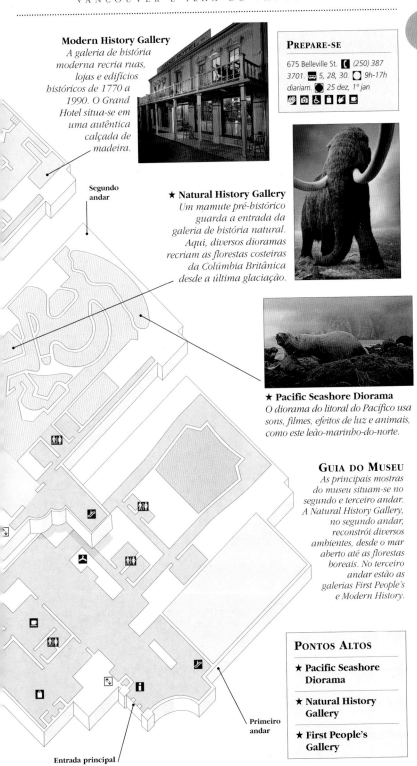

Modern History Gallery

A galeria de história moderna recria ruas, lojas e edifícios históricos de 1770 a 1990. O Grand Hotel situa-se em uma autêntica calçada de madeira.

Segundo andar

★ Natural History Gallery

Um mamute pré-histórico guarda a entrada da galeria de história natural. Aqui, diversos dioramas recriam as florestas costeiras da Colúmbia Britânica desde a última glaciação.

★ Pacific Seashore Diorama

O diorama do litoral do Pacífico usa sons, filmes, efeitos de luz e animais, como este leão-marinho-do-norte.

GUIA DO MUSEU

As principais mostras do museu situam-se no segundo e terceiro andar. A Natural History Gallery, no segundo andar, reconstrói diversos ambientes, desde o mar aberto até as florestas boreais. No terceiro andar estão as galerias First People's e Modern History.

Primeiro andar

Entrada principal

PREPARE-SE

675 Belleville St. **(250) 387 3701.** 5, 28, 30. 9h-17h diariam. 25 dez, 1° jan

PONTOS ALTOS

★ **Pacific Seashore Diorama**

★ **Natural History Gallery**

★ **First People's Gallery**

Lago de ninféias no jardim clássico italiano, em Butchart Gardens

Butchart Gardens ㉑

800 Benvenuto Ave., Brentwood Bay.
(250) 652 4422. *Victoria.*
Victoria. 9h diariam; fecha em horários diferentes de acordo com a estação.

Estes belos jardins começaram a ser cultivados em 1904 por Jennie Butchart, mulher de um produtor de cimento. Quando o marido mudou-se para o oeste para explorar calcário perto de Victoria, a sra. Butchart começou a projetar outro jardim, que deveria chegar até a água de Tod Inlet. Quando os depósitos de calcário acabaram, a sra. Butchart decidiu ampliar seu jardim transformando o local de exploração do mineral em um jardim submerso, onde hoje existe um lago com salgueiros e outras árvores que florescem na primavera. Uma enorme rocha deixada no local foi transformada em um jardim suspenso. Subindo os degraus de pedra têm-se belas vistas do alto. Com a crescente popularidade, os jardins receberam outras plantas raras, trazidas pela sra. Butchart de diversas partes do mundo.

Hoje, os jardins estão distribuídos em áreas distintas. Um jardim italiano com lago de ninféias exibe uma fonte trazida pelo casal Butchart da Itália em 1924. Diferentes odores preenchem o roseiral durante o verão, e nesta época o local é iluminado para exibir concertos de jazz e música erudita ao anoitecer.

Port Renfrew ㉒

300. 2070 Phillips Rd., Sooke (250) 642 6351.

Port Renfrew é uma pequena aldeia de pescadores e antiga cidade madeireira próxima a Victoria. Sua grande atração é a Botanical Beach, uma saliência no rochedo que se transforma em piscinas de pedra onde animais marinhos vão quando a maré baixa.

Port Renfrew também se destaca pelas trilhas que acompanham as velhas estradas "da madeira": a Sandbar Trail corta uma área de pseudotsugas e chega a um banco de areia onde se pode nadar na maré baixa. Juan de Fuca Marine Trail, mais difícil (48km), vai de Port Renfrew a China Beach e oferece de caminhadas que duram vários dias a curtos passeios pela praia. A cidade é um dos dois pontos de partida para a West Coast Trail, no Pacific Rim National Park *(págs. 286-7)*.

Cowichan District ㉓

e a partir de Duncan. 381A Trans-Canada Hwy, Duncan (250) 746 4636.

Situado na costa centro-sul da ilha de Vancouver, a 60km ao norte de Victoria, o Cowichan District incorpora os vales de Chemainus e de Cowichan. Cowichan significa "terra quente" na língua dos nativos cowichan, um dos maiores grupos das Primeiras Nações. O clima ameno mantém as águas do lago Cowichan mornas o suficiente para nadar durante o verão. É o maior lago de água doce da região, sendo ideal para pesca, andar de barcos e fazer caminhadas.

Entre as cidades de Duncan e o lago fica a Valley Demonstration Forest, com belas paisagens e placas que explicam a manutenção da floresta. Duncan é conhecida como a Cidade dos Totens, pois são muitos os mastros ao longo da rodovia. O Cowichan Native Village é um centro de preservação, que mostra filmes sobre a história da tribo cowichan. A loja de suvenires oferece artigos tradicionais, como malhas cowichan. No grande galpão os visitantes podem observar os escultores criando totens, enquanto guias explicam o significado das imagens.

A bela vista do lago Cowichan, no Cowichan Valley

Chemainus ㉔

4.000. 9796 Willow St. (250) 246 3944.

Quando as serrarias locais fecharam em 1983, a pitoresca cidade de Cheminus se transformou em uma atração por causa dos murais gigantes que cercam a cidade e contam a história da região. Artistas locais continuaram o projeto e hoje existem mais de 32 murais, baseados em acontecimentos do passado. Imagens imensas de nativos cowichan,

Rostos dos povos das Primeiras Nações em mural de Chemainus

Barcos de pesca e de passeio ancorados no porto de Nanaimo

pioneiros e lenhadores dominam a cidade. Os visitantes podem apreciar de tudo nas várias lojas de antiguidades da cidade e também podem relaxar em um dos muitos cafés nas calçadas, bares ou salões de chá.

ARREDORES: Cerca de 70km ao sul de Chemainus, Swartz Bay é o ponto de partida na ilha de Vancouver para os ferryboats que vão para as ilhas Southern Gulf. Muitos turistas vêm aqui atraídos pelas 200 ilhas –em geral desabitadas e ricas em beleza e tranquilidade. Aqui, é possível fazer longas caminhadas por praias vazias, observando águias e outras aves de rapina. Há passeios especiais para visitantes que queiram pescar salmão e *codfish* (bacalhau), além de passeios de caiaque que param em costas isoladas para apreciar lontras, focas e aves marinhas.

Salt Spring é a ilha mais procurada e tem cerca de 10 mil habitantes. No verão, muitos turistas vêm para passear pelo aprazível Ganges Village, onde uma animada marina cerca um píer de madeira. Na cidadezinha pode-se encontrar lojas, cafés e galerias, além de agitados mercados.

Nanaimo 25

🚶 75.000. ✈ 🚉 🚤 ℹ 2270 Bowen Rd. (250) 756 0106.

Nanaimo era o local de cinco aldeias nativas dos Coast Salish, e se estabeleceu como cidade mineradora na década de 1850. Segunda maior cidade da ilha de Vancouver, Nanaimo é rica em shoppings e lojas ao longo da Island Highway, mas é a antiga Old City Quarter que mais atrai os visitantes.

A Old City Quarter reúne construções do século 19, entre elas a Nanaimo Court House, projetada por Francis Rattenbury em 1895. O **Nanaimo District Museum** situa-se no Piker's Park e conta com uma recriação da Chinatown que havia em Victoria no século 19, com calçadas de madeira, lojas, barbearia e uma pequena escola. Há ainda uma réplica de uma mina de carvão e objetos nativos em dioramas.

Uma águia entalhada do Port Alberni Pier

🏛 Nanaimo District Museum
100 Cameron Rd. 📞 (250) 753 1821. 🕐 9h-17h diariam. 🔴 set-mai; seg o ano todo. 📷 ♿ ✏ reservar com antecedência.

Port Alberni 26

🚶 26.800. ✈ 🚉 🚤 ℹ Site 215, C10, RR2 (250) 724 6535.

Port Alberni situa-se na ponta da Alberni Inlet (enseada), que se estende por 48km do interior da ilha de Vancouver ao oceano Pacífico, no oeste. A cidade vive da indústria madeireira e pesqueira, e é um local popular para a pesca do salmão. Todos os anos, o Salmon Derby and Festival premia com 5 mil dólares canadenses o maior peixe pescado no último final de semana de agosto. Uma das atrações da cidade é a locomotiva de 1929 que faz passeios pela beira d'água nos meses de verão. Ela sai da Port Alberni Railway Station, de 1912, até o Alberni Harbour Quay. Muitos visitantes vêm a Port Alberni para passear em um dos dois cargueiros, o M.V. *Lady Rose* (de 40 anos) e o M.V. *Frances Barkley*. Os barcos entregam correspondência em toda a enseada e oferecem passeios para Ucluelet, perto do Pacific Rim National Park. Também transportam caiaques e canoas para quem quiser navegar no Broken Islands Group *(pág. 286)*.

A leste de Port Alberni, o visitante pode passear em meio a pseudotsugas e cedros-rosas no belo MacMillan Cathedral Grove Provincial Park.

Locomotiva de 1929 faz passeios em Port Alberni

Gold River ㉗

🚶 1.900. ℹ Highway 28 (250) 283 2418.

Gold River é uma pequena cidade madeireira situada no final da graciosa Hwy 28, perto da Muchalat Inlet. Este apreciado centro de exploração de cavernas reúne mais de 50 nos seus arredores. A apenas 16km a oeste de Gold River, as formações cristalinas das Upana Caves e as profundas grutas de White Ridge atraem centenas de visitantes todo verão.

A bordo de um caça-minas da Segunda Guerra Mundial reformado, o *M.V. Uchuck III*, os visitantes podem

ir a Friendly Cove, onde se acredita que o capitão Cook tenha protagonizado o primeiro encontro de um europeu com os nativos, em 1778.

Gold River é um bom local para se explorar o **Strathcona Provincial Park**, situado no centro da ilha de Vancouver. Criado em 1911, este é o parque estadual mais antigo da Colúmbia Britânica e conta

Montanha do Strathcona Provincial Park

com 250 mil ha de montanhas, lagos e florestas antigas. Porém, boa parte do belo cenário só pode ser apreciado por exploradores experientes.

🌿 **Strathcona Provincial Park**

Pela Hwy 28. ☎ (250) 337 2400. ⭘ diariam. 🏕 para camping. ♿ restrito 🕐 jul e ago: telefonar antes para detalhes.

Campbell River ㉙

🚶 30.000. ℹ 1235 Shoppers Row (250) 287 4636.

Localizado na costa noroeste da ilha de Vancouver, o rio Campbell é um famoso centro de pesca de salmão. As águas da Discovery Passage ficam

Pacific Rim National Park Reserve ㉘

A Reserva do Parque Nacional da Costa do Pacífico é formada por três áreas distintas: Long Beach, West Coast Trail e as Broken Group Islands. Ao todo, ocupa uma faixa de 130km da costa oeste da ilha de Vancouver. O parque é famoso como local de observação de baleias –e o Wikaninnish Centre, na Hwy 4, tem informações sobre o movimento delas. Long Beach oferece trilhas para caminhadas, com estacionamento no início de cada uma e acesso às praias. A mais desafiadora, a West Coast Trail, percorre 77km entre Port Renfrew e Bamfield. As Broken Group Islands são apreciadas pelos adeptos de caiaque.

Broken Group Islands
Este arquipélago reúne cerca de 100 ilhotas. É apreciado para a prática de caiaque e mergulho.

A Schooner Trail é uma das nove trilhas bonitas e fáceis de seguir pelas areias de Long Beach.

• Tofino

LONG BEACH

O Wikaninnish Centre oferece telescópios e plataformas para observação de baleias.

• Port Albion

Ucluelet

Long Beach
As areias de Long Beach são famosas por sua beleza selvagem, com ondas que arrebentam na praia, bons locais para surfar e piscinas naturais com animais e plantas marinhos.

Dodd Island
Turret Island
Effingham Island

**As fortes águas da Elk Falls,
ao longo do rio Campbell**

na rota de migração de cinco principais espécies de salmão –entre eles o enorme salmão chinook. Passeios de barcos sobem o rio. Além de alugar um dos diversos barcos pesqueiros disponíveis, os turistas podem pescar no Discovery Pier, com 200m de altura, situado na cidade.

A apenas 10km ao nordeste do rio Campbell, Elk Falls Provincial Park abriga a maior floresta de pseudotsugas e várias quedas d'água, entre elas a notável Elk Falls.

Telegraph Cove ㉚

🏠 100. 🚌 Port McNeill. 🛈 Port Hardy (250) 949 7622.

Situada na extremidade norte da ilha de Vancouver, Telegraph Cove é uma pequena cidade com passeio de tábuas e peculiares palafitas (casas de madeira erguidas sobre estacas) nas águas de Johnson Strait. No verão, cerca de 300 orcas, atraídas pelos salmões em migração, vêm para o local para brincar nas águas rasas de Robson Bight, uma reserva ecológica fundada em 1982. Os visitantes podem observar os movimentos das baleias a partir de barcos de passeios ou do píer da cidade.

Orcas nas águas limpas de Johnson Strait, na ilha de Vancouver

OBSERVAÇÃO DE BALEIAS

Migração de baleias cinzentas

Mais de 20 espécies de baleias vêm até as águas costeiras da Colúmbia Britânica. Cerca de 17 mil baleias cinzentas migram todo ano, vindas do local onde vivem, no Oceano Ártico, para se reproduzir na costa do México. As baleias se aproximam da costa e muitas vezes chegam bem perto da costa oeste da ilha de Vancouver –e podem ser vistas da terra. De março a agosto, saem passeios diários de Tofino e Ucluelet para observá-las.

PREPARE-SE

Hwy 4. ☎ (250) 726 7721.
🚌 de Port Alberni. 🕐 diariam.
📷 ♿ 📹 jun-set. 🍴 ⊡

LEGENDA

━━ Estrada principal

═══ Estrada secundária

■■ West Coast Trail

── Fronteira do parque nacional

── Rios

Ⓐ Camping

🏞 Áreas de piquenique

🛈 Informação turística

🌟 Vista panorâmica

West Coast Trail
Esta trilha inclui belas paisagens: florestas com musgos e ravinas profundas.

Bamfield

0 km   10

Em Nitinat Narrows, quem segue a West Coast Trail precisa pegar um ferryboat para cruzar o local. A trilha fica aberta de maio a setembro.

Port Renfrew

MONTANHAS ROCHOSAS

PORÇÃO CANADENSE das Montanhas Rochosas abrange uma área de aproximadamente 805km de largura nas províncias de Colúmbia Britânica e Alberta. Faz parte da enorme cadeia de montanhas que atravessa os Estados Unidos e atinge o México. Há cerca de 80 milhões de anos uma lenta e vigorosa elevação da crosta terrestre causou o surgimento das Rochosas, recortando e moldando picos. Destes, 30 ultra-passam 3.000m de altitude. Famosa por sua beleza, a região se destaca pelos topos cobertos de neve, geleiras reluzentes e lagos gelados, tudo preservado em parques nacionais. O primeiro parque nacional canadense foi fundado em Banff, em 1883, graças à descoberta de nascentes de água quente. Os parques nacionais de Banff, Jasper, Yoho e Kootenay foram declarados Patrimônio da Humanidade pela Unesco em 1985.

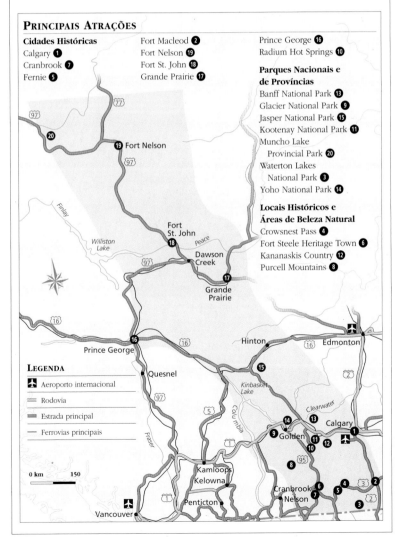

PRINCIPAIS ATRAÇÕES

Cidades Históricas
Calgary **1**
Cranbrook **7**
Fernie **5**
Fort Macleod **2**
Fort Nelson **19**
Fort St. John **18**
Grande Prairie **17**
Prince George **16**
Radium Hot Springs **10**

Parques Nacionais e de Províncias
Banff National Park **13**
Glacier National Park **9**
Jasper National Park **15**
Kootenay National Park **11**
Muncho Lake Provincial Park **20**
Waterton Lakes National Park **3**
Yoho National Park **14**

Locais Históricos e Áreas de Beleza Natural
Crowsnest Pass **4**
Fort Steele Heritage Town **6**
Kananaskis Country **12**
Purcell Mountains **8**

LEGENDA
✈ Aeroporto internacional
═ Rodovia
▬ Estrada principal
— Ferrovias principais

0 km   150

◁ **Cowboy exibe suas habilidades na Calgary Exhibition and Stampede**

Calgary ❶

Traje indígena no Glenbow Museum

Fundada em 1875, Calgary ficou conhecida depois de sediar os Jogos Olímpicos de Inverno de 1988 e também por seus grandes rodeios (Stampede). Situada entre as Montanhas Rochosas e as pradarias (Prairies), é a maior cidade da província de Alberta. Mesmo sendo um lugar sofisticado, com grandes edifícios, galerias e teatros, as caminhonetes e os vaqueiros de botas imprimem uma atmosfera country ao visual. A arquitetura da cidade vem se modernizando desde o boom do petróleo na década de 1960. O centro de Calgary, com muitas lojas e escritórios, fica apenas 120km a leste do Banff National Park *(pág. 300)*.

Calgary Tower e os arranha-céus do centro da cidade

Calgary Tower

9th Ave. e Centre St. Sudoeste. ☎ *(403) 266 7171.* 🕐 *diariam.* 💳 ♿

Calgary Tower é a terceira construção mais alta da cidade. Tem 18 elevadores, que chegam ao topo da torre em 62 segundos, e duas escadas de emergência, cada uma com 762 degraus. Do nível da rua até o topo, a torre mede 191m. Na parte mais alta da torre há um restaurante e uma plataforma de observação. Cerca de 500 mil turistas vêm aqui anualmente para apreciar a vista panorâmica das Montanhas Rochosas e das pradarias, a leste.

🍁 Devonian Gardens

317 7th Ave. Sudoeste. ☎ *(403) 268 3830.* 🕐 *9h-21h diariam.* ♿

Trata-se de um jardim-de-inverno de 1ha situado no quarto andar do complexo Toronto Dominion Square. Para chegar aqui tome o elevador panorâmico na 8th Avenue. Muitos funcionários dos escritórios das redondezas aproveitam a tranquilidade deste oásis em pleno centro e vêm almoçar aqui. Mais de 135 variedades de plantas tropicais e nativas da província podem ser vistas nas trilhas que cortam o jardim, além de cascatas, fontes e um tanque que vira pista de patinação no inverno.

Lago com fontes e peixes em um cantinho do Devonian Gardens

Butique do Eau Claire Market, no centro da cidade

🛍 Eau Claire Market

fim da 3rd St. Sudoeste. ☎ *(403) 264 6450.* 🕐 *diariam.* ♿

Instalado em um grande e colorido galpão, este mercado proporciona um agradável contraste frente aos edifícios do centro. Próximo ao rio Bow, em frente ao Prince's Island Park, aqui se encontram lojas sofisticadas que vendem comida de gourmet, arte contemporânea e artesanato. Há ainda artistas de rua, cinemas, cafés e restaurantes com mesas ao ar livre. Os corredores estão ligados a uma pequena ponte que leva ao Prince's Island Park.

Principais Atrações

Calgary Tower ⑥
Calgary Centre for Performing Arts ④
Calgary Chinese Cultural Center ⑧
Devonian Gardens ⑦
Eau Claire Market ⑨
Fort Calgary ②
Glenbow Museum ⑤
Hunt House e Deane House ③
Prince's Island Park ⑩
Saint George's Island ①

🍀 Prince's Island Park

Este parque simpático, situado em uma ilha no rio Bow, fica próximo ao centro. Uma ponte exclusiva para pedestres, no final da 4th Street SW, liga a cidade à minúscula Prince's Island. No verão, as pessoas fazem piquenique à sombra das árvores, andam de bicicleta e caminham pelas trilhas do parque.

🏯 Calgary Chinese Cultural Centre

197 1st St. Sudoeste. 【 (403) 262 5071. ◯ diariam. 🖼 museu. ♿

Instalado na região central de Calgary, este centro voltado para a cultura chinesa foi concluído em 1993. Sua estrutura foi inspirada no Temple of Heaven, construído em Pequim em 1420 e utilizado apenas por

Cúpula de azulejos azuis no Calgary Chinese Cultural Center

imperadores. O centro cultural foi erguido por artesãos chineses usando técnicas antigas. Sua maior atração é o Dr. Henry Fok Cultural Hall, um saguão de 21m de altura cuja cúpula é decorada com dragões e fênices. A cúpula é sustentada por quatro colunas com adornos de ouro representando as quatro estações do ano.

PREPARE-SE

🏋 819.700. ✈ 16km nordeste da cidade. 🚌 Greyhound Bus Station, 877 Greyhound Way SW. ℹ Calgary Convention and Visitors Bureau, 237 Avenida 8th SE (403) 263 8510. 🎪 Calgary Stampede (jul); Calgary Folk Festival (jul); International Native Arts Festival (ago).

🏛 Glenbow Museum

130 9th Ave. Sudeste. 【 (403) 268 4100. ◯ diariam. 🖼 ♿

Situado no coração de Calgary, este é o maior museu da costa oeste do Canadá. Aqui, uma ampla galeria exibe um ótimo acervo tanto de arte européia como de arte canadense contemporânea, além de objetos que contam a história do oeste do país. Distribuído pelos quatro andares do museu, o acervo permanente inclui artefatos como antigas carruagens de colonizadores ou belas jóias e vestidos de antigas tribos da época da pré-colonização européia. O quarto andar é dedicado aos cinco séculos de história militar, exibindo armaduras medievais e espadas de samurai.

🎭 Calgary Centre for Performing Arts

205 8th Ave. Sudeste. 【 (403) 294 7455. FAX (403) 294 7457. ◯ diariam. 🖼

Inaugurado em 1985, este complexo de salas de espetáculo é composto de quatro teatros, salão para shows e cinco salas de convenções. Situado na Olympic Plaza, já recebeu as mais variadas atrações: de shows de artistas pop a rodeios.

Saguão do Calgary Centre for Performing Arts

LEGENDA

🅿 Estacionamento

🚉 Estação ferroviária

ℹ Informação turística

Cabana da Polícia Montada no Fort Calgary Historic Park

Hunt House e Deane House

750 9th Ave. Sudeste. (403) 290 1875. *Deane House: diariam.*

A Hunt House fica do outro lado do rio Elbow em frente ao Fort Calgary Interpretive Centre. A pequena casa de madeira é uma das poucas que restaram da colonização de Calgary, no início dos anos 1880.

A Deane House fica perto. Foi construída em 1906 para o superintendente do Fort Calgary, capitão Richard Burton Deane. A casa abriga um restaurante que serve refeições em um ambiente da época.

Fort Calgary Historic Park

750 9th Ave. Sudeste. (403) 290 1875. *mai-out: diariam.*

O forte de Calgary foi construído pela Polícia Montada do Noroeste em 1875, às margens

do rio Bow. Com a chegada da ferrovia Grand Trunk Pacific Railway (depois ligada à CPR), em 1883, a pequena fortificação cresceu e em um ano passou a abrigar mais de 400 moradores. Em 1886, um incêndio destruiu grande parte do povoado, que foi posteriormente reconstruído com arenito, resistente ao fogo. Em 1911, todo o território foi comprado pela Grand Trunk Pacific Railway e o forte foi derrubado. Em 1970 uma escavação arqueológica revelou ruínas da fortaleza. O local foi restaurado e aberto ao público em 1978.

A fortaleza tem um centro de informações que abrange o depósito e as oficinas de carpintaria. Guias vestidos com roupas da época fazem reconstituições de cenas, como a fuga da prisão. Os passeios pela margem do rio são muito agradáveis.

Saint George's Island

Esta ilha fica próxima ao centro da cidade, às margens do rio Bow. Aqui se encontram o Calgary Zoo, o Jardim Botânico (Botanical Gardens) e o Prehistoric Park.

O zoológico se orgulha de exibir seus animais em hábitat natural –ou quase. A diversidade da paisagem e da vida selvagem do Canadá foi reproduzida no local. Em seus bosques de álamo, os visitantes podem apreciar animais como o caribu, ameaçado de extinção. Percorrendo as trilhas da floresta boreal o turista tem a chance de observar uma espécie rara de grou se alimentando nos pântanos.

O zoológico é cercado pelo Jardim Botânico, que possui uma grande estufa com plantas de diferentes zonas climáticas do mundo.

O Prehistoric Park se destaca pela reconstrução da paisagem mesozóica. Aqui, os visitantes podem fazer piquenique entre 22 dinossauros em tamanho natural.

Um imponente grou no Calgary Zoo, na Saint George's Island

Stampede Park

140 Olympic Way Sudeste. (403) 261 0422. *diariam.* *alguns eventos.*

Famoso por sediar o Calgary Stampede, este parque garante lazer o ano todo. Tem uma pista para corrida de cavalos e duas quadras de hóquei sobre gelo, uma delas dentro do Saddledome ("domo da sela"), assim batizado devido à aparência. O parque abriga instalações para conferências, feiras comerciais e de antiguidades.

CALGARY STAMPEDE

Com dez dias de duração, a festa conhecida como Calgary Stampede é realizada no mês de julho no Stampede Park. Criada em 1886 como uma feira agrícola, chegou a atrair 14 mil pessoas em 1912. Na década de 20, as perigosas corridas de diligências passaram a fazer parte da festa –são um destaque até hoje.

Atrações espetaculares, como encenações da história do velho oeste, podem ser vistas tanto no parque de eventos como na cidade. Um grande desfile pelas ruas de Calgary, além de exibições de laço e de montaria, marca o início das festividades. Os grandes destaques são o *Rodeio de Meio Milhão de Dólares* e a corrida de diligências. Juntas, essas competições oferecem prêmios superiores a Can$ 1,2 milhão.

O Heritage Park Historic Village abriga mais de 70 edifícios históricos

🌸 Fish Creek Provincial Park

Bow Bottom Trail SE. 📞 *(403) 297 5293.* ⭕ *diariam.* ♿ *restrito.*

Fundado em 1975, o Fish Creek Provincial Park é um dos maiores parques urbanos do mundo, com uma área de 1.189ha de bosques e florestas ao longo do vale Fish Creek. Em um show de slides, o visitante fica sabendo mais sobre a natureza e a história da região. Vários sítios arqueológicos são detalhados na exposição, tais como os "princípios dos bisões", com data estimada entre 750 a.C e 1.800 d.C.

A floresta é dominada por abetos-brancos, álamos e abetos-balsâmicos. No inverno, trilhas de caminhada são tomadas por esquiadores, turistas e nativos. Pássaros como o ganso do Canadá, a garça-azul e a águia-calva enfeitam o parque no verão e no inverno.

🎪 Heritage Park Historic Village

1900 Heritage Drive. 📞 *(403) 259 1900.* ⭕ *mai-set: diariam; set-dez: só fim-de-semana.* ⬛ *jan-abr.* ♿

Este misto de vila e parque do patrimônio canadense, às margens da Glenmore Reservoir, possui mais de 83 prédios históricos, que variam de casebres a hotéis de dois andares trazidos de diversas partes do oeste canadense. As construções foram organizadas de acordo com sua época, indo de postos dedicados ao comércio de peles da década de 1880 a lojas e casas de um vilarejo do início do século 20. Grande parte dos 45 mil artefatos que decoram o local foram doados pelos moradores de Calgary e das cidades vizinhas, e variam de xícaras de chá a locomotivas

a vapor. Entre as atrações mais emocionantes há um parque de diversões do século 19 em funcionamento, assim como três locomotivas a vapor. Uma réplica do charmoso barco a vapor SS *Moyie* faz passeios de 30 minutos pela represa. Outra experiência interessante é passear em um dos dois antigos bondes elétricos até os portões do parque. A sensação de voltar no tempo se completa com o movimento das carruagens e os odores vindos de estabelecimentos antigos como a padaria e a loja do ferreiro, com personagens vestidos a caráter.

Bebedouro vitoriano, no Heritage Park

🌸 Canada Olympic Park

88 Canada Olympic Rd. SW. 📞 *(403) 247 5452.* ⭕ *9h-21h diariam.* ⬛ ♿

O Canada Olympic Park foi a sede dos Jogos Olímpicos de Inverno de 1988, com esportes como salto de esqui e corrida de trenó. Hoje, tanto os turistas como as pessoas da região podem usufruir da estrutura que o parque

oferece. A torre olímpica para salto de esqui, com 90m de altura, proporciona uma incrível vista da cidade e das Montanhas Rochosas.

No Olympic Hall of Fame and Museum, simuladores modernos permitem que os visitantes conheçam as emoções destes esportes.

🏛 Calgary Science Centre

701 11th St. SW. 📞 *(403) 221 3700.* ⭕ *jun-set: diariam; set-mai: ter-dom.* ⬛ ♿

O Calgary Science Centre é um museu interativo bastante conhecido. Possui mais de 35 exposições sobre as maravilhas da ciência, incluindo shows de laser, casas das sombras e hologramas. Uma de suas principais atrações é a Discovery Dome, onde a mais moderna tecnologia em multimídia cria imagens incríveis na imensa tela do teto abobadado.

Há atrações fascinantes sobre quase tudo, de um simples jardim até o sistema solar. Nas noites de sexta-feira os visitantes podem usar os telescópios ultrapotentes do observatório.

🏛 Museum of the Regiments

4520 Crowchild Trail SW. 📞 *(403) 974 2850.* ⭕ *10h-16h diariam.* ⬛ *qua.* ⬛ *Doações* ♿

Aberto em 1990, o museu é dedicado à história das forças armadas canadenses. Trata-se do maior deste tipo no oeste do Canadá. Aborda, de forma realista, quatro regimentos em situações de batalhas que aconteceram de verdade.

Tanque Sherman, exibido na entrada do Musem of the Regiments

O lago Waterton, cercado por montanhas no Waterton Lakes National Park

Fort Macleod ❷

🏯 3.100. 🚉 🛈 *Fort Macleod Museum, 25th St. (403) 553 4703.*

O mais antigo forte de Alberta foi erguido em 1874 para abrigar o primeiro posto da Polícia Montada do Noroeste, na região oeste. Enviada para conter o comércio ilegal de uísque no entreposto de Fort Whoop-up, a Polícia criou o Fort Macleod nas proximidades (*pág. 230*).

A cidade possui cerca de 30 prédios históricos, e a reconstrução da fortaleza (concluída em 1957) inclui um museu sobre o cotidiano da Polícia.

O "precipício dos bisões", o sítio mais preservado e antigo fica 16km a noroeste de Fort Macleod. Conhecido como **Head-Smashed-in-Bufallo-Jump**, foi decretado Patrimônio Mundial pela ONU em 1987. A tribo blackfoot tinha um modo curioso de caçar os animais: cerca de 500 índios cobertos com pele de bisão encurralavam o rebanho até que os animais pulassem no desfiladeiro. O local deve o nome a um caçador que teria tido a cabeça esmagada ao tentar ver o ritual debaixo do penhasco!

⛰ **Head-Smashed-In-Buffalo-Jump**
Rte 785, pela Hwy 2. 📞 (403) 553 2731. 🕐 *diariam.* 🅿️ ♿

Waterton Lakes National Park ❸

🚉 *Calgary.* 🛈 *Centro de Informações do parque, aberto meados mai-set (403) 859 5133.* 🕐 *diariam.* 🅿️ ♿ *restrito.*

Paisagens tão incríveis quanto as encontradas nos parques mais conhecidos podem ser vistas nesta reserva menos famosa. Localizado no sudoeste de Alberta, próximo à fronteira americana, este é um International Peace Park e forma um ecossistema junto com o Glacier National Park, situado nos Estados Unidos.

O parque deve sua beleza ímpar ao fenômeno geológico chamado Lewis Overthurst: há cerca de um bilhão de anos (antes da formação das Montanhas Rochosas), uma antiga camada de rocha foi empurrada por outras mais novas, formando escarpas íngremes sobre as pradarias.

A existência de planícies e montanhas faz com que Waterton Lakes tenha uma das faunas mais ricas dos parques canadenses, com ursos, carneiros selvagens e pica-paus.

Crowsnest Pass ❹

🚉 *Calgary.* 🛈 *Frank Slide Interpretive Centre (403) 562 7388.*

A Crowsnest Pass fica na Highway 3, em Alberta, perto da fronteira com a Colúmbia Britânica. Como a maioria das passagens entre as Montanhas Rochosas, ela é

Turistas visitam a Bellevue Mine, em Crowsnest Pass

ladeada por montanhas cobertas de neve. No início do século 20, a região era dominada pela indústria da extração de carvão e foi palco de um dos maiores desastres envolvendo mineradores no país. Em 1903 uma enorme rocha desabou da Turtle Mountain, atingiu parte da cidade de Frank e matou 70 pessoas. O Frank Slide Interpretive Centre oferece um premiado audiovisual chamado "Nas sombras da montanha". Há uma trilha que corta o vale e exibe placas que mostram ao visitante vestígios do acidente. Quem quiser saber mais sobre a história das comunidades da Bellevue Mine pode fazer uma excursão subterrânea pelos estreitos túneis usados diariamente pelos mineradores entre 1903 e 1961. O passeio pode ser combinado no Leitch Collieries, um antigo e fascinante complexo de mineração.

Casas da cidade de Fernie, situada na base das Montanhas Rochosas

Fernie ❺

🏃 4.877. 🚗 ℹ️ Hwy 3 e Dicken Rd. (250) 423 6868.

Fernie é uma cidade bonita e arborizada em meio aos picos da Crowsnest Pass, na Colúmbia Britânica. Em 1908 um incêndio destruiu totalmente o local, e seus habitantes reconstruíram tudo com tijolos e pedras, dando à cidade o bonito visual que ela tem hoje. Dentre os prédios históricos, o tribunal de justiça, de 1911, destaca-se por ser a única construção no estilo *château* na Colúmbia Britânica.

Fernie é famosa por seus esportes de inverno, já que possui o melhor tipo de neve da região. A temporada de esqui vai de novembro a abril. O Fernie Alpine Resort tem estrutura para levar cerca de 12.300 esquiadores por hora montanha acima. No verão, o Mount Fernie Provincial Park oferece uma série de trilhas para caminhada em meio a belas paisagens. Passeios de barco e pescaria nos lagos também são comuns.

Muitas empresas oferecem vôos de helicóptero sobre os picos das montanhas para ver os rochedos de granito típicos dessa região das Montanhas Rochosas.

Fort Steele Heritage Town ❻

Hwy 95. 📞 *(250) 489 3351.* 🕐 *diariam.* 🅿️ ♿

Uma recriação dos vilarejos do século 19 que tinham como função abastecer a região, este povoado surgiu em 1864, com a descoberta de ouro em Wild Horse Creek. Milhares de aventureiros chegavam pela ferrovia Dewdney a caminho das minas de ouro. A cidade recebeu o nome do superintendente da Polícia Montada do Noroeste, Samuel

Barbearia do século 19, em Fort Steele Heritage Town

Steele, que chegou a região em 1887 para instaurar a paz entre os nativos ktunaxa e os colonos europeus. A descoberta de chumbo e prata na região fez a cidade crescer, mas o desvio das linhas ferroviárias para Cranbrook transformou Fort Steele em uma cidade-fantasma no início do século 20.

Hoje o local abriga mais de 60 prédios reconstruídos e reformados, todos providos de guias com trajes de época. Entre os edifícios pode-se apreciar um armazém e o quartel-general da Polícia Montada, onde itens pessoais como fotografias, espadas e uniformes criam a ilusão de ocupação recente. Também é possível ver demonstrações de artesanato, como a confecção de colchas e sorvetes. Quem visita o Wild Horse Creek Historic Site, perto daqui, tem a oportunidade de procurar ouro.

O Búfalo

O bisão norte-americano, um animal grande e com pêlos desgrenhados no topo da cabeça, é chamado de búfalo –o que, cientificamente, é incorreto. Estes animais parecem desajeitados devido ao peso (um bisão adulto pode pesar 900kg), mas na verdade são ágeis, rápidos e imprevisíveis.

Antes da chegada dos colonos europeus os bisões viviam em grandes rebanhos. Estima-se que havia cerca de 60 milhões de animais. Com o povoamento das planícies do oeste, o bisão, que antes era caçado apenas por índios, chegou à beira da extinção (em 1900 somavam menos de mil espécimes). Em 1874, um fazendeiro apelidado de Walking Coyote (algo como "Passo de Coiote") criou um rebanho de 716 bisões. Hoje, os descendentes destes animais vagam por vários parques nacionais do Canadá.

Bisão das planícies norte-americanas

Vagão-restaurante no trem restaurado do museu de Cranbrook

Cranbrook ❼

🏚 18.050. ⊠ ▣ ⬛ 2279
Cranbrook St. Norte. (250) 426 2279.

Cranbrook, a maior cidade do sudeste da Colúmbia Britânica, está situada entre as Purcell Mountains e as Montanhas Rochosas. Principal caminho para a região das Rochosas, Cranbrook fica perto de inúmeras belas paisagens, como a floresta alpina e os verdes vales que beiram as montanhas. A vida selvagem é muito variada: alces, lobos, pumas e ursos-grizzlies povoam a região.

A principal atração da cidade é o **Canadian Museum of Rail Travel**. Instalado em uma estação de trem de 1900 que foi restaurada, o museu exibe documentos e fotografias que ilustram a história das estradas de ferro. Do lado de fora os visitantes podem explorar os luxuosos interiores da coleção de locomotivas originais.

🏛 The Canadian Museum of Rail Travel
Hwy 3/95 e Baker St. ▣ (250) 489 3918. ◯ abr-meados out: diariam; out-mar: ter-sáb. 📷 ♿

Purcell Mountains ❽

▣ Kamloops. ⬛ Hwy 95, Golden (250) 344 7125.

Estas montanhas belas e escarpadas ficam do outro lado do rio Colúmbia, de frente para as Montanhas Rochosas. É uma das áreas mais isoladas da região e atrai esquiadores e caçadores do mundo todo. A grande quantidade de picos pontiagudos de granito, chamados de Bugaboos, também atrai os alpinistas. Ao norte desta cadeia, em uma das poucas áreas acessíveis, se encontra o Purcell Wilderness Conservancy, uma área de 32.600 hectares onde a caça de ursos, cabritos-monteses e alces é permitida e controlada por lei.

A partir de Invermere, uma agradável cidadezinha nas proximidades, é possível chegar a uma das mais difíceis trilhas do país: a Earl Grey Pass, que atravessa cerca de 56km das Purcell Mountains. Seu nome deriva do Conde Grey, governador-geral do Canadá de 1904 a 1911, que escolheu a região para construir uma cabana de férias para sua família em 1909. A trilha usada por ele fora criada por nativos da tribo kinbasket, do antigo povo shuswap. Hoje a trilha é famosa por seus perigos, como ursos, avalanches e árvores caídas. Não é para novatos: atravessá-la requer muita experiência e habilidade.

Glacier National Park ❾

▣ Revelstoke/Golden. ⬛ Revelstoke (250) 837 7500. ◯ diariam. 📷 ♿ 🚻

O Glacier National Park cobre uma área verde de 1.350km² na Selkirk Range, uma cadeia de montanhas da Columbia Mountains. O parque foi fundado em 1886 e ganhou maior destaque quando a ferrovia avançou pela Roger's Pass,

Purcell Mountains exibem rios e florestas preservados pelo acesso difícil

A Illecillewaet Glacier é uma das 420 geleiras do Glacier National Park

em 1885. Hoje, muitas das trilhas mais acessíveis do parque seguem antigas estradas de ferro abandonadas. Outras trilhas oferecem vistas impressionantes do parque e suas 420 geleiras, como a Great Glacier (Grande Geleira), atualmente chamada de Illecillewaet Glacier.

O parque é famoso pelo clima úmido no verão e pelas constantes quedas de neve no inverno (a camada de neve pode chegar a 23m). As avalanches são uma ameaça séria, e o parque costuma monitorar as atividades de alpinistas e esquiadores.

A Roger's Pass foi abandonada pela empresa ferroviária por causa das avalanches. A rota passou a ser servida por um túnel, e a Trans-Canada Highway (Hwy 1) acompanha o percurso da trilha, passando pelo meio do parque em direção à agradável cidade de Revelstoke. Daqui, os visitantes podem chegar às florestas e picos do Mount Revelstoke National Park.

Radium Hot Springs ⑩

🏘 1.000. ℹ️ Chamber of Commerce (250) 347 9331.

A pequena cidade de Radium Hot Springs é conhecida por suas fontes hidrominerais, além de ser um bom ponto de partida para o Kootenay National Park. No verão, vasos de flores decoram a fachada dos cafés e bares da rua principal. A cidade conta com mais quartos de hotel do que habitantes. Grande parte do 1,2 milhão de turistas que vêm aqui a cada ano vem usufruir o poder curativo das águas. Há duas piscinas, uma com água bem quente, para relaxamento, e outra com água mais fria. É possível alugar roupas de banho, armários, chuveiros e toalhas. Também há massagistas. Muitas pessoas que visitam a estância aproveitam para passear no Columbia Valley Wetlands. Trata-se de um vale cortado pelo rio Colúmbia, alimentado pelas águas geladas tanto das Montanhas Rochosas como das Purcell. Este é um importante hábitat para cerca de 250 espécies de aves aquáticas migratórias, entre elas o ganso-do-Canadá e o cisne-da-trunda.

Banhos na estância de Radium Hot Springs

Kootenay National Park ⑪

🚌 Banff. ℹ️ Centro de Informações do Parque , aberto mai-set (250) 347 9505. ⭕ diariam. 🅿️♿✓

O Kootenay National Park é uma das regiões mais diversificadas das Montanhas Rochosas. Com uma área de 1.406km², o parque possui cenários variados, que podem ser vistos a partir da Kootenay Parkway (Hwy 93). Esta estrada corta o parque de norte a sul, acompanhando o traçado dos rios Vermilion e Kootenay. A maioria das atrações pode ser vista das muitas trilhas (fáceis de percorrer) que saem da estrada.

A Hwy 93 segue na direção oeste pela Sinclair Pass e leva ao Sinclair Canyon, um paredão rochoso que termina em duas maravilhas da natureza: a Sinclair Falls (cachoeira) e o Redwall Fault, com penhascos formando um portal na estrada. Mais ao norte, em uma pequena trilha a partir da rodovia, ficam os Paint Pots, lagoas de cor avermelhada devido à grande quantidade de ferro das águas subterrâneas. Mais adiante se encontram as paredes de granito do Marble Canyon.

As lagoas avermelhadas de Paint Pot, no Kootenay National Park

Kananaskis Country ⑫

🚌 Canmore. ℹ️ Suite 201, 800 Railway Ave., Canmore. (403) 678 5508.

K ananaskis Country é uma região viçosa aos pés das Montanhas Rochosas, com montes, lagos, rios e campinas. Situado no sudoeste de Calgary, perto do Banff National Park, seus 5.000km² de terras selvagens constituem um apreciado refúgio para turistas e moradores da região, que podem observar águias, lobos e ursos. A cidade de Canmore funciona como centro desta área de recreação e dispõe de boa oferta de acomodações. Proporciona ainda informações sobre os passeios e atividades disponíveis.

Banff National Park ⑬

Além de ser o primeiro parque nacional fundado no Canadá, Banff é o mais famoso da região das Montanhas Rochosas. Foi inaugurado em 1885, após a descoberta de nascentes de água quente por três funcionários da companhia ferroviária Canadian Pacific Railroad, em 1883. As tribos blackfoot, stoney e kootenay já habitavam a área séculos antes. Hoje, o parque cobre uma área de 6.641km² e possui algumas das mais belas paisagens do país, com montanhas, florestas, lagos glaciais e rios caudalosos. Cerca de cinco milhões de turistas visitam a região a cada ano: no verão, vêm para caminhar e passear de caiaque, e no inverno aproveitam para esquiar.

Lago Peyto
Uma caminhada curta e rápida a partir da Icefields Parkway, perto do Bow Summit, leva a uma das mais belas vistas do parque: as águas azuis do Lago Peyto.

Parker Ridge

JASPER

Saskatchewan River

0 km 5

93

Mistaya Lake

Bow Lake

Bow River

Icefields Parkway
Estrada famosa pelas incríveis paisagens de picos elevados, florestas, lagos e geleiras, tem 203km de extensão e passa entre os lagos Louise e Jasper.

Saskatchewan River Crossing
é a confluência de três rios em uma rota usada pelo explorador David Thompson.

O QUE FAZER SE VOCÊ VIR UM URSO

Tanto o urso-preto como o grizzly podem ser encontrados nos parques nacionais das Rochosas. Embora estes encontros sejam raros, algumas regras devem ser seguidas para que não ocorra nada de errado. Folhetos informativos ensinam como reagir em situações como essa e as regras básicas são: não se aproximar dos animais, não alimentá-los e não correr. Os ursos têm um olfato excelente e por isso, se você for acampar, guarde os alimentos e todo o lixo no carro ou em caixas especiais "antiurso" (pág. 395).

Urso-grizzly em Banff

Valley of the Ten Peaks
Cercado por dez picos, todos com mais de 3.000m, o vale é cortado por uma estrada que vai do lago Louise ao Moraine.

Johnston Canyon
Este cânion espetacular, em uma das mais famosas trilhas do parque, tem duas quedas d'água. A trilha pode ser acessada pela Bow Valley Parkway (pág. 300). Possui trechos calçados para cadeiras de rodas e passarelas perto das cachoeiras. No caminho há placas que explicam a geologia local.

Lago Minnewanka, o maior lago de Banff, é ótimo para piqueniques e passeios de barco.

Red Deer River

Panther River

DRUMMOND GLACIER

VERMILION RANGE

ake ouise

Lake Louise

Banff

Shadow Lake

YOHO NP
VANCOUVER

SUNDANCE RANGE

Bankhead
Para chegar a esta cidade-fantasma com uma antiga mina de carvão, passa-se por uma trilha com fotografias que revelam a história do local.

Lago Louise
As águas azuis deste lago são um símbolo constante da beleza da região das Rochosas. Foi aqui que surgiu um dos primeiros resorts de Banff. É possível avistar parte da geleira Victoria da margem do lago.

Como Explorar o Banff National Park

Cabrito-montês perto da Hwy 93

É impossível viajar pelo Banff National Park sem se surpreender com a natureza. A área abriga cerca de 25 picos com mais de 3.000m de altitude, que também podem ser vistos refletidos nas águas muito limpas e azuis de inúmeros lagos. A cidade de Banff oferece aos turistas uma série de serviços e opções de lazer, como as termas terapêuticas que propiciaram a fundação do parque. Muitas pessoas utilizam a cidade como ponto de partida para explorar a região. Até a rodovia faz parte das atrações: a Icefields Parkway (Hwy 93) serpenteia por belíssimas montanhas e liga a cidade ao Jasper National Park, começando no famoso Lake Louise.

Icefields Parkway (Highway 93)

A Icefields Parkway é uma rodovia de 230km que serpenteia pelos picos pontiagudos das Rochosas. A própria rodovia é uma atração, oferecendo a cada curva novas paisagens em altitudes elevadas e ligando o Lake Louise ao Lake Jasper.

A rodovia foi construída durante a depressão econômica da década de 1930 como forma de gerar empregos. Projetado para o deleite com a paisagem, o traçado foi ampliado para a extensão atual em 1960. Há vários pontos de parada para apreciar o cenário.

Bow Summit, um pico de 2.068m, é o ponto mais alto da rodovia. Possui uma estrada secundária que leva ao mirante do **Peyto Lake**, de onde se vê as montanhas cobertas de neve espelhadas na superfície brilhante do lago azul. No verão, o monte fica coberto de flores alpinas. Outra vista muito bonita que o local oferece é a da Crowfoot Glacier, uma imensa pedra de gelo, em forma de pé de corvo, dependurada em um penhasco. Mais ao norte, uma trilha sai de uma área de estacionamento e segue montanha abaixo rumo ao **Mistaya Canyon**, com seus paredões, reentrâncias e um imponente arco natural. A rodovia passa perto de Icefields ("campos de gelo", região de fronteira, adentra o Jasper National Park), e a Athabasca Glacier também pode ser vista. O cabrito-montês e o carneiro-montês são atraídos para a beira da estrada pelos depósitos de minério.

A Bow Valley Parkway passa por belíssimas paisagens campestres

A Bow Valley Parkway

Trata-se de uma rodovia com 55km de extensão que liga Banff ao Lake Louise, como uma bonita alternativa para a rodovia Trans-Canadá. A estrada segue o Bow River Valley e oferece aos visitantes a chance de explorar o agradável interior do vale,

que possui várias placas com informações sobre o local e mirantes pelo caminho. Da estrada é possível ver ursos, alces e coiotes, entre outros animais selvagens.

Cerca de 19km a oeste de Banff se encontra a trilha do **Johnston Canyon**, que leva a duas belíssimas cachoeiras. A primeira tem acesso pavimentado para cadeira de rodas, e a segunda requer uma caminhada maior (cerca de 2,7km). Uma passarela anexada à parede rochosa leva os visitantes até a base do desfiladeiro, com um belo visual do vale. Uma das características naturais mais impressionantes do cânion é um conjunto de lagos com nascente subterrânea e águas de cores vívidas e borbulhantes, os Ink Pots ("caldeirões de tinta"). Placas informativas explicam como o desfiladeiro atingiu a aparência que tem hoje e a influência da água na formação das rochas.

Lake Minnewanka Drive

Esta estreita e sinuosa estrada de 14km começa no trevo de Minnewanka, na rodovia Trans-Canadá. Bom local para piqueniques e passeios a pé, esta região possui três lagos. Um deles é o Minnewanka, o maior lago do parque, com quase 20km de comprimento.

Uma trilha famosa leva até **Bankhead**, onde há uma mina de carvão abandonada. Este foi o primeiro assentamento de Banff, e teve seu auge na primeira metade do século 19. No caminho há displays com fotos antigas e informações sobre a vida dos mineradores.

Lake Minnewanka, o maior lago do Banff National Park

O Banff Springs Hotel segue o estilo dos castelos nobres escoceses

Banff

A cidade de Banff cresceu em função de suas fontes de água quente, descobertas por volta de 1880. O gerente da ferrovia Canadian Pacific Railroad, William Cornelius Van Horne, notou que estas fontes seriam um grande atrativo para os turistas, e decidiu construir o Banff Springs Hotel em 1888. O local tornou-se muito apreciado, e cresceu para atender a grande quantidade de turistas. Aos pés da Sulphur Mountain, o **Cave and Basin National Historic Site** é o local onde a primeira fonte foi encontrada, em 1883, e hoje funciona como um museu que conta a história da cidade. Ainda na base da mesma montanha há a **Upper Hot Springs Pool**, uma piscina natural famosa pelas propriedades terapêuticas de suas águas ricas em minerais.

A 2.282m do nível do mar, a Sulphur Mountain é a mais alta da cidade. Quem não quiser percorrer a trilha de 5km pode chegar ao topo de bondinho, em uma viagem de oito minutos. O topo da montanha conta com plataformas de observação, com incríveis vistas panorâmicas das Rochosas.

Banff é uma cidade agitada tanto no verão (com ciclistas, caminhantes e alpinistas) como no inverno (os esportes de neve incluem esqui e passeios de

trenó puxados por cães). O Banff Park Museum, construído em 1903, abriga pássaros e insetos, entre outros animais.

🏛 Banff Park Museum
93 Banff Ave. 📞 *(403) 762 2291.* ⭕ *diariam.* ⬛ *set-jun: seg; 25 dez, 1° jan.* 🎫 ♿

Bondinhos levam os visitantes ao topo da Sulphur Mountain

Lake Louise
🛈 *perto do Samson Mall (403) 522 3833.*

Uma das paisagens inesquecíveis do Banff National Park, Lake Louise simboliza a beleza da região. O lago tem águas de um azul profundo e é cercado por altas montanhas com picos cobertos de neve, e uma geleira, a Victoria Glacier, quase alcança a margem do lago.

Nos arredores há trilhas que explicam a formação do lago, que ocorreu há cerca de 10 mil anos, no final da última glaciação. A incrível cor de suas águas provém de depósitos de sedimentos glaciais, conhecidos como pó de rocha, que ficam suspensos logo abaixo da superfície. Em uma das margens do lago, se encontra o imponente hotel Château Lake Louise, de 1894.

No verão, bondinhos levam os turistas até o Mount Whitehorn, de onde se tem lindas vistas do lago e da geleira. No inverno, esquiadores, alpinistas e snowboarders invadem o local.

No vilarejo de Lake Louise o turista pode encontrar alimentos, roupas e combustível.

Moraine Lake

Embora seja menos famoso que o Lake Louise, o lago Moraine tem características semelhantes, como a coloração azulada das águas. Próximo ao lago, um alojamento oferece quartos, refeições e aluguel de canoa. Há muitas trilhas saindo do lago: uma delas estende-se 1,5km pela margem norte. Outra, que passa pelo Larch Valley-Sentinel Pass, oferece paisagens maravilhosas e termina em um dos penhascos mais altos do parque.

Yoho National Park ⓮

O nome deste parque nacional significa "deslumbrante e maravilhoso" na língua dos índios cree. É realmente um local encantador, com montanhas, cachoeiras, lagos e formações rochosas surpreendentes. O Yoho National Park fica a oeste da cadeia das Rochosas, perto do Banff e do Kootenay National Park. Entre outras opções é possível fazer escaladas, esquiar, passear de barco e caminhar. O Burguess Shale é uma atração importante, com fósseis de animais marinhos do período Cambriano. Os fósseis têm mais de 500 milhões de anos e podem ser vistos em visitas guiadas de no máximo 15 pessoas por vez.

Star flower (primulácea)

Lago Emerald
Este lago recebeu o nome de Esmeralda devido à tonalidade das águas. Conta com um alojamento e fica no meio do parque, em um local tranquilo, perfeito para quem gosta de caiaque, caminhadas e passeios a cavalo.

Natural Bridge
Situada na região central do parque, sobre o rio Kicking Horse, a Natural Bridge (literalmente "ponte natural") é resultado de séculos de erosão das rochas. A ponte fica a poucos metros da Highway 1.

WAPTA ICEFIELD

VANCOUVER, GLACIER NATIONAL PARK

LEGENDA

🚗	Rodovia
🚗	Estrada principal
—	Rios
🅰	Camping
🔲	Área para piquenique
ℹ	Informação turística
✻	Vista panorâmica

Hoodoo Creek
Estas torres de rocha, esculpidas pela erosão em forma de cogumelo, ficam a uma curta caminhada por uma trilha que sai da estrada.

PREPARE-SE

Hwy 1. ℹ *Centro de Informações do Parque, Field (250) 343 6783.* 🚌 *para Field.* ⭕ *diariam.* 📷 ♿
🍴 🛏 🏧 ⛺

O Yoho Valley é famoso pelas belas paisagens, como a da cachoeira Takakkaw Falls.

Takakkaw Falls

Takakkaw, que significa "magnífico" na língua dos nativos da região, é uma das cachoeiras mais impressionantes do Canadá, com uma queda de 254m. Fica ao longo da Yoho Valley Road.

Burgess Shale foi decretado Patrimônio Mundial a fim de garantir a preservação dos fósseis. Visitas guiadas, só com reserva.

CALGARY, BANFF NATIONAL PARK

Kicking Horse River

Este rio corta Yoho margeando a estrada de ferro construída em 1880. Além dos trens de carga, o famoso "Rocky Montaineer" (pág. 407) passa por aqui.

Lago O'Hara

Cercado pelos majestosos picos dos montes Victoria e Lefroy, este lago é de uma enorme beleza cuidadosamente preservada. As visitas devem ser agendadas com antecedência, já que o acesso à região é limitado para proteger o meio ambiente.

0 km   3

O Valley of the Ten Peaks se espelha nas calmas águas azuis do lago Moraine ▷

Jasper National Park 🔟

Este é o maior e mais setentrional dos quatro parques nacionais da região das Montanhas Rochosas, e também o que exibe relevo mais acidentado. Cobre uma área de 10.878km² de montanhas, vales e lagos glaciais. A Columbia Icefield (pág. 308), uma vasta área de gelo formada há mais de 400 anos e com 900m de espessura em alguns trechos, é uma das principais atrações do parque.

Algumas das trilhas mais fáceis para caminhadas saem da cidade de Jasper e do Maligne Lake and Canyon. A cidade está situada no meio do parque e serve como ponto de partida para os mais diversos passeios, incluindo as termas de Miette Hot Springs.

Pyramid Lake
Cercado de picos íngremes, os lagos Pyramid e Patricia ficam próximos à cidade.

O bondinho
A poucos quilômetros da cidade de Jasper, um bondinho leva os turistas a um mirante próximo ao pico da Whistler's Mountain, a 2.285m de altitude. Do topo, os visitantes têm uma vista panorâmica das paisagens da região.

0 km   20

LEGENDA

- Estrada principal
- Estrada secundária
- Rios
- 🅰 Camping
- 🔲 Área para piquenique
- ℹ️ Informação turística
- ⚜ Vista panorâmica

Monte Edith Cavell
É possível subir esta montanha de carro até o Cavell Lake. Deste ponto, uma trilha leva à Angel Glacier e às campinas floridas Cavell Meadows.

Maligne Canyon

Um dos mais belos cânions das Rochosas, o "maligno" tem paredões íngremes de calcário e cachoeiras impressionantes. Várias passarelas cercam o local, com diferentes vistas da paisagem.

Miette Hot Springs

Os turistas podem relaxar nas águas mais quentes da região, às quais é atribuído poder de cura devido à grande quantidade de minerais.

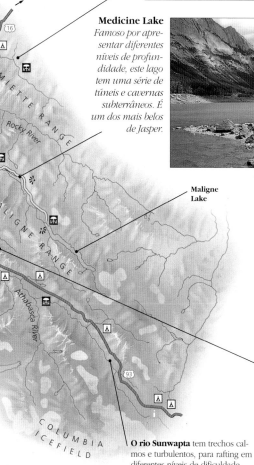

EDMONTON

(16)

MIETTE RANGE

Rocky River

MALIGNE RANGE

Athabasca River

93

COLUMBIA ICEFIELD

Medicine Lake

Famoso por apresentar diferentes níveis de profundidade, este lago tem uma série de túneis e cavernas subterrâneos. É um dos mais belos de Jasper.

Maligne Lake

Athabasca Falls

O rio Athabasca deságua de um penhasco estreito, formando esta impressionante e veloz cachoeira.

O rio Sunwapta tem trechos calmos e turbulentos, para rafting em diferentes níveis de dificuldade.

Como Explorar o Jasper National Park

Inaugurado em 1907, o Jasper National Park possui as mesmas qualidades dos outros parques da região, mas distingui-se por oferecer a seus visitantes o maior número de localidades pouco exploradas. Estas áreas só podem ser visitadas a pé, a cavalo ou de canoa. Jasper também se destaca dos outros parques pelos encontros mais frequentes com animais selvagens, entre eles ursos e alces. Quem pretende fazer passeios com duração superior a um dia precisa notificar o Park Trail Office.

O parque desativa grande parte de seus serviços de outubro até a Páscoa, quando as águas congelam. É então que os rios congelados são tomados por turistas mais adaptados ao frio rigoroso e aos esportes de inverno, para a prática de esqui *cross-country*, pesca e caminhadas no gelo. No verão há vários passeios de um dia, e muitas trilhas começam na cidade de Jasper, situada dentro do parque.

O esqui é apenas uma das atividades de inverno de Jasper

Columbia Icefield e Icefield Centre

Icefields Parkway. ☎ *(403) 852 6288.* ☐ *mai-out: diariam.* ♿
O Columbia Icefield, que se estende entre os parques nacionais de Banff e Jasper, forma a maior área coberta por gelo das Montanhas Rochosas, com 325km² de extensão. Este "campo de gelo" se formou durante a última glaciação.

Por volta de 10 mil anos atrás, o gelo cobriu a região e revestiu vales e montanhas, criando esculturas. Embora as geleiras estivessem diminuindo nos últimos séculos, no começo do século 20 o gelo cobriu a área onde hoje passa a Icefields Parkway.

O Icefields Centre oferece aos visitantes informações sobre a glaciação e o impacto das geleiras na paisagem da região. O centro também organiza excursões à Athabasca Glacier em pequenos veículos próprios para neve, além de dicas valiosas sobre as trilhas.

Athabasca Falls

Situada na junção das rodovias 93 e 93A, esta cachoeira de 23m do rio Athabasca é, sem dúvida, uma das mais impressionantes do parque. Embora sua queda seja pequena se comparada a outras cachoeiras das Montanhas Rochosas, a força das águas caudalosas do rio Athabasca ao irromper a estreita abertura do penhasco constitui um espetáculo vigoroso e marcante.

Jasper

A cidade de Jasper foi fundada em 1911 como assentamento para os empregados da companhia Grand Trunk Pacific Railroad, que construíam a estrada de ferro ao longo do vale do rio Athabasca. Assim como Banff, o desenvolvimento da cidade de Jasper ocorreu em paralelo com a inauguração da estrada de ferro e o sucesso dos parques com os turistas, tornando necessária a construção de hotéis, restaurantes e do centro de visitantes. Hoje, muitas das principais atrações do parque estão próximas da cidade, que fica no centro do parque, acessível pelas estradas Highway 16 e Icefields Parkway (Hwy 93).

O bondinho de Jasper fica a 7km da cidade. A subida ao topo da **Whistlers Mountains** leva sete minutos e deixa os turistas a 2.285m de altura,

As turbulentas águas do rio Athabasca fazem com que seja muito procurado para rafting

onde há uma trilha que leva ao ponto mais alto da montanha, a 2.470m. Em dias claros, a vista é inacreditável. Para aqueles que preferem caminhar a passear de bonde, uma trilha de 2,8km leva ao alto da montanha. A trilha é sinuosa e oferece belas vistas dos vales Miette e Athabasca, que ficam cobertos por flores silvestres em julho.

Patricia e Pyramid Lakes
Localizados ao norte da cidade de Jasper, estes belos lagos situam-se diante da Pyramid Mountain, com 2.763m. A prática do windsurf e da navegação a vela fazem dos lagos um local muito apreciado. Os equipamentos podem ser alugados no local.

As águas azuis do Pyramid Lake, na base da Pyramid Mountain

Maligne Lake Drive
Essa estrada começa 5km ao norte da cidade de Jasper e termina na Hwy 16, seguindo pelo vale entre as cadeias de montanhas Maligne e Queen Elizabeth. É um percurso com vista panorâmica, com belas e sucessivas paisagens e vários mirantes voltados para o Maligne Valley. Entre as maravilhas, estrada afora, destaca-se o Maligne Canyon. Para chegar até ele, é preciso seguir a pé por uma trilha de 4km repleta de informações sobre a geologia e a formação do cânion. Um dos mais belos da região das Montanhas Rochosas, este desfiladeiro possui paredes de calcário que chegam a 50m de altura, além de cachoeiras que podem ser admiradas das inúmeras passarelas. A trilha

Passeio de barco pelo Maligne, o maior lago natural das Rochosas

termina no Maligne Lake, o maior lago natural da região, com 22km de comprimento e cercado de montanhas com o topo coberto de neve.
A partir daqui há outras trilhas panorâmicas, como a que leva a Opal Hills.
Para visitas guiadas pelos arredores informe-se na cidade de Jasper. Quem quiser pode alugar barcos e equipamentos para pesca.

Medicine Lake
Você pode chegar a este lago pela estrada que sai da Maligne Lake Drive. Conhecido pelas extremas variações de seu nível de água, Medicine Lake fica reduzido a um fio d'água no outono e enche na primavera, alimentado pelo rio Maligne. Uma grande rede de túneis e cavernas subterrâneas provocam o fenômeno.

Miette Springs
(403) 866 3939. meados mai-set: diariam.
Situadas a 61km ao norte da cidade de Jasper, indo pela bela Miette Springs Road, as

Miette são as termas mais quentes da região, com temperaturas atingindo 53,9°C. Suas águas têm de ser resfriadas a 39°C para que os banhistas possam aproveitá-las. Consideradas relaxantes e terapêuticas, estas águas são ricas em minerais como cálcio e sulfatos. Pequenas quantidades de sulfeto de hidrogênio provocam um odor desagradável na água.
Miette Springs ganhou mais duas piscinas, uma delas para crianças. O complexo também inclui restaurantes e hotéis, além de outras opções de lazer.

Mount Edith Cavell
Com o nome da enfermeira heroína da Primeira Guerra Mundial, esta montanha situa-se 30km ao sul da cidade de Jasper. Vale a pena percorrer a estrada panorâmica montanha acima. Só dá para ir de carro até o Cavell Lake, na encosta norte. A partir daqui, uma trilha leva a um pequeno lago na base da Angel Glacier. Há um percurso de três horas de caminhada pelos campos floridos, daonde se vê uma "língua" de gelo.

Uma península de gelo da Angel Glacier, vista do Mount Edith Cavell

Cozinha típica do fim da década de 1900, no Grande Prairie Museum

Prince George 🔟

🏙 70.000. ✈ 🚉 🚌 🛈 1198 Victoria St. (250) 562 3700.

Prince George é a maior cidade do nordeste da Colúmbia Britânica, e serve como centro de abastecimento e transporte para a região. Duas grandes rodovias passam por aqui, a Yellowhead (Hwy 16) e a Highway 97, que passa a ser chamada de Alaska Highway em Dawson Creek. Fundada em 1807 como Fort George, a cidade servia como entreposto para o comércio de peles na região. Localizada na confluência dos rios Nechako e Fraser, a cidade é um bom local para se iniciar a exploração da província.

Hoje, Prince George oferece a infra-estrutura de uma grande cidade, incluindo uma nova universidade especializada em história e cultura dos povos primitivos locais, várias galerias de arte e sua própria orquestra sinfônica. O **Fort George Regional Museum** foi instalado no local original do forte, dentro dos 26 hectares do Fort George Park, e possui um pequeno acervo de itens de culturas nativas e dos colonizadores europeus.

A cidade é um importante centro da indústria de madeiras, e há visitas guiadas gratuitas aos estabelecimentos para quem se interessar pelos processos de produção.

Fort George Regional Museum

20th Ave. e Queensway. ☎ (250) 562 1612. ◯ diariam. ● 25 dez, 1° jan. 🎟 doações. ♿

Grande Prairie 🔟

🏙 28.250. ✈ 🚌 🛈 10632 102nd Ave. (403) 532 5340.

Esta cidade moderna fica na parte noroeste de Alberta. Rodeada por fazendas, a cidade costuma servir de ponto de parada aos viajantes que seguem rumo ao norte em direção à Dawson Creek e da Alaska Highway (*págs. 260-1*). Grande Prairie é o principal ponto de apoio na região do rio Peace, com um vasto leque de opções para compras –tem shoppings enormes, e eles não cobram taxas sobre os produtos. *(pág. 380)*.

No centro da cidade se encontra o Muskoseepi Park. Com uma área de 45 hectares, o parque oferece uma série de atividades ao ar livre, como esqui, trilhas para caminhada e bicicleta. Pode-se também alugar canoas ou barcos a remo na Bear Creek Reservoir, uma opção apreciada tanto por turistas como por moradores da cidade. Outra atração do parque é o **Grande Prairie Museum**. O museu conta com dez galerias e mais de 16 mil artefatos históricos. Conta ainda com uma série de reconstruções, como uma escola de 1911, um correio rural e uma igreja antiga. O turista pode ver uma famosa coleção de ossos de dinossauro retirados do Peace River Valley.

O rio Peace percorre um vale vasto e plano, cercado por diversos cânions. O vale é muito procurado por oferecer a oportunidade de observar vários pássaros da região, sobretudo as águias. As áreas alagadas pelo rio são visitadas pelo raríssimo cisne selvagem para procriação.

🏛 Grande Prairie Museum

Esq. 102nd St. e 102nd Ave. ☎ (403) 532 5482. ◯ mai-set: diariam; out-abr: dom-sex. ● 25 dez, 1° jan. 🎟 ♿

Fort St. John 🔟

🏙 14.800. ✈ 🚌 🛈 9323, 100th St. (250) 785 6037.

Fort St. John fica na milha 47 da Alaska Highway, entre as colinas do Peace River Valley. Durante a construção da rodovia, em 1942, a fortaleza passou de um pequeno vilarejo de 800 pessoas para uma cidade com mais de 6 mil habitantes. Ao ser concluída, a estrada transformou o local em centro de abastecimento para os visitantes da região. A cidade também foi

Terras agrícolas às margens do rio Peace, no norte da Colúmbia Britânica

As águas verdes do Muncho Lake, emolduradas pelas montanhas do Muncho Lake Provincial Park

responsável pelo crescimento da agricultura nos arredores. Porém, o grande desenvolvimento da região aconteceu com a descoberta de petróleo na década de 1950. Hoje, o progresso industrial de Fort St. John está retratado no museu, que possui uma torre de petróleo de 43m em sua entrada e uma série de exposições sobre a indústria local de petróleo.

Fort Nelson ⑲

🏠 6.000. ✈ 🚌 🚂 ℹ 5319 50th Ave. Sth. (250) 774 2541.

Indiferente ao boom das indústrias de petróleo e madeira na região nos anos 1960 e 1970, Fort Nelson permaneceu como uma típica cidadezinha de interior. Antes da construção da Alaska Highway na década de 1940, a cidade era um importante ponto de parada no percurso para Yukon e Alasca, mesmo não tendo telefone, água encanada ou eletricidade (estas facilidades só chegaram aqui depois de 1950). O comércio de pele era a principal

atividade. Até hoje, lobos, castores e linces são caçados para venda de peles e carnes.

A cidade é servida por ônibus e aviões, tem hospital, restaurantes, hotéis e postos de gasolina, bem como outras facilidades para o turista. As pessoas da região são famosas pela simpatia, e no verão há palestras gratuitas sobre a cultura local para os turistas. Um pequeno museu exibe fotos e artefatos que contam a história da construção dos 2.394km da Alaska Highway.

Lince, em Fort Nelson

Muncho Lake Provincial Park ⑳

Saindo da Hwy 97. 📞 (250) 232 5460. ☐ meados mai-set: diariam.

Este é um dos três parques da província que foram inaugurados após a construção da Alaska Highway em 1942 (os outros são o Stone Mountain e o Liard Hot

Springs). Sua área abrange um dos mais belos trechos da rodovia. É aqui que se encontram os picos sem vegetação do norte das Montanhas Rochosas, com picos íngremes de calcário que foram esculpidos em centenas de anos de erosão glacial. A Alaska Highway contorna os 12km da costa leste do lago Muncho, cruzando o rio Liard no início da cadeia de montanhas Mackenzie. No começo do verão, os motoristas podem ver alces passeando nos terrenos floridos da região. Cabras, carneiros e caribus também podem ser vistos na beira das estradas. Os pântanos do parque são muito procurados por estudiosos de botânica em busca da rara orquídea amarela Lady's Slipper.

O parque dispõe de campings e alojamentos para quem quiser visitar seus 88.000 hectares de natureza preservada. Uma grande quantidade de trutas espera os pescadores no Muncho Lake.

Sul e Norte da Colúmbia Britânica

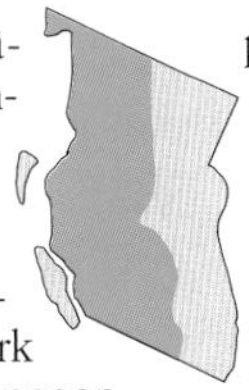

A PARTE SUL DA Colúmbia Britânica começa ao sul de Prince George e vai até a fronteira com os Estados Unidos. É um local de inúmeras belezas naturais, como as florestas e cachoeiras do Wells Gray Provincial Park e os belos vales e lagos de Okanagan Valley, sem esquecer as vinícolas. A região norte da Colúmbia Britânica, por sua vez, tem alguns dos cenários mais impressionantes da América do Norte. Abrange as terras ao norte de Prince Rupert situadas entre as montanhas da Coast Mountains e as Rochosas, com o território de Yukon. A paisagem varia do solo vulcânico nos arredores do Mount Edziza, com fileiras de lava e cones de cinzas, às florestas congeladas do Atlin Provincial Park, tudo ao longo da Cassiar Highway. Um passeio de barco pelas ilhas Queen Charlotte revela outros pontos altos. O arquipélago é habitado há dez mil anos pelo povo haida, conhecido por seus tótens.

Principais Atrações

Cidades Históricas

- Castlegar 5
- Hope 3
- Kamloops 9
- 'Ksan Village 13
- Nakusp 7
- Nelson 6
- Prince Rupert 14
- Quesnel 12
- Sicamous 8
- Whistler 1

Parques Nacionais e de Província

- Bowron Lake Provincial Park 11
- Northern Parks 16
- Wells Gray Provincial Park 10

Locais Históricos e Áreas de Beleza Natural

- Fraser River 2
- Okanagan Valley 4
- Ilhas Queen Charlotte 15

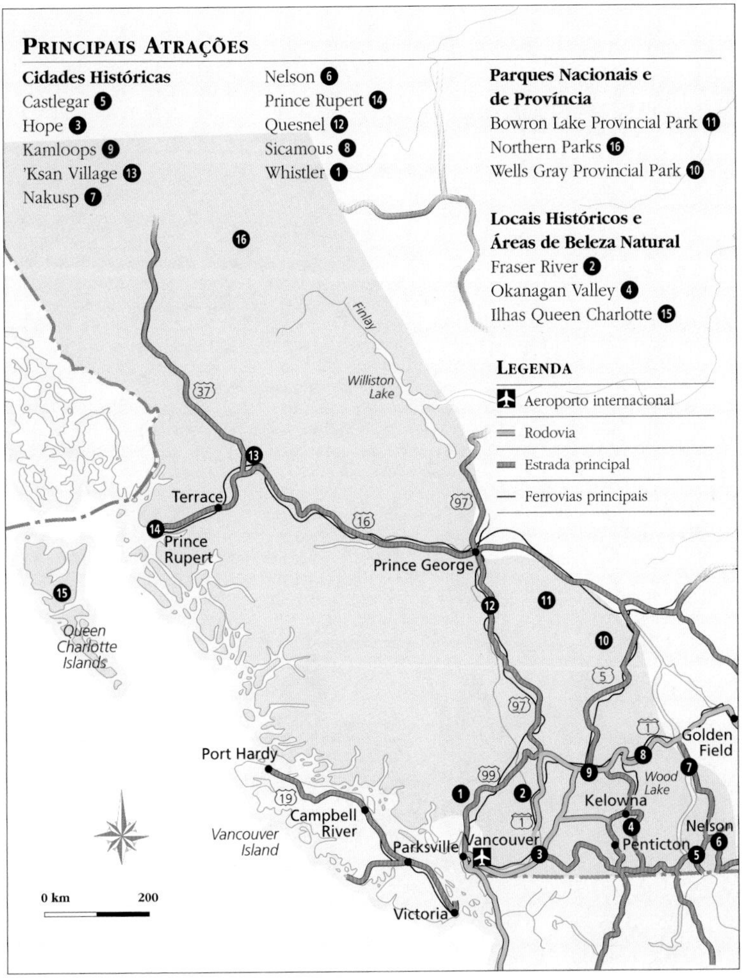
LEGENDA
Aeroporto internacional
Rodovia
Estrada principal
Ferrovias principais
Finlay
Williston Lake
Terrace
Prince Rupert
Queen Charlotte Islands
Prince George
Port Hardy
Campbell River
Vancouver Island
Parksville
Vancouver
Victoria
Kelowna
Wood Lake
Penticton
Nelson
Golden Field
0 km
200

◁ **Vista do rio Fraser cortando o Fraser River Canyon em meio às florestas no inverno**

Da rodovia Trans-Canadá o motorista avista o rio e o cânion Fraser

Whistler ❶

🏃 4.450. 🔲 🄸 4010 Whistler Way.
(604) 932 2394.

Whistler é a maior estação de esqui do Canadá. Aninhada nas Coast Mountains, a apenas 120km de Vancouver, a estação está organizada em quatro áreas: Whistler Village, Village North, Upper Village e Creekside. As montanhas de Whistler e Blackcomb têm as descidas mais radicais das estações de esqui da América do Norte. O clima não muito rigoroso do inverno, mas sempre com neve, garante o esporte. No verão é possível esquiar na geleira Blackcomb's Hortsman.

Com instalações mais novas (o primeiro teleférico para transporte dos esquiadores começou a funcionar em 1961), Whistler Village oferece ao turista infra-estrutura completa. Há várias opções de hospedagem, de pequenos *bed and breakfasts* a hotéis cinco estrelas. A diversidade de bares e restau-

rantes atende a todos os gostos. As lojas também são bastante variadas e vendem de roupas e acessórios para esquiar até artesanato nativo.

Fraser River ❷

🄸 Vancouver (604) 739 0823.

O majestoso rio Fraser percorre 1.368km de algumas das mais belas paisagens da Colúmbia Britânica. O rio nasce no lago Yellowhead, perto de Jasper, e segue até o Strait of Georgia, próximo a Vancouver. Segue rumo ao norte acompanhando as Montanhas Rochosas, antes de voltar-se para o sul perto de Prince George. Corre ao lado da Coast Mountains, em seguida vira a oeste em direção a Hope, corta os paredões do Fraser Canyon e segue seu curso até Yale.

O Canyon Fraser foi considerado o obstáculo mais desafiador pelo explorador Simon Fraser, que seguiu o curso do rio em uma expedição em 1808.

Cinquenta anos depois, com a descoberta de ouro nos arredores de Yale, milhares de mineradores povoaram a região. Hoje, Yale é uma pequena cidade com cerca de 200 habitantes. Aqui, o encantador **Yale Museum** conta a história da corrida do ouro e da heróica construção da ferrovia Canadian Pacific. O rafting é comum na região, e quem quiser pode se informar sobre excursões na cidade de Boston Bar. O rio tem um trecho perigoso, o Hell's Gate, onde a correnteza arrebenta no meio dos paredões do cânion em uma largura de apenas 34m.

🏛 Yale Museum
Douglas St. 🄲 (604) 863 2324.
⭕ jun-set: 10h-17h diariam. 🗃 ♿

Hope ❸

🏃 3.150. 🔲 🄸 919 Water Ave.
(604) 869 2021.

Situada ao sul do Canyon Fraser, esta cidade é servida por várias estradas, incluindo a Hwy 1 (a Trans-Canadá) e a Hwy 3. Hope é uma ótima base para explorar o Canyon Fraser e a região sul da Colúmbia Britânica, além de estar perto de uma série de parques da província. O Manning Provincial Park é bem preservado e tem belas montanhas, lagos e rios, com inúmeras opções de lazer ao ar livre. No verão as caminhadas, a natação e a pesca são os esportes mais praticados. Já no inverno, o esqui domina a região.

A estação de esqui Whistler Village, na Colúmbia Britânica

Passeio pelo Okanagan Valley ❹

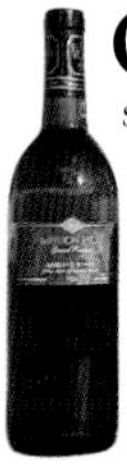

Vinho de Okanagan

Okanagan Valley é na verdade um conjunto de vales ligados por uma série de lagos que se estendem por 250km, de Osoyoos, ao sul, a Vernon, ao norte. A Highway 97 passa pelas principais cidades, cruzando as paisagens desérticas próximas ao Osoyoos Lake e os viçosos pomares e vinhedos que deram fama ao vale. O clima, ameno no inverno e quente no verão, contribui para que este seja um dos destinos mais procurados do Canadá durante as férias.

PREPARE-SE

Ponto de partida: *Highway 97, a partir de Vernon no norte: Osoyoos no sul.*
Distância: *230km.*
Destaques: *Os festivais de flores e frutas acontecem na primavera e verão. Nesta época há bancas de frutas na estrada. Excursões às vinícolas podem ser feitas o ano todo.*

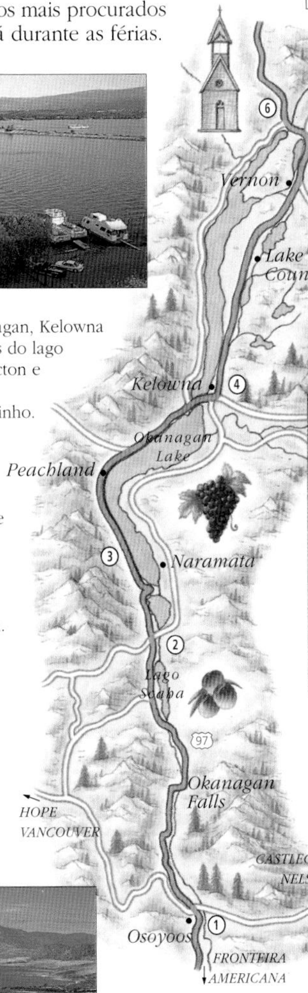

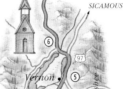

SICAMOUS
Vernon
Lake Country
Montanhas Monashee
Kelowna
Okanagan Lake
Peachland
Naramata
Lago Skaha
97
Okanagan Falls
HOPE
VANCOUVER
CASTLEGAR
NELSON
Osoyoos
FRONTEIRA AMERICANA

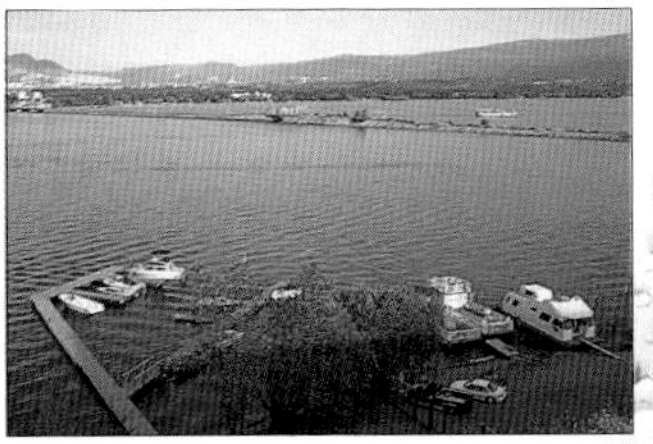

Kelowna ④
Maior cidade de Okanagan, Kelowna está situada às margens do lago Okanagan, entre Penticton e Vernon. É o centro da produção de frutas e vinho.

Vernon ⑤
Cercada por fazendas e pomares, Vernon deve essa exuberância à irrigação, iniciada em 1908. Os lagos próximos abrigam pequenos balneários.

Summerland ③
Este vilarejo pequeno e charmoso exibe várias construções do século 19 e belas vistas a partir do topo da Giant's Head Mountain.

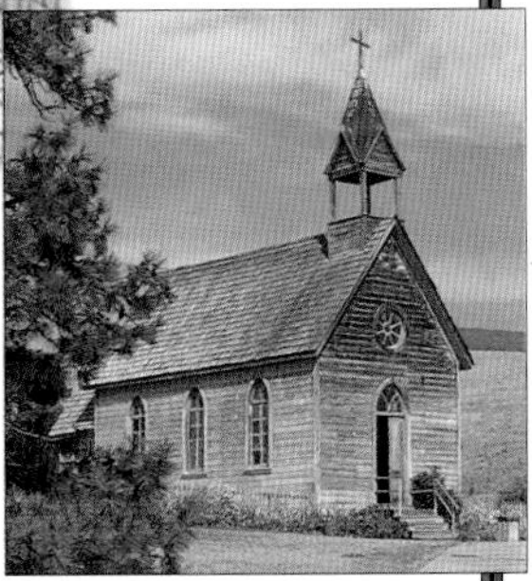

O'Keefe Historic Ranch ⑥
Fundado pela família O'Keefe em 1867, este rancho exibe objetos originais usados por eles, que viveram no local até 1977. A pequena casa de madeira, a igreja e o depósito são originais.

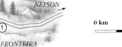

Penticton ②
Esta ensolarada cidade à beira de um lago é famosa pela praia de Okanagan, pelo windsurfe, pelas vinícolas e pelo Peach Festival, realizado em agosto.

0 km 25

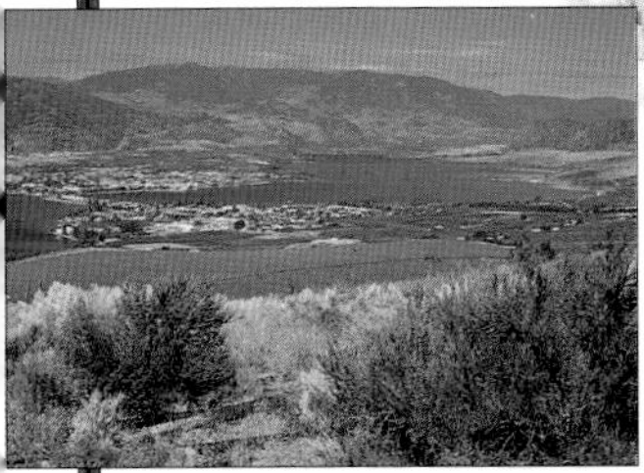

Osoyoos ①
Os turistas vêm para cá no verão atraídos pelo sol das praias do lago Osoyoos. Há um pequeno deserto nas proximidades.

LEGENDA

- Percurso do passeio
- Outras estradas
- Vista panorâmica

Os históricos prédios de pedra da simpática cidade de Nelson

Castlegar ❺

🚶 7.200. ✈ 🚉 ❗ 1995 6th Ave.
📞 (250) 365 6313.

Situada na região sudeste da Colúmbia Britânica, Castlegar é atravessada por duas grandes rodovias, a Crowsnest e a Hwy 22, e fica na confluência dos rios Kootenay e Colúmbia. Esta localização faz com que tenha um grande movimento de pessoas de passagem.

No início do século 20 um grande número de doukhobors (dissidentes religiosos russos) instalou-se no local. O **Doukhobor Village Museum** exibe a herança cultural deste grupo, bem como suas roupas, ferramentas e máquinas.

Túnica doukhobor

🏛 **Doukhobor Village Museum**
Trevo Hwy 3 e 3A. 📞 (250) 365 6622.
🕐 mai-set: diariam. 📷 ♿

Nelson ❻

🚶 9.000. 🚉 ❗ 225 Hall St.
📞 (250) 352 3433.

Uma das mais belas cidades da região sul da Colúmbia Britânica, Nelson tem vista privilegiada para o Kootenay Lake. A cidade foi fundada na década de 1880 como um centro de mineração. Uma década mais tarde, com a chegada da ferrovia, Nelson cresceu como eixo de ligação para o transporte de minério e madeira. A cidade deve parte de sua graça à arquitetura de seus prédios, construídos entre 1895 e 1920. Em 1986 Nelson foi escolhida para as filmagens do filme *Roxanne*, comédia de Steve Martin. O mais renomado arquiteto da Colúmbia Britânica, Francis Rattenbury *(pág. 278)*, projetou algumas das mais belas construções da cidade, entre elas o elegante edifício Burns, construído em 1899 para Patrick Burns, um fazendeiro milionário. Rattenbury também projetou o tribunal, ou Nelson Court House, em 1908. Trata-se de um imponente prédio de pedra, com torres e frontões.

Atualmente a cidade sedia vários eventos culturais e possui 16 galerias de arte, cafés, livrarias e lojas de artesanato. Os turistas também podem passear no Car 23, um bonde de 1906 utilizado na cidade de 1924 a 1949 (e restaurado em 1992), que passa na beira do lago. O centro de visitantes distribui mapa e guia para quem quiser fazer um passeio pelos prédios históricos.

Nakusp ❼

🚶 1.700. ❗ 92 W. 6th Ave.
📞 (250) 265 4234.

Tendo os picos nevados Selkirk Mountains como tela de fundo e o Upper Arrow Lake como paisagem principal, Nakusp não poderia deixar de ser charmosa. Sua origem se deve a um assentamento de mineradores, mas hoje a cidade é conhecida por suas fontes minerais de água quente. Há duas estâncias próximas à cidade, as termas de Nakusp e Halcyon, que proporcionam banhos terapêuticos em águas ricas em sulfatos, cálcio e sulfeto de hidrogênio, que aliviam dores causadas por artrite e reumatismo. Cerca de 40km ao

A cidade de Nakusp tem uma bela vista para o Upper Arrow Lake

sul de Nakusp, no Slocan Valley, encontram-se duas cidades abandonadas, New Denver e Sandon. Sandon tinha cinco mil habitantes em 1892, auge da época da mineração. Tinha ainda 29 hotéis e 28 bares, além de vários bordéis e casas de jogos. Um incêndio em 1900, a queda do valor do minério e a diminuição das reservas, acabaram por transformar Sandon em uma cidade-fantasma. Hoje, porém, foi declarada, patrimônio histórico e seus prédios estão sendo restaurados. A cidade de New Denver, nas proximidades, teve um destino semelhante ao de Sandon, mas tornou-se campo de concentração para os japoneses durante a Segunda Guerra Mundial. Cercado por um jardim japonês, o Nikkei Internment Centre, na Josephine Street, conta a história do confinamento dos mais de 20 mil canadenses de origem japonesa.

Casas flutuantes à beira do lago em Sicamous

Sicamous ❽

🏠 3.088. 🔲 ℹ️ 110 Finlayson St. ☎ (250) 836 3313.

Sicamous é uma cidadezinha à beira de um lago que ficou conhecida por suas três mil casas flutuantes, assim como por suas charmosas ruas de pedra enfeitadas com flores. Localizada entre os lagos Mara e Shuswap, na junção da Trans-Canada Highway com a Highway 97A, o local é agradável, procurado para passeios pelos lagos e pelo balneário de Salmon Arm, no norte do Okanagan Valley (pág. 315). Mais de 250 casas-barco podem ser alugadas no verão. A cidade possui 12 marinas e uma imobiliária. A partir dos barcos é possível avistar a bela floresta que fica às margens do Shuswap Lake. A fauna da floresta inclui ursos-pretos, alces, coiotes e linces, algumas vezes vistos nas margens. No verão, os visitantes podem aproveitar a praia e a trilha à beira do lago.

Calçado antineve para cavalo, Kamloops

Kamloops ❾

🏠 80.000. ✈️ 🚌 🚆 ℹ️ 1290 W. Rodovia Trans-Canadá. ☎ (250) 372 7770.

Kamloops significa "encontro dos rios" no idioma dos índios secwepemc. A maior cidade em área do interior do sul da Colúmbia Britânica fica na junção dos rios Thompson do Norte e do Sul. Três grandes rodovias se cruzam no local; a Trans-Canada, a Highway 5 e a Highway 97, rumo ao Okanagan Valley. As ferrovias Canadian Pacific e Canadian National também passam por aqui.

Povoados formados por europeus surgiram na região em 1812, quando caçadores de pele começaram a comercializar com os nativos. O **Museum and Native Heritage Park** conta a história do povo secwepemc, um dos mais antigos da América do Norte, e exibe artefatos como uma canoa de casca de bétula e equipamentos para caça. Saindo do museu há trilhas que levam o visitante às ruínas da aldeia de inverno dos shuswap, com mais de 2.000 anos. O local exibe algumas reconstruções de abrigos subterrâneos antigos usados no inverno, bem como um acampamento de verão. Há uma cabana para alojar caça e local para secar e defumar peixes. A loja do museu vende cestas feitas de

folhinhas de pinheiro e de vidoeiro, mocassins e enfeites de prata.

Uma galeria no centro da cidade tem um pequeno acervo de pinturas de paisagens feitas por A.Y. Jackson, pintor do Grupo dos Sete (pág. 160-1).

🏛 Museum and Native Heritage Park

353 Yellowhead Hwy. ☎ (250) 828 9801. 🕐 jun-set: diariam; set-mai: 8:30h-16:30h seg-sex. 🈂 ♿

Wells Gray Provincial Park ❿

☎ (250) 851 3100. 🚌 Clearwater. 🚆 Clearwater. 🕐 diariam.

O Wells Gray Provincial Park é uma das reservas naturais mais belas da Colúmbia Britânica, com belezas comparadas às encontradas na região das Montanhas Rochosas. O parque foi fundado em 1939 e possui campinas alpinas, grandes cachoeiras e montanhas com picos cobertos de neve que chegam a 2.575m de altitude. A ferrovia Canadian National e a Highway 5 seguem o curso do rio Thompson ao longo da parte oeste do parque, e ambas apresentam lindas paisagens.

Saindo da Highway 5, na Clearwater Valley Road, há inúmeras trilhas, de curtas e simples a longas e difíceis. A poucos minutos da estrada, por uma delas, tem-se uma vista maravilhosa da cachoeira Dawson Falls.

Bowron Lake Provincial Park ⓫

(250) 398 4414. 🚌 Quesnel. ✈ Quesnel. 🕐 diariam. quando o tempo permite 🚻 restrito.

O Bowron Lake Provincial Park fica nas Cariboo Mountains, 113km a leste de Quesnel, na Highway 26. É famoso por seus 112km de vias navegáveis, que incluem nove lagos grandes, três rios, corredeiras e vários pequenos lagos, além de canais interligando tudo. Há uma excursão de canoa que dura uma semana, mas restringe-se a apenas 50 pessoas de cada vez e os ingressos devem ser retirados com antecedência no centro de visitantes. O passeio vale a pena por permitir que os visitantes se aproximem silenciosamente dos animais, sem assustá-los. Há muitos alces e castores. No fim do verão os ursos pescam salmões na beira do rio Bowron.

O enorme urso grizzly

Quesnel ⓬

🏠 23.000. ✈ 🚌 🚊 🛈 705 Carson Ave. (250) 992 4922.

Quesnel é uma cidade que surgiu com a corrida do ouro, entre os anos de 1858 e 1861. Era a última cidade da Trilha do Ouro, ou Cariboo Road (hoje Highway 97), que

Uma diligência do século 19 nas ruas de Barkerville

se estendia até Kamloops e passava por uma série de cidades que viviam da mineração. Quesnel fica entre os rios Fraser e Quesnel, e possui uma trilha de 5km, a Riverfront Park Trail System, cercada de árvores, que atravessa as encostas de ambos os rios. Fora dos limites da cidade, o Pinnacle Provincial Park exibe a beleza geológica dos hoodoos, colunas de rocha formadas na superfície vulcânica com o derretimento das águas da última glaciação, há 12 milhões de anos. A 87km de Quesnel, pela Highway 26, se encontra a histórica **Barkerville**. A cidade nasceu quando o inglês Billy Barker encontrou um punhado de pepitas de ouro no local, em 1862. Barkerville é uma típica cidade mineradora do século 19 e hoje tem mais de 120 prédios restaurados ou reconstruídos e guias vestidos em trajes de época. Os visitantes podem observar o trabalho de ferreiros, assistir a shows como os apresentados na época da mineração e passear nas diligências.

🏛 Barkerville

85km leste de Quesnel, Hwy 26. (250) 994 3302. 🕐 diariam. 🚻

'Ksan Village ⓭

(250) 842 5544. 🕐 local: todo o ano; casas: abr-set: diariam. 🚻

A 'Ksan Village, situada 290km a leste a partir de Prince Rupert, é a recriação de uma aldeia nativa de 1870. O local foi fundado em 1950 para preservar a cultura dos gitxsan. Os nativos desta tribo habitaram a área (principalmente o vale do rio Skeena) durante milhares de anos, mas seu modo de vida passou a ser ameaçado com a chegada dos colonos em Prince Rupert na década de 1850 para trabalhar nas minas e fazendas da região.

Famosos por suas habilidades na elaboração de máscaras, tótens e canoas, os anciãos da

Tótem da tribo gitxsan, feito de madeira de cedro, em 'Ksan Village

tribo passam agora seus conhecimentos aos mais novos. Dentro da aldeia há sete construções, incluindo uma escola de entalhe em madeira, um museu e uma loja de presentes.

Prince Rupert ⓮

🏠 16.000. ✈ 🚌 🚊 ⛴ 🛈 100 1st Ave. Oeste. (250) 624 5637.

Prince Rupert é uma cidade portuária e a segunda maior da costa da Colúmbia Britânica. Situada na ilha Kaien, na foz do rio Skeena, a cidade é cercada por florestas e montanhas, e proporciona uma incrível vista do litoral e seus fiordes. O porto é movimentado, com navios, barcos de pesca e ferryboats, e constitui o principal acesso para o Alasca e as ilhas Queen Charlotte.

Como a maioria das principais cidades da região, Prince Rupert deve seu desenvolvimento às estradas de ferro. Instalado na Grand Trunk Railroad Station, o Kwinitsa Railway Museum conta os ambiciosos planos que Charles Hay tinha para a cidade. Infelizmente, o empreendedor morreu no naufrágio do *Titanic*, em 1912.

A tribo dos tsimshian foi a primeira a ocupar a área e há apenas 150 anos o cenário era composto por suas grandes casas de cedro e tótens esculpidos. O **Museum of Northern British Columbia** narra a história e a cultura dos tsimshian, além de organizar passeios arqueológicos, como a visita à Metlakatla, descrevendo uma cultura de mais de 10 mil anos.

🏛 Museum of Northern British Columbia

100 1st Ave. Oeste. **▮** *(250) 624 3207.* ◯ *diariam.* ● *dez 25, 26.* ▨ ♿

Ilhas Queen Charlotte **⑮**

🚆 *Prince Rupert.* ✈ *Prince Rupert.* ⛴ *3220 Wharf St., Queen Charlotte. (250) 559 8316 (aberto mai-set).*

Atlin Lake, no afastado Atlin Provincial Park

E ssas cerca de 150 ilhas, também conhecidas como Haida Gwaii, constituem um arquipélago em forma de cone inclinado em frente à cidade de Prince Rupert.

As ilhas Queen Charlotte permaneceram intactas na última glaciação e abrigam um ecossistema único e exclusivo do Canadá. Suas florestas apresentam espécies raras de mamíferos, como o musaranho escuro e a doninha de cauda curta. As ilhas também são povoadas por águias-calvas, e muitas baleias nadam pela costa durante a primavera.

Este é o lar do povo haida há milhares de anos. Hoje eles são reconhecidos pelo talento artístico, sobretudo na criação de entalhes e esculturas em cedro e em argilita (pedra escura encontrada apenas nas ilhas).

Os haida organizaram campanhas contra a indústria madeireira nos anos 1980. O resultado foi a fundação do **Gwaii Haanas National Park Reserve** em 1988. O parque possui uma floresta tropical secular, com árvores como o espruce-cicuta de mil anos, o cedro vermelho e o hemlock.

🌿 Gwaii Haanas National Park Reserve

▮ *(250) 559 8818.* ◯ *mai-set.* ▨

Northern Parks **⑯**

Mount Edziza, Spatsizi; Hwy 37. Atlin; Hwy 7. ⛑ *(250) 624 5637.*

H á três parques no norte da Colúmbia Britânica administrados pelo governo da província: Mount Edziza Provincial Park, Spatsizi Plateau Wilderness Provincial Park e Atlin Provincial Park, mais ao norte. Todos oferecem paisagens preservadas, com altas montanhas, campos cobertos de gelo e tundra. Inaugurado em 1972, o Mount Edziza apresenta paisagens vulcânicas, com rios de lava, planaltos de basalto e cones de cinzas. Pode-se chegar ao parque por uma estrada secundária a partir da Cassiar Highway (Hwy 37). O parque não possui acesso para veículos, e a única forma de visitá-lo é enfrentar longas trilhas acidentadas ou de hidroavião em vôos charter.

Do outro lado da rodovia fica o ainda mais isolado Spatsizi Plateau Wilderness Provincial Park, que abriga os picos cobertos de neve das Skeena Mountains. Gladys Lake, um pequeno lago no centro do parque, é uma reserva ecológica dedicada ao estudo de carneiros e cabritos-monteses. O acesso ao parque se dá apenas por uma estradinha que sai da aldeia de Tatogga, ao longo da Hwy 37. A cidade dispõe de guias e aviões para alugar.

O único modo de se chegar ao Atlin Provincial Park é via Yukon, pela Hwy 7 (que sai da Alaska Hwy). Um terço do parque, porém, é coberto por placas de gelo e geleiras.

Massett é uma das três maiores cidades da ilha Graham , a mais populosa das ilhas Queen Charlotte

NORTE DO CANADÁ

Introdução ao Norte do Canadá

O Norte do Canadá compreende Yukon, os Territórios do Noroeste e Nunavut, estendendo-se por 800km do Pólo Norte entre os oceanos Atlântico e Pacífico, totalizando 37% da área do país. A paisagem é inóspita: a tundra gelada, estéril e sem árvores, predomina na maior parte do ano, com florestas subárticas, montanhas, geleiras, rios e lagos gelados. Apesar disso, a vida selvagem é abundante, com bois-almiscarados, caribus, ursos polares e focas. No auge do curto verão o "sol da meia-noite" faz com que o dia tenha 24h de luz, enquanto a aurora boreal *(pág. 335)* ilumina os invernos com rastros de luz colorida. Os confortos da civilização só chegam onde as condições são mais acolhedoras, que em geral coincidem com os locais de paisagem mais bonita e variada. Povoada pelo povo das Primeiras Nações há cerca de 25.000 anos e pelos inuit por volta de 3.000 a.C., esta região única recebe 500 mil visitantes a cada ano.

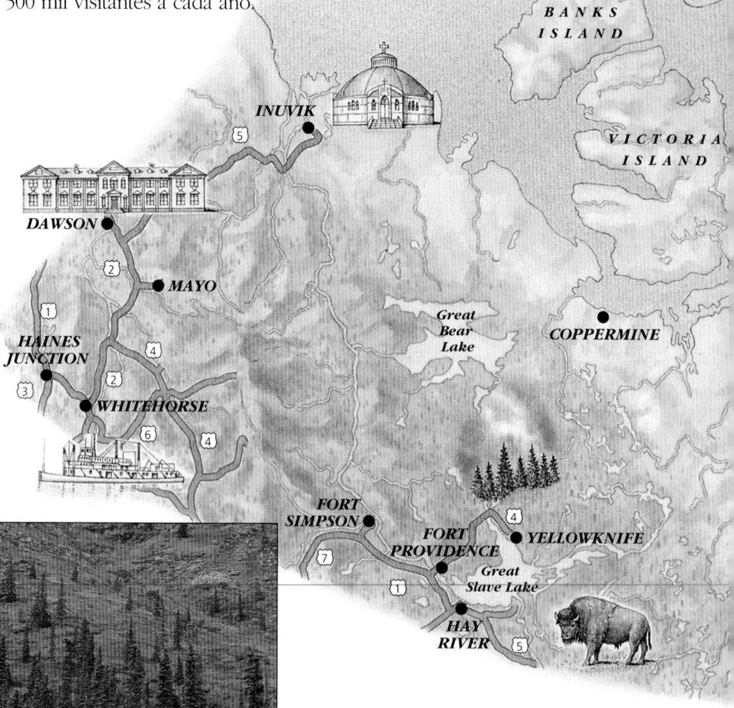

BANKS ISLAND

VICTORIA ISLAND

INUVIK

DAWSON

MAYO

HAINES JUNCTION

WHITEHORSE

Great Bear Lake

COPPERMINE

FORT SIMPSON

FORT PROVIDENCE

YELLOWKNIFE

Great Slave Lake

HAY RIVER

As chamejantes cores do outono envolvem as sempre-vivas no norte de Yukon

COMO CIRCULAR

Tenha sempre em mente que tudo aqui, incluindo transporte, hospedagem e comida, custa muito mais que em qualquer outra parte do país. Há linhas de ônibus entre as principais cidades de Yukon, mas alugar um carro dá mais flexibilidade aos horários. Em Nunavut e nos Territórios do Noroeste o melhor transporte é o avião: há cerca de 600 pistas de pouso e pequenos aeroportos aqui. Convém lembrar que a acomodação também é reduzida. Não são poucas as localidades que têm apenas um hotel; apenas em Yukon as cidades estão bem preparadas para receber turistas.

NORTE DO
CANADÁ

QUEEN
ELIZABETH
ISLANDS

DEVON
ISLAND

LEGENDA

Estrada principal

Rio

ARCTIC
BAY

BAFFIN
ISLAND

IQALUIT

Foxe
Basin

REPULSE
BAY

RANKIN
INLET

Hudson
Bay

0 quilômetros   250

VEJA TAMBÉM

• **Onde Ficar** pág. 359

• **Onde Comer** pág. 379

Os inuit ainda usam trenós puxados por cachorros como transporte

Arte e Cultura Inuit

Por séculos os inuits viveram da caça, o que determinou seu estilo de vida e fez surgir uma cultura única. Seus costumes permaneceram os mesmos nas aldeias da parte central e leste do Norte do Canadá, embora se observem diferenças regionais nas formas de arte. A literatura escrita inuit é bastante restrita, e mesmo hoje grande parte das tradições e da cultura é oral. Pode parecer surpreendente, dadas as duras condições ambientais e os poucos recursos naturais, que as comunidades ofereçam uma produção artística florescente, mas foram as privações que promoveram essa proeza. A habilidade com ferramentas, por exemplo, acabou favorecendo a escultura. A cultura inuit está vinculada à paisagem e ao meio ambiente, fontes para artistas e contadores de histórias.

A gravura em madeira de uma menina com um urso polar representa a arte a partir dos anos 1950. Artistas antigos usam entalhes em pedra e estêncil como formas de representação.

As roupas quentes são práticas e enfeitam. As mulheres vestem suas famílias basicamente com peles e lãs, e as peças são cuidadosamente tecidas à mão com as sobras de animais mortos.

Enfeites com contas e bijuterias *no início eram feitos de osso e marfim; substituídos hoje por contas coloridas e miçangas. As peças são únicas, e remetem a pássaros, animais ou pessoas. A influência ocidental se revela nos novos designs em prata e ouro.*

Esta escultura em pedra sabão *representa Inuk, o herói humano de muitas lendas pré-cristãs dos inuit, tendo uma foca como companheira.*

MULHER INUIT PREPARA CHAR (PEIXE)

Os esquimós do Canadá preferem ser chamados de inuit. Para eles, a palavra esquimó é ofensiva (significa "comedor de carne crua" na língua nativa cree). Tradicionalmente, os inuit comiam a carne crua devido à ausência de árvores para lenha no Ártico. Grande parte da carne de caribu, urso polar e peixe era servida em pedaços ou misturada com molhos de frutas de verão. A chegada de fogareiros e de combustíveis modernos alterou um pouco o cardápio, embora a tradição permaneça no centro dos hábitos alimentares da comunidade.

Estes enfeites de um traje de dança *foram esculpidos em marfim ou ossos de baleia, e eram usados por dançarinos inuit em cerimônias. Penas de pássaros são usadas em roupas e na decoração.*

Pai e filho vestem ano-raques, tradicionalmente feitos pelas mulheres da família com pele de caribu, lobo e urso polar. Hoje, tecidos importados do Ocidente são acrescentados para decorar.

As casas dos inuit não são mais os velhos iglus. As pessoas se mudaram para acampamentos ou casas comunitárias.

Os pescadores inuit fazem o melhor uso dos escassos recursos naturais e dependem da pesca em pequena escala como fonte de alimento.

MITOLOGIA INUIT

Instalados nos confins do mundo habitado, os inuit se protegeram do fantasma da fome com um código espiritual baseado no respeito aos animais

Entalhe de Inuk lutando com seu espírito

caçados, tendo o cuidado de se proteger da vingança divina. Seus mitos promovem a crença de que cada criatura viva tem uma alma, e de que o xamã da aldeia pode viajar entre os mundos mais elevados e inferiores para se comunicar e apaziguar os espíritos que controlam a caça e o clima. Desde os tempos mais remotos ferramentas e armas de caça eram esculpidas com representações do espírito guardião correspondente, e os músicos e cantores são bem versados em lendas de espíritos do mar e heróis humanos.

A caça e a pesca continuam sendo o centro da cultura inuit, embora nos anos 1960 o governo de Ottawa tenha tentado, sem sucesso, abolir essas práticas tradicionais.

A dança do tambor é uma das várias formas de música tradicional e tem papel de destaque nos grandes eventos da vida: nascimento, casamento, caça bem-sucedida e velório. Outra forma de música, é o canto gutural apresentado por duas mulheres, uma de frente para outra, para contar lendas, um acontecimento ou um mito.

NORTE DO CANADÁ

EMBORA AINDA seja um dos destinos mais remotos do mundo, a beleza polar do Norte do Canadá hoje está acessível para aventureiros em busca de áreas intocadas para um desafio de exploração e para caminhadas. Muitas das aldeias deste fim de mundo foram fundadas apenas no século 20. Algumas das primeiras cidades se desenvolveram em volta de postos da Polícia Montada Canadense, fundada para monitorar caçadores em busca de peles, exploradores e baleeiros em território canadense. Mais recentemente os postos de defesa deram origem a

novas aldeias. As comunidades inuit abandonaram gradualmente o modo de vida nômade, e hoje muitas se fixaram ao redor destes postos. Estas pequenas cidades servem de base para o visitante explorar as belas redondezas.

O frio atinge o norte em cheio no inverno, e o termômetro desce a 50°C negativos, mas no verão (julho e agosto) uma brisa morna percorre as terras geladas, a tundra irrompe em flores e a neve derrete após oito meses de inverno branco. Este lugar tem planícies desertas, trilhas congeladas, animais e plantas raros e pessoas gentis.

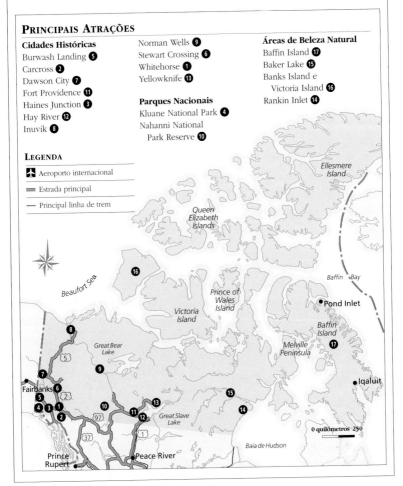

PRINCIPAIS ATRAÇÕES

Cidades Históricas
Burwash Landing **5**
Carcross **2**
Dawson City **7**
Fort Providence **11**
Haines Junction **3**
Hay River **12**
Inuvik **8**

Norman Wells **9**
Stewart Crossing **6**
Whitehorse **1**
Yellowknife **13**

Parques Nacionais
Kluane National Park **4**
Nahanni National
  Park Reserve **10**

Áreas de Beleza Natural
Baffin Island **17**
Baker Lake **15**
Banks Island e
  Victoria Island **16**
Rankin Inlet **14**

LEGENDA
✈ Aeroporto internacional
━━ Estrada principal
— Principal linha de trem

◁ **Os mares gelados que banham a costa da Baffin Island**

Whitehorse ❶

Whitehorse ("cavalo branco") deve seu nome às corredeiras do rio Yukon. Os mineradores achavam que suas espumas pareciam "as crinas ondulantes dos cavalos apaloosa albinos". A cidade se desenvolveu quando um grupo de 2.500 homens em busca de ouro desafiou, a pé, as trilhas de Chilkoot e do White Pass no inverno de 1897-8 e decidiu montar acampamento aqui, às margens dos lagos Lindeman e Bennett. Até a instalação da linha de bonde, os mineradores pegavam botes para ir rio abaixo rumo às minas de Klondike e à animada vida noturna de Dawson City em Yukon –só no verão de 1898 houve 7.000 viagens de barco. Esta capital regional é a cidade que cresce mais rapidamente nos territórios do norte. E, apesar de todas as facilidades da vida moderna, a paisagem selvagem ainda encontra-se a poucos minutos daqui.

🏛 MacBride Museum

esq First Avenue e Wood St. **📞** *(867) 667 2709.* ⭘ *fim mai-set: diariam; out-mai: 12h-16h ter-qui.* 📝 ♿

O MacBride Museum fica em uma cabana de madeira ao lado do rio. Aqui, a excitante história do território de Yukon é revelada em seu esplendor, com galerias sobre a corrida do ouro, a capital Whitehorse, história natural, a Polícia Montada (RCMP) e os nativos. Entre os destaques estão uma locomotiva que percorria o White Pass e a estrada de ferro de Yukon, além de um casebre de madeira onde há gravações de poemas lidos por Robert Service *(pág. 31)*, poeta de Yukon. O escritório restaurado do antigo telégrafo do governo, de 1899, era a atração mais importante do museu em sua inauguração, nos anos 1950.

🏢 Log Skyscrapers

esq Lambert St. e Third St. **ℹ** *(867) 667 3084.*

A dois quarteirões do Old Log Church Museum, na Elliott Street, encontram-se os únicos "arranha-céus" de madeira. Erguidas há muitas décadas, estas cabanas têm dois ou três andares. Elas ainda são usadas como apartamentos residenciais e escritórios –e numa delas viveu um dos membros do parlamento de Yukon. As cabanas são bem diferentes da arquitetura funcional do restante da cidade.

🏛 Old Log Church Museum

esq Elliott St. e Third Ave. **📞** *(867) 668 2555.* ⭘ *9h-18h seg-sáb; 12h-16h dom.* 📝 ♿

Em 1900 o primeiro padre de Whitehorse morava e realizava seus serviços religiosos em uma tenda. Por volta de 1901 foram construídas a Old Log Church e a casa paroquial, e estão entre os poucos prédios remanescentes da corrida do ouro. A construção era a catedral da Igreja Católica para a diocese –e é a única catedral de madeira do mundo. Toda restaurada, hoje é um museu com exposições sobre a vida dos nativos antes dos colonizadores, bem como sobre os primeiros exploradores, a corrida do ouro, o trabalho dos missionários com os nativos e a história da igreja.

Old Log Church, uma igreja construída apenas com madeira local

🏛 S.S. Klondike

fim da Second Ave. **📞** *(867) 667 4511.* ⭘ *meados mai-meados set: 9h-19h diariam.* 📝 ♿

Construído em 1929, o barco a vapor S.S. *Klondike* afundou em 1936. Reconstruído a partir dos destroços, o *Klondike* fazia 15 viagens de abastecimento por temporada para Dawson City. Nos anos 1950, pontes ao longo da estrada para Dawson ficaram baixas demais, bloqueando o navio, e as viagens acabaram. O *Klondike*

Centro da cidade de Whitehorse, no vale do rio Yukon

S.S. *Klondike*, em exposição permanente em Whitehorse

parou de viajar em 1955 e foi ancorado definitivamente em Whitehorse. Foi restaurado como era em seus dias de glória –com detalhes como exemplares da revista *Life* de 1937 nas mesas e uniformes autênticos na "tripulação". Fora de operação, o barco faz parte do Patrimônio Nacional, e há visitas guiadas por seu interior.

🏕 Lago Laberge

Klondike Hwy. 📞 (867) 668 3225. ⬜ diariam, se fizer bom tempo.
Maior dos lagos da região, o Laberge se estende por 62km de Whitehorse ao longo da Klondike Hwy. Congelado na maior parte do ano, com temperaturas abaixo de -30°C, é muito procurado no verão para nado e pesca, e passa a ser destino de barcos durante o degelo anual. O lago é famoso como o local da pira funerária citada em *Cremation of Sam Mc Gee*, do poeta de Yukon Robert Service, que relata a verdadeira história da morte de um herói local. A pesca de truta é excelente: durante a corrida do ouro de Klondike, toneladas de peixe iam alimentar uma multidão de mineradores esperançosos.

Cabrito-montês local

🐾 Yukon Wildlife Reserve

Takhini Hot Springs Rd.
📞 (867) 668 3992. ⬜ diariam. 🅿
Este santuário de vida selvagem foi fundado em 1965 para pesquisa e procriação e fica a cerca de 25km da cidade na Klondike Hwy, com acesso pela Takhini Hot Springs Road. É uma bela reserva, com floresta, campinas e lagos, e abriga muitos animais típicos do extremo norte, vagando em liberdade em seus hábitats naturais. Alces, bisões, caribus, cabras-montesas, veados, ovelhas Dall, bem como bois-almiscarados, todos podem ser vistos aqui, protegidos no parque de 280 hectares.

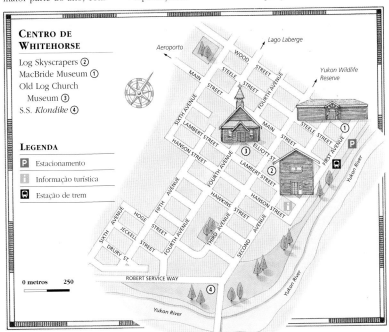

CENTRO DE WHITEHORSE

Log Skyscrapers ②
MacBride Museum ①
Old Log Church
  Museum ③
S.S. *Klondike* ④

LEGENDA

🅿 Estacionamento

ℹ Informação turística

🚆 Estação de trem

0 metros   250

Caribu descansa perto de Carcross, na migração que atravessa Yukon

Carcross ❷

🏠 250. 🖼 🛈 *(867) 821 4431,* ◯ *meados mai-set diariam.*

C arcross é uma pequena aldeia situada na confluência dos lagos Bennet e Tagish, a uma hora de carro da capital regional de Yukon, Whitehorse. Os mineradores pioneiros que cruzaram o Chilkoot Pass rumo às minas de ouro do norte batizaram o local de "Caribou Crossing" ("travessia de caribus") depois que rebanhos de caribus, em uma de suas duas migrações anuais, tumultuaram o caminho ao longo do desfiladeiro entre os dois lagos. A cidade foi fundada em 1898 no auge da corrida do ouro com a chegada da linha de trem de White Pass e Yukon. "Caribou Cros-

sing" foi oficialmente abreviado para Carcross para evitar duplicidade de nomes com cidades do Alasca, da Colúmbia Britânica e de Klondike.

Carcross foi território de caça de caribus da tribo tagish, e as tradições nativas são fortemente preservadas. Guias tagish ajudaram o exército norte-americano no reconhecimento da área durante a construção da Alaska Highway em 1942 *(págs 260-1).*

A 2km ao norte se encontra o menor deserto do mundo, Carcross Desert. Varrida por fortes rajadas de vento, a planície de areia é o que restou de um lago que secou após a última glaciação. O vento não deixa a vegetação crescer, mas a vista é memorável.

Haines Junction ❸

🏠 862. 🖼 🛈 *Centro de Visitantes do Kluane National Park (867) 634 2345.*

U m útil centro de serviços nas rodovias Alaska e Haines, Haines Junction é uma boa parada para comprar combustível e comida a caminho do Kluane National Park. A cidade conta com correio, restaurantes e hotéis. Viagens ao parque para rafting, canoagem e várias excursões pelas trilhas podem ser organizadas aqui, onde está a sede administrativa do parque. Haines Junction serviu como acampamento-base para os enge-

nheiros do exército norte-americano que em 1942 construíram grande parte da Alcan Highway (atualmente conhecida como Alaska Highway), ligando Fairbanks, no Alasca, ao sul do Canadá. As St. Elias Mountains erguem-se ao fundo da cidade, e passeios aéreos saem daqui para admirar um cenário de geleiras e picos nevados.

Kaskawulsh Glacier em destaque no Kluane National Park

Kluane National Park ❹

📞 *(867) 634 2345.* 🖼 *Haines Junction.* ◯ *o ano todo.* 🦽 🔲 ☑

E sta incrível área selvagem foi declarada Patrimônio Mundial pela ONU. Cobrindo 22 mil km² na ponta sudoeste de Yukon, o parque compartilha a cordilheira St. Elias, ponto culminante do Canadá, com o Alasca. O parque abrange a maior área gelada do mundo fora do Círculo Polar.

Dois terços do parque foram formados durante uma glaciação, com vales e lagos congelados o ano todo, pontos de florestas alpinas, planícies e tundra. A paisagem é um dos últimos exemplos remanescentes de um meio ambiente da glaciação, que desapareceu do resto do mundo por volta de 5-10.000 a.C. Mount Logan, com mais de 5.950m, é o pico mais alto do Canadá. Trilhas numerosas e bem demarcadas tornam o local excelente para caminhadas –e muitas delas

A cordilheira St. Elias emoldura a pequena cidade de Haines Junction

Folhagem vibrante no outono do Kluane National Park, na área do rio Alsek

partem da estrada principal. Rotas menos definidas passam por antigas trilhas de mineradores. Há trilhas para novatos e experientes, começando com um passeio de duas horas e indo até uma excursão de dez dias com guia pela neve.

A combinação de beleza natural e abundância de vida selvagem em Kluane –com alces, ovelhas Dall e ursos-grizzly– faz do parque o destino selvagem mais atraente de Yukon. A maioria das viagens ao parque sai das proximidades de Haines Junction. Devido ao clima perigoso, aos animais selvagens e às condições de isolamento, as medidas de segurança são imprescindíveis.

Burwash Landing ❺

🏕 88. ℹ Whitehorse (867) 667 3084.

Situada cerca de 124km a noroeste de Haines Junction, esta pequena aldeia na ponta ocidental do lago Kluane fica bem na divisa do Kluane National Park, na Alaska Hwy. A aldeia surgiu em 1905, depois da descoberta de ouro em um riacho, e hoje Burwash Landing é um centro de serviços. Os visitantes também aproveitam o belo panorama ao sul do lago Kluane.

O povoado é conhecido pelo Kluane Museum, com muitas exposições relacionadas a animais, incluindo um dente de mamute e vários exemplos de história natural local. Também enfoca o estilo de vida tradicional da tribo nativa da região de Southern Tutchone.

🏛 Kluane Museum
Burwash Junction. 📞 (867) 841 5561. ⏰ meados mai-meados set: 9h-21h diariam. 🅿 ♿

Stewart Crossing ❻

🏕 25. 🚌 ℹ Whitehorse (867) 667 3084.

Aproximadamente 180km a leste de Dawson City *(pág. 334)* encontra-se Stewart Crossing, uma minúscula comunidade no entroncamento da Klondike Hwy com a Silver Trail, que leva aos pequenos povoados de mineração Mayo, Elsa e Keno, outrora famosos pelo comércio da prata. Durante a corrida do ouro no final do século 19 a área era chamada de "adiantador de dinheiro", porque no verão os mineradores achavam no leito do rio ouro suficiente para a comprar sua

participação no garimpo. Stewart Crossing é um modesto centro de serviços que funciona como ponto de partida para excursões de canoa pelo rio Stewart. Passeios de barco podem ser feitos por crianças e iniciantes, algo raro em uma região tão selvagem. As viagens são combinadas em Whitehorse ou Dawson City.

Acima da aldeia existe um mirante com vistas para o espetacular vale do rio Klondike e **Tintina Trench**. Num relance se vê uma prova da teoria geológica sobre as placas tectônicas: a vala se estende por centenas de quilômetros ao longo de Yukon, com camadas de rocha de mil anos de idade com amplas aberturas. *"Tintina"* quer dizer "chefe" na língua nativa, e esta é uma das maiores falhas geológicas no conjunto de formações de Yukon. Stewart Crossing é o lugar ideal para observar a vala, que acompanha o traçado da Klondike Hwy até chegar aqui, margeando o rio Yukon a partir da vila Fortymile.

Broad Valley em Stewart Crossing próximo ao rio Yukon, em Yukon

A impressionante beleza do vale do rio Yukon no verão ▷

Gaslight Follies Theatre, em Dawson City

Dawson City ❼

🏠 2.150. ✖ 🔲 🔲 🚻 esq Front e King Sts. (867) 993 5566.

A cidade de Dawson City ganhou destaque durante a corrida do ouro de Klondike em 1898 (págs. 46-7), quando houve uma explosão populacional e a cidade passou de um pasto de alces a um agitado centro com cerca de 30 mil a 40 mil pessoas, todas em busca de fortuna na nova "Paris do Norte". Dawson City continua a viver da extração de ouro, embora hoje o turismo seja sua fonte de renda mais segura.

Dawson City Museum tem exposições sobre Klondike, retratando a corrida do ouro e artefatos da época. Uma atração popular é o **Diamond Tooth Gertie's**, um salão de jogos com com uma animada música e dançarinas de cancã.

🏛 **Dawson City Museum**
5th Ave. ☎ (867) 993 5291.
🕐 meados mai-set: 10h-18h diariam; fim set-mai: marcar hora. 🗺 🚻
♨ **Diamond Tooth Gertie's**
esq. 4th Ave. e Queen St. ☎ (867) 993 5575. 🕐 meados mai-meados set: 19h-2h diariam. 🗺 🚻

Inuvik ❽

🏠 3.300. ✖ 🚻 W. Arctic Regional Visitors' Centre (867) 777 4727.

Cerca de 770km ao norte de Dawson City, Inuvik fica na ponta da Dempster Hwy, a estrada mais setentrional do Canadá. Inuvik fica no meio do delta do rio Mackenzie e tem uma história bem recente. Fun-

dada nos anos 1950 como centro de suprimento para projetos militares nos Territórios do Noroeste, a cidade prosperou com o boom do petróleo nos anos 1970. A arquitetura da cidade é contemporânea e funcional, e seu charme está mais no fato de ser uma boa base para os visitantes da região –há hotéis e várias lojas, uma grande conquista para uma cidade que tem apenas um semáforo– do que qualquer outra coisa. É a cidade mais visitada no norte do ártico, e famosa pelo artesanato inuit.

Placa de boas-vindas à Inuvik

ARREDORES: A aldeia de Paulatuk fica 400km a leste de Inuvik e é um dos menores povoados do território. Oferece boa pesca e caça, tanto convencional como com armadilhas –atividades que permanecem como fonte básica de sustentação há séculos. A localização é um trampolim para a imensidão selvagem. Há excursões, com guias inuit, saindo daqui em busca de animais e plantas. Os turistas também visitam o local para conhecer as peculiares Smoking Hills: montanhas de ardósia (rica em compostos de enxofre) e carvão.

Norman Wells ❾

🏠 800. ✖ 🚻 NWT Tourism Office, 52nd St., Yellowknife (867) 873 7200.

Em 1919 descobriu-se petróleo bruto aqui, perto de uma aldeia inuit. A produção aumentou na Segunda Guerra Mundial quando os Estados Unidos instalaram um oleoduto para prover a construção da Alaska Highway, e a cidade cresceu. A economia acabou fechando os poços em 1996.

Norman Wells é ponto de partida para a Canol Heritage Route, uma trilha de longa distância em meio à natureza que leva direto à Canol Road sobre o rio Ross, no Território de Yukon, que se acopla ao sistema de rodovias de Yukon. Sem muito suporte, é uma das trilhas mais exigentes do mundo. Mesmo com toda a dificuldade, é um destino muito procurado por quem já tem experiência em caminhadas na neve.

Nahanni National Park Reserve ❿

☎ (867) 695 2713. ✖ Fort Simpson. 🕐 o ano todo. 🗺 🚻 Nahanni National Park Reserve, Post Bag 300, Fort Simpson, NWT.

A nahanni National Park Reserve fica colada ao rio South Nahanni, entre a fronteira de Yukon e o pequeno povoado de Fort Simpson. Em 1978, foi o primeiro

A Igreja da cidade de Inuvik, em forma de iglu para prevenir-se do clima

As vastas extensões do Nahanni National Park no verão

Hay River ⑫

🏠 3.600. ✈ 🚌 ℹ MacKenzie Hwy (867) 874 3180. ⏲ jun-set.

Situada às margens do lago Great Slave, a pequena cidade de Hay River constitui o maior porto dos Territórios do Noroeste. Hay abastece os povoados do Círculo Polar, abrangendo as cidades mais setentrionais do país, sobretudo Inuvik, com produtos indispensáveis. Quando o rio degela na primavera, a carga é fretada. Os cais ficam cheios de barcaças, rebocadores e barcos de pesca locais enfileirados.

Pouco comum na região, a história de Hay River começou há mais de um milênio. Os dene chegaram há séculos, atraídos pela posição estratégica da cidade na margem sul do lago Great Slave, ideal para caça e pesca. Aqui as atrações se baseiam nas atividades portuárias, e o porto é um lugar movimentado, com o embarque das mercadorias nas barcaças. O povoado original dos dene, hoje uma aldeia de 260 habitantes, fica do outro lado do rio, ao norte da Cidade Velha, e acolhe bem os visitantes.

local do planeta a ser decretado Patrimônio Mundial pela ONU, a fim de proteger a vida selvagem. O parque é uma enorme área selvagem com quatro longos rios cortando cânions, fontes termais e a mais espetacular cachoeira da América do Norte, Virginia Falls. A queda, de 90m, é duas vezes mais alta que a de Niágara, mas tem menos volume. A flora e fauna são espetaculares, com pelo menos 13 espécies de peixes desfrutando a cascata e mais de 120 tipos de pássaros vivem aqui. Lobos, ursos-grizzly e caribus vivem em liberdade no parque.

Observar pássaros, porém, não está entre as principais atividades, e sim rafting e canoagem. No verão, com o degelo dos rios e a paisagem coberta de flores silvestres, os esportes aquáticos superam as caminhadas. Há acesso de barco ao parque pelo rio Nahanni.

das Primeiras Nações, se estabeleceu aqui em caráter definitivo. Atualmente a cidade é um centro de artesanado dene.

Logo ao norte da cidade fica o Mackenzie Bison Sanctuary. O santuário abriga o maior rebanho do mundo do raro bisão-da-floresta, com cerca de 2.000 cabeças. O parque se estende por 100km ao norte, ao longo das margens do lago Great Slave, e os bisões podem ser vistos da estrada.

Fort Providence ⑪

🏠 750. 🚌 ℹ NWT Tourism Office, 52nd St., Yellowknife (867) 873 7200.

O povo dene chama esta aldeia de "zhahti koe" que quer dizer "casa de missionários". Fort Providence surgiu como uma missão católica e mais tarde foi ampliada pela Hudson's Bay Company *(págs. 158-9)*, que instalou um posto avançado aqui no final do século 19. Atraídos pela perspectiva de emprego, o povo dene,

A AURORA BOREAL

Acredita-se que as Luzes do Norte, ou aurora boreal, sejam causadas por ventos solares que penetram na ionosfera da Terra, cerca de 160km acima da crosta terrestre. Emanados pelo sol, estes ventos se chocam com os gases da camada superior da atmosfera, liberando energia em um fenômeno que pode ser apreciado no céu noturno –em Yukon e nos Territórios do Noroeste, com mais frequência entre agosto e outubro. Alguns grupos inuit conferem um significado religioso às Luzes, e acreditam que elas sejam espíritos de caçadores. No século 19, exploradores de ouro imaginavam que fossem vapores liberados por depósitos de minérios. O que importa é o assombro causado pelos fachos de luz faiscantes.

Yellowknife ⓭

Antiga aldeia dos nativos dene, Yellowknife deve seu nome ("faca amarela") às facas de caça de lâminas de cobre dos primeiros habitantes. A Hudson's Bay Company encerrou as atividades aqui em 1823 com a queda dos lucros, mas a Cidade Velha (Old Town) ressurgiu com a extração de ouro nos anos 1930 e, novamente, após 1945. Com a melhora do acesso rodoviário, a cidade se tornou a capital regional dos Territórios do Noroeste em 1967. O desenvolvimento das atividades burocráticas e das minas de ouro garantiu o crescimento da cidade após 1960.

PREPARE-SE

🏨 15.200. ✈ ℹ The Northern Frontier Regional Visitors' Centre, 4804 49th St. (867) 873 4262. 🎭 The Caribou Carnival (mar); Festival of the Midnight Sun (jul); Folk on the Rocks (jul).

Casas-barco temporárias sobre barris de petróleo vazios no lago Great Slave

The Old Town

A 1km ao norte do centro, a Cidade Velha ocupa uma ilha e uma península rochosa no lago Great Slave. Em 1947 Yellowknife suplantou os limites geográficos, e a Cidade Nova se desenvolveu na planície arenosa ao sul. Uma comunidade incomum vive em Yellowknife Bay, com pessoas morando em casas-flutuantes temporárias. Também é interessante a variedade de arquitetura mais antiga que pode ser observada em uma simples caminhada pela área, hoje residencial. As lojas e hotéis ficam ao sul, na Cidade Nova. Bush Pilot's Monument (um avião azul de Bristol) na ponta norte da Franklin Avenue é um ponto para observar a área.

The Wildcat Café

Wiley Road. 📞 (867) 669 2200. 🕐 jun-set: 11h-21h diariam. ♿
Este é o restaurante mais antigo, uma verdadeira instituição de Yellowknife, e só abre no verão. A cabana de madeira é um posto de fronteira instalado

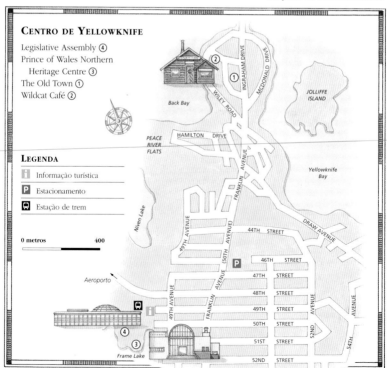

CENTRO DE YELLOWKNIFE

Legislative Assembly ④
Prince of Wales Northern
   Heritage Centre ③
The Old Town ①
Wildcat Café ②

JOLLIFFE ISLAND

INGRAHAM DRIVE
MCDONALD DRIVE
WILEY ROAD
Back Bay
HAMILTON DRIVE
PEACE RIVER FLATS

LEGENDA

ℹ Informação turística
🅿 Estacionamento
🚆 Estação de trem

0 metros   400

Niven Lake
FRANKLIN AVENUE
Yellowknife Bay
DRAW AVENUE
45TH AVENUE
(50TH) AVENUE
44TH STREET
46TH STREET
47TH STREET
48TH STREET
49TH STREET
50TH STREET
51ST STREET
52ND STREET
49TH AVENUE
FRANKLIN AVENUE
52ND AVENUE
54TH AVENUE
Aeroporto
Frame Lake

na parte baixa da Cidade Velha e foi reformada e redecorada no estilo dos anos 1930. O ambiente relembra a época dos pioneiros –e é a construção mais fotografada de Yellowknife. É também o restaurante mais famoso: entre os pratos principais há um substancioso ensopado e peixes.

Provar a comida do Wildcat Café é uma experiência típica e imperdível

🏛 The Prince of Wales Heritage Centre

49th Street. 📞 (867) 873 7551. ◯ diariam. ⬤ feriados. ♿

Este ótimo museu local é uma boa introdução à história dos Territórios do Noroeste. Há um display sobre o estilo de vida dos povos dene e inuit, seguido de uma descrição do desenvolvimento europeu da área. Outra galeria reconta a história da aviação nos Territórios, com exposições sobre ciências naturais.

🏛 The Legislative Assembly

Frame Lake. 📞 (867) 669 2200. ◯ seg-sex. ♿ 🏳 jul e ago.

Construído em 1993, o parlamento local tem um grande teto em forma de domo. Representando igualdade de direitos a todos os grupos étnicos, esta assembléia é a única do país em formato circular, com uma enorme mesa oval, à moda indígena, para que todas as autoridades tenham igual responsabilidade. Além de pinturas e arte inuit, a assembléia é decorada com um enorme tapete de urso polar. As câmaras públicas oficiais podem ser visitadas se o conselho não estiver reunido.

Rankin Inlet 🄭

🏠 2.058. 🛈 (867) 645 3838. ✈

Fundada em 1955 com a abertura da mina North Rankin Nickel, Rankin Inlet é a maior cidade do gelado planalto de Keewatin, o principal distrito de Nunavut que se estende do leste do Escudo Canadense até a Baía de Hudson. Esta pequena cidade é o centro administrativo da região de Keewatin, cuja população, atualmente com 85% de aborígines, fixou-se sobretudo na costa. A Inlet ("enseada") corresponde à parte turística.

A região é marcada pelo modo de vida rural, além do belo visual polar. **Meliadine Park**, a 10km do centro da cidade, contém um sítio histórico thule (ancestrais dos inuit), restaurado com tendas dispostas em círculo, açougues e casas de inverno semi-subterrâneas.

🌿 Meliadine Park

10km noroeste de Rankin Inlet. 📞 (867) 645 3838. ◯ diariam, dependendo do tempo.

Baker Lake 🄯

🏠 1.385. ✈ 🛈 (867) 793 2456.

Baker Lake ocupa o centro geográfico do Canadá, e é a única cidade inuit no interior do país. Situada na nascente do rio Thelon, a região sempre atraiu diferentes grupos inuit no verão. Atualmente é um importante centro de arte nativa, principalmente têxtil. O **Thelon Game Sanc-**

tuary, a oeste, também pode ser visitado. Aqui é possível observar rebanhos de bois-almiscarados em seu hábitat natural, bem como outros animais nativos e pássaros.

🦌 Thelon Game Sanctuary

300km oeste de Baker Lake. 📞 (867) 873 4262. ◯ diariam.

Banks Island e Victoria Island 🄰

🛈 (867) 645 3838.

Situada no oceano Ártico, Banks Island abriga o maior rebanho de bois-almiscarados do mundo. Eles vivem no **Aulavik National Park**, na distante ponta norte da ilha. O local está entre os mais isolados destinos selvagens do planeta –e só se chega aqui de avião. Como na maioria das áreas do Norte, quem vem para cá, em geral, são turistas mais aventureiros e abastados.

Dividida entre os Territórios do Noroeste e Nunavut, Victoria Island tem uma cidade de cada lado –Holman nos Territórios do Noroeste e Cambridge Bay, uma aldeia inuit, em Nunavut. Os nativos viajam para o local, no verão, para pescar char e caçar caribus e focas. A cidade funciona como centro de serviços para moradores e visitantes da costa ártica. Entre os vizinhos há ursos polares, bois-almiscarados, lobos e pássaros nativos.

🌿 Aulavik National Park

Sachs Harbour. 📞 (867) 690 3904. ◯ diariam, dependendo do clima. 🏳

Inuit constrói um tradicional iglu perto de Baker Lake

Baffin Island 🔟

Saxifragáceas roxas no verão

Parte de Nunavut, Baffin Island é um dos lugares mais distantes da América do Norte. Com 500.000km², Baffin é a quinta maior ilha do planeta, com mais de 60% de sua área situada acima do Círculo Polar Ártico. Com povoados distantes entre si, a ilha é habitada por apenas 11.000 pessoas, das quais 9.000 são inuit. A maior parte mora nas nove aldeias que pontilham a ilha, sendo Iqaluit a principal, e também capital da província de Nunavut.

Com seus fiordes espetaculares e montanhas pontiagudas com geleiras cintilantes, Baffin Island oferece a oportunidade de experimentar todas as atividades ao ar livre possíveis no Ártico. Canoagem, caiaques e trilhas com emocionantes caminhadas na neve são imbatíveis aqui. Muitas dessas atividades costumam acontecer em companhia de animais selvagens, incluindo ursos polares e baleias.

Nanisivik é um povoado fundado em 1974 para mineração de chumbo e zinco, que só podem ser transportados de navio com o degelo da enseada no verão.

BRODEUR PENINSULA

● ARCTIC
⊠ BAY

BYLOT ISLAND

⊠

BORDEN PENINSULA

Pond Inlet
Este é o maior tesouro de Nunavut. Com um cenário de montanhas, geleiras e icebergs, a cidade é cercada por abundante vida marinha. Snowmobiles e trenós puxados por cachorros levam até as grandes placas de gelo que se formam sobre o mar.

PRINCE CHARLES ISLAND

AUYUITTUQ NATIONAL PARK

Auyuittuq é o terceiro maior parque nacional do Canadá, com 21.470km². É uma raridade, um dos poucos parques nacionais acima do Círculo Polar Ártico. O parque apresenta uma imaculada imensidão de montanhas, vales e fiordes. Na primavera a neve sobre as campinas derrete e as plantas silvestres ficam cobertas de flores. Dentro das fronteiras do parque a vida selvagem é abundante: gansos-da-neve, raposas-do-Ártico e ursos polares, entre outros, dividem o território. Mesmo durante o curto verão o clima pode ser difícil, com risco de nevascas intensas. A temperatura permanece baixa o ano todo. A cidade de Pangnirtung, nas proximidades, é um centro de artesanato.

Flores silvestres abaixo dos picos gelados de Auyuittuq

0 quilômetros **100**

Cape Dorset é um local de importância arqueológica: aqui viveram os thule e os dorset, povos predecessores dos inuit.

LEGENDA

— Rios

— Fronteira do Parque Nacional

〰 Vista panorâmica

⊠ Aeroporto doméstico

Pangnirtung

Esta pequena cidade de 1.100 habitantes fica na ponta sul do Pangnirtung Pass, a trilha para caminhada mais conhecida de Baffin –com extensão de 100km. Durante o verão, Pass ("desfiladeiro") não fica coberta pela neve, sendo bem mais fácil percorrê-la. As vistas para o fiorde, lá embaixo, são estupendas.

PREPARE-SE

🔎 *11.400.* ▌ *Nunavut Tourism, Iqaluit (867) 979 6551* ▥ *www.nunanet.com/main.html* ▨ *Toonik Tyme (abr), Iqaluit.*

COMO CHEGAR AO NORTE DO CANADÁ

O número de pessoas que vêm para os Territórios do Norte aumenta a cada ano, mas é bom lembrar que as condições de viagem e comunicação são extremamente limitadas. O único acesso a esses povoados remotos é por via aérea –e é bem caro comparado a rotas convencionais. Ainda assim, a região conta com 600 aeroportos e pistas de pouso.

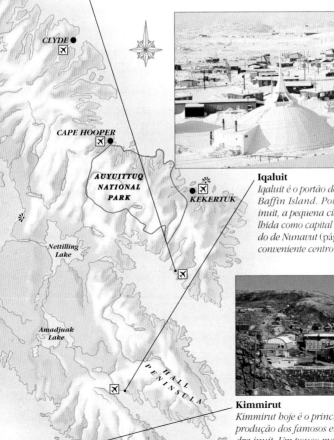

Iqaluit

Iqaluit é o portão de acesso para Baffin Island. Povoada pelos inuit, a pequena cidade foi escolhida como capital do novo Estado de Nunavut (pág. 51), e é um conveniente centro de serviços.

Kimmirut

Kimmirut hoje é o principal centro de produção dos famosos entalhes em pedra inuit. Um pouco mais quente que o restante da ilha, seus campos se cobrem de flores durante o curto verão.

INDICAÇÕES AO TURISTA

ONDE FICAR

omo era de se esperar de um país deste tamanho, o Canadá tem muitos locais de hospedagem: de grandiosos e mundialmente famosos hotéis a *bed and breakfasts*, a variedade é enorme. O Canadá oferece excelentes acomodações médias, como

Porteiro

hospedarias rurais e chalés para alugar, elegantes apartamentos na cidade, albergues, casas-barco e a mais popular de todas, um motel confortável. Se precisar de uma acomodação para uma noite, no meio de sua viagem, ou um aluguel para a temporada é possível encontrar o lugar certo e provavelmente não será necessário reservar com antecedência. Nas *págs. 344-59* há uma seleção de endereços para todos os gostos e bolsos.

Cabana para aluguel no Parque Nacional de Banff

CLASSIFICAÇÃO E INSTALAÇÕES

ão existe nenhum sistema de classificação de hotéis feito pelo governo do Canadá, mas o programa voluntário "Canada Select" geralmente é muito preciso. Os estabelecimentos são classificados por número de estrelas. Vale lembrar que um hotel quatro estrelas em uma cidade grande pode não ter o mesmo nível de instalações de um de igual classificação em um pequeno *resort* com um hotel castelo.

A Canadian Automobile Association, autoclube local, também tem um sistema de avaliação para hotéis e motéis, que, embora não oficiais, são reconhecidamente confiáveis. Ar-condicionado é padrão em todo o país no verão, exceto em cabanas de parques nacionais regiões mais frias, do litoral e do norte. O aquecimento central funciona bem em qualquer lugar. TV a cabo, rádio, ferros e tábuas de passar, e cafeteiras elétricas são frequentes. Banheiros nos quartos são comuns, mas é preciso

especificar banheira ou chuveiro. Lembre-se de perguntar se a cama é de casal ou se são camas separadas, quando reservar um apartamento *double*.

PREÇOS

om tal variedade de acomodações, os preços variam muito. Uma suíte presidencial de um hotel de luxo pode ultrapassar Can$1.000, enquanto um albergue para mochileiros oferece uma cama por menos de Can$25. Hotéis econômicos e *bed and breakfast* cobram Can$50-75, por noite, por pessoa. Há variações de preços para alta e baixa temporadas.

RESERVAS

eservas antecipadas são sempre aconselhadas nas cidades principais, onde acontecem festivais, convenções, encontros e eventos esportivos e musicais durante o ano todo *(págs. 34 -7)*. Agências de turismo ou companhias aéreas nas províncias *(pág. 393)* ajudarão a conseguir reservas.

CRIANÇAS

iajar com crianças é relativamente fácil. Quase todos os lugares fornecem um berço ou uma cama menor no quarto dos pais. Hotéis importantes oferecem serviços de baby-sitter. Pais sozinhos podem precisar de uma permissão escrita, devido a regulamentações anti-sequestro.

DEFICIENTES FÍSICOS

s leis de construção no Canadá exigem que todos os edifícios novos e reformados ofereçam rampas, portas amplas e acesso direto aos quartos. No entanto, muitos hotéis rurais datam do século 19, por isso as instalações devem ser checadas antes.

A imponente fachada do The Royal York Hotel, em Toronto *(pág. 351)*

HOTÉIS DE LUXO

mbora o Canadá tenha poucos hotéis cinco estrelas, as cidades mais importantes se orgulham de ter estabelecimentos de classe

Quarto do *bed and break fast* Elmwood Inn, Ilha Prince Edward *(pág. 345)*

mundial. A era das ferrovias do fim do século 19 trouxe hotéis castelo, que possuem características arquitetônicas únicas no Canadá. Hoje, a maioria deles, inclusive o Château Frontenac, é de propriedade e operada pelos hotéis Canadian Pacific. Redes de hotéis de luxo como Four Seasons, Hilton e Sheraton operam em Toronto, Montreal, Calgary e Vancouver.

REDES DE HOTÉIS

O Canadá conta com redes de hotéis e motéis. Confiáveis e confortáveis, as redes variam em estilo e preço, desde os grandes *resorts* aos mais baratos, mas igualmente conhecidos, como Best Western, Comfort e Super 8. Procurados por famílias e viajantes a negócios, muitos oferecem escritórios, inclusive equipados com fax, e-mail e telégrafo. As instalações para crianças são geralmente boas.

ALOJAMENTOS INDEPENDENTES

Há uma grande variedade de opções desse tipo, além do tradicional aluguel de chalés. Trailers ou RVs (Recreational Vehicles –veículos do tipo *Motorhome*) são bem populares e podem ser alugados nas cidades importantes. A maior parte possui ar-condicionado, geladeira, forno e banheiro. Áreas de camping são encontradas em todo o país, desde campos selvagens nos parques nacionais do sul às zonas bem protegidas do frio, parcialmente habitadas pelos inuit, no

norte. O aumento do número de campings garante estadia de alta qualidade e bom preço: conexões elétricas, instalações de lavanderia, lojas de artigos em geral e programas esportivos estão disponíveis para todas as idades. Para muitos, a opção por chalé ou cabana é tipicamente canadense.Ontário é famosa pela oferta de casas rurais de férias, bem equipadas, disponíveis semanal ou mensalmente, ou por temporada, e geralmente perto das atrações.

BED AND BREAKFASTS

O número crescente de *bed and breakfasts* pelo Canadá atesta sua popularidade. De hospedarias históricas a acomodações rústicas em fazendas, cada um provê um serviço personalizado, um aspecto acolhedor e uma experiência da vida regional. O Canadá Atlântico é conhecido por seus *bed and breakfasts* localizados em elegantes casas vitorianas, em ci-

dades históricas. Os centros de informação turística das províncias dão informação sobre as tarifas. A maioria dos estabelecimentos oferece até quatro quartos para alugar.

IMPOSTOS SOBRE ACOMODAÇÕES

Praticamente todo tipo de acomodação está sujeito a dois impostos sobre a tarifa básica. O primeiro, Imposto sobre Vendas Provincial (SVP, na sigla em inglês), varia de província para província, de 4% a 9%, sobre acomodação, bens e outros serviços. As regras variam pouco entre as províncias. Alberta cobra o PST em estadas em hotéis e motéis –áreas de camping, *bed and breakfasts* e *guest houses* (pensões) estão livres. Manitoba e Quebec oferecem descontos parciais para estrangeiros com a apresentação de um documento. Formulários estão disponíveis na **Revenue Canada** (a receita federal local), Visitor's Rebate Program, 275 Pope Rd., Summerside, PEI, C1N 6C6. Mas a maioria das províncias não oferece desconto. O Imposto sobre Bens e Serviços (GST) é um tributo nacional de 7% sobre a maioria dos tipos de acomodação. Algumas províncias combinam o GST e o PST em um "imposto geral sobre vendas" de quase 15%. Hotéis menores podem não cobrar o GST, por isso pergunte quando chegar. No entanto, o GST é totalmente reembolsável a visitantes –guarde os recibos e entre em contato com a Revenue Canada.

Bed and breakfast nas Montanhas Rochosas

Como Escolher um Hotel

O s hotéis deste guia foram selecionados dentro de cinco faixas de preços, por suas instalações e localização. Muitos possuem um restaurante recomendado. Esta lista apresenta os hotéis por região, começando por Terra Nova e Labrador. As cores no alto das páginas indicam as regiões abordadas. Para mais detalhes sobre restaurantes, veja *págs. 364-79*.

		NÚMERO DE APTOS.	RESTAURANTE	SERVIÇOS PARA CRIANÇAS	JARDIM OU TERRAÇO	PISCINA
TERRA NOVA E LABRADOR						
GRAND FALLS: *Mount Peyton Hotel*	$	150	●			
214 Lincoln Rd., NFD A2A 1P8. ((709) 489 2251. FAX (709) 489 6365. Este amigável hotel familiar e para executivos oferece serviço hospitaleiro e um dos melhores restaurantes no centro da Terra Nova. 🔌 TV ♿ P 🏊						
HAPPY VALLEY-GOOSE BAY: *Labrador Inn*	$	74	●			
380 Hamilton Rd., LAB AUP 1CO. ((709) 896 3351. FAX (709) 896 3927. Os funcionários aqui são muito hospitaleiros. A decoração é falso Tudor, e o restaurante serve especialidades regionais. 🔌 TV ♿ P 🏊						
L'ANSE AU CLAIR: *Northern Light Inn*	$$	59	●			
58 Main St., NFD A0K 3K0. ((709) 931 2332. FAX (709) 931 2708. Este hotel de estilo familiar dá para a baía. O restaurante serve especialidades locais, inclusive caribu. 🔌 TV ♿ P 🏊						
NORRIS POINT: *Sugar Hill Inn*	$$	7	●			
115–129 Route 431, NFD A0K 4N0. ((709) 458 2147. FAX (709) 458 2166. Esta boa hospedaria fica no centro do Parque Nacional de Gros Morne, perto do farol Lobster Point. Serve frutos-do-mar. 🔌 TV P 🏊						
ST. ANTHONY: *Haven Inn*	$	29	●			
Goose Cove Rd., NFD A0K 4S0. ((709) 454 9100. FAX (709) 454 2270. Este motel moderno, na encosta do morro, oferece bela vista do porto de St. Anthony. Tem lareiras na sala de estar e de jantar. 🔌 TV ♿ P 🏊						
ST. JOHN'S: *Balmoral Inn*	$	5				
38 Queens Rd., NFD A1C 2AS. ((709) 754 5721. FAX (709) 722 8111. Esta propriedade tradicional apresenta arquitetura Queen Anne, pé-direito alto e quartos atraentes, decorados com antiguidades. 🔌 TV P 🏊						
ST. JOHN'S: *Hotel Newfoundland*	$$$$	301	●	■		■
Cavendish Square, NFD A1C 5W8. ((709) 726 4980. FAX (709) 726 2025. Um dos hotéis da rede Canadian Pacific, oferece vistas de Signal Hill e do porto e tem três restaurantes no local. 🔌 24 TV ♿ P 🍴 🏊						
TRINITY BAY: *Campbell House*	$	5			●	
High St., Trinity, NFD A1C 2Z1. ((709) 464 3377. FAX (709) 464 3377. Duas destas três casas de frente para o mar são propriedades patrimoniais. A mais antiga, de 1842, tem antiguidades e decoração de época. 🔌 TV ♿ P 🏊						
NEW BRUNSWICK, NOVA SCOTIA E ILHA PRINCE EDWARD						
BAY FORTUNE: *The Inn at Bay Fortune*	$$$$	18	●		●	
RR4, Souris, PEI COA 2B0. ((902) 687 3745. FAX (902) 687 3540. Esta elegante hospedaria na costa é o lugar perfeito para desligar-se de tudo. E abriga um dos melhores restaurantes do Canadá *(pág. 364)*. 🔌 ♿ P 🏊						
BOUCTOUCHE: *Le Vieux Presbytère*	$	22	●		●	
157 Chemin du Couvent, NB E0A 1G0. ((506) 743 5568. FAX (506) 743 5566. Esta encantadora hospedaria campestre da Acádia foi construída em 1880 e seus jardins dão para o rio Bouctouche. 🔌 TV P 🏊						
BRIER ISLAND: *Brier Island Lodge*	$	40	●			
Westport, NS B0V 1H0. ((902) 839 2300. FAX (902) 839 2006. Situada em uma pequena ilha na baía de Fundy, esta pequena cabana é ideal para caminhadas costeiras e observação de baleias. 🔌 TV ♿ P 🏊						
CAPE D'OR: *Cape d'Or Lighthousekeeper's Guesthouse*	$	4	●			
Cape d'Or Lighthouse, NS B0M 1S0. ((902) 670 0534. Esta localidade remota está à beira de penhascos costeiros e trilhas da Minas Basin. Os quartos oferecem vistas espetaculares. 🔌 P 🏊						

Categorias de preço de apto. para duas pessoas, por uma noite, com serviço e qualquer taxa adicional, como o imposto sobre vendas.
$ menos de Can$100
$$ Can$100-$150
$$$ Can$150-$200
$$$$ Can$200-$250
$$$$$ mais de Can$250

RESTAURANTE
O hotel possui restaurante geralmente aberto ao público.

SERVIÇOS PARA CRIANÇAS
Indica se há berços e/ou baby-sitter disponíveis. Alguns hotéis oferecem porções para crianças e cadeirões nos restaurantes.

JARDIM OU TERRAÇO
Hotéis com jardim, pátio ou terraço, geralmente com mesas para refeições ao ar livre.

PISCINA
Hotel com piscina coberta ou ao ar livre.

		NÚMERO DE APTOS.	RESTAURANTE	SERVIÇOS PARA CRIANÇAS	JARDIM OU TERRAÇO	PISCINA
CARAQUET: *Hotel Paulin* 143 Blvd. St-Pierre west, NB E1W 1B6. ((506) 727 9981. O hospedeiro Gerard Paulin é a terceira geração da família a administrar este histórico hotel costeiro, construído em 1891.	$	8	●			
CAVENDISH: *Kindred Spirits Country Inn and Cottages* Route 6, PEI C0A IN0. ((902) 963 2434. FAX (902) 963 2434. Esta tranquila e encantadora hospedaria está situada ao lado da Green Gables House *(pág. 76)*. ● nov-abr.	$$	39				
CHARLOTTETOWN: *Elmwood Inn* 121 North River Road, PEI P1A 3K7. ((902) 368 3310. FAX (902) 628 8457. No distrito histórico de Charlottetown, este é um dos famosos *bed and breakfasts* do Canadá. Linda mobília e comida deliciosa.	$$$	6			●	
CHARLOTTETOWN: *Prince Edward Hotel* 18 Queen St., PEI C1A 8B9. ((902) 566 2222. FAX (902) 566 2282. Um dos hotéis da Canadian Pacific, o Prince Edward está de frente para a marina de Charlottetown. Há três locais de alimentação, inclusive um café de frente para o mar.	$$$	213	●	▓		▓
EDMUNDSTON: *Howard Johnson Hotel and Convention Centre* 100 Rice St., NB E3V 1T4. ((506) 739 7321. FAX (506) 735 9101. Limpo, simpático e familiar, este hotel é um anexo de um shopping de 22 lojas, bem localizado em relações às atrações de Edmundston.	$$	103	●	▓		▓
GRAND TRACADIE: *Dalvay-by-the-Sea* PEI National Park, PEI C0A 1P0. ((902) 672 2048. FAX (902) 672 2741. Esta mansão foi construída pelo magnata do petróleo, Alexander MacDonald, em 1895. O restaurante serve frutos-do-mar da ilha *(pág. 365)*.	$$$$	32	●	▓		
HALIFAX: *Delta Barrington* 1875 Barrington St., NS B3J 3L6. ((902) 429 7410. FAX (902) 420 6524. No centro histórico da cidade, este moderno hotel para executivos é simpático e eficiente.	$$	202	●	▓		
HALIFAX: *Waverly Inn* 1266 Barrington St., NS B3J 1YS. ((902) 423 9346. FAX (902) 425 0167. Esta hospedaria tradicional foi inaugurada em 1876, e já recebeu o escritor irlandês Oscar Wilde e o empresário circense P.T. Barnum. Fica a poucos minutos a pé do centro histórico desta cidade marítima.	$$	32				
INGONISH BEACH: *Keltic Lodge* Middle Head Peninsula, NS B0C 1L0. ((902) 285 2880. FAX (902) 285 2859. Este grande resort está localizado em um monte rochoso de frente para Ingonish Harbour. O preço inclui jantar de quatro pratos.	$$$$$	81	●	▓	●	▓
LOUISBOURG: *Cranberry Cove Inn* 12 Wolfe St., NS B0A 1M0. ((902) 733 2171. FAX (902) 733 2449. Esta hospedaria encantadora foi originalmente residência particular, construída em 1904. Hoje oferece acomodações chiques e cozinha de estilo europeu que se abastece dos melhores produtos locais.	$$	7	●			
LUNENBURG: *Lunenburg Inn* 26 Dufferin St., NS B0J 2C0. ((902) 634 3963. FAX (902) 634 9419. Construído em 1893, este belo edifício vitoriano está localizado no limite da histórica Cidade Velha de Lunenburg.	$$	7				
MARGAREE VALLEY: *Normaway Inn* Egypt Rd., NS B0E 2C0. ((902) 248 2987. FAX (902) 248 2600. Localizado ao longo da lendária trilha Cabot, este elegante *resort* de 1920 está em meio a 100ha no centro de Margaree Valley. Oferece boa pesca, tênis, concertos no celeiro e um belo restaurante.	$$	29	●	▓	●	

Legenda dos símbolos na orelha de trás

Categorias de preço de apto. para duas pessoas, por uma noite, com serviço e qualquer taxa adicional, como o imposto sobre vendas.
$ menos de Can$100
$$ Can$100-$150
$$$ Can$150-$200
$$$$ Can$200-$250
$$$$$ mais de Can$250

Restaurante
O hotel possui restaurante geralmente aberto ao público.
Serviços para Crianças
Indica se há berços e/ou baby-sitter disponíveis. Alguns hotéis oferecem porções para crianças e cadeirões nos restaurantes.
Jardim ou Terraço
Hotéis com jardim, pátio ou terraço, geralmente com mesas para refeições ao ar livre.
Piscina
Hotel com piscina coberta ou ao ar livre.

		Número de Aptos.	Restaurante	Serviços para Crianças	Jardim ou Terraço	Piscina
Moncton: *Comfort Inn* 2495 Mountain Rd., NB E1A 6P9. ☎ *(506) 384 3175.* FAX *(506) 853 7307.* Um motel de rede que oferece acomodações acima da média. Está próximo de Magnetic Hill e da rodovia Trans-Canada. 🛏 [TV] ♿ [P] 💳	$	59				
St. Andrews: *Algonquin Resort* 184 Adolphus St., NB E0G 2X0. ☎ *(506) 529 8823.* FAX *(506) 529 7162.* Este *resort* clássico oferece grandes vistas de Passamaquoddy Bay. Entre as muitas atrações, há um campo de golfe com 18 buracos. 🛏 [TV] ♿ [P] 🍸 💳	$$$	238	●	■	●	■
St. Andrews: *Kingsbrae Arms, Relais & Châteaux* 219 King St., NB E0G 2X0. ☎ *(506) 529 1897.* FAX *(506) 529 1197.* Esta elegante hospedaria do velho mundo pertence ao grupo Relais & Chateaux. Tem antiguidades nos quartos e excelente jantar. 🛏 [24] [TV] [P] 💳	$$$$	8	●		●	■
Saint John: *Parkerhouse Inn and Restaurant* 71 Sydney St., NB E2L 1L5. ☎ *(506) 652 5054.* FAX *(506) 636 8076.* Localizado em uma mansão vitoriana no centro histórico, um lindo jardim de inverno de vitrais é apenas uma das atrações. 🛏 [TV] [P] 💳	$	9	●		●	
Saint John: *Country Inn and Suites* 1011 Fairville Blvd., NB E2M 5T9. ☎ *(506) 635 0400.* FAX *(506) 635 3818.* Acomodações limpas, espaçosas e um ar caseiro são valorizados pela decoração em estilo country e uma lareira na sala de estar. 🛏 [TV] ♿ [P] 💳	$$	60				
Summerside: *Loyalist Country Inn* 195 Harbour Drive, PEI C1N 5R1. ☎ *(902) 436 3333.* FAX *(902) 436 4304.* Este é um hotel familiar bem mobiliado, perto da marina. Fica a 20 minutos da Confederation Bridge. 🛏 [TV] ♿ [P] 🍸 💳	$$$	103	●			■
West Point: *West Point Lighthouse* O'Leary, RR2, PEI C0B 1V0. ☎ *(902) 859 3605.* Hospedaria que funciona em um farol da guarda costeira em funcionamento. Com decoração country, artesanato e antiguidades. 🛏 [TV] [P] 💳	$	9	●			
Wolfville: *Blomidon Inn* 127 Main St., NS B0P 1X0. ☎ *(902) 542 2291.* FAX *(902) 452 7461.* Esta mansão vitoriana está localizada atrás de uma rua principal, cercada de gramados. É uma das melhores hospedarias da Nova Scotia. 🛏 [P] 💳	$	26	●		●	
MONTREAL						
Centro: *Hôtel Viger* 1001 Rue Saint-Hubert, QUE H2L 3Y3. ☎ *(514) 845 6058.* FAX *(514) 844 6068.* Os quartos são padrão, mas os preços deste pequeno hotel são baixos. Fica perto da Velha Montreal, Chinatown e Mont-Royal. 🛏 [TV] [P] 💳	$	21				
Centro: *Hôtel Château & Tour Versailles* 1808 Ouest Rue Sherbrooke, QUE H3H 1E5. ☎ *(514) 933 8111.* FAX *(514) 933 6867.* O *château* ocupa duas casas vitorianas; a *tour* é a travessia moderna sobre a rua. Os quartos são confortáveis e o restaurante francês muito bom. 🛏 [24] [TV] [P] 💳	$$	177	●			
Centro: *Hôtel du Parc* 3625 Ave. du Parc, QUE H2X 3P8. ☎ *(514) 288 6666.* Quartos decorados em madeira clara e tons pastéis dão para o parque Mont-Royal. Um bar confortável domina o saguão. 🛏 [TV] ♿ [P] 🍸 💳	$$	459	●			
Centro: *Hôtel de Paris* 901 Est Rue Sherbrooke, QUE H2L 1L3. ☎ *(514) 522 6861.* FAX *(514) 522 1387.* O velho edifício com torres extravagantes está a uma caminhada curta da vida noturna da rua Saint Denis. Os quartos são confortáveis. 🛏 [TV] [P] 💳	$$	39	●		●	

CENTRO: *Hôtel-Suites Le Riche Bourg* $$ 221
2170 Ave. Lincoln, QUE H3H 3N5. (514) 935 9224. FAX (514) 935 5049.
Todas as suítes têm cozinha e espaço para jantar, o que as torna ideal para famílias e estadas por períodos mais longos.

CENTRO: *Le Nouvel Hôtel* $$ 162
1740 Ouest Blvd. René Lévesque, QUE H3H 1R3. (514) 931 8841. FAX (514) 931 3233. Os atores cômicos de Montreal testam o seu talento no Comedy Nest, o cabaré deste confortável hotel moderno perto do Centro Canadense de Arquitetura.

CENTRO: *Delta Montréal* $$$ 453
475 Ave. Président Kennedy, QUE H3A 2TA. (514) 286 1986. FAX (514) 284 4342.
Este hotel moderno tem quartos grandes e confortáveis. A Place des Arts e as lojas de departamentos de Montreal ficam próximas.

CENTRO: *Hôtel du Fort* $$$ 126
1390 Rue du Fort, QUE H3H 2R7. (514) 958 8333. FAX (514) 938 3123.
A maior parte dos quartos elegantes com instalações para cozinhar, nesta torre moderna, tem belas vistas do porto ou Mont-Royal.

CENTRO: *L'Hôtel de la Montagne* $$$ 134
1430 Rue de la Montagne, QUE H3G 1Z5. (514) 288 5656. FAX (514) 288 9658.
Um saguão extravagante e uma piscina no telhado, assim como sua vizinhança moderna, tornam este hotel muito popular.

CENTRO: *Marriott Château Champlain* $$$ 611
1 Place du Canada, QUE H3B 4C9. (514) 878 9000. FAX (514) 878 6761.
Esta alta torre branca, com janelas em arco, oferece excelentes vistas do Mont-Royal e do porto.

CENTRO: *Montréal Bonaventure Hilton* $$$ 395
1 Place Bonaventure, QUE H5A 1B4. (514) 878 2332. FAX (514) 878 3881.
Construído em volta de um agradável jardim e uma piscina exterior, aberta no inverno e no verão, este hotel está localizado sobre os halls de exposição da Place Bonaventure.

CENTRO: *Residence Inn by Marriott-Montréal* $$$ 190
2045 Rue Peel, QUE H3A 1T6. (514) 982 6064. FAX (514) 844 8631.
Todas as suítes deste hotel do centro têm cozinhas totalmente equipadas. O hotel também oferece uma biblioteca com uma lareira.

CENTRO: *Hôtel La Reine Elizabeth* $$$$ 1042
900 Ouest Blvd. René Lévesque, QUE H3B 4A5. (514) 861 3511. FAX (514) 954 2256.
Este hotel de convenções movimentado está bem localizado com quartos confortáveis. O restaurante Beaver Club se encontra no térreo.

CENTRO: *Hôtel Ritz Carlton* $$$$ 229
1228 Ouest Rue Sherbrooke, QUE H3G 1H6. (514) 842 4212. FAX (514) 842 4907.
Richard Burton e Elizabeth Taylor realizaram um de seus dois casamentos neste hotel de estilo eduardiano. O Ritz Garden é um bom lugar para o chá e o Café de Paris é um restaurante francês e requintado.

CENTRO: *Loews Hôtel Vogue* $$$$ 142
1425 Rue de la Montagne, QUE H3G 1Z3. (514) 285 5555. FAX (514) 849 8903. O lobby do Vogue, elegantemente decorado, está sobre uma das ruas mais chiques de Montreal. Seus quartos são grandes e bem mobiliados, cada um com uma banheira de hidromassagem.

CENTRO: *Omni Montreal* $$$$ 300
1050 Ouest Rue Sherbrooke, QUE H3A 2R6. (514) 284 1110. FAX (514) 845 3025. O saguão de mármore deste hotel moderno tem um restaurante-bar maravilhoso, com janelas que dão para a rua.

CHINATOWN: *Holiday Inn Sélect Montréal Centre-Ville* $$$ 235
99 Ave. Viger, QUE H2Z 1E9. (514) 878 9888. FAX (514) 878 6341.
Dois pagodes no telhado contribuem para que este hotel moderno se mescle com os arredores. Lagos em miniatura, jardins chineses e o restaurante *Chez Chine* dominam o saguão.

PLATEAU MONT-ROYAL: *Hôtel de l'Institut* $ 42
3535 Rue Saint-Denis, QUE H2X 3P1. (514) 282 5120. FAX (514) 873 9893.
Os estudantes do Instituto de Turismo e Hotelaria de *Quebec* treinam servindo os hóspedes do hotel nos andares superiores da instituição.

Legenda dos símbolos na orelha de trás

Categorias de preço de apto. para duas pessoas, por uma noite, com serviço e qualquer taxa adicional, como o imposto sobre vendas.
$ menos de Can$100
$$ Can$100-$150
$$$ Can$150-$200
$$$$ Can$200-$250
$$$$$ mais de Can$250

Restaurante
O hotel possui restaurante geralmente aberto ao público.

Serviços para Crianças
Indica se há berços e/ou baby-sitter disponíveis. Alguns hotéis oferecem porções para crianças e cadeirões nos restaurantes.

Jardim ou Terraço
Hotéis com jardim, pátio ou terraço, geralmente com mesas para refeições ao ar livre.

Piscina
Hotel com piscina coberta ou ao ar livre.

Hotel	Preço	Número de Aptos.	Restaurante	Serviços para Crianças	Jardim ou Terraço	Piscina
Plateau Mont-Royal: *Hôtel Le Saint-André* 1285 Rue Saint-André, QUE H2L 3T1. ☎ *(514) 849 7070.* FAX *(514) 849 8167.* Os hóspedes obtêm requinte por um preço bem modesto neste pequeno hotel, perto dos bistrôs e bares da rua Saint-Denis. 🛏 [TV] [P] 💳	$	65				
Plateau Mont-Royal: *Auberge de la Fontaine* 1301 East Rue St. Rachel, QUE H2J 2K1. ☎ *(514) 597 0166.* FAX *(514) 597 0496.* Duas casas do Segundo Império foram convertidas neste pequeno hotel, com quartos excentricamente decorados. 🛏 [TV] ♿ [P] 💳	$$	21			●	
Plateau Mont-Royal: *Le Jardin d'Antoine* 2024 Rue St.-Denis, QUE H2X 3K7. ☎ *(514) 843 4506.* FAX *(514) 281 1491.* Um lindo jardim que dá o nome a este hotel oferece um descanso tranquilo dos cafés e clubes noturnos nas proximidades. Os quartos mais luxuosos aos fundos dão para o jardim. 🛏 [TV] [P] 💳	$$	25			●	
Vieux Montréal: *Auberge les Passants du Sans Soucy* 171 Ouest Rue Saint-Paul, QUE H2Y 1Z5. ☎ *(514) 842 2634.* FAX *(514) 842 2912.* O saguão deste pequeno hotel funciona como uma galeria de arte. O edifício é um depósito do século 18 com vigas expostas e antiguidades. 🛏 [TV] 💳	$$	9				
Vieux Montréal: *Pierre du Calvet AD 1725* 405 Rue Bonsecours, QUE H2Y 3C3. ☎ *(514) 282 1725.* FAX *(514) 282 0456.* Lareiras, banheiros de mármore, mobiliário antigo e tapetes orientais decoram os quartos deste hotel histórico. 🛏 💳	$$$	9	●		●	
Vieux Montréal: *Auberge du Vieux-Port* 97 E. Rue de la Commune, QUE H2Y 1J1. ☎ *(514) 876 0081.* FAX *(514) 876 8923.* Este hotel romântico está situado em um edifício do século 19, de frente para o Velho Porto. O terraço no telhado é ideal para drinques ou chá. 🛏 💳	$$$$	27	●		●	
Vieux Montréal: *Hôtel Inter-Continental Montréal* 360 Ouest Rue Saint-Antoine, QUE H2Y 3X4. ☎ *(514) 987 9900.* FAX *(514) 847 8550.* Com as pequenas torres no telhado, este hotel se mescla à fileira de edifícios do século 19. Os quartos são elegantes e confortáveis. 🛏 [24] [TV] [P] 🏋 💳	$$$$	357	●	■		■
CIDADE DE QUEBEC E RIO SÃO LOURENÇO						
Baie Saint-Paul: *Auberge La Maison Otis* 23 Rue Saint-Jean-Baptiste, QUE GOA 1BO. ☎ *(418) 435 2255.* FAX *(418) 435 2464.* No centro desta hospedaria há uma velha casa de pedra com sete aptos. requintados e um dos melhores restaurantes do lugar. 🛏 [TV] [P] 💳	$$	30	●	■	●	■
Cidade de Quebec: *Hôtel Particulier Belley* 249 Rue Saint-Paul, QUE G1K 3W5. ☎ *(418) 692 1694.* FAX *(418) 692 1696.* Esta velha taverna está ao lado do Mercado do Velho Porto. Alguns quartos têm paredes de tijolo à vista e outros têm clarabóias. 🛏 [TV] [P] 💳	$	8				
Cidade de Quebec: *Le Priori* 15 Rue Sault-au-Matelot, QUE G1K 3Y7. ☎ *(418) 692 3992.* FAX *(418) 692 0883.* É um pequeno hotel excêntrico no sopé de Cap Diamant. Muitos quartos têm paredes de pedra, mas mobília moderna. 🛏 [TV] ♿ [P] 💳	$$	26	●	■		
Cidade de Quebec: *Hôtel Clarendon* 57 Rue Sainte-Anne, QUE G1R 3X4. ☎ *(418) 692 2480.* FAX *(418) 692 4652.* O interior deste hotel de 1870 é um encanto em Art Déco. Todas as noites há jazz ao vivo, no saguão do hotel. 🛏 [TV] ♿ [P] 💳	$$$	151	●			
Cidade de Quebec: *Hôtel Dominion* 126 Rue Saint-Pierre, QUE G1K 4A8. ☎ *(418) 692 2224.* FAX *(418) 692 4403.* Antigas fotografias decoram os quartos de pé-direito alto neste edifício de 1912. Dezenas de restaurantes encantadores se alinham na pitoresca Rue du Petit Champlain, nas proximidades. 🛏 [TV] ♿ [P] 💳	$$$	40			●	

CIDADE DE QUEBEC: *Château Frontenac* $$$$ | 605
1 Rue des Carrières, QUE G1R 4A7. ((418) 692 3861. FAX (418) 692 1751.
Talvez seja o hotel mais fotografado do Canadá. Seu exterior baronial se
reflete no interior, em halls amplos, revestimentos em madeira e trabalho
em pedra. Os aptos. sobre o rio têm vistas magníficas.

CÔTE NORD: *Hôtel Tadoussac* $$$ | 149
165 Rue du Bord-de-l'Eau, Tadoussac, QUE G0T 2A0. ((418) 235 4421. FAX (418) 235
4607. A companhia Canada Steamships construiu este hotel em 1942 para
seus passageiros. O telhado vermelho ainda domina a silhueta da cidade.
Os preços incluem café-da-manhã e jantar. out-mai.

GASPÉ: *La Gîte du Mont-Albert* $$ | 48
Parc de la Gaspésie, QUE G0E 2G0. ((418) 763 2288. FAX (418) 763 7803.
Esta hospedaria de montanha parece uma cabana de caça por sua
decoração rústica. O hotel também aluga chalés. out-fev.

ILES-DE-LA-MADELEINE: *Hôtel au Vieux Couvent* $ | 7
Havre-aux-Maisons, QUE G0B 1K0. ((418) 969 2233. FAX (418) 969 4693.
Em uma antiga escola de convento, os dormitórios foram transformados em
quartos e a capela em restaurante de frutos-do-mar. set-jun.

LAC-SAINT-JEAN: *Hôtel du Jardin* $$ | 84
1400 Blvd. du Jardin, Saint-Félicien, QUE G8K 2N8. ((418) 679 8422. FAX (418)
679 4459. Este hotel moderno confortável é uma boa base para explorar os
arredores do Lac-Saint-Jean.

PERCÉ: *Hôtel-Motel La Normandie* $$ | 45
221 Route 132 leste, Cap de Foi, QUE G0C 2L0. ((418) 782 2112. FAX (418) 782 2337.
Quase todos os quartos da hospedaria dão para o mar e o Rocher Percé. Há
um bom restaurante de frutos-do-mar no local. out-mai.

POINTE-AU-PIC: *Manoir Richelieu* $$$ | 405
181 Rue Richelieu, QUE G0T 1M0. ((418) 665 3703. FAX (418) 665 7736.
Este castelo de pedra está situado em um penhasco cercado por jardins, de
frente para o estuário.

RIVIÈRE-DU-LOUP: *Hôtel Lévesque* $ | 93
171 Rue Fraser, QUE G5R 1E2. ((418) 862 6927. FAX (418) 867 5827.
Este hotel de frente para o mar é ideal para famílias, com sua piscina, praia
e aptos. grandes. Tem dois restaurantes, um de comida simples e outro
especializado em menus de gourmet.

SEPT-ILES: *Hôtel Sept-Iles* $ | 113
451 Ave. Arnaud, QUE G4R 3B3. ((418) 962 2581. FAX (418) 962 6918. Nas décadas de
1960 e 1970, os operários de Sept-Iles foram os mais bem pagos no Canadá e
gastaram seus salários no restaurante deste hotel, à beira da baía.

SUL E NORTE DE QUEBEC

HULL: *Auberge de la Gare* $$ | 42
205 Blvd. Saint-Joseph, QUE J8Y 3X3. ((819) 778 8085. FAX (819) 595 2021.
Hotel confortável, com bons serviços, em Hull, no centro. Fica perto da
ponte e das atrações de Ottawa.

LAURENTIAN MOUNTAINS: *Auberge Le Rouet* $$ | 30
1288 Rue Lavoie, Val-David, QUE J02 2N0. ((819) 322 3221.
Pinheiros e trilhas de esqui cross-country circundam esta cabana rústica.
Inclui três refeições, servidas na sala de jantar revestida de madeira.

LAURENTIAN MOUNTAINS: *Hôtel Far Hills Inn* $$ | 72
Val-Morin, QUE J0T 2R0. ((819) 322 2014. FAX (819) 322 1995.
Este *resort* na montanha tem seu próprio lago, quadras de tênis e 130 km
de trilhas para esqui cross-country e caminhadas.

LAURENTIAN MOUNTAINS: *Château Mont-Tremblant* $$$ | 316
Station-de-Ski Mont Tremblant, QUE J0T 1Z0. ((819) 681 7000. FAX (819) 681 7007.
Este hotel da Canadian Pacific traz as atrações citadinas aos ermos Laurencianos
parte de um enorme *resort* de quatro temporadas.

LAURENTIAN MOUNTAINS: *Auberge de la Montagne-Coupée* $$$ | 50
1000 Chemin Montagne-Coupée, QUE J0K 2S0. ((450) 886 3891. FAX (450)
886 5401. Moderno estabelecimento com uma parede de vidro, de onde se vêem
as montanhas. Os preços incluem café-da-manhã e jantar.

Categorias de preço de apto. para duas pessoas, por uma noite, com serviço e qualquer taxa adicional, como o imposto sobre vendas.
- $ menos de Can$100
- $$ Can$100-$150
- $$$ Can$150-$200
- $$$$ Can$200-$250
- $$$$$ mais de Can$250

RESTAURANTE
O hotel possui restaurante geralmente aberto ao público.

SERVIÇOS PARA CRIANÇAS
Indica se há berços e/ou baby-sitter disponíveis. Alguns hotéis oferecem porções para crianças e cadeirões nos restaurantes.

JARDIM OU TERRAÇO
Hotéis com jardim, pátio ou terraço, geralmente com mesas para refeições ao ar livre.

PISCINA
Hotel com piscina coberta ou ao ar livre.

	Preço	NÚMERO DE APTOS.	RESTAURANTE	SERVIÇOS PARA CRIANÇAS	JARDIM OU TERRAÇO	PISCINA
MAGOG: *Auberge l'Étoile sur le Lac* 1150 Ouest Rue Principale, QUE J1X 2B8. ((819) 843 6521. FAX (819) 843 5007. Muitos dos aptos. têm varanda de frente para o lago Memphrémagog. No verão, as refeições são servidas no terraço, à beira do lago.	$$	26	●		●	▦
NORTH HATLEY: *Auberge Hovey Manor* Route 108 E. (Chemin Hovey), QUE J0B 2C0. ((819) 842 2421. FAX (819) 842 2248. Cópia da casa de George Washington, em Virgínia, muitos dos aptos. têm lareiras e camas em estilo antigo.	$$$$	40	●		●	▦
NUNAVIK: *Auberge Kuujjuaq* Kuujjuaq, QUE J0M 1C0. ((819) 964 2903. FAX (819) 964 2031. As acomodações no extremo norte de Quebec são escassas e caras. Reserve antecipadamente um quarto deste pequeno hotel.	$$$$	22	●			
OUTAOUAIS: *Château Montebello* 392 Rue Notre-Dame, Montebello, QUE J0V 1L0. ((819) 423 6341. FAX (819) 423 5283. Este *resort* na beira do lago possui uma das maiores estruturas de madeira do mundo, construída por trabalhadores durante a Depressão. Campo de golfe, trilhas para andar a cavalo e quadras de tênis.	$$$	211	●	▦	●	▦
RICHELIEU VALLEY: *Hostelerie Les Trois Tilleuls* 290 Rue Richelieu, Saint-Marc-sur-Richelieu, QUE J0L 2E0. ((514) 856 7787. Pertence à organização Château e Relais e se encontra na zona rural, a uma hora de carro de Montreal. Todos os quartos têm uma varanda de frente para o rio Richelieu.	$$$	24	●			
ROUYN-NORANDA: *Hôtel Albert* 84 Ave. Principale, QUE J9X 4P2. ((819) 762 3545. FAX (819) 762 7157. Este antigo hotel do centro foi reformado em 1997 e tem quartos grandes e confortáveis, com algumas características originais.	$	51	●			
TROIS-RIVIÈRES: *Delta Trois-Rivières* 1620 Rue Notre-Dame, QUE G9A 6E5. ((819) 376 1991. FAX (819) 372 5975. Este hotel moderno está a uma breve caminhada do antigo bairro de Trois-Rivières e das calçadas ao longo do rio São Lourenço.	$$	159	●	▦		

TORONTO

	Preço	NÚMERO DE APTOS.	RESTAURANTE	SERVIÇOS PARA CRIANÇAS	JARDIM OU TERRAÇO	PISCINA
AEROPORTO: *Delta Toronto Airport Hotel* 801 Dixon Rd, ONT M9W 1J5. ((416) 675 6100. FAX (416) 675 4022. Hotel moderno e bem conservado que oferece acesso fácil ao aeroporto. Tem muitas mesas de bilhar.	$$	250	●	▦	●	▦
AEROPORTO: *Regal Constellation Hotel* 900 Dixon Rd., ONT M9W 1J7. ((416) 675 1500. FAX (416) 675 1737. Este cativante hotel, parte de uma rede, situado próximo ao aeroporto, tem um magnífico lobby de vidro de sete andares.	$$	710	●			
CENTRO: *Bond Place Hotel* 65 Dundas St. East, ONT M5B 2G8. ((416) 362 6061. FAX (416) 360 6406. Bem no centro da cidade, a poucos metros de Eaton Centre, este hotel simples é procurado pelos operadores de pacotes turísticos.	$	286	●	▦		
CENTRO: *Days Inn Toronto Downtown* 30 Carlton St., ONT M5B 2E9. ((416) 977 6655. FAX (416) 977 0502. Hotel-padrão, com quartos simples mas funcionais e preços competitivos. Ocupa um edifício alto perto da estação de metrô College.	$$	536	●			▦
CENTRO: *Quality Hotel Downtown* 111 Lombard St., ONT M5C 2T9. ((416) 367 5555. FAX (416) 367 3470. Hotel despretensioso, com quartos impecáveis, ideal para quem tem orçamento apertado. Está localizado em uma rua tranquila.	$$	196				

CENTRO: *Toronto Colony Hotel* $$ | 721
89 Chestnut St., ONT M5G 1R1. ☎ *(416) 977 0707.* FAX *(416) 585 3164.*
Bem no centro, perto da Prefeitura, o Colony oferece apartamentos duplos
agradáveis, mobiliados em estilo moderno. 🛏 📺 🅿 🍴 ✉

CENTRO: *Victoria Hotel* $$ | 48
56 Yonge St., ONT M5E 1G5. ☎ *(416) 363 1666.* FAX *(416) 363 7327.*
Hotel muito pequeno, situado no centro da cidade. Os quartos são
agradáveis, mas um tanto apertados. 🛏 📺 🅿 ✉

CENTRO: *Delta Chelsea Inn* $$$ | 1594
33 Gerrard St. W, ONT M5G 1Z4. ☎ *(416) 595 1975.* FAX *(416) 585 4302.*
Localizado perto do Eaton Centre, é o maior hotel de Toronto, com
excelentes instalações de lazer. Os quartos são espaçosos e mobiliados
com capricho. 🛏 24 📺 ♿ 🅿 🍴 ✉

CENTRO: *Novotel Toronto Centre* $$$ | 262
45 The Esplanade, ONT M5E 1W2. ☎ *(416) 367 8900.* FAX *(416) 360 8285.*
Este estabelecimento elegante ocupa um lindo edifício Art Déco reformado
perto da Union Station. 🛏 📺 ♿ 🅿 🍴 ✉

CENTRO: *Ramada Suites Hotel* $$$ | 102
300 Jarvis St., ONT M5B 2C5. ☎ *(416) 977 4823.* FAX *(416) 977 4830.*
Hotel conveniente, de muitos andares, localizado na movimentada Jarvis
Street, fica muito perto de Yonge. É procurado por viajantes a negócios.
🛏 📺 🅿 🍴 ✉

CENTRO: *Royal York* $$$ | 1385
100 Front St. W, ONT M5J 1E3. ☎ *(416) 368 2511.* FAX *(416) 368 8148.*
Quando concluído na década de 1920, o Royal York era o maior hotel do
Império Britânico. Recentemente, as áreas comuns foram reformadas e
recuperaram seu antigo esplendor. 🛏 24 📺 ♿ 🅿 🍴 ✉

CENTRO: *Sheraton Centre Toronto Hotel* $$$ | 1382
123 Queen St. W, ONT M5H 2M9. ☎ *(416) 361 1000.* FAX *(416) 947 4874.*
Um hotel compacto no centro de Toronto. As áreas comuns luxuosas levam
a quartos grandes, decorados em estilo moderno. 🛏 24 📺 ♿ 🅿 🍴 ✉

CENTRO: *Sutton Place Hotel* $$$ | 230
955 Bay St., ONT M5S 2A2. ☎ *(416) 924 9221.* FAX *(416) 324 5617.*
Este hotel da moda é procurado por atores e políticos. Os quartos são
bem mobiliados. A comunidade gay e lésbica fica a uma curta caminhada.
🛏 24 📺 ♿ 🅿 🍴 ✉

CENTRO: *Radisson Plaza Hotel Admiral* $$$$ | 157
249 Queens Quay W., ONT M4W 1A7. ☎ *(416) 203 3333.* FAX *(416) 203 3100.*
Hotel de prestígio, ultramoderno, ocupa um lugar privilegiado de frente
para o lago. Os quartos são elegantes e confortáveis. 🛏 24 📺 ♿ 🅿 🍴 ✉

CENTRO: *SkyDome Hotel* $$$$ | 346
1 Blue Jay Way, ONT M5V 1J4. ☎ *(416) 341 7100.* FAX *(416) 345 8733.*
Hotel ultramoderno, muito apreciado pelos fãs de basebol, faz parte do
estádio de esportes SkyDome *(pág. 169).* De alguns quartos, é possível ver
o campo. 🛏 24 📺 ♿ 🅿 🍴 ✉

CENTRO: *The Westin Harbour Castle* $$$$ | 980
1 Harbour Square, ONT M5J 1A6. ☎ *(416) 869 1600.* FAX *(416) 361 7448.*
Hotel de prestígio, oferece muitos quartos de frente para o lago Ontário.
No alto há um restaurante gira 360°. 🛏 24 📺 ♿ 🅿 🍴 ✉

CENTRO: *Toronto Marriott Eaton Centre* $$$$ | 459
525 Bay St., ONT M5G 2L2. ☎ *(416) 597 9200.* FAX *(416) 597 9211.*
Os compradores inveterados não precisam ir mais longe do que este
elegante hotel ao lado do Eaton Centre. 🛏 24 📺 ♿ 🅿 🍴 ✉

CENTRO: *King Edward Hotel* $$$$$ | 294
37 King Street E., ONT M5C 1E9. ☎ *(416) 863 3131.* FAX *(416) 367 5515.*
Hotel com áreas comuns luxuosas e quartos atraentes.
Os porteiros são os mais elegantes da cidade. 🛏 24 📺 🍴 ✉

CENTRO: *Hotel Intercontinental Toronto* $$$$$ | 209
220 Bloor Street W., ONT M5S 1T8. ☎ *(416) 960 5200.* FAX *(416) 960 8269.*
Este lindo hotel moderno oferece todas as atrações, inclusive lareiras em
algumas suítes. 🛏 24 📺 ♿ 🅿 🍴 ✉

Legenda dos símbolos na orelha de trás

Categorias de preço de apto. para duas pessoas, por uma noite, com serviço e qualquer taxa adicional, como o imposto sobre vendas.
$ menos de Can$100
$$ Can$100-$150
$$$ Can$150-$200
$$$$ Can$200-$250
$$$$$ mais de Can$250

RESTAURANTE
O hotel possui restaurante geralmente aberto ao público.

SERVIÇOS PARA CRIANÇAS
Indica se há berços e/ou baby-sitter disponíveis. Alguns hotéis oferecem porções para crianças e cadeirões nos restaurantes.

JARDIM OU TERRAÇO
Hotéis com jardim, pátio ou terraço, geralmente com mesas para refeições ao ar livre.

PISCINA
Hotel com piscina coberta ou ao ar livre.

	Preço	NÚMERO DE APTOS.	RESTAURANTE	INSTALAÇÕES PARA CRIANÇAS	JARDIM OU TERRAÇO	PISCINA
HIGH PARK: *High Park Bed & Breakfast* 4 High Park Blvd., ONT M6R 1M4. ☎ *(416) 531 7963.* 🖷 *(416) 531 0060.* Casa antiga encantadora em um bairro a 5km do centro. Os quartos são confortáveis e o café-da-manhã delicioso. **P**	$	2			●	
NORTH YORK: *Holiday Inn Toronto, Don Valley* 1100 Eglinton Ave. E, ONT M3C 1H8. ☎ *(416) 446 3700.* 🖷 *(416) 446 3701.* Um agradável hotel da rede Holiday Inn situado ao lado do Centro de Ciências de Ontário *(pág. 187).* Especializado em refeições gratuitas e acomodações com desconto para crianças.	$$	298	●	■	●	■
SCARBOROUGH: *Howard Johnson Plaza Hotel* 940 Progress Ave., ONT M1G 3T5. ☎ *(416) 439 6200.* 🖷 *(416) 439 0276.* Hotel adequado, nada fora do comum, no centro de Scarborough, bairro a leste do centro da cidade.	$	186	●			■
YORKVILLE: *Howard Johnson Yorkville* 89 Avenue Rd., ONT M5R 2G3. ☎ *(416) 964 1220.* 🖷 *(416) 964 8692.* Este hotel modesto está bem localizado, próximo a Yorkville. Os quartos modernos e espaçosos estão bem cuidados.	$$	71				
YORKVILLE: *Four Seasons Hotel* 21 Avenue Rd., ONT M5R 2G1. ☎ *(416) 964 0411.* 🖷 *(416) 964 2301.* Hotel luxuoso procurado pelos famosos. Situado no bairro chique de Yorkville, a poucos passos de Bloor Street.	$$$$$	380	●	■	●	■

OTTAWA E LESTE DE ONTÁRIO

	Preço	NÚMERO DE APTOS.	RESTAURANTE	INSTALAÇÕES PARA CRIANÇAS	JARDIM OU TERRAÇO	PISCINA
ALGONQUIN PROVINCIAL PARK: *Arowhon Pines Hotel* Na saída da Hwy 60, Algonquin Provincial Park, ONT P1H 2G5. ☎ *(705) 633 5661.* 🖷 *(705) 633 5795.* A cozinha e o serviço inspiram críticas exageradas. Os preços incluem três refeições diárias. ● *nov-abr.*	$$$	50	●	■		
BROCKVILLE: *Royal Brock Hotel and Resort* 100 Stewart Blvd., ONT K6V 4W3. ☎ *(613) 345 1400.* 🖷 *(613) 345 5402.* Indicado como um dos melhores hotéis pequenos do Canadá, o Brock oferece cozinha premiada preparada por um *chef* europeu.	$$	72	●			
HALIBURTON: *Sir Sam's Inn* Eagle Lake, ONT K0M 1N0. ☎ *(705) 754 2188.* 🖷 *(705) 754 4262.* *Resort* para adultos situado no centro das terras altas. O preço inclui um jantar de quatro pratos. ● *meados nov-meados dez, Páscoa.*	$$$	25	●			■
KAWARTHA LAKES: *Eganridge Inn & Country Club* RR3 Fenelon Falls, ONT K0M 1N0. ☎ *(705) 738 5111.* Originalmente uma propriedade do século 18, Eganridge é hoje uma hospedaria elegante em Sturgeon Lake, no Trent-Seven Waterway. ● *nov-abr.*	$$$	13	●	■	●	
KINGSTON: *Marine Museum of the Great Lakes* 55 Ontario St., ONT K7L 2Y2. ☎ *(613) 542 2261.* 🖷 *(613) 542 0043.* Estes modestos camarotes de navio estão localizados a poucos quarteirões do centro. ● *out-abr.*	$	27				
KINGSTON: *Hochelaga Inn* 24 Sydenham St., ONT K7L 3G9. ☎ *(613) 549 5534.* 🖷 *(613) 549 5534.* Situado no centro histórico de Kingston, esta bela mansão hotel vitoriana é o lugar perfeito para aproveitar a vida.	$$	23				
KINGSTON: *Prince George Hotel* 200 Ontario St., ONT K7L 2Y9. ☎ *(613) 547 9037.* 🖷 *(613) 547 0056.* Construído como casa particular em 1809, funciona como hotel há mais de 150 anos. Está situado perto de todas as atrações.	$$$	26	●			

North Bay: *Pinewood Park Inn and Conference Centre* — $ — 118
201 Pinewood Park Drive, ONT P1B 8J8. ((705) 472 0810. FAX (705) 472 4427.
Motel bem cuidado, tem um trem elétrico que fascina as crianças. Fica a cinco minutos do Dionne Quints Museum *(pág. 201).*

Ottawa: *Gasthaus Switzerland Bed & Breakfast Inn* — $ — 22
89 Daly Ave., ONT K1N 6E6. ((613) 237 0335. FAX (613) 594 3327.
Encantadora casa de pedra oferece hospitalidade suíça apenas a dois quarteirões de Rideau St. e Byward Market *(pág. 194).*

Ottawa: *Lord Elgin Hotel* — $$ — 312
100 Elgin St., ONT K1P 5K8. ((613) 235 3333. FAX (613) 235 3223.
Hotel de 1940 oferece ao cliente um valor justo por uma localização de primeira do lado oposto do Centro Nacional de Artes.

Ottawa: *Château Laurier Hotel* — $$$ — 425
1 Rideau St., ONT K1N 8S7. ((613) 241 1414. FAX (613) 562 7031.
Este famoso hotel antigo parece um castelo francês perto de Parliament Hill. Muito procurado pelos políticos.

Ottawa: *Delta Inn* — $$$ — 328
361 Queen St., ONT K1R 7S9. ((613) 238 6000. FAX (613) 238 2290.
Quartos modernos e espaçosos, com lareira no saguão. É particularmente acolhedor.

GRANDES LAGOS

Bayfield: *The Little Inn of Bayfield* — $$ — 30
Main Street, ONT N0M 1G0. ((519) 565 2611. FAX (519) 565 5474.
Um dos mais encantadores hotéis de Ontário ocupa uma construção restaurada, de madeira e tijolos do século 19, às margens do lago Huron. A decoração dos quartos está de acordo com a época.

Cataratas do Niágara: *Quality Inn Fallsway* — $$$ — 274
4946 Clifton Hill, ONT L2E 6S8. ((905) 358 3601. FAX (905) 358 3818.
Esta hospedaria, um local moderno do tipo motel, fica muito perto das Cataratas. Os aptos. são espaçosos.

Cataratas do Niágara: *Oakes Inn Fallsview* — $$$$ — 167
6546 Buchanan Ave., ONT L2G 3W2. ((905) 356 4514. FAX (905) 356 3651.
Hotel caprichado em todos os sentidos, Oakes Inn é um edifício moderno, de vários andares, com ótima vista das Cataratas.

Cataratas do Niágara: *Sheraton Fallsview Hotel* — $$$$ — 295
6755 Oakes Drive, ONT L2G 3W7. ((905) 374 1077. FAX (905) 374 6224.
Hotel luxuoso, oferece vistas panorâmicas das Cataratas. O restaurante é um dos melhores da cidade.

Cataratas do Niágara: *Skyline Foxhead Hotel* — $$$$ — 690
5875 Falls Ave., ONT L2E 6W7. ((905) 374 4444. FAX (905) 357 4804.
Um dos mais antigos hotéis da região, este agradável estabelecimento está no sopé de Clifton Hill. Os quartos nos andares superiores oferecem vistas espetaculares das Cataratas.

Midland: *Park Villa Motel* — $ — 41
751 Yonge St. W., ONT L4R 2E1. ((705) 526 2219. FAX (705) 526 1346.
O lugar é carente em atrações, mas este motel-padrão, a 2km da beira do lago e com quartos com ar-condicionado, é agradável.

Niagara-on-the-Lake: *Nana's Iris Manor Bed and Breakfast* — $$ — 3
36 The Promenade, ONT L0S 1J0. ((905) 468 1593. FAX (905) 468 1592.
Encantador *bed and breakfast*, situado em uma mansão do século 19, na Cidade Velha. No verão, reserve um tempo para tomar um refresco na varanda.

Niagara-on-the-Lake: *Prince of Wales Hotel* — $$$$$ — 101
6 Picton St., ONT L0S 1J0. ((905) 468 3246. FAX (905) 468 5521.
Este hotel elegante ocupa um local reformado de muito bom gosto no centro. A decoração dos aptos. é agradável.

Sault Ste. Marie: *Quality Inn Bay Front* — $ — 109
180 Bay Street, P6A 6S2. ((705) 945 9264. FAX (705) 945 9766.
Hotel despretensioso com excelente localização no centro, perto de bons restaurantes e dos melhores pontos turísticos.

Legenda dos símbolos na orelha de trás

Categorias de preço de apto. para duas pessoas, por uma noite, com serviço e qualquer taxa adicional, como o imposto sobre vendas.

$ menos de Can$100
$$ Can$100-$150
$$$ Can$150-$200
$$$$ Can$200-$250
$$$$$ mais de Can$250

RESTAURANTE
O hotel possui restaurante geralmente aberto ao público.

SERVIÇOS PARA CRIANÇAS
Indica se há berços e/ou baby-sitter disponíveis. Alguns hotéis oferecem porções para crianças e cadeirões nos restaurantes.

JARDIM OU TERRAÇO
Hotéis com jardim, pátio ou terraço, geralmente com mesas para refeições ao ar livre.

PISCINA
Hotel com piscina coberta ou ao ar livre.

	NÚMERO DE APTOS.	RESTAURANTE	SERVIÇOS PARA CRIANÇAS	JARDIM OU TERRAÇO	PISCINA
SAULT STE. MARIE: *Holiday Inn Sault Ste. Marie* $$$ 208 St. Mary's River Drive, ONT P6A 5V4. ((705) 949 0611. FAX (705) 945 6972. Hotel de rede, claro e alegre situado perto de todas as atrações. Os aptos. são excelentes e modernos. 🛏 📺 ♿ 🅿 🍽 ☕	195	●	■	●	■
THUNDER BAY: *Airlane Hotel* $$$ 698 W. Arthur St., ONT P7E 5R8. ((807) 577 1181. FAX (807) 475 4852. Hotel novo, limpo, oferece quartos modernos e claros, com decoração alegre. Está perto da principal atração turística, o antigo Fort William *(pág. 223).* 🛏 📺 ♿ 🅿 🍽 ☕	154	●			■
TOBERMORY: *Blue Bay Motel* $ Front St., Little Tub, ONT N0H 2R0. ((519) 596 2392. FAX (519) 596 2335. A pequena vila pesqueira de Tobermory é uma parada agradável para uma viagem longa. O motel oferece acomodações simples. 🛏 📺 🅿 ☕	16				
CENTRO DO CANADÁ					
DRUMHELLER: *Newcastle Country Inn* $ 1130 Newcastle Trail, AB T0J 0Y2. ((403) 823 8356. FAX (403) 823 8356. Esta propriedade três estrelas está convenientemente localizada perto do centro. Um delicioso café-da-manhã está incluído no preço. 🛏 📺 ☕	11				
EDMONTON: *Glenora Bed & Breakfast* $ 12327–102 Ave., AB T5N 0L8. ((780) 488 6766. FAX (780) 488 5168. Cada quarto tem um aspecto diferente, mobiliado com antiguidades de época, em um edifício restaurado de 1912. O andar principal tem restaurantes e lojas. Fica perto do centro e da Victoria Promenade. 🛏 📺 ☕	21	●			
EDMONTON: *Fantasyland Hotel* $$$ 17700–87th Ave., West Edmonton Mall AB T5T 4V4. ((780) 444 3000. FAX (780) 444 3294. Tem quartos-padrão e temáticos, como africano, Hollywood e iglu, que têm banheiras de hidromassagem. 🛏 24 📺 ☕	355	●			
EDMONTON: *Union Bank Inn* $$$ 10053 Jasper Ave., AB T5J 1S5. ((780) 423 3600. FAX (780) 423 4623. Bem localizado no centro. Preços incluem o café-da-manhã e o aperitivo do jantar. O restaurante é altamente recomendado. 🛏 📺 ☕	414	●			
FORT QU'APPELLE: *Company House Bed & Breakfast* $ Ao lado da Prefeitura, Company Ave., SASK S0G 1S0. ((306) 332 6333. FAX (306) 332 6333. Esta encantadora casa do início do século 20 inclui sala de estar para hóspedes e duas lareiras. Os banheiros são compartilhados. ☕	3				
LETHBRIDGE: *Heidelberg Inn* $ 1303 Mayor Magrath Drive, AB T1K 2R1. ((403) 329 0555. FAX (403) 328 8846. A hospedaria apresenta quartos bem mobiliados, serviço de lavanderia e sauna. Está perto do jardim japonês Nikka Yuko. 🛏 📺 🅿 🍽 ☕	67	●			
MOOSE JAW: *Temple Gardens Mineral Spa Hotel* $ 24 Fairford St. East, SASK S6H 0C7. ((306) 694 5055. FAX (306) 694 8310. Situado perto dos "Túneis da Pequena Chicago", este hotel está ligado a uma piscina de água mineral e um spa. Há suítes com Jacuzzi. 🛏 📺 🅿 🍽 ☕	96	●			■
REGINA: *Fieldstone Inn* $$ Perto Craven, PO Box 26038, SASK S4R 8R7. ((306) 731 2377. FAX (306) 731 2369. Situada no belo Qu'Appelle Valley, esta casa de fazenda oferece esportes aquáticos. Os hóspedes são transportados desde Regina. 🛏 24 🅿 ☕	6	●	■	●	■
REGINA: *Hotel Saskatchewan Radisson Plaza* $$ 2125 Victoria Ave., SASK S4P 0S3. ((306) 522 7691. FAX (306) 522 8988. Hotel de luxo, quartos bem mobiliados e traslado do aeroporto. É perfeito para interessados em lojas no centro. 🛏 📺 ♿ 🍽 ☕	217	●			

RIDING MOUNTAIN NATIONAL PARK: *Clear Lake Lodge* Wasagaming, MAN R0J 2H0. ☎ *(204) 848 2345.* [FAX] *(204) 848 2209.* A cabana dispõe de sala de estar confortável, com lareira, e cozinha comum, onde os hóspedes têm sua própria geladeira. ● *nov–abr.* 👶 [P] 💳	$	16			●	■
SASKATOON: *Delta Bessborough Hotel* 601 Spadina Crescent East, SASK S7K 3G8. ☎ *(306) 244 5521.* [FAX] *(306) 653 2458.* O "castelo sobre o rio" se encontra no pitoresco rio South Saskatchewan. No local há um restaurante japonês muito procurado. 👶 [TV] ♿ [P] 🍸 💳	$	225	●			■
WINNIPEG: *Fraser's Grove* 110 Mossdale Ave., MAN R2K 0H5. ☎ *(204) 661 0971.* Situada em um bairro residencial, esta casa moderna, confortável, está perto do rio, de campos de golfe, do centro e das praias do lago Winnipeg.	$	3				
WINNIPEG: *Crowne Plaza Winnipeg Downtown* 350 St. Mary Ave., MAN R3C 3J2. ☎ *(204) 942 0551.* [FAX] *(204) 943 8702.* Hotel confortável no centro, perto de lojas de departamentos. É conhecido por sua sala de bilhar e restaurante. 👶 [TV] ♿ [P] 🍸 💳	$$$	389	●	■		■
WINNIPEG: *The Lombard* 2 Lombard Place, MAN R3B 0Y3. ☎ *(204) 957 1350.* [FAX] *(204) 956 1791.* É o hotel mais caro de Winnipeg, no centro do distrito comercial. Os quartos têm acesso a computadores, Nintendo e vídeos. 👶 [TV] ♿ 🍸 💳	$$$	350	●	■		■

VANCOUVER E ILHA DE VANCOUVER

MALAHAT: *The Aerie* 600 Ebedora Lane, BC V0R 2L0. ☎ *(250) 743 7115.* [FAX] *(250) 743 4766.* Elegante hospedaria na encosta da montanha, frente a uma das mais fantásticas vistas da ilha. Os quartos oferecem banheiras de água quente e o jardim bem cuidado tem lagos e fontes. 👶 [TV] [P] 🍸 💳	$$$	23	●		●	■
NORTH VANCOUVER: *Thistledown House* 3910 Capilano Rd., BC V7R 4J2. ☎ *(604) 986 7173.* [FAX] *(604) 980 2939.* Uma propriedade patrimonial construída em 1920. Os quartos são mobiliados com antiguidades de todo o mundo. 👶 [P] 💳	$$$	5			●	
PORT ALBERNI: *Eagle Nook Resort* Box 575, Port Alberni, BC V9Y 7M9. ☎ *(250) 723 1000.* [FAX] *(250) 723 6604.* *Resort* acessível apenas por transportes aquáticos. Descanse na banheira de água quente antes de desfrutar as refeições de gourmet. 👶 🍸 💳	$$$$	23	●		●	
SOOKE: *Sooke Harbour House* 1528 Whiffen Spit Rd., BC V0S 1N0. ☎ *(250) 642 3421.* [FAX] *(250) 642 6988.* Apenas a 9m do mar e 35km de Victoria, esta hospedaria de madeira, no alto de um monte, é um excelente lugar de descanso. 👶 [P] 💳	$$$$$	28	●		●	
SURREY: *Best Western Pacific Inn* 1160 King George Hwy, BC V4A 4Z2. ☎ *(604) 535 1432.* [FAX] *(604) 531 6979.* Este hotel em estilo mexicano tem quartos dando para um pátio, com piscina no centro. 👶 [TV] ♿ [P] 🍸 💳	$$	150	●		●	■
TOFINO: *Middle Beach Lodge* 400 Mackenzie Beach Rd., BC V0R 2Z0. ☎ *(250) 725 2900.* [FAX] *(250) 725 2901.* Dois alojamentos rústicos construídos em 16ha de terra, com vista reservada para o mar e praia particular. Um é para famílias com crianças pequenas e outro exclusivo para adultos. 👶 [TV] ♿ [P] 💳	$$$	58		■	●	
TOFINO: *Clayoquot Wilderness Resort* Na saída Osprey Lane, Chesterman's Beach, BC V0R 2Z0. ☎ *(250) 726 8235.* [FAX] *(250) 726 8558.* Hospedaria flutuante, cercada pela mata, é o paraíso de turistas ecológicos. As atividades incluem andar a cavalo, caminhadas e observação de baleias. 👶 [P] 🍸 💳	$$$$	16	●			
TOFINO: *Wickaninnish Inn* Na saída Osprey Lane, Chesterman's Beach. Box 250, BC V0R 2Z0. ☎ *(250) 725 3100.* [FAX] *(250) 725 3110.* Esta hospedaria de luxo se encontra a 16km de barco, ao norte de Tofino. Os quartos têm banheiras de água quente, lareiras e vistas para o mar. 👶 [TV] ♿ [P] 💳	$$$$$	46	●		●	
VANCOUVER: *Days Inn Downtown* 921 W Pender St., BC V6C 1M2. ☎ *(604) 681 4335.* [FAX] *(604) 681 7808.* Descontos fora de temporada e acesso às instalações esportivas da YWCA são alguns dos extras deste hotel em estilo europeu. 👶 [TV] [P] 💳	$	85	●			

Categorias de preço de apto. para duas pessoas, por uma noite, com serviço e qualquer taxa adicional, como o imposto sobre vendas.
- $ menos de Can$100
- $$ Can$100-$150
- $$$ Can$150-$200
- $$$$ Can$200-$250
- $$$$$ mais de Can$250

RESTAURANTE
O hotel possui restaurante geralmente aberto ao público.

SERVIÇOS PARA CRIANÇAS
Indica se há berços e/ou baby-sitter disponíveis. Alguns hotéis oferecem porções para crianças e cadeirões nos restaurantes.

JARDIM OU TERRAÇO
Hotéis com jardim, pátio ou terraço, geralmente com mesas para refeições ao ar livre.

PISCINA
Hotel com piscina coberta ou ao ar livre.

	NÚMERO DE APTOS.	RESTAURANTE	SERVIÇOS PARA CRIANÇAS	JARDIM OU TERRAÇO	PISCINA
VANCOUVER: *Best Western Sands Hotel* $$$ 1755 Davie St., BC V6G 1W5. (604) 682 1831. FAX (604) 682 3546. Localizado perto da English Bay e Stanley Park. As lojas e bistrôs em Davie Street são refúgios para os pedestres.	121	●			
VANCOUVER: *Georgian Court Hotel* $$$ 773 Beatty St., BC V6B 2M4. (604) 682 5555. FAX (604) 682 8830. Hotel pequeno, em estilo europeu, com um dos melhores restaurantes de Vancouver, está perto do bairro de entretenimento.	180	●			
VANCOUVER: *Quality Hotel Downtown* $$$ 1335 Howe St., BC V6Z 1R7. (604) 682 0229. FAX (604) 662 7566. Perto de tudo, este hotel butique foi recentemente premiado como Hotel do Ano pela revista *Choice Hotels*.	157	●			■
VANCOUVER: *Delta Vancouver Suite Hotel* $$$$ 550 West Hastings St., BC V6B 1L6. (604) 689 8188. FAX (604) 605 8881. Este hotel no centro tem uma decoração escandinava de linhas modernas, quartos longe da recepção e muitas instalações para negócios.	227	●			■
VANCOUVER: *Hyatt Regency Vancouver* $$$$ 655 Burrard St., BC V6C 2R7. (604) 683 1234. FAX (604) 643 5812. Hotel de convenções, próximo a atrações turísticas e de compras, procurado por viajantes a negócios e hóspedes internacionais.	645	●		●	■
VANCOUVER: *Four Seasons* $$$$$ 791 West Georgia St., BC V6C 2T4. (604) 689 9333. FAX (604) 684 4555. Este hotel recebeu a classificação de cinco estrelas por 24 anos consecutivos. Situado em um centro de negócios, perto das lojas do Pacific Centre, o hotel também dispõe do restaurante Chartwell.	385	●	■		■
VANCOUVER: *Hotel Vancouver* $$$$$ 900 West Georgia St., BC V6C 2W6. (604) 684 3131. FAX (604) 662 1929. Este hotel tradicional, no centro da cidade, vem oferecendo serviço de luxo desde 1939, sob seu telhado esverdeado de cobre.	555	●	■		
VANCOUVER: *Metropolitan Hotel Vancouver* $$$$$ 645 Howe St., BC V6C 2Y9. (604) 687 1122. FAX (604) 602 7846. Conhecido por sua privacidade, este hotel é um dos 107 membros da associação internacional "Preferred Hotels & Resorts".	197	●	■		■
VANCOUVER: *Pan Pacific Hotel Vancouver* $$$$$ 999 Canada Place, BC V6C 3B5. (604) 662 8111. FAX (604) 685 8690. De frente para o mar, ao lado de Canada Place, este hotel atrai uma clientela internacional e empresários.	506	●	■	●	■
VANCOUVER: *Sutton Place Hotel* $$$$$ 845 Burrard St., BC V6Z 2K6. (604) 682 5511. FAX (604) 682 5513. Uma propriedade magnífica para hóspedes em negócios e turistas. Localizado no centro, este hotel oferece quartos luxuosos e excelente restaurante.	397	●	■		■
VANCOUVER: *Waterfront Hotel* $$$$$ 900 Canada Place Way, BC V6C 3L5. (604) 691 1991. FAX (604) 691 1999. Hotel moderno de aço e vidro, em frente ao World Trade Centre. Pequenas comodidades e de primeira classe.	489	●	■	●	■
VICTORIA: *Days Inn* $$ 123 Gorge Rd. East, BC V9A 1L1. (250) 386 1422. FAX (250) 386 1254. Esta hospedaria está localizada a cinco minutos de carro do centro de Victoria. Os quartos são confortáveis e tranquilos.	94	●			■

VICTORIA: *Abigail's Hotel* ⓈⓈⓈ | 23 | | | ● |
906 McClure St., BC V8V 3E7. ☏ *(250) 388 5363.* FAX *(250) 388 7787.*
Hospedaria pequena, em estilo Tudor, construída nos anos 30. Quartos
mobiliados com antiguidades. Tem uma biblioteca aconchegante. 🔲 P 🖼

VICTORIA: *Empress Hotel* ⓈⓈⓈⓈ | 460 | ● | ■ | ● | ■ |
721 Government St., BC V8W 1W5. ☏ *(250) 384 8111.* FAX *(250) 381 4334.*
Este edifício imponente, de 1908, fica de frente para o porto, perto do
Parlamento. Chá completo é servido no grande saguão. 🔲 TV 🔲 P 🔲 🖼

VICTORIA: *Ocean Point Resort* ⓈⓈⓈⓈ | 246 | ● | | ● | ■ |
45 Songhees Rd., BC V9A 6T3. ☏ *(250) 360 2999.* FAX *(250) 360 1041.*
Situado no famoso Inner Harbour de Victoria, somente uma passarela de
madeira separa o hotel da água. Oferece spa do tipo europeu e centro de
negócios. 🔲 24 TV 🔲 P 🔲 🖼

VICTORIA: *Humboldt House Bed & Breakfast* ⓈⓈⓈⓈⓈ | 5 |
867 Humboldt St., BC V8V 2Z6. ☏ *(250) 383 0152.* FAX *(250) 383 6402.*
Refúgio romântico de luxo. Café-da-manhã de gourmet servido nos
quartos, que possuem Jacuzzi e lareira. 🔲 🖼

MONTANHAS ROCHOSAS

BANFF: *Rundlestone Lodge* ⓈⓈⓈ | 95 | ● | | | ■ |
537 Banff Ave., AB T0L 0C0. ☏ *(403) 762 2201.* FAX *(403) 762 4501.*
Reformada em 1997, esta cabana conta com Jacuzzis e lareiras em alguns
quartos. O restaurante oferece cozinha de primeira. 🔲 TV 🔲 P 🔲 🖼

BANFF: *Banff Springs Hotel* ⓈⓈⓈⓈⓈ | 777 | ● | ■ | ● | ■ |
405 Spray Ave., AB T0L 0C0. ☏ *(403) 762 2211.* FAX *(403) 762 5755.*
É um ponto de referência e oferece lareiras, quadras de tênis, piscina,
ringue de gelo, campo de golfe, lojas e restaurantes. 🔲 24 TV 🔲 P 🔲 🖼

CALGARY: *Elbow River Inn* Ⓢ | 75 | ● | | ● |
1919 Macleod Trail, AB T2G 4S1. ☏ *(403) 269 6771.* FAX *(403) 237 5181.*
Situado em uma extensa propriedade, é o único hotel cassino em Alberta
que oferece quartos para não fumantes. 🔲 TV 🔲 P 🖼

CALGARY: *Quality Inn Motel Village* ⓈⓈ | 105 | ● | | | ■ |
2359 Banff Trail, AB T2M 4L2. ☏ *(403) 289 1973.* FAX *(403) 282 1241.*
Reformada, esta hospedaria tem saguão moderno, restaurante à beira da
piscina e pub com mesas de bilhar e jogos de dardos. 🔲 TV 🔲 P 🔲 🖼

CANMORE: *Quality Resort Château Canmore* ⓈⓈⓈ | 120 | ● | ■ | ● | ■ |
1720 Bow Valley Trail, AB T1W 1P7. ☏ *(403) 678 6699.* FAX *(403) 678 6954.*
Château Canmore oferece chalés e suítes, equipados com lareiras,
alojamentos, microondas e cafeteira elétrica. 🔲 TV 🔲 P 🔲 🖼

CRANBROOK: *Kootenay Country Comfort Inn* Ⓢ | 36 |
1111 Cranbrook St. North, BC V1C 3S4. ☏ *250 426 2296.* FAX *(250) 426 3533.*
Esta hospedaria é muito procurada por pescadores de truta, nas
proximidades do lago Premier. 🔲 TV 🔲 P 🖼

FORT NELSON: *The Blue Bell Inn* Ⓢ | 46 | ● |
4103 50th Ave. South, BC V0C 1R0. ☏ *(250) 774 6961.* FAX *(250) 774 6983.*
Um motel moderno, bem situado, com uma loja de conveniência 24 horas,
lavanderia e posto de gasolina. 🔲 TV P 🖼

LAGO LOUISE: *Lake Louise Inn* ⓈⓈⓈ | 232 | ● | | ■ |
210 Village Rd., AB T0L 1E0. ☏ *(403) 522 3791.* FAX *(403) 522 2018.*
A apenas cinco minutos da montanha de esqui e do lago Louise, os quartos
desta propriedade reformada variam do econômico ao presidencial. O café
exibe objetos da época da mineração e da caça. 🔲 TV 🔲 P 🖼

LAGO LOUISE: *Simpson's Num-Ti-Jah Lodge* ⓈⓈⓈ | 25 | ● |
Mile 22, Bow Lake Icefield Parkway, AB T0L 1E0. ☏ *(403) 522 2167.* FAX *(403) 522 2425.* Uma cabana histórica, construída às margens de lago Bow, em
1937, pelo lendário guia Jimmy Simpson. A sala de jantar, Elk Horn,
oferece cozinha excelente em caminho arborizado *(pág. 378).* 🔲 P 🖼

LAGO LOUISE: *Château Lake Louise* ⓈⓈⓈⓈⓈ | 489 | ● | ■ | ● | ■ |
Lake Louise Shore, AB T0L 1E0. ☏ *(403) 522 3511.* FAX *(403) 522 3834.*
Com a elegância de épocas anteriores, Château Lake Louise tem abrigado aven-
tureiros desde 1890. Refeições e compras no local. 🔲 24 TV 🔲 P 🔲 🖼

Legenda dos símbolos na orelha de trás

Categorias de preço de apto. para duas pessoas, por uma noite, com serviço e qualquer taxa adicional, como o imposto sobre vendas.

$ menos de Can$100
$$ Can$100-$150
$$$ Can$150-$200
$$$$ Can$200-$250
$$$$$ mais de Can$250

RESTAURANTE
O hotel possui restaurante geralmente aberto ao público.

SERVIÇOS PARA CRIANÇAS
Indica se há berços e/ou baby-sitter disponíveis. Alguns hotéis oferecem porções para crianças e cadeirões nos restaurantes.

JARDIM OU TERRAÇO
Hotéis com jardim, pátio ou terraço, geralmente com mesas para refeições ao ar livre.

PISCINA
Hotel com piscina coberta ou ao ar livre.

	Categoria	Nº de Aptos.	Restaurante	Serviços para Crianças	Jardim ou Terraço	Piscina
PRINCE GEORGE: *Econo Lodge* 1915 3rd Ave., BC V2L 1G6. ((250) 563 7106. FAX (250) 561 7216. Localidade central tranquila, próxima a todas as atrações, com opção de quartos para fumantes e não-fumantes.	$	30		■		■
RADIUM HOT SPRINGS: *The Springs at Radium Golf Resort* 8100 Golf Course Rd., Hwy 93/95, BC V0A 1M0. ((250) 347 9311. FAX (250) 347 6299. Este hotel-boutique de três andares oferece vista das montanhas e os quartos estão de frente para um dos dois campos de golfe.	$$	118	●		●	■
WATERTON LAKES: *Prince of Wales Hotel* Waterton Lakes National Park, AB T0K 2M0. ((403) 859 2231. FAX (403) 859 2630. Hotel histórico, enquadra-se perfeitamente na grandiosidade das Rochosas. Seu estilo alpino fez dele um dos hotéis mais fotografados do Canadá. O chá completo é servido por funcionários vestindo *kilt* escocês.	$$$$	37	●	■		■

SUL E NORTE DA COLÚMBIA BRITÂNICA

	Categoria	Nº de Aptos.	Restaurante	Serviços para Crianças	Jardim ou Terraço	Piscina
BARKERVILLE: *Kelly House* 2nd St., BC V0K 1B0. ((250) 994 3328. FAX (250) 994 3312. Acomodações em dois edifícios patrimoniais. Os destaques incluem café-da-manhã e música que vem de um teatro nas proximidades.	$	6				
HOPE: *Manning Park Resort* Manning Provincial Park, BC V0X 1L0. ((250) 840 8822. FAX (250) 840 8848. Resort orientado para receber famílias, oferece cabanas, chalés e instalações para grupos.	$$	73	●	■		
KAMLOOPS: *Comfort Inn* 1810 Rogers Place, BC V1S 1T7. ((250) 372 0987. FAX (250) 372 0967. Os quartos são espaçosos nesta propriedade de três andares. O escorregador de água do local é ideal para famílias.	$$	89		■		■
KELOWNA: *Lake Okanagan Resort* 2751 Westside Rd., BC V1Z 3T1. ((250) 769 3511. FAX (250) 769 6665. Local indicado para famílias, à beira da água. Pode-se cavalgar, jogar golfe, tênis, e há um acampamento para crianças no verão.	$$	134	●	■	●	■
PENTICTON: *Penticton Lakeside Resort* 21 Lakeshore Drive West, BC V2A 7M5. ((250) 493 8221. FAX (250) 493 0607. Um *resort* moderno no lago Okanagan. Um lugar muito procurado pelas famílias com praia particular, píer, esqui aquático e para-sailing.	$$	204	●	■	●	■
PRINCE RUPERT: *Cow Bay Bed & Breakfast* 20 Cow Bay Rd., BC V8J 1A5. ((250) 627 1804. FAX (250) 627 1919. Casa de uma família que aluga quartos, decorada com muito gosto perto dos museus e do porto.	$	4				
QUESNEL: *Becker's Lodge* Bowron Lake Provincial Park, 342 Kinchant St., BC V2J 2R4. ((250) 992 8864. FAX (250) 992 8893. Espaço para acampar, cabanas e refeições básicas. Aluguel de canoas para fazer o circuito do parque *(pág. 318).* ● out-dez.	$$	9	●	■		
WELLS: *White Cap Motor Inn & RV Park* Ski Hill Rd., BC V0K 2R0. ((250) 994 3489. FAX (250) 994 3426. Suítes com pequenas cozinhas, playground e um parque adjacente. As trilhas para Barkerville e pesca no lago começam aqui.	$	34		■	●	
WHISTLER: *Delta Whistler Resort* 4050 Whistler Way, BC V0N 1B4. ((604) 932 1982. FAX (604) 932 7332. Situado ao lado de um campo de golfe e das montanhas Whistler e Blackcomb, este *resort* oferece comodidades luxuosas.	$$$	292	●		●	■

WHISTLER: *Holiday Inn SunSpree Resort* $$$ | 114
4295 Blackcomb Way, BC V0N 1V4. ☎ (604) 938 0878. FAX (604) 938 9943.
Fica no centro de Whistler Village, a poucos minutos das montanhas
Whistler e Blackcomb, do centro de compras e da vida noturna. Quartos
com pequenas cozinhas, hidromassagem e lareiras. 🛏 📺 ♿ 🅿 🍴 🌐

WHISTLER: *Château Whistler* $$$$$ | 558
4599 Château Boulevard, BC V0N 1V4. ☎ (604) 938 8000. FAX (604) 938
2099. Localizado no sopé da montanha Blackcomb, este hotel oferece quartos com
lareira, Jacuzzis e check-ins particulares. Campos de golfe e um clube dedicado à
saúde acrescentam luxo a este *resort* de nível mundial. 🛏 24 📺 ♿ 🅿 🍴 🌐

WHISTLER: *Pan Pacific Lodge Whistler* $$$$$ | 121
4320 Sundial Crescent, BC V0N 1B4. ☎ (604) 905 2999. FAX (604) 905
2995. Uma propriedade de luxo, com janelas do chão ao teto. A piscina
externa oferece vistas espetaculares das montanhas. 🛏 📺 ♿ 🅿 🍴 🌐

NORTE DO CANADÁ

DAWSON CITY: *Midnight Sun Hotel* $$ | 44
3rd Avenue and Queen St., YT Y0B 1G0. ☎ (867) 993 5495. FAX (867) 993 6485.
O sítio histórico da corrida do ouro pode ser visto do pátio externo atraente e
do saguão deste hotel. As cabanas estão atrás do cassino. 🛏 📺 ♿ 🅿 🌐

FORT PROVIDENCE: *Snowshoe Inn* $ | 35
1 Mackenzie St., NT X0E 0L0. ☎ (867) 699 3511. FAX (867) 699 4300.
Cozinhas pequenas, TV satélite e instalações de escritório modernas dão um
charme descontraído a esta hospedaria em estilo antigo. 🛏 📺 🅿 🌐

FORT SIMPSON: *Nahani Inn* $ | 34
Main St., Fort Simpson, X0E 0N0. ☎ (819) 695 2201. FAX (819) 695 3000.
Fica no centro e oferece suítes, assim como instalações independentes e um
bar. É famoso também pelas deliciosas refeições. 🌐 📺 ♿ 🅿 🛏

HAINES JUNCTION: *Kluane Park Inn* $ | 20
Mile 1016, Alaska Highway. ☎ (867) 634 2261. FAX (867) 634 2273.
Um hotel com as melhores vistas do lugar, com um deck de frente para a
paisagem ártica. No verão, sempre são oferecidos churrascos. 🛏 📺 🅿 🌐

HAY RIVER: *Caribou Motor Inn* $ | 29
912 Mackenzie Highway, NT X0E 0R8. ☎ (867) 874 6706. FAX (867) 874 6704.
Convenientemente localizado perto desta pequena cidade, muitos dos
quartos oferecem hidromassagem, banhos a vapor e Jacuzzis. 🛏 📺 🅿 🌐

ILHA VICTORIA: *Arctic Islands Lodge* $$$ | 25
26 Omingnak St., Cambridge Bay, NT X0E 0C0. ☎ (867) 983 2345. FAX (867) 983 2480.
Excelente hotel, conhecido por seus funcionários dedicados e quartos
confortáveis. Oferece boa variedade de instalações esportivas, inclusive
passeios de caça guiados nas selvagens terras geladas. 🛏 📺 🅿 🌐

INUVIK: *McKenzie Hotel* $$ | 32
185 MacKenzie Rd., X0E 0C0. ☎ (867) 777 2861. FAX (867) 777 3317.
Funcionários amigáveis e educados, atmosfera alegre e quartos confortáveis
tornam este local muito procurado. 24 🛏 📺 🅿 🌐

WHITEHORSE: *Best Western Gold Rush Inn* $$ | 106
411 Main St., YT Y1A 2B6. ☎ (867) 668 4500. FAX 867 668 7432. Hotel eficiente,
com funcionários agradáveis, tem um saguão cheio de antiguidades da época
da corrida do ouro e uma cabeça de alce empalhada. 🛏 📺 ♿ 🅿 🌐

WHITEHORSE: *High Country Inn* $$ | 85
4051 4th Ave., YT Y1A 2A7. ☎ (867) 667 4471. FAX (867) 667 6457.
Uma das hospedarias mais elegantes e confortáveis da província. Um piano
de cauda e lareira fazem parte do ambiente de luxo. 🛏 📺 ♿ 🌐

YELLOWKNIFE: *Discovery Inn* $$ | 41
4701 Franklin Ave., X1A 2N6. ☎ (867) 873 4151. FAX (867) 920 7948.
Os quartos têm cozinhas pequenas, mas há também um restaurante
muito bom para a noite. 🛏 📺 🅿 🌐

YELLOWKNIFE: *Explorer Hotel* $$$ | 127
4825 49th Avenue X1A 2RZ. ☎ (867) 873 3531. FAX (867) 873 2789.
Este hotel de luxo se orgulha de ter dois restaurantes, o Berkeley's, para
famílias, e o Sakura, um restaurante japonês. 🛏 📺 ♿ 🅿 🌐

ONDE COMER

A COZINHA canadense é composta de especialidades regionais: as carnes de Alberta, os peixes de Manitoba, o salmão da Colúmbia Britânica, a lagosta da Nova Scotia, as tortas francesas de Quebec. Os restaurantes mais cosmopolitas oferecem pratos de carne de caça: coelho, caribu e bisão, todos alimentos servidos nas casas há séculos. A culinária tradicional francesa está presente nas grandes cidades, sobretudo nos hotéis de luxo. Mas o Canadá é uma nação de imigrantes e, por isso mesmo, restaurantes típicos estão por toda

Restaurante de frutos-do-mar na costa atlântica

parte. Cardápios das cozinhas alemã, grega, chinesa, ucraniana, africana, italiana e até de outras nacionalidades oferecem uma grande variedade de opções e de preços. Cada região tem sua especialidade e as grandes cidades reúnem o melhor de cada uma em seus vários restaurantes, inclusive vinhos e cervejas locais *(pág. 363)*. Nas páginas *364-79* encontra-se uma seleção de bons restaurantes, escolhidos pela variedade do cardápio, qualidade do serviço e preços condizentes com o que oferecem.

O restaurante de luxo Zoë's em Château Laurier, Ottawa *(pág. 373)*

TIPOS DE RESTAURANTE

Comer fora no Canadá não custa muito caro, o que faz com que a ida a um restaurante de boa qualidade para provar pratos da cozinha internacional (em geral preparados com ingredientes locais) seja uma boa experiência. Os tipos de casas são muito variados —salões de chá, bistrôs, *brasseries* e cafés competem com os restaurantes e as cadeias de *fast food* de sempre. Muitos pubs também oferecem ótimos sanduíches e pratos rápidos, a bons preços. Diferente, mas também muito agradável, é experimentar um típico jantar de lagosta. Realizadas durante o verão em Ilha Prince Edward, estas reuniões animadas geralmente acontecem em igrejas, em volta de mesas

de madeira, na companhia de pescadores. Também diferente, mas nada público, é um jantar com uma família inuit, privilégio que alguns turistas desfrutam quando visitam o norte gelado. Entre seus pratos tradicionais estão carne seca de caribu servida com molhos de frutas e peixe defumado. Nesses jantares, muito animados, não são servidas bebidas alcoólicas.

VEGETARIANOS

As opções de refeições vegetarianas estão aumentando no Canadá. Todo cardápio tem pelo menos um prato sem carne. Para quem gosta de peixe, os frutos-do-mar canadenses são famosos. Na década de 1990 o governo implantou um plano de ali-

mentação saudável, o "Health Canada". Os restaurantes que aderiram oferecem pratos assinalados com um coração, indicando pouca gordura. Quem faz regime pode também pedir ao *chef* que tire da receita os ingredientes mais calóricos. As frutas são abundantes em todo o sul do país e especialmente frescas nas regiões produtoras de Ontário e no Okanagan Valley, na Colúmbia Britânica, onde se cultivam alguns dos pêssegos, morangos e cerejas mais saborosos do mundo. Nos Territórios do Noroeste e em Nunavut, entretanto, a maior parte dos alimentos é importada na forma enlatada ou congelada. Tirando a carne de caça dos inuit, comida fresca é rara e especialmente cara no Ártico distante.

Mesinhas ao ar livre no centro de Montreal *(págs. 366-8)*

Arowhon Pines Lodge, no Algonquin Provincial Park, Ontário *(pág. 372)*

BEBIDAS ALCOÓLICAS

A idade mínima para comprar e consumir bebida alcoólica é 18 anos em Quebec e 19 anos no resto do país. O Canadá produz bons vinhos *(pág. 363)*, e sua distribuição é cada vez mais ampla. Nos bares, a gorjeta (como no Brasil) é dada no fim da noite, e não a cada rodada.

Em muitas cidades dos Territórios do Noroeste e de Nunavut, sobretudo nos assentamentos inuit, não se servem bebidas alcoólicas, e a venda está sujeita a grandes restrições, por causa das altas taxas de alcoolismo entre os nativos. Em algumas cidades, porém, os bares de hotel podem servir bebidas aos turistas.

HORÁRIOS E RESERVAS

O almoço costuma ser servido nos restaurantes das 12h às 14h e as reservas para o jantar vão das 18h às 21h, embora este horário possa ser estendido nas cidades maiores. É sempre recomendável fazer reserva de mesa e de muito bom tom ligar cancelando, se por qualquer motivo a reserva acabar não sendo usada.

PREÇOS E GORJETA

P ode-se comer muito bem no Canadá, sem pagar muito. Um lanche em um café custa menos de Can$ 5 por pessoa. Em um bom restaurante, uma refeição de três pratos, com uma garrafa de vinho, custa de Can$ 25 a Can$ 50, e até um jantar muito sofisticado fica na casa dos Can$ 50. São comuns os cardápios de preço fixo e no almoço os pratos são geralmente mais baratos, mas muito semelhantes aos do jantar –só que sem toalha de linho e luz de velas. Os restaurantes cobram GST *(Goods and Services Tax)* de 7% e também um imposto provincial de vendas aplicável em todas as regiões, menos Alberta. Os impostos vêm incluídos na conta, como porcentagem do total, mas a gorjeta é à parte. Calcule 10% a 15% da conta total, ou mais, se o grupo for especialmente grande. É costume dar gorjeta não apenas nos restaurantes, como também nos bares e nas danceterias. Ela é praticamente obrigatória, esperada inclusive se o serviço deixar a desejar.

CRIANÇAS

O Canadá recebe muito bem as crianças. A maioria dos restaurantes tem cadeirão ou assento próprio para os pequenos. Quanto mais chique o lugar, mais se espera que os pais mantenham seus filhos sentados ou os levem para fora se estiverem perturbando os demais. Os menores de 8 anos costumam dispor de cardápio infantil ou meia porção.

DEFICIENTES FÍSICOS

T odos os novos restaurantes e também os que passaram por reforma recentemente têm acesso a cadeira de rodas. Qualquer prédio novo no país têm de ter porta ampla no banheiro e piso sem degraus da entrada até a sala de refeições. Nas construções mais antigas, porém, é aconselhável informar-se com antecedência.

ROUPAS

T uristas não precisam carregar roupas muito formais na bagagem. Na maioria dos restaurantes o traje exigido é o esporte, principalmente no almoço, embora uns poucos locais possam proibir tênis, shorts curtos e roupas sujas ou rasgadas. A regra geral é: quanto mais caro e exclusivo o restaurante, mais formais os trajes. Mas roupa de noite só é obrigatória em locais e ocasiões muito especiais.

FUMANTES

M ais de 70% dos canadenses não fumam, mas, surpreendentemente, o país é bastante liberal para com a minoria de fumantes. Mesmo assim, vem aumentando o número de restaurantes com área para não-fumantes –ainda uma raridade em bares e cafés. Charutos não são muito aceitos nos restaurantes, e é melhor perguntar antes de acender um. E, se fizer um piquenique, apague bem o cigarro, pois o risco de incêndio florestal é grande.

Os cafés, típicos das grandes cidades, são uma opção popular e barata

Comidas Típicas Canadenses

Produto da rica história de multiculturalismo do país, a culinária do Canadá é diversificada e interessante. Não há propriamente uma *cuisine* nacional, mas as especialidades regionais têm forte identidade local. As cidades mais importantes, como Montreal e Toronto, são centros da cozinha internacional e seus restaurantes vão do italiano ao caribenho, com preços acessíveis a todos. O Canadá francês oferece *haute cuisine* nos melhores restaurantes do país, em cidade de Quebec e Montreal.

Cada província tem suas especialidades a bons preços, sejam de peixe e carne de excelente qualidade sejam de frutas e verduras cultivadas localmente. Os frutos-do-mar dominam os cardápios na costa atlântica e em CB; filés e hambúrgueres são imperdíveis nas regiões pecuárias de Alberta e Saskatchewan. A tradicional cozinha acadiana, que lembra a comida campestre francesa, é oferecida em New Brunswick e Nova Scotia. Verão em Ontário é tempo de frutas e verduras fresquíssimas. No norte, antigas receitas inuit produzem vários pratos de caribu e peixe secos.

FRUTOS-DO-MAR

Banhado por oceanos em três lados, o Canadá tem excelentes frutos-do-mar, sobretudo nas costas leste e oeste. A pesca é fresca e muitas vezes leva menos de 24 horas para ir do mar ao prato. **Ostras, mariscos** e **vieiras** estão nos cardápios da costa leste. Em New Brunswick, **broto de samambaia** e **alga** são servidos *sauté*, como acompanhamento. Ilha Prince Edward é famosa pela **lagosta**, simplesmente cozida, grelhada ou servida inteira, com milho verde na espiga, nos jantares de igreja que acontecem no verão na pequena ilha; quem não aprecia crustáceos pode experimentar o **salmão do Atlântico**.

Salmão do Pacífico, caranguejo, mariscos e **camarão** são o forte da culinária da Colúmbia Britânica, juntamente com o *Artic char*, peixe típico da região. Entre os pratos mais exóticos, que passam por métodos muito antigos de preservação, estão

o **Solomon Grundy** (arenque marinado de Nova Scotia), a **língua de *codfish*** (peixe salgado e seco, é conhecido como bacalhau) e a saborosa **torta de foca** da Terra Nova. Como foram justamente os frutos-do-mar que atraíram os primeiros exploradores para a região, não espanta que *codfish*, **mexilhão** e **mariscos** sejam célebres pela qualidade, agora acompanhados pelo **atum** e pela **sardinha**, que a cozinha atual manda cozinhar logo depois de pescados. Peixes de água doce são pescados nos dois milhões de lagos que pontilham o Canadá e têm delicado sabor. A oeste, a **carpa**, a **truta** e o **lúcio de Winnipeg**, assados ao ar livre na praia durante o verão, são uma delícia tipicamente canadense.

Lagosta servida em Quebec City

CARNES

Centrados em Calgary, os ranchos de gado de Alberta fornecem a melhor carne do Canadá. Os enormes **hambúrgueres** e **filés** são de excepcional qualidade. Na área rural, a carne é servida simples, com salada e batata frita, mas um prato local muito apreciado é o **Calgary beef hash**: carne em conserva com feijão assado e batata frita. Yukon, Northwest Territories e Nunavut fornecem a maior parte da caça; cortes de **caribu**, **bisão** *(moose ox)* e **alce** *(moose)* são despachados para o sul, onde são preparados ao estilo europeu. Os povos locais, sobretudo os inuit, defumam a carne para o inverno. O **caribu defumado** é delicioso e muito popular. Famosos por aproveitar tudo do animal caçado, os nativos consomem a carne, usam a pele para fazer roupas e até as **pulgas de alce** *(moose fleas)* são consideradas um quitute. **Ganso**, **pato** e peixes também são defumados ou charqueados para durar no inverno. O caribu e os pássaros são pendurados em cordas para secar ao sol ártico. Molhos feitos de frutas vermelhas amaciam a carne e podem ser adoçados a gosto.

FRUTAS E VERDURAS

Ontário é o pomar do Canadá. Além da crescente indústria de vinho, a área é famosa pelos morangos e *cranberries*, um tipo de uvinha escura. Ainda são cultivam pêssegos, maçãs e *blueberry*, fruta que também é típica de Nova Scotia e Quebec. As frutinhas vermelhas são tão

Chinês em traje típico vende verduras e legumes em Toronto

Maçãs de Ontário em um mercado de Muskoka

abundantes que podem ser colhidas durante uma caminhada. Milho, feijão preto e um tipo de abóbora, *squash* (que os locais chamam de "três irmãs"), são cultivados em Ontário, juntamente com abobrinha verde, tomates enormes e ervas, que são consumidas no país e também exportadas.

SOBREMESAS E DOCES

Um acompanhamento para sobremesas feito no Canadá é famoso no mundo inteiro: o *maple syrup*, xarope de plátano, a árvore símbolo do país. Seu uso mais comum é para cobrir panquecas do tipo americano, mas também acompanha **trempettes**, pão frito mergulhado na calda e servido com creme. É usado em tortas e pães, para adoçar o café e como calda quente de sorvete. Os franco-canadenses têm um fraco por doces bem doces, como a **tarte au sucre** (torta de açúcar) e o **pudding au chomeur** (literalmente, "pudim do desempregado"), bolo sobre base de caramelo. As tortinhas de fruta de Quebec são deliciosas.

FAST FOOD

A típica comida norte-americana de hambúrguer, cachorro quente, batata frita, frango e pizza é farta e familiar a qualquer turista. Quem quiser variar deve experimentar um *fast food* inventado em Quebec, *poutine*, composto de batata frita com queijo derretido e molho de carne ou cebola.

Uma recente explosão de cafés mais sofisticados elevou o padrão do *fast food* em alguns locais; cappuccino de pó moído na hora e com sabores variados, servido com *muffins* (um bolinho doce) e *bagels* (pães massudos), é muito pedido. Roscas macias e bem doces, os *donuts* são uma preferência nacional. Diz a piada que o melhor lugar para se achar um policial é numa loja de *donut*. Sempre há algum por lá nos intervalos de café.

COMIDA FRANCO-CANADENSE

O centro da boa comida francesa no Canadá é Quebec, onde os pratos lembram o que há de melhor na Europa. Montreal tem sempre pelo menos dois *chefs* franceses renomados trabalhando em seus restaurantes. Muitos dos mais inovadores *chefs* americanos também atuam em Montreal e cidade de Quebec, misturando elementos da secular tradição das fazendas com a cozinha moderna, mais leve.

Maple syrup

Cidades de toda a província oferecem típicos pratos franco-canadenses. Entre eles estão **creton** (patê de porco picante), **tourtière** (torta de carne moída de boi ou porco com cravo) e grande variedade de bolos e tortas. **Carne defumada** é outra especialidade local. As Maritime Provinces oferecem excelente *cuisine* acadiana (originalmente francesa), com receitas seculares. Seus cardápios incluem tortas de carne, patês, ensopados, sobremesas e bolos saborosos.

Há vários excelentes restaurantes franceses no Canadá, a maioria em Montreal e cidade de Quebec. Vieux-Montréal tem bistrôs com delícias típicas, como **escargots ao alho, filé mignon** e **delicadas tortinhas amanteigadas.** Como é de praxe na tradição francesa, os cardápios de preço fixo são uma boa pedida.

Na cidade de Quebec encontram-se pratos clássicos, como **sopa de ervilha** e **pato**. O café-da-manhã é imperdível: **brioches** e **croissants** com *café au lait*.

O QUE BEBER

As duas cervejas mais vendidas do Canadá, Molson "Canadian" e Labatt "blue", são muito conhecidas e devem ser bebidas bem geladas. O primeiro vinho canadense foi feito em 1811, mas só recentemente a população desenvolveu mais gosto pela bebida. O Canadá produz excelentes vinhos de uvas híbridas, graças, em grande parte, aos vinicultores europeus que emigraram para o Canadá, depois de um rigoroso treinamento. O melhor vinho vem de duas áreas: um bolsão no Okanagan Valley, sul da Colúmbia Britânica *(pág. 315)*, e uma faixa de 55km ao longo da Niagara Peninsula, no sul de Ontário, onde a maior parte das uvas é cultivada. Variedades conhecidas, como *chardonnay*, *riesling* e *pinot noir*, produzem os melhores vinhos, em Ontário e na Colúmbia Britânica, onde o clima é mais temperado. Uísque de centeio é destilado na Colúmbia Britânica. A marca mais vendida é Canadian Club, mas as destilarias locais produzem várias outras especialidades.

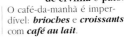

Molson, famosa cerveja canadense

Como Escolher um Restaurante

Os restaurantes deste guia foram selecionados a partir de três critérios – preço adequado, comida excepcional e boa localização – abarcando cinco categorias de preço. Eles foram divididos por regiões, começando por Terra Nova e Labrador. O código de cores de cada página corresponde ao mesmo código usado na parte principal do guia.

		MESAS AO AR LIVRE	PRATOS VEGETARIANOS	BAR	MENU DE PREÇO FIXO	SERVIÇO PARA CRIANÇAS

TERRA NOVA E LABRADOR

	Preço	MESAS AO AR LIVRE	PRATOS VEGETARIANOS	BAR	MENU DE PREÇO FIXO	SERVIÇO PARA CRIANÇAS
CORNER BROOK: *The Wine Cellar* Glyn Mill Inn, Cob Lane. ((709) 634 5181. Churrascaria frequentada pelos moradores da área. Experimente a carne de Alberta grelhada no carvão e as sobremesas de frutas vermelhas *(wild berries)* de Terra Nova. ⬥	$$$$	●	▣			
L'ANSE AU CLAIR: *Northern Light Inn* 58 Main St. ((709) 931 2332. Em uma região de poucos restaurantes, oferece refeições fartas e confiáveis. As especialidades são frutos-do-mar e caribu. ⬥	$$	●	▣			▣
ROCKY HARBOUR: *Ocean View Hotel* Main St. ((709) 458 2730. Do salão se tem uma vista espetacular de Rocky Harbour. O cardápio oferece frutos-do-mar e tortas da casa. ⬥	$$$	●	▣			
ST. JOHN'S: *Bruno's* 248 Water St. ((709) 579 7662. Os donos fazem de tudo, inclusive linguiças, pães e massas servidas neste pequeno restaurante. Entre as sobremesas, o tiramisu é fantástico. ⬥	$$$	●	▣	●	▣	
ST. JOHN'S: *Bianca's* 171 Water St. ((709) 726 9016. Um dos melhores restaurantes da costa atlântica canadense. No cardápio destacam-se costeleta de carneiro, bisão assado, salmão em calda de chocolate agridoce, torta de chocolate belga e strudel de maçã. ⬥	$$$$	▣	●	▣		
SAINT-PIERRE E MIQUELON: *Le Caveau* 2 Rue Maître Georges Lefevre. ((508) 41 30 30. Possivelmente o melhor restaurante desta ilha muito francesa, Le Caveau faz excelente uso dos frutos-do-mar locais e dos pães e tortas. Um dos destaques é o *brioche d'escargots* ao molho de roquefort. ⬥	$$$$	▣	●	▣		
TERRA NOVA NATIONAL PARK: *Clode Sound Dining Room* Terra Nova Park Lodge. ((709) 543 2525. Frequentado por famílias, oferece grande variedade de massas, frutos-do-mar, filés e pratos tradicionais de Terra Nova. ⬥	$$$	▣	●	▣		▣
WITLESS BAY: *The Captain's Table* Hwy 10. ((709) 334 2278. Ótimo para uma refeição depois do passeio de barco à fabulosa reserva Witless Bay Bird Sanctuary. O peixe com batata frita é excepcional e a receita do *chowder*, um ensopado típico com peixe, mariscos e carne de porco, é segredo de família. ⬥	$					▣

NEW BRUNSWICK, NOVA SCOTIA E ILHA PRINCE EDWARD

	Preço	MESAS AO AR LIVRE	PRATOS VEGETARIANOS	BAR	MENU DE PREÇO FIXO	SERVIÇO PARA CRIANÇAS
ANTIGONISH: *Sunshine on Main* 332 Main St. ((902) 863 5851. Um dos pratos mais pedidos é o *pot-au-feu* de frutos-do-mar –lagosta, camarão, vieiras, mexilhão e arenque em molho de tomate e vinho. ⬥	$$	●				▣
BADDECK: *Telegraph House Inn* Chebucto St. ((902) 295 9988. Instalado em uma mansão vitoriana, serve lagosta, truta e salmão à moda de Nova Scotia. ⬥	$$					▣
BAY FORTUNE: *Inn at Bay Fortune* Hwy 310. ((902) 687 3745. Sempre apontado como um dos melhores restaurantes do Canadá. O menu tem peixes frescos locais, carneiro e carne de boi. Reserve a Mesa do Chef e desfrute sete pratos-surpresa especialmente preparados. ⬥	$$$$	●			●	▣

Categorias de preço por pessoa para uma refeição com três pratos, meia garrafa de vinho, imposto e serviço incluídos:

- $ abaixo de Can$ 25
- $$ Can$ 25-Can$ 35
- $$$ Can$ 35-Can$ 5 0
- $$$$ Can$ 50-Can$ 70
- $$$$$ acima de Can$ 70

MESAS AO AR LIVRE
Oferece mesas em um pátio ou terraço.

PRATOS VEGETARIANOS
O cardápio contém opções de pratos vegetarianos.

BAR
Dispõe de área de bar dentro do restaurante.

CARDÁPIO DE PREÇO FIXO
Cardápio fixo a bons preços oferecido no almoço, jantar, ou ambos, geralmente com três pratos.

SERVIÇO PARA CRIANÇAS
Porções menores e cadeirão, a pedido.

	Preço	Mesas ao Ar Livre	Pratos Vegetarianos	Bar	Menu de Preço Fixo	Serviço para Crianças
BOUCTOUCHE: *Le Tire-Bouchon* 157 Chemin du Couvent. (506) 743 5568. O restaurante desta simpática hospedaria tem vista para o jardim. Serve *chowder* (ensopado grosso), vieiras, lagosta, peixe fresco, frango e pato.	$$$			■	●	■
CARAQUET: *Hotel Paulin* 143 Bvld. St. Pierre Ouest. (506) 727 9981. Instalado em um hotel tradicional, oferece comida regional, com muita truta e salmão fresco. Na sobremesa, prove a torta de açúcar.	$$$			■		
CHARLOTTETOWN: *Siranella* 83 Water St. (902) 628 2271. A curta distância do Peake's Wharf, este restaurante italiano tem entre seus destaques o nhoque de espinafre com molho de gorgonzola e parmesão e a vitela grelhada temperada no azeite.	$$	■	●			■
CHARLOTTETOWN: *Piece A Cake* 119 Grafton St. (902) 894 4585. Bistrô animado, com eclética seleção de pratos. A cozinha é aberta e pode-se observar o *chef* em ação.	$$$		●			■
DALHOUSIE: *Manoir Adelaide* 385 Adelaide St. (506) 684 5681. O hotel faz parte da rede Best Western, mas a qualidade da comida é especial. Tem peixe grelhado, cozido em água e no vapor.	$$$	■	●	■		■
GRAND TRACADIE: *Dalvay-by-the-Sea* Prince Edward Island National Park. (902) 672 2048. Hotel histórico (*pág. 345*), serve frutos-do-mar com um toque australiano. Destaque para o salmão com algas e molho de tomate.	$$$$		●	■	●	■
HALIFAX: *Da Maurizio* 1496 Lower Water St. (902) 423 0859. Elegante restaurante italiano, onde as massas são servidas com molhos criativos e as sobremesas são deliciosas.	$$$$		●			
HALIFAX: *Sweet Basil Bistro* 1866 Upper Water St. (902) 425 2133. Bistrô confortável e elegante em frente ao Historic Properties. Serve pratos inovadores, como o ravioli recheados de abóbora e ervas com molho leve de parmesão e nozes.	$$$	■	●			
LUNENBURG: *The Lion Inn* 33 Cornwallis St. (902) 634 8988. Este pequeno restaurante na histórica Old Town de Lunenburg tem cardápio igualmente restrito, mas excelente, incluindo costeleta de carneiro à Nova Scotia.	$$$				■	
MABOU: *Duncregan Country Inn* Hwy 19 (902) 945 2207. Nesta sala aconchegante, Eleanor e Steven Mullendore oferecem pratos regionais com detalhes criativos. O mais pedido é o salmão marinado em mostarda, limão e mel e assado na grelha.	$$$		●		●	■
MONTAGUE: *Windows on the Water* 106 Sackville St. (902) 838 2080. Este belo salão com vista para Montague Harbour oferece bons sanduíches e ensopados de primeira.	$$$	■	●			■
OYSTER BED BRIDGE: *Café St-Jean* Route 6 em Oyster Bed Bridge. (902) 963 3133. Aproveita frutos-do-mar locais, bem como lagostas de criação próxima, para compor pratos clássicos e *cajun*. As sobremesas de crepe são deliciosas.	$$$	■	●		●	■

Legenda dos símbolos na orelha de trás

Categorias de preço por pessoa para uma refeição com três pratos, meia garrafa de vinho, imposto e serviço incluídos:

Ⓢ abaixo de Can$ 25
ⓈⓈ Can$ 25-Can$ 35
ⓈⓈⓈ Can$ 35-Can$ 5 0
ⓈⓈⓈⓈ Can$ 50-Can$ 70
ⓈⓈⓈⓈⓈ acima de Can$ 70

MESAS AO AR LIVRE
Oferece mesas em um pátio ou terraço.
PRATOS VEGETARIANOS
O cardápio contém opções de pratos vegetarianos.
BAR
Dispõe de área de bar dentro do restaurante.
CARDÁPIO DE PREÇO FIXO
Cardápio fixo a bons preços oferecido no almoço, jantar, ou ambos, geralmente com três pratos.
SERVIÇO PARA CRIANÇAS
Porções menores e cadeirão, a pedido.

	MESAS AO AR LIVRE	PRATOS VEGETARIANOS	BAR	MENU DE PREÇO FIXO	SERVIÇO PARA CRIANÇAS
PARRSBORO: *Harbour View Restaurant* Ⓢ 476 Pier Rd. [(902) 254 3507. Muito frequentado por pessoas da área. Serve ótimos ensopados, peixe com batata frita, café e tortas caseiras. Tem vista para a baía.	■			●	■
PRINCE WILLIAM: *King's Head Inn* ⓈⓈ Kings Landing Historic Settlement. [(506) 363 4999. Situado no Historic Settlement, seus garçons usam trajes de época e todas as receitas são de 1855, quando a hospedaria foi inaugurada. ● *jantar.* ♫ 🍴	■	●	■		■
ST. ANDREWS: *The Europe* ⓈⓈⓈ 48 King St. [(506) 529 3818. Depois de passar o dia passeando nas praias de Passamaquoddy Bay, nada melhor que os alentados pratos franceses, suíços e alemães que a *chef* Anita Ludwig prepara com maestria. ♿ 🍴			■		
SAINT JOHN: *Beatty and the Bistro* ⓈⓈ 60 Charlotte St. [(506) 652 3888. A especialidade é carneiro recheado com *cranberries*, nozes, alecrim e alho. Outro prato muito pedido é Zorba the Chicken (Zorba, a Galinha), recheada de queijo feta, espinafre e alho. ♿ ♫ 🍴		●			
SAINT JOHN: *Billy's* ⓈⓈⓈ Old City Market. [(506) 672 3474. Escolhe-se o jantar no aquário com linguado, camarão, ostras e outros frutos-do-mar. Enquanto o prato é preparado a gosto, as bebidas são servidas. 🍴	■	●	■		
SHELBURNE: *Charlotte's Lane Café* ⓈⓈⓈ 13 Charlotte Lane. [(902) 875 3314. O *chef* Roland Glauser, formado na Suíça, oferece cardápios deliciosos, como o frango recheado de camembert, aspargo e alho. 🍴	■	●		■	
SUSSEX: *Broadway Café* ⓈⓈ 73 Broad St. [(506) 433 5414. Bom lugar para almoçar, com tentadora seleção de sanduíches e sopas. ● *dom-qui J.* 🍴	■	●			
WOLFVILLE: *Acton's Café* ⓈⓈⓈ 268 Main St. [(902) 542-7525. O *chef* do Acton's, formado na Alemanha, tempera sua cozinha internacional com ingredientes das fazendas de Annapolis Valley. 🍽 🍴	■	●	■	●	

MONTREAL

	MESAS AO AR LIVRE	PRATOS VEGETARIANOS	BAR	MENU DE PREÇO FIXO	SERVIÇO PARA CRIANÇAS
CENTRO: *Schwartz's (Montréal Hebrew) Delicatessen* Ⓢ 2895 Blvd. Saint-Laurent. [(514) 842 4813. O peito de ave defumado, influência de judeus romenos, é típico e excelente na casa, que não serve bebida alcoólica e não aceita cartão de crédito. ♿				●	■
CENTRO: *Brasserie Magnan* ⓈⓈ 2602 Rue Saint-Patrick. [(514) 935 9647. Esta taverna à moda antiga serve rosbife, torta de salmão e grandes *steaks*. Boa seleção de cervejas de barril. ♿ 🍴	■		■	●	■
CENTRO: *Biddle's Jazz and Ribs* ⓈⓈ 2060 Rue Aylmer. [(514) 842 8656. O músico de jazz Charlie Biddle abriu este restaurante para que seus amigos tivessem um lugar para tocar e se deliciar com costeletas grelhadas. ♫ 🍴	■		■		
CENTRO: *Le Canard* ⓈⓈ 4631 Blvd. St. Laurent. [(514) 284 6009. Bandejas de latão e redes de pesca decoram o restaurante simples, famoso pelo *canard à l'orange* (pato com laranja). A paella também é ótima. 🍽 🍴	■			●	

CENTRO: *Phayathai* $\circledS\circledS$
1235 Rue Guy. (514) 933 9949.
Cozinha tailandesa clássica servida em ambiente amável. Sopas de frutos-do-
mar e *galangal* (gengibre) e pato assado ao curry são excelentes.

CENTRO: *L'Actuel* $\circledS\circledS\circledS$
1194 Rue Peel. (514) 866 1537.
Esta alegre *brasserie* serve inúmeras variações sobre o tema mexilhão-
com-batata-frita, além de outros clássicos belgas, como arenque
defumado com batata.

CENTRO: *Le Caveau* $\circledS\circledS\circledS$
2063 Rue Victoria. (514) 844 1624.
As salas aconchegantes do Le Caveau espalham-se por três andares de
uma velha casa de tijolos cercada de torres de vidro e aço. O *praliné
gateau* é especialmente bom.

CENTRO: *L'Orchidée de Chine* $\circledS\circledS\circledS$
2017 Peel St. (514) 287 1878.
Um jantar nos românticos reservados deste restaurante inclui delícias
chinesas como siri, carneiro *sauté* ao molho picante e pato crocante.

CENTRO: *Moishe's* $\circledS\circledS\circledS$
396 Blvd. Saint-Laurent. (514) 845 3509.
É o paraíso dos carnívoros, em ambiente alegre e ruidoso. Aqui a família
Lighter serve grossos filés há cinquenta anos.

CENTRO: *Restaurant Julien* $\circledS\circledS\circledS$
1191 Rue Union. (514) 871 1581.
No verão, é ótimo jantar na grande varanda coberta deste restaurante
francês. O *tournedo* de peito de pato e a *marquise* de chocolate são
deliciosos.

CENTRO: *Café de Paris* $\circledS\circledS\circledS\circledS$
Ritz-Carlton Hotel, 1228 Ouest Rue Sherbrooke. (514) 842 4212.
O salão formal eduardiano deste hotel de luxo avança pelo jardim
durante o verão. A cozinha é francesa clássica.

CENTRO: *Le Passe Partout* $\circledS\circledS\circledS\circledS$
3857 Blvd. Décarie. (514) 487 7750.
O *chef* nova-iorquino James MacGuire muda o cardápio todo dia, de
acordo com os ingredientes frescos. Destaque para a *terrine* de pato, a
vileta *sautée*, o peixe-espada e o melhor pão de Montreal.

CENTRO: *Toqué!* $\circledS\circledS\circledS\circledS$
3842 Rue Saint-Denis. (514) 499 2084.
Normand Laprise e Christin LaMarch reinam há mais de dez
anos como os *chefs* mais criativos de Montreal.

CENTRO: *Beaver Club* $\circledS\circledS\circledS\circledS\circledS$
Hôtel La Reine-Elizabeth, 900 Ouest Blvd. René Lévesque. (514) 861 3511.
Em ambiente luxuoso, o clássico rosbife, salmão grelhado,
carneiro e o melhor martini da cidade.

CENTRO: *Chez la Mère Michel* $\circledS\circledS\circledS\circledS\circledS$
1209 Rue Guy. (514) 934 0473.
Um dos mais antigos e tradicionais restaurantes franceses da província. O
linguado de Dover, servido *à la meunière* ou com lagosta, é delicioso.

CENTRO: *Nuances* $\circledS\circledS\circledS\circledS\circledS$
Casino de Montréal, 1 Ave. du Casino. (514) 392 2708.
O atum grelhado acompanhado de polenta com manjericão e o carneiro
ao molho de vinho e tomilho servidos no Casino de Montréal são tão
espetaculares quanto a vista que oferece.

CHINATOWN: *Maison Kam Fung* $\circledS\circledS$
1008 Rue Clark. (514) 878 2888.
Na hora do almoço, este restaurante claro e arejado serve o melhor *dim
sum* da cidade. No jantar, os pratos seguem o padrão cantonês.

ILE SAINTE-HELENE: *Hélène de Champlain* $\circledS\circledS\circledS$
200 Tour de l'Isle. (514) 395 2424.
Difícil ganhar desta localização: uma velha casa de pedra no coração da
área banhada pelo rio São Lourenço. A comida também é boa.

Legenda dos símbolos na orelha de trás

Categorias de preço por pessoa para uma refeição com três pratos, meia garrafa de vinho, imposto e serviço incluídos:
$ abaixo de Can$ 25
$$ Can$ 25-Can$ 35
$$$ Can$ 35-Can$ 5 0
$$$$ Can$ 50-Can$ 70
$$$$$ acima de Can$ 70

MESAS AO AR LIVRE
Oferece mesas em um pátio ou terraço.
PRATOS VEGETARIANOS
O cardápio contém opções de pratos vegetarianos.
BAR
Dispõe de área de bar dentro do restaurante.
CARDÁPIO DE PREÇO FIXO
Cardápio fixo a bons preços oferecido no almoço, jantar, ou ambos, geralmente com três pratos.
SERVIÇO PARA CRIANÇAS
Porções menores e cadeirão, a pedido.

	Preço	MESAS AO AR LIVRE	PRATOS VEGETARIANOS	BAR	MENU DE PREÇO FIXO	SERVIÇO PARA CRIANÇAS
PLATEAU MONT-ROYAL: *Café Santropol*	$	■	●		●	■
PLATEAU MONT-ROYAL: *L'Anecdote*	$		●			■
PLATEAU MONT-ROYAL: *Restaurant Salle Gérard-Delage*	$$			■	●	
PLATEAU MONT-ROYAL: *Faros*	$$$	■	●		●	■
PLATEAU MONT-ROYAL: *L'Express*	$$$	■	●	■	●	■
VIEUX MONTRÉAL: *Stash's Café Bazaar*	$$$		●	■		
VIEUX MONTRÉAL: *Chez Delmo*	$$$$					
VIEUX MONTRÉAL: *Claude Postel*	$$$$			■	●	
VIEUX MONTRÉAL: *Les Remparts*	$$$$	■	●	■		■
BAIE SAINT-PAUL: *Le Mouton Noir*	$$$	■		■	●	■
CHARLEVOIX: *Auberge Petite Madeleine*	$$	■	●		●	■
CIDADE DE QUEBEC: *Le Cochon Dingue*	$$	■			●	■

PLATEAU MONT-ROYAL: *Café Santropol* $
3990 Rue Saint-Urbain. 📞 *(514) 842 3110.*
Quiches, grandes sanduíches e ótimas sopas em ambiente cheio de estilo.
Não serve bebidas alcoólicas, mas a seleção de chás é vasta e exótica. ♿

PLATEAU MONT-ROYAL: *L'Anecdote* $
801 East Rue Rachel. 📞 *(514) 526 7967.*
Cartazes de filmes dão a esta lanchonete um ar de anos 50. Mas há concessões à modernidade, como o sanduíche vegetariano.

PLATEAU MONT-ROYAL: *Restaurant Salle Gérard-Delage* $$
3535 Rue Saint-Denis. 📞 *(514) 282 5121.*
Parte do charme de comer aqui é que garçons, cozinheiros e *barmen* são todos alunos do Institut de Tourisme et d' Hôtellerie du Québec. ♿ 🍷 ✉

PLATEAU MONT-ROYAL: *Faros* $$$
362 Rue Fairmont. 📞 *(514) 270 8437.*
Frutos-do-mar preparados ao estilo grego. A decoração azul e branca é cheia de cantinhos aconchegantes. 🎵 ✉

PLATEAU MONT-ROYAL: *L'Express* $$$
3927 Rue Saint-Denis. 📞 *(514) 845 5333.*
Esta cópia quase perfeita de um bistrô parisiense é muito frequentada.
Ambiente animado, comida boa e preços razoáveis. ♿ 🍷 ✉

VIEUX MONTRÉAL: *Stash's Café Bazaar* $$$
200 Ouest Rue Saint-Paul. 📞 *(514) 845 6611.*
A cozinha polonesa do Stash oferece pratos substanciosos, bons para o inverno, como o *borscht* quente. Os assentos são bancos da igreja de um convento demolido. 🍷 ✉

VIEUX MONTRÉAL: *Chez Delmo* $$$$
211 Rue Notre-Dame Ouest. 📞 *(514) 849 4061.*
Os frequentadores se sentam em longos bancos de madeira envernizada para saborear ostras, lagostas e salmão do Ártico. ♿ 🍷 ✉

VIEUX MONTRÉAL: *Claude Postel* $$$$
443 Rue Saint-Vincent. 📞 *(514) 875 5067.*
Com paredes de pedra, a opulência da *Belle Epoque* impera. Experimente brema gratinada e, como sobremesa, *sorbet* de frutas vermelhas. 🍷 ✉

VIEUX MONTRÉAL: *Les Remparts* $$$$
93 Est Rue de la Commune. 📞 *(514) 392 1649.*
Parte da muralha original de pedra da cidade constitui o alicerce deste restaurante. No cardápio, destaque para o coelho com ameixa. 🍷 ✉

CIDADE DE QUEBEC E RIO SÃO LOURENÇO

BAIE SAINT-PAUL: *Le Mouton Noir* $$$
43 Rue Sainte-Anne. 📞 *(418) 240 3030.*
Às margens do rio Gouffre, este pequeno restaurante mescla técnicas francesas com *delicacies* de peixes e aves locais. ♿ ✉

CHARLEVOIX: *Auberge Petite Madeleine* $$
Port-au-Persil. 📞 *(418) 638 2460.*
As receitas são típicas de Charlevoix, ricas em frutas vermelhas, *maple syrup* (o xarope de plátano) e ervas. Uma bela vista do rio São Lourenço acompanha os pratos, servidos com requinte. ✉

CIDADE DE QUEBEC: *Le Cochon Dingue* $$
46 Blvd. Champlain. 📞 *(418) 692 2013.*
Lugar divertido, com decoração excêntrica e serviço rápido. No cardápio, mexilhão e filé com batata frita, além de sobremesas tentadoras. ♿ ✉

Cidade de Quebec: *À la Maison de Serge Bruyère* $$$ 1200 Rue Saint-Jean. ☎ *(418) 694-0618.* Casa antiga reformada e dividida em três salões, do francês formal a uma cervejaria da Bavária. ♿ ♫ 🍷 💳	■	●	■	●	
Cidade de Quebec: *Aux Anciens Canadiens* $$$$ 34 Rue Saint-Louis. ☎ *(418) 692 2835.* Carne de veado ao molho de blueberry e presunto com *maple syrup* estão entre os pratos típicos servidos nesta casa do século 17. ♿ 🍷 💳			■	●	
Havre-Saint-Pierre: *Restaurant Chez Julie* $ 1023 Rue Dulcinée. ☎ *(418) 538 3070.* Local despretensioso onde as porções de frutos-do-mar são enormes. A pizza com molho *béchamel* é bem diferente. 💳		●		●	■
Iles-de-la-Madeleine: *La Saline* $$ 1009 Route 199, La Grave, Havre-Aubert. ☎ *(418) 937 2230.* Sua especialidade é o *pot-en-pot*, cremosa mistura de peixe, mariscos e batata envolta em massa folhada. ● *meados set-meados mai.* 💳	■		■	●	■
Iles-de-la-Madeleine: *Auberge Marie Blanc* $$$$ 1112 Rue Commerciale, Notre-Dame-du-Lac. ☎ *(418) 899 6747.* Um industrial de Boston construiu esta casa romântica à margem do lago Témiscouta para sua bela amante *creole*. No cardápio, carneiro, carne de caça, coelho e perdiz. ● *meados out-jun.* 🍷 💳	■			●	■
Ile d'Orléans: *Le Vieux-Presbytère* $$$$ 1247 Ave. Msgr-d'Esgly, Saint Pierre. ☎ *(418) 828 9723.* Antiga casa paroquial com bela vista do rio São Lourenço. A fazenda de pecuária vizinha fornece filés de búfalo e de alce. 🍷 💳		●		●	■
Lac-Saint-Jean: *La Volière* $$$ 200 4ième Ave. Péribonka. ☎ *(418) 374 2360.* Experimente as delícias locais, como John Dory grelhado, *ouananiche* (salmão de água doce) e torta de *blueberry*. Bonita vista das corredeiras. 💳	■			●	■
Métis-sur-Mer: *Au Coin de la Baie* $$$$ 1140 Route 132. ☎ *(418) 936 3855.* Decoração simples, que valoriza a vista de Métis Bay. As vieiras e o filé de *codfish* são excelentes. ● *meados set-meados mai.* 🍷 💳			■	●	■
Percé: *Auberge du Gargantua* $$$ 222 Route des Failles. ☎ *(418) 782 2852.* O salão dá vista para o Gaspé, uma área de caça, e os animais que a habitam fazem parte do cardápio. ● *dez-mai.* 🍷 💳		●	■	●	■
Sept-Iles: *Café du Port* $$ 495 Ave. Brochu. ☎ *(418) 962 9311.* Vale a pena visitar este restaurante pequeno e modesto, de decoração suave, frutos-do-mar frescos e serviço atencioso. ♿ 💳					

Sul e Norte de Quebec

Hull: *Café Henry Burger* $$$$ 69 Rue Laurier. ☎ *(819) 777 5646.* As especialidades do *chef* Robert Bourassa são carneiro ao molho madeira e salmão. Apesar do nome, não tem nada a ver com hambúrguer. ♿ 🍷 💳	■	●		●	■
Laniel: *Pointe-aux-Pins* $$$ 1955 Chemin du Ski. ☎ *(819) 634 5211.* Quem se hospeda em um chalé de quinta a domingo ganha um jantar de quatro pratos. Entre os pratos do cardápio, leitão com batata e carneiro ao pesto. ● *seg-qua, meados out-meados mai.* 💳				●	
Laurentian Mountains: *Rôtisserie au Petit Poucet* $$ 1030 Route 117, Val-David. ☎ *(819) 322 2246.* Restaurante rústico, de toras de madeira. Serve refeições enormes de presunto, porco e caribu assados. As carnes são defumadas no local. ♿ 💳	■			●	■
Laurentian Mountains: *Auberge des Cèdres* $$$$ 26 305ième Ave. Saint Hippolyte. ☎ *(450) 563 2083.* O prédio à beira do lago era a casa de verão de um financista de Montreal. O *chef* André Schoot é famoso pelas receitas de pato. 🍷 💳	■		■	●	

Legenda dos símbolos na orelha de trás

Categorias de preço por pessoa para uma refeição com três pratos, meia garrafa de vinho, imposto e serviço incluidos:

$ abaixo de Can$ 25
$$ Can$ 25-Can$ 35
$$$ Can$ 35-Can$ 5 0
$$$$ Can$ 50-Can$ 70
$$$$$ acima de Can$ 70

MESAS AO AR LIVRE
Oferece mesas em um pátio ou terraço.
PRATOS VEGETARIANOS
O cardápio contém opções de pratos vegetarianos.
BAR
Dispõe de área de bar dentro do restaurante.
CARDÁPIO DE PREÇO FIXO
Cardápio fixo a bons preços oferecido no almoço, jantar, ou ambos, geralmente com três pratos.
SERVIÇO PARA CRIANÇAS
Porções menores e cadeirão, a pedido.

		Mesas ao Ar Livre	Pratos Vegetarianos	Bar	Menu de Preço Fixo	Serviço para Crianças
LAURENTIAN MOUNTAINS: *L'Eau à la Bouche*	$$$$$	■	●	■	●	■
MONTÉRÉGIE: *L'Auberge des Gallants*	$$$$	■	●	■	●	■
NORTH HATLEY: *Auberge Hatley*	$$$$$	■		■		■
OUTAOUAIS: *L'Orée du Bois*	$$$$		●	■	●	■
RIGAUD: *Sucrerie de la Montagne*	$$$		●		●	■
ROUYN-NORANDA: *La Renaissance*	$$$			■	●	
SHERBROOKE: *La Falaise Saint-Michel*	$$$		●	■	●	■
TROIS-RIVIÈRES: *La Becquée*	$$		●	■	●	■

LAURENTIAN MOUNTAINS: *L'Eau à la Bouche*
3003 Blvd. Sainte-Adèle, Sainte-Adèle. (*(450) 229 2991/227 1416.*
A *nouvelle cuisine* e a culinária de Quebec, unidas, produzem maravilhas como vitela assada ao molho de conhaque e roquefort.

MONTÉRÉGIE: *L'Auberge des Gallants*
1171 Chemin Saint-Henri, Sainte-Marthe. (*(450) 459 4241.*
O cardápio deste restaurante na montanha tem pratos de coelho e de carne de caça e também oferece lagosta e mexilhão.

NORTH HATLEY: *Auberge Hatley*
325 Virgin Rd. (*(819) 842 2451.*
O *chef* Alain Labrie foi eleito três vezes o melhor de Quebec. Cultiva suas próprias verduras e colhe ele mesmo as frutas para fazer *sorbet*. O salão tem vista para o lago Massawippi.

OUTAOUAIS: *L'Orée du Bois*
15 Chemin Kingsmere, Chelsea. (*(819) 827 0332.*
Árvores cercam esta casa na entrada do Gatineau Park. O *pot-au-feu* de frutos-do-mar e as *rillettes* de javali são destaques do cardápio.

RIGAUD: *Sucrerie de la Montagne*
300 Rang Saint-Georges. (*(450) 451 0831.*
Rústico celeiro especializado em delícias de Quebec, como carne de porco com feijão, presunto curado ao plátano e torta de açúcar, tudo acompanhado de *maple syrup (pág. 146)*.

ROUYN-NORANDA: *La Renaissance*
199 Avenue Principale. (*(819) 764 4422.*
Depois do jantar, passa-se a uma confortável sala de estar para saborear charutos e uísque.

SHERBROOKE: *La Falaise Saint-Michel*
100 Rue Webster. (*(819) 346 6339.*
Simpático restaurante de especialidades francesas, oferece iguarias como o pato *barbary*.

TROIS-RIVIÈRES: *La Becquée*
3600 Blvd. Royale. (*(819) 379 3232.*
A charmosa decoração do La Becquée dá um toque romântico ao jantar. Sua *cuisine* francesa é deliciosa.

TORONTO

		Mesas ao Ar Livre	Pratos Vegetarianos	Bar	Menu de Preço Fixo	Serviço para Crianças
BLOOR STREET WEST: *Dang de Lion*	$		●		●	■
BLOOR STREET WEST: *Kensington Vegetarian Cafe*	$		●		●	■
CABBAGETOWN: *Rashnaa*	$	■	●		●	■
CABBAGETOWN: *Real Jerk*	$$		●	■		■

BLOOR STREET WEST: *Dang de Lion*
549 Bloor St. W. (*(416) 538 0190.*
Um dos melhores restaurantes vietnamitas da cidade, o Dang de Lion é muito frequentado, por sua comida barata e deliciosa.

BLOOR STREET WEST: *Kensington Vegetarian Cafe*
460 Bloor St. W. (*(416) 534 1294.*
Este café só serve pratos naturais, sem ingredientes tratados com agrotóxicos. Tem 14 tipos diferentes de pão caseiro e oferece lanches o dia todo.

CABBAGETOWN: *Rashnaa*
307 Wellesley St. E. (*(416) 929 2099.*
A culinária típica de Sri Lanka está em voga em Toronto e este restaurante, de ótima comida, é um dos mais populares.

CABBAGETOWN: *Real Jerk*
709 Queen St. E. (*(416) 463 6055.*
Um dos mais autênticos restaurantes jamaicanos, com pratos como arroz e feijão à moda do Caribe.

CABBAGETOWN: *Margarita's Cantina & Tapas Mexicanas* $$$
229 Carlton St. (416) 929 6284.
Um jantar animado neste restaurante mexicano tem de incluir tortillas
e *fajitas*, acompanhadas de enormes margaritas.

CENTRO: *Juice for Life* $
336 Queen St. W. (416) 599 4442.
Café frequentado por jovens, onde a maioria dos pratos são vegetarianos.
O som é alto demais, mas a comida é boa e os preços também.

CENTRO: *Ethiopian House* $$
4 Irwin Ave. (416) 923 5438.
Restaurantes etíopes são uma raridade. Este oferece uma ótima
introdução à cozinha típica da Etiópia. Em vez de talheres, leva-se a
comida à boca em pedaços de pão ázimo *(injera)*.

CENTRO: *Goulash Party Haus* $$
498 Queen St. W. (416) 703 8056.
Este aconchegante café-restaurante serve o melhor goulash
da cidade, além de outras especialidades húngaras.

CENTRO: *Hard Rock Café SkyDome* $$
1 Blue Jays Way. (416) 341 2388.
Faz parte da famosa rede e fica dentro do complexo esportivo
SkyDome *(pág. 169)*. Fica lotado nos dias de jogos.

CENTRO: *Shopsy's* $$
33 Yonge St. E. (416) 365 3333.
O Shopsy's abriu como um misto de delicatessen e lanchonete logo
depois da Segunda Guerra e sempre foi um sucesso. O sanduíche de
carne é delicioso e a decoração à moda antiga é muito charmosa.

CENTRO: *Filet of Sole* $$$
11 Duncan St. (416) 598 3256.
Entre os muitos restaurantes de frutos-do-mar no centro de Toronto,
este é um dos mais populares. Instalado em um depósito reformado,
é barulhento e serve porções avantajadas.

CENTRO: *Lai Wah Heen* $$$
Metropolitan Hotel, 108 Chestnut St. (416) 977 9899.
Chique e bem frequentado, o Lai Wah Heen serve excelente *cuisine*
cantonesa, com originalidade e requinte. Os frequentadores habituais
sempre pedem *dim sum*.

CENTRO: *Mata Hari Grill* $$$
39 Baldwin St. (416) 596 2832.
Restaurante malaio com jazz ao fundo e boa seleção de vinhos.
As especialidades são *satays* e curry.

CENTRO: *Nami* $$$
55 Adelaide St. E. 416 362 7373.
Um dos melhores entre os diversos restaurantes japoneses de Toronto.
Experimente a enguia defumada.

CENTRO: *Picante* $$$
326 Adelaide St. W. (416) 408 2958.
Típico restaurante espanhol no centro de Toronto. Serve paella e uma
apetitosa seleção de *tapas*.

CENTRO: *Boston Tavern* $$$$
4 Front St. E (416) 860 0086.
Ao contrário da maioria dos restaurantes canadenses, o Boston Tavern é
bastante formal. O cardápio destaca carnes e peixes tradicionais e os
frutos-do-mar são muito apreciados.

CENTRO: *Ematei Japanese Restaurant* $$$$
1º andar, 30 St. Patrick St. (416) 340 0472.
Restaurante de estilo atraente, onde o sushi é especial. Situado próximo
da Art Gallery of Ontario *(págs. 174-5)*.

CENTRO: *La Fenice* $$$$
319 King St. W. (416) 585 2377.
Restaurante de classe, de decoração moderna e chique e excelente
cozinha italiana, com misturas criativas de molhos e temperos.

Legenda dos símbolos na orelha de trás

Categorias de preço por pessoa para uma refeição com três pratos, meia garrafa de vinho, imposto e serviço incluídos:
- $ abaixo de Can$ 25
- $$ Can$ 25-Can$ 35
- $$$ Can$ 35-Can$ 5 0
- $$$$ Can$ 50-Can$ 70
- $$$$$ acima de Can$ 70

MESAS AO AR LIVRE
Oferece mesas em um pátio ou terraço.

PRATOS VEGETARIANOS
O cardápio contém opções de pratos vegetarianos.

BAR
Dispõe de área de bar dentro do restaurante.

CARDÁPIO DE PREÇO FIXO
Cardápio fixo a bons preços oferecido no almoço, jantar, ou ambos, geralmente com três pratos.

SERVIÇO PARA CRIANÇAS
Porções menores e cadeirão, a pedido.

	Mesas ao Ar Livre	Pratos Vegetarianos	Bar	Menu de Preço Fixo	Serviço para Crianças
CENTRO: Le Papillon $$$$ 16 Church St. (416) 363 0838. É difícil achar a *cuisine* típica de Quebec em Toronto, mas as tortas e massas francesas deste restaurante são seu melhor equivalente.		●	■		■
CENTRO: Rodney's Oyster House $$$$ 209 Adelaide St. E. (416) 363 8105. Ostras são as estrelas deste estabelecimento, sempre lotado de turistas e executivos.			■		■
CENTRO: Canoe $$$$$ Toronto Dominion Tower, 66 Wellington St. W. (416) 364 0054. O Canoe orgulha-se de só usar ingredientes frescos canadenses, como o salmão do Ártico e caribu. O resultado é de dar água na boca. Fica no 54º andar do conjunto de escritórios Toronto Dominion Tower.		●	■		
CENTRO: Senator $$$$ 253 Victoria St. (416) 364 7517. Para muitos, esta é a melhor churrascaria da cidade. A decoração, no estilo *art nouveau*, também é fantástica.	■		■		
CHINATOWN: Il Fornello $$ 35 Elm St. (416) 588 9358. Restaurante italiano muito frequentado por causa da pizza de dar água na boca. Mobília chique e atraente de estilo ultramoderno.	■	●	■	●	■
GREEKTOWN: Avli $$$ 401 Danforth Ave. (416) 461 9577. Ótimo restaurante grego a leste do centro da cidade. Oferece *casseroles* e clássicos da cozinha grega.	■	●	■		
YORKVILLE: Café Nervosa $$$ 75 Yorkville Ave. (416) 961 4642. Café-restaurante chique, no ponto mais badalado de Toronto. Seu cardápio leve inclui saladas, massas, pizzas e frutos-do-mar.	■	●	■		
LITTLE ITALY: Corso Italia $$$ 584 College St. (416) 532 3635. Restaurante italiano muito frequentado. Ótima massa caseira, frutos-do-mar e uma boa seleção de vinhos italianos.	■	●	■		
OTTAWA E LESTE DE ONTÁRIO					
ALGONQUIN PROVINCIAL PARK: Arowhon Pines $$$$ Na saída da Hwy 60, Algonquin Provincial Park. (705) 633 5661. Mesmo para quem não está hospedado no parque *(pág. 352)*, vale a pena a viagem, pelo jantar e pela vista espetacular do salão de toras de madeira. É permitido levar garrafa de vinho. ● nov-abr.		●		●	■
KINGSTON: Kingston Brewing Company $ 34 Clarence St. (613) 542 4978. Casa de 65 lugares belamente decorada, com pátio aberto. A cerveja feita no local não leva aditivos químicos.	■	●	■		
KINGSTON: Candlelight Dining $$$ Fort Henry. (613) 530 2550. Jantar dentro do Fort Henry *(pág. 198)*, sendo servido por soldados vestidos com trajes de época, é uma experiência e tanto.	■	●	■	●	■
KINGSTON: General Wolfe Hotel $$$ Wolfe Island. (613) 385 2611. Só a viagem gratuita de barco para Wolfe Island já é diversão garantida. A comida também é excelente.	●	■	●	■	■

NORTH BAY: *Churchill's Prime Rib* $$$
631 Lakeshore Drive. ☎ *(705) 476 7777.*
Lugar confortável, à beira do lago, com linda vista. Todas as críticas elogiam o filé suculento com legumes locais. ♿ ♫ 🍷 💳
— ● ■ — ■

OTTAWA: *Heart & Crown* $
67 Clarence St. ☎ *(613) 562 0674.*
Instalado no badalado Byward Market, o forte do Heart & Crown é a comida servida nos *pubs* irlandeses. Tem música típica ao vivo várias noites por semana e boa seleção de uísques e cervejas irlandesas. ♫ 🍷 💳
■ ● ■ — ■

OTTAWA: *Mamma Teresa Ristorante* $
300 Somerset W. ☎ *(613) 236 3023.*
Comida italiana tradicional e pizzas crocantes. É um bom lugar para encontrar parlamentares, ministros e personalidades da mídia. 💳
— ● ■ ● ■

OTTAWA: *Royal Thai* $$
272 Dalhousie St. ☎ *(613) 562 8818.*
Autênticos curries tailandeses, a preços razoáveis, servidos no centro da cidade. 🍷 💳
— ● ■ ● ■

OTTAWA: *The Ritz* $$
89 Clarence St. ☎ *(613) 789 9797.*
Situado na área de Byward Market, esta casa com bela decoração do século 19 e serviço excelente é ponto de encontro de celebridades. 🍷 💳
■ ● ■ — ■

OTTAWA: *Big Daddy's Crab Shack & Oyster Bar* $$$
339 Elgin St. ☎ *(613) 228 7011.*
Muito frequentado por jovens, este restaurante serve a apimentada culinária *cajun* e outros pratos mais exóticos. ♿ ♫ 💳
■ ● ■ — ■

OTTAWA: *Château Laurier Hotel* $$$
1 Rideau St. ☎ *(613) 241 1414.*
Este hotel famoso *(pág. 193)* é imperdível. Seus dois restaurantes, Zoë's e Wilfrid's, oferecem uma ampla variedade de cardápios. ♿ ♫ 🍷 💳
■ ● ■ ● ■

PETERBOROUGH: *Parkhill Café* $$
655 Parkhill Rd. W. ☎ *(705) 743 8111.*
O Parkhill Café e seus sanduíches enormes e bons capuccinos é considerado o melhor café de Peterborough. 💳
■ ● ■ ● ■

GRANDES LAGOS

BAYFIELD: *The Little Inn of Bayfield* $$$$
Main St. ☎ *(519) 565 2611.*
Situado em um dos melhores hotéis de Ontário, sua especialidade são os peixes do lago Huron, sobretudo perca e lúcio. ♿ 🍷 💳
■ ● ■ — ■

CATARATAS DO NIÁGARA: *Capri* $$
5438 Ferry St. ☎ *(905) 354 7519.*
Uma instituição da cidade, este restaurante dirigido por uma família oferece boa cozinha italiana e porções generosas. ♿ 💳
— ● ■ — ■

CATARATAS DO NIÁGARA: *The Pinnacle Restaurant* $$$
6732 Oakes Drive. ☎ *(905) 356 1501.*
Instalado no topo da Minolta Tower, tem uma linda vista da cachoeira famosa. Os pratos mais simples são também os mais saborosos. ♿ 💳
— ● ■ — ■

CATARATAS DO NIÁGARA: *Yukiguni* $$$
5980 Buchanan Ave. ☎ *(905) 354 4440.*
Concorrido restaurante japonês, um dos melhores da cidade. As frituras são servidas da maneira certa. Prove o teriyaki de salmão. 💳
— ● ■ — —

CATARATAS DO NIÁGARA: *Skylon Tower* $$$$
5200 Robinson St. ☎ *(905) 356 2651.*
Um dos pontos mais frequentados da cidade, o restaurante rotativo no alto de Skylon Tower oferece vista sem igual de Niagara Falls. Muito procurado por famílias e casais em lua-de-mel. 💳
— ● ■ ● ■

GODERICH: *Robindale's Fine Dining* $$$$
80 Hamilton St. ☎ *(519) 524 4171.*
Situado na linda cidadezinha de Goderich, este restaurante ocupa uma casa vitoriana reformada. No cardápio, predominam os ingredientes locais e os pratos de carne são muito bons. 🍷 💳
— ● ■ — —

Legenda dos símbolos na orelha de trás

Categorias de preço por pessoa para uma refeição com três pratos, meia garrafa de vinho, imposto e serviço incluídos:
- $ abaixo de Can$ 25
- $$ Can$ 25-Can$ 35
- $$$ Can$ 35-Can$ 5 0
- $$$$ Can$ 50-Can$ 70
- $$$$$ acima de Can$ 70

MESAS AO AR LIVRE
Oferece mesas em um pátio ou terraço.

PRATOS VEGETARIANOS
O cardápio contém opções de pratos vegetarianos.

BAR
Dispõe de área de bar dentro do restaurante.

CARDÁPIO DE PREÇO FIXO
Cardápio fixo a bons preços oferecido no almoço, jantar, ou ambos, geralmente com três pratos.

SERVIÇO PARA CRIANÇAS
Porções menores e cadeirão, a pedido.

	MESAS AO AR LIVRE	PRATOS VEGETARIANOS	BAR	MENU DE PREÇO FIXO	SERVIÇO PARA CRIANÇAS
NIAGARA-ON-THE-LAKE: *Shaw Café and Wine Bar* $$ 92 Queen St. (905) 468 4772. Homenagem ao teatrólogo George Bernard Shaw, este café é muito frequentado por quem vai ao teatro. O cardápio é mediterrâneo.	■	●	■		
NIAGARA-ON-THE-LAKE: *The Oban Inn* $$$ 160 Front St. (905) 468 2165. Restaurante elegante, com guardanapos bem dobrados e talheres reluzentes. Excelente comida, com destaque para o salmão pochê.		●	■	●	■
NIAGARA-ON-THE-LAKE: *The Olde Angel Inn* $$$ 224 Regent St. (905) 468 3411. Instalado em uma estalagem do século 19, o Olde Angel tem salão de jantar e taverna. Os pratos mais pedidos são carne cozida em cerveja Guinness e pato assado.		●	■		■
PENETANGUISHENE: *Blue Sky Family Restaurant* $ 48 Main St. (705) 549 8611. Lanchonete ao estilo americano tradicional, com bancos no balcão, mesas de fórmica e cozinha típica –bacon com ovos, *muffins* etc.				●	■
SAULT STE. MARIE: *A Thymely Manner* $$$$ 531 Albert St. (705) 759 3262. Este é o melhor restaurante da cidade. Cria seus próprios carneiros, e os frutos-do-mar também são maravilhosos. Prove a truta do lago.		●			
THUNDER BAY: *Hoito Restaurant* $$ 314 Bay St. (807) 345 6323. Centenas de finlandeses emigraram para Thunder Bay no início do século 20. O Hoito serve pratos típicos da Finlândia a preço razoável.			■	●	
WINDSOR: *The Park Terrace* $$$$$ Windsor Hilton Hotel, 277 Riverside Drive W. (519) 973 5555. Elegante restaurante de hotel. Comida excelente e uma ótima vista de Detroit, que fica do outro lado do rio.		●	■	●	■
CENTRO DO CANADÁ					
EDMONTON: *Bourbon Street* $ West Edmonton Mall. (780) 423 0202. Rua que reedita o ambiente de New Orleans, com um bom conjunto de restaurantes, entre eles o Sherlock Holmes (famoso pela cerveja) e o Albert's (carne defumada típica de Montreal).	■	●	■	●	■
EDMONTON: *Unheardof Restaurant* $$$ 9602 82nd Ave. (780) 432 0480. Situado na região de Old Strathcona, uma das especialidades deste restaurante é o contra-filé de bisão. ● *seg.*		●		●	■
GULL HARBOUR: *Viking Dining Room* $$ Gull Harbour Resort, Hecla Provincial Park. (204) 279 2041. Do cardápio islandês fazem parte carneiro rulupsa com pão escuro, peixe fresco do lago Winnipeg e *vinarterta* de sobremesa.	■	●	■		
MEDICINE HAT: *Mario's Ristorante* $ 439-5th Ave. SE. (403) 529 2600. Instalado no centro histórico da cidade, o Mario's serve massas tradicionais, vitela, filé, frango e frutos-do-mar em um ambiente caloroso.		●	■	●	■
RED DEER: *Shauney's* $ 4909 48 St. (403) 342 2404. Decoração elegante e confortável e cardápio exótico, com receitas de avestruz e bisão, entre outras.		●	■	●	■

REGINA: *The Harvest Eating House* $
379 Albert St. (306) 545 3777.
Situado em um prédio de madeira decorado com figueiras e objetos
rurais, este restaurante serve ótima costela e frutos-do-mar. O bar, em
forma de vagão, é lembrança de Saskatchewan.

REGINA: *The Diplomat* $$$
2032 Broad St. (306) 359 3366.
Restaurante de classe, elogiado pelo filé, frutos-do-mar e costela de carneiro.
Nas paredes, exibe retratos de primeiros-ministros canadenses.

SASKATOON: *The Granary* $
2806-8th St. East. (306) 373 6655.
Projetado em forma de silo, este restaurante serve excelente costela de
boi, além de frutos-do-mar, frango e um abundante bufê de salada.

SASKATOON: *Wanuskewin Restaurant* $
Wanuskewin Heritage Park. (306) 931 9932.
Hambúrguer de carne de búfalo, sopa caseira e torta à moda de
saskatoon são servidos neste local histórico *(pág. 242)*.

SASKATOON: *Saskatoon Asian* $$
136 2nd Ave. South. (306) 665 5959.
Especializado em culinária vietnamita. Um dos pratos mais pedidos é
camarão embrulhado em papel de arroz.

STEINBACH: *Livery Barn Restaurant* $
Mennonite Heritage Village, Hwy 12 North. (204) 326 9661.
Culinária menonita, servida em ambiente decorado como nos tempos dos
pioneiros. A loja vende café triturado na pedra e balas de antigamente.

WINNIPEG: *Nun's Kitchen* $
1033 Hwy 26, St. François Xavier. (204) 864 2306.
Instalado em um antigo convento, a cozinha (original) do Grey Nuns oferece
hambúrguer de búfalo, frango e costeletas. É essencial fazer reserva.

WINNIPEG: *Suzy Q's* $
1887 Portage Ave. (204) 832 7814.
Reconstituição detalhada de um *fast food* dos anos 50. Serve deliciosos
hambúrgueres, batata frita e *milkshake* muito espesso.

WINNIPEG: *Restaurant Dubrovnik* $$$$
390 Assiniboine Ave. (204) 944 0594.
Um dos melhores da cidade. Destaque para a carne de porco com chutney
de manga e a lagosta com molho de ervilhas. Reservar é essencial.

VANCOUVER E ILHA DE VANCOUVER

CAMPBELL RIVER: *Legends Dining Room* $$
1625 McDonald Rd. (250) 286 1102.
Com vista para Discovery Passage, serve pratos típicos da costa oeste.
Servem-se licores na sala de estar.

MALAHAT: *The Aerie* $$
600 Ebedora Lane. (250) 743 7115.
Experimente o excelente cardápio de carnes e frutos-do-mar enquanto
aprecia a vista espetacular das montanhas e fiordes.

NANAIMO: *Wesley Street Café* $$
321 Wesley St. (250) 753 4004.
Café aconchegante para quem aprecia os sabores leves e frescos da
comida contemporânea da costa oeste canadense. Jazz ao vivo nos fins-
de-semana dá o toque de sofisticação.

NANAIMO: *Mahle House Restaurant* $$$
2104 Hemer Rd. (250) 722 3621.
Casa de fazenda de 1904, com jardins ingleses. Na quarta-feira, o *chef* faz um
jantar-surpresa de cinco pratos na "Adventure Wednesday".

NORTE DE VANCOUVER: *HíWus Feasthouse* $$$$$
6400 Nancy Greene Way. (604) 984 0661.
Jantar-show em típica Long House, que combina pratos tradicionais com
música e dança dos nativos, aqui chamados de Pacific Northwest Coast
First Nations.

Legenda dos símbolos na orelha de trás

Categorias de preço por pessoa para uma refeição com três pratos, meia garrafa de vinho, imposto e serviço incluídos:
Ⓢ abaixo de Can$ 25
ⓈⓈ Can$ 25-Can$ 35
ⓈⓈⓈ Can$ 35-Can$ 5 0
ⓈⓈⓈⓈ Can$ 50-Can$ 70
ⓈⓈⓈⓈⓈ acima de Can$ 70

MESAS AO AR LIVRE
Oferece mesas em um pátio ou terraço.
PRATOS VEGETARIANOS
O cardápio contém opções de pratos vegetarianos.
BAR
Dispõe de área de bar dentro do restaurante.
CARDÁPIO DE PREÇO FIXO
Cardápio fixo a bons preços oferecido no almoço, jantar, ou ambos, geralmente com três pratos.
SERVIÇO PARA CRIANÇAS
Porções menores e cadeirão, a pedido.

	MESAS AO AR LIVRE	PRATOS VEGETARIANOS	BAR	MENU DE PREÇO FIXO	SERVIÇO PARA CRIANÇAS
NORTE DE VANCOUVER: *Pacific Starlight Dinner Train* ⓈⓈⓈⓈⓈ Estação de trem BC, 1311 W. 1st St. ☎ *(604) 984 5244.* Impressione seu par desfrutando um romântico jantar a bordo de um trem. A chegada a Porteau Cove é saudada por uma banda. ♿ ⏹		●		■	
SALT SPRING ISLAND: *Hastings House* ⓈⓈⓈⓈⓈ 160 Upper Ganges Rd. ☎ *(250) 597 2362.* Histórica propriedade inglesa com vista para o porto de Ganges. Culinária de primeira servida em estilo elegante no salão com vigas de madeira. É possível hospedar-se nos prédios restaurados da fazenda. ♿ 🍴 ⏹		●		●	
SOOKE: *Sooke Harbour House* ⓈⓈⓈⓈ 1528 Whiffen Spit Rd. ☎ *(250) 642 6988.* O premiado cardápio inclui aspargo e ouriço-do-mar, acompanhados de verduras e ervas da horta local. ♿ 🍴 ⏹		●			■
TOFINO: *Wickaninnish Inn & Pointe Restaurant* ⓈⓈⓈⓈ Osprey Lane em Chesterman's Beach. ☎ *(250) 725 3100.* Belo edifício com lareira circular e vista para o Pacífico. Destaque para os frutos-do-mar, acompanhados de vinho da região. ♿ 🍴 ⏹	■	●	■	●	■
VANCOUVER: *Havana* Ⓢ 1212 Commercial Drive. ☎ *(604) 253 9119.* Autêntica culinária cubana, coquetéis importados e toda a animação de Havana em um dos pontos mais agitados de Vancouver. ♿ ⏹	■	●	■	●	■
VANCOUVER: *The Old Spaghetti House* Ⓢ 53 Water St. ☎ *(250) 684 1288.* Jantar em ambiente alegre, com serviço amável e variado cardápio italiano. Mesas ao ar livre, no coração de Gastown. ♿ 🍴 ⏹	■	●	■	●	■
VANCOUVER: *Cin Cin Restaurant* ⓈⓈ 1154 Robson St. ☎ *(604) 688 7338.* Decorado no estilo mediterrâneo, com barulhenta cozinha aberta e uma grande grelha a lenha de amieiro, este restaurante recebe celebridades durante a semana e muitos turistas aos sábados e domingos. 🍴 ⏹	■	●	■	●	
VANCOUVER: *Cotton Club* ⓈⓈ 200–1833 Anderson. ☎ *(604) 738 7465.* Clube-restaurante que serve pratos típicos locais e do sudoeste americano ao som de jazz executado por músicos de fama internacional. 🎵 ⏹	■	●	■	●	
VANCOUVER: *The Fish House* ⓈⓈ 8901 Stanley Park Drive. ☎ *(604) 681 7275.* Situado em Stanley Park, este bom restaurante é cercado de verde e da vista panorâmica de English Bay. Oferece preços especiais para quem jantar entre 17h e 18h. ♿ 🍴 ⏹	■	●	■		■
VANCOUVER: *Villa De Loupa* ⓈⓈ 869 Hamilton St. ☎ *(604) 688 7436.* Deliciosa comida italiana, como risoto com cebolinha verde, frango recheado e tomate ao azeite de oliva. 🍴 ⏹		●			
VANCOUVER: *900 West Hotel Vancouver* ⓈⓈ 900 West Georgia St. ☎ *(604) 669 9378.* Os frequentadores podem comer tanto no balcão como nas mesas. Mais de 60 vinhos são oferecidos no excelente bar. 🎵 🍴 ⏹		●	■	●	
VANCOUVER: *Diva at the Met* ⓈⓈⓈ Metropolitan Hotel, 645 Howe St. ☎ *(604) 687 1122.* Os salões com sacadas e a cozinha aberta dão um toque casual ao ambiente. Do cardápio fazem parte pizza de frango grelhado, filé de salmão e abobrinha em conserva. ♿ 🍴 ⏹		●	■	●	■

VANCOUVER: *Tojo's Japanese* $$$
777 West Broadway suite, 202. ☎ *(604) 872 8050.*
O Tojo's serve comida japonesa de primeira desde sua inauguração, em 1988. É muito frequentado por pessoas da mídia. ♿ 🍷 💳

■	●	■	●	■

VANCOUVER: *C Restaurant* $$$$
2–1600 Howe St. ☎ *(604) 681 1164.*
Restaurante de frutos-do-mar. Cozinha contemporânea e pátio charmoso, com ladrilho, toalhas e guardanapos brancos. ♿ ♫ 🍷 💳

■	●	■		

VANCOUVER: *Piccolo Mondo Ristorante* $$$$
850 Thurlow St. ☎ *(604) 688 1633.*
Com 480 vinhos italianos na adega e um arsenal de receitas caseiras, este restaurante serve comida do norte da Itália, em ambiente casual. 🍷 💳

	●			

VICTORIA: *Barb's Place* $
Fisherman's Wharf, Erie St. Float. ☎ *(250) 384 6515.*
Restaurante flutuante no cais do porto de Victoria. Serve peixe com batata frita e outros pratos simples para uma clientela fiel. ● *nov-abr.* ♿

■	●		●	

VICTORIA: *J & J Wonton Noodle House* $
1012 Fort St. ☎ *(250) 383 0680.*
Salão grande, ambiente agradável e macarrão chinês caseiro compensam o esforço para achar este restaurante escondido. ♿ 💳

	●		●	■

VICTORIA: *Empress Room* $$$$
Empress Hotel, 721 Government St. ☎ *(250) 384 8111.*
Refeição de classe em salão eduardiano de 1908. À noite, um harpista dá o tom do ambiente elegante. O cardápio inclui peixe-espada. ♿ ♫ 🍷 💳

■	●	■	●	■

VICTORIA: *Il Terrazzo* $$$$
555 Johnson St. ☎ *(250) 361 0028.*
Situado no centro de Old Town, em um prédio erguido em 1890, este é um dos melhores restaurantes italianos de Victoria. Durante dez meses por ano o belo salão é aquecido por seis lareiras. ♿ 🍷 💳

■	●	■		

VICTORIA: *The Victorian* $$$$
Ocean Point Resort, 45 Songhees Rd. ☎ *(250) 360 2999.*
Jantar à luz de velas, bom vinho, deliciosa cozinha da costa noroeste do Pacífico e linda vista da baía são as atrações deste restaurante. ♿ 🍷 💳

■	●	■	●	■

MONTANHAS ROCHOSAS

BANFF: *Giorgio's Trattoria* $
219 Banff Avenue. ☎ *(403) 762 5114.*
Restaurante aconchegante no centro da cidade. Serve massas italianas e pizza assada em forno a lenha. ♿ 🍷 💳

	●			■

BANFF: *Buffalo Mountain Lodge Dining Room* $$$$
Tunnel Mountain Rd. ☎ *(403) 762 2400.*
Salão rústico meio afastado do circuito turístico. Oferece pratos típicos das Rochosas canadenses: carne de caça, caribu, cervo, carneiro e boi. ♿ 🍷 💳

■	●	■	●	■

CALGARY: *Ranchman's* $
9615 McLeod Trail South. ☎ *(403) 253 1100.*
Ponto tradicional de Calgary, este café de caubóis e clube de música country exibe selas e troféus de rodeio e uma carroça sobre o palco. No cardápio, carne e frango ao estilo texano. ♿ ♫ 💳

■	●	■	●	

CALGARY: *Crosshouse Garden Café* $$$
1240 8th Avenue SE. ☎ *(403) 531 2767.*
Casa construída pelo pioneiro A.E. Cross em 1891. A cozinha oferece variedades de carne e peixe, entre eles salmão do Ártico e búfalo. ♿ 🍷 💳

■	●			

CALGARY: *Mescalero Restaurant* $$$
1315 1st St. SW. ☎ *(403) 266 3339.*
O cardápio, com influência do sudoeste americano, inclui enchiladas, sopa de feijão preto e frutos-do-mar cozidos na laranja. O prédio parece uma hacienda, com paredes que imitam barro e ladrilhos mexicanos. ♿ 🍷 💳

■	●	■		

CRANBROOK: *The Art Café* $
20 7th Avenue South. ☎ *(250) 426 4565.*
Decorado com obras de arte e piso de parquete. Receitas mexicanas e européias preparadas na cozinha aberta, à vista do freguês. ♿ 🍷 💳

	●			■

Legenda dos símbolos na orelha de trás

Categorias de preço por pessoa para uma refeição com três pratos, meia garrafa de vinho, imposto e serviço incluídos:

$ abaixo de Can$ 25
$$ Can$ 25-Can$ 35
$$$ Can$ 35-Can$ 5 0
$$$$ Can$ 50-Can$ 70
$$$$$ acima de Can$ 70

MESAS AO AR LIVRE
Oferece mesas em um pátio ou terraço.
PRATOS VEGETARIANOS
O cardápio contém opções de pratos vegetarianos.
BAR
Dispõe de área de bar dentro do restaurante.
CARDÁPIO DE PREÇO FIXO
Cardápio fixo a bons preços oferecido no almoço, jantar, ou ambos, geralmente com três pratos.
SERVIÇO PARA CRIANÇAS
Porções menores e cadeirão, a pedido.

		MESAS AO AR LIVRE	PRATOS VEGETARIANOS	BAR	MENU DE PREÇO FIXO	SERVIÇO PARA CRIANÇAS
FAQUIER: *Mushroom Addition* 129 Oak St. (250) 269 7467. Quase todos os pratos levam o cogumelo silvestre local. No verão, as mesas são enfeitadas com flores.	$	■	●			■
KIMBERLY: *The Old Bauernhaus* 280 Norton Avenue. (250) 427 5133. Este celeiro da Bavária do século 18 foi desmontado, mandado de navio para o Canadá e reconstruído na década de 80. No térreo funciona um restaurante de comida alemã. ● out-nov, abr-mai.	$$	■	●			■
LAGO LOUISE: *Poppy Room* Chateau Lake Louise. (403) 522 3511 ext 1189. Todas as mesas deste concorrido restaurante têm vista para o lago Louise. No cardápio, hambúrguer, salada, massas e peixes. Serve bufê de café-da-manhã, com omeletes e *waffles*.	$$		●			
LAGO LOUISE: *Elkhorn Dining Room* Milha 22 Bow Lake Icefield Parkway. (403) 522 2167. Prédio histórico construído pelo pintor Jimmy Simpson, cujas aquarelas enfeitam as paredes. O destaque do cardápio são as caças locais.	$$$		●	■		
NAKUSP: *Mattie's Family Restaurant* Leland Hotel, 96th 4th Avenue SW. (250) 265 3316. Costeleta é a especialidade deste restaurante com vista para o lago Arrow. Móveis e fotos antigos criam um ambiente eduardiano.	$	■	●		●	■
NELSON: *The Outer Clove* 536 Stanley St. (250) 354 1667. Os *chefs* usam dez quilos de alho por dia nos mais variados pratos, inclusive sobremesas, neste prédio de tijolo pintado em cor viva. ● dom.	$	■	●			■
REVELSTOKE: *The Peak's Lodge Resort* Trans Canada Hwy 1. (250) 837 2176. Ao pé de Boulder Mountain, esta antiga estalagem mobiliada com antiguidades oferece carne de Alberta e salmão defumado lá mesmo.	$$	■	●	■	●	■

SUL E NORTE DA COLÚMBIA BRITÂNICA

		MESAS AO AR LIVRE	PRATOS VEGETARIANOS	BAR	MENU DE PREÇO FIXO	SERVIÇO PARA CRIANÇAS
FORT LANGLEY: *Bedford House* 9272 Glover. (604) 888 2333 Instalado no histórico Fort Langley, este restaurante oferece boa comida em ambiente simpático, com serviço atento e bons vinhos.	$$	■	●	■		■
KELOWNA: *Williams Inn* 526 Lawrence Avenue. (250) 763 5136. O cardápio nesta romântica casa de dois andares é caça, filés, carneiro, frutos-do-mar e frango ao estilo europeu e sobremesas caseiras.	$$	■	●		●	
LADNER: *48th Avenue Restaurant* 5047 48th Avenue. (604) 946 2244. Local informal, com assentos nas janelas e vista para os prédios históricos deste porto. *Cuisine* da costa oeste, com frutos-do-mar e massas.	$	■	●	■		■
NARAMATA: *The Country Squire* 3950 1st St. (250) 496 5416. À noite, serve deliciosas refeições de cinco pratos. Entre um e outro, passeie pelo jardim saboreando uma taça de vinho Okanagan.	$$$		●	■	●	
OSOYOOS: *The Diamond Steak and Seafood House* 8903 Main St. (250) 495 6223. Três salões especializados em comida grega e italiana, com filés, frutos-do-mar, massas e pizza. Destaque também para a costeleta.	$$		●	■	●	■

PRINCE RUPERT: *Smile's Café* $
1 Cow Bay Rd. (250) 624 3072.
Restaurante de frutos-do-mar em prédio dos anos 30, decorado com redes
e fotos antigas. No local funciona também uma *coffee shop*.

WELLS: *Country Encounters* $
4236 Jones Avenue. (250) 994 2361.
Pães, massas e deliciosas sobremesas caseiras. Muito frequentado no
inverno e no verão, quando põe mesinhas nos terraços. *abr, out.*

WHISTLER: *Black's Original Restaurant* $$
4270 Mountain Square. (604) 932 6408.
Restaurante situado no Westbrook Hotel, ao pé das montanhas. Serve
peru assado aos domingos. O *pub* inglês no andar superior é
especializado em cervejas Guinness.

WHISTLER: *Bear Foot Bistro* $$$$$
4121 Village Green. (604) 932 3433.
Piso de cimento queimado, cadeiras de couro marrom, jazz ao vivo e a
melhor seleção de charutos cubanos da América do Norte contribuem para
o ar sofisticado desta casa de culinária francesa moderna.

NORTE DO CANADÁ

DAWSON CITY: *Bonanza Dining Room* $$
Eldorado Hotel, ruas 3rd e Princess. (867) 993 5451.
Dois restaurantes rústicos servem comida simples neste hotel.
O cardápio muda todos os dias.

DAWSON CITY: *Klondike Kate's* $$
3rd Avenue e King St. (867) 993 6527.
Este café, batizado com o nome de uma bailarina de cabaré de Dawson
City, serve o melhor café-da-manhã do Yukon. *inverno.*

FORT PROVIDENCE: *Snowshoe Inn* $$
1 Mackenzie St. (867) 699 3511.
Comida caseira neste que é o maior restaurante da cidade.
Os pratos de frutos-do-mar são sofisticados.

INUVIK: *MacKenzie Hotel* $$
186 MacKenzie Rd. (867) 777 2861.
Cozinha típica inuit, com salmão e caribu, pode ser apreciada
no restaurante deste hotel *(pág. 359).*

IQALUIT: *Kamotiq In Restaurant* $$$
3506 Wiley Rd. (867) 979 5937.
Dois salões no formato de iglu servem cozinha da região ártica, filés,
frutos-do-mar e, por incrível que pareça, pratos mexicanos.

RANKIN INLET: *Siniktarvik Hotel* $$
3506 Wiley Rd. (819) 645 2949
Ensopados e grandes filés espantam o frio neste restaurante
recentemente reformado.

WHITEHORSE: *The Cellar Dining Room* $$
101 Main St. (867) 667 2572.
Instalado no subsolo do Edgewater Hotel, este restaurante frequentado
por moradores locais tem excelente comida em ambiente fino.

WHITEHORSE: *Yukon Mining Company* $$
High Country Inn, 4051 4th Avenue. (867) 667 4471.
Todas as noites um churrasco ao ar livre permite que os clientes
apreciem o fantástico cenário em volta do hotel. Os pratos mais pedidos
são salmão e linguado, acompanhados de cerveja feita no local.

YELLOWKNIFE: *The Prospector* $$
3506 Wiley Rd. (867) 920 7620.
O *Prospector* oferece pouso para hidroaviões aos clientes que buscam
um bom local para comer no verão. *inverno.*

YELLOWKNIFE: *Wildcat Café* $$
3506 Wiley Road. (867) 873 8850.
Um retrato fiel da vida no interior do Canadá. Especializado em pratos
regionais, principalmente sopas e *casseroles (pág. 336).* *inverno.*

Legenda dos símbolos na orelha de trás

COMPRAS NO CANADÁ

AS LOJAS DO CANADÁ oferecem muito mais do que bonequinhos da polícia montada e camisetas com a típica folha de plátano. Há grande variedade de roupas, jóias e aparelhos eletrônicos em oferta. Mas o melhor mesmo são os produtos típicos –*maple syrup* em Quebec, salmão defumado na Colúmbia Britânica, botas de *cowboy* em Alberta e muitos outros. A arte nativa inspira-se em tradições seculares e inclui, entre diversos artigos, entalhes dos povos da costa oeste e pinturas e tapeçarias inuit. Todas as cidades mais importantes dispõem de shopping centers, lojas de departamento, butiques especializadas, galerias e mercados ao ar livre. No interior há belos exemplares de artesanato. Lembre que um imposto será adicionado ao preço de muitos artigos.

Boneca de Charlottetown

HORÁRIOS DE FUNCIONAMENTO

Os horários das lojas variam, mas nas grandes cidades elas costumam abrir às 9h e fechar entre 17h e 19h. Muitos mercados e lojas de conveniência abrem 24 horas, assim como diversas farmácias. Também é comum nas cidades maiores que as lojas fechem mais tarde, por volta das 21h, às sextas-feiras. Nas cidades pequenas, porém, nenhum estabelecimento comercial, nem postos de gasolina, funcionam depois das 18h. Cada vez mais lojas nos grandes centros abrem aos domingos, das 12h às 17h, embora este horário possa variar.

FORMAS DE PAGAMENTO

A maioria das lojas do Canadá aceita cartão de crédito, sendo Visa e Master-Card os mais comuns. Em algumas lojas, há um limite mínimo de compras para pagamento com cartão, principalmente na época das liquidações de inverno e verão. O sistema de pagamento à vista com cartão do banco, chamado de *"switch"*, é muito comum, mas não funciona com os bancos brasileiros. Traveller's cheques são aceitos em toda parte, com a devida identificação, que em geral é o passaporte.

Nas lojas de departamento a única moeda não canadense aceita é o dólar americano. Nelas a taxa de câmbio é sempre mais baixa, às vezes até 15% menos do que nos bancos. As lojas maiores em geral têm um guichê de câmbio para atender o público.

IMPOSTO SOBRE VENDAS

Todo canadense detesta o GST, o Imposto sobre Bens e Serviços, que atualmente é de 7%. Ele é acrescentado ao preço de quase todas as mercadorias, exceto alimentos básicos. Estrangeiros que não moram no Canadá podem pedir reembolso da GST até 60 dias após a compra, com exceção dos gastos com restaurante, bebidas, cigarro e transporte. Os formulários de reembolso podem ser obtidos nos aeroportos, lojas duty free, hotéis e nas embaixadas do Canadá. Anexe os recibos originais (cópias não são aceitas), ponha em um envelope e mande para Revenue Canada *(pág. 343)*.

Além do GST, a maioria das províncias cobra um imposto local, de 5% a 12%, sobre refeições e artigos comprados em lojas. Alberta, Yukon e Territórios do Noroeste não cobram esse imposto. Quebec, Manitoba, Nova Scotia e Terra Nova oferecem reembolso.

DIREITOS DO CONSUMIDOR

É sempre bom informar-se sobre a política de devolução da loja antes de comprar. Algumas aceitam a mercadoria de volta e devolvem o dinheiro, outras oferecem vales e muitas não permitem troca nem devolução de artigos comprados em liquidação. Trocas de produtos com defeito são aceitas, em geral, até 28 dias depois da compra, com apresentação da nota. Compras por telefone com cartão de crédito devem ser feitas com cautela.

Artesão de origem indígena esculpe pedra-sabão na Colúmbia Britânica

CANADENSES AUTÊNTICOS

A oferta de produtos *made in Canada* é bastante variada. Muitos deles são vendidos no país inteiro, mas costumam custar mais barato em sua província de origem. Suéteres tecidos à mão e peças de cerâmica têm bons preços na costa atlântica do Canadá, da mesma forma que os artigos de estanho de Nova Scotia. As províncias de Prairie e Alberta são especializadas em roupas de caubói: cintos trabalhados, coletes, chapéus e botas. Mais para oeste, os artesãos da Colúmbia Britânica produzem esculturas

Feira de artesanato de Lonsdale Quay, em Vancouver *(pág. 276)*

elaboradas, inclusive de totens, além de jóias de jade extraído das minas locais. Quebec e Ontário são famosas pelo *maple syrup* (xarope de plátano) e por produtos feitos de açúcar. Encontram-se belas peças de madeira entalhada em Quebec e em Ontário os cestos nativos são um bom suvenir. Quem precisar de uma mala extra para colocar as compras deve aproveitar a renomada marca Tilley, produzida e vendida em Ontário.

Esculturas nativas são vendidas por todo o Canadá, principalmente no extremo norte. As peças inuit genuínas levam um selo do governo federal –um adesivo em forma de iglu–, além da assinatura do artista. Desde os anos 1950 os inuit produzem estampas de cenas tradicionais, que são bastante populares, juntamente com as bijuterias nativas. Outros bons presentes incluem casacos feitos à mão, tecidos bordados e mocassins macios, de pele de alce.

A arte contemporânea canadense está presente em lojas e galerias de todo o país. Quem não quer gastar muito pode optar por fotos e gravuras. Há muitos discos de música canadense e as fitas e CDs costumam ser bem baratos no país.

As roupas esportivas são duráveis e muito bonitas. Vale a pena comprar equipamentos de camping e de pes-

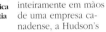
Cerâmica típica da Nova Scotia

ca, além de artigos para caminhadas. Num país que adora atividades ao ar livre, todas as mercadorias ligadas a este setor costumam ser de excelente qualidade.

LOJAS DE DEPARTAMENTOS

The Bay é o nome da maior rede de lojas de departamentos do Canadá. Este tipo de estabelecimento tem sofrido nos últimos anos uma intensa competição com as redes norte-americanas, como Wal-Mart e Sears, que atualmente tomam conta do setor nas camadas de renda média ou baixa. The Bay, uma das poucas grandes redes inteiramente em mãos de uma empresa canadense, a Hudson's Bay, oferece produtos de boa qualidade e a preços interessantes –e está se adaptando para encarar a concorrência.

SHOPPING CENTERS

Fazer compras pode não ser a atividade mais cultural do mundo, mas alguns shopping centers no Canadá merecem ser visitados. O modernista Eaton Centre, em Toronto, é coberto por um teto em arcos de vidro e aço, com uma bela escultura suspensa de gansos em vôo. Mais de 42 milhões de pessoas apreciam a cada ano esta pérola da arquitetura moderna que, ao ser inaugurada, recebeu dos conservadores moradores da cidade a denominação de "uma brutalidade". O maior shopping center do mundo, o West Edmonton Mall, fica em Edmonton, Alberta. Mais de 800 lojas, 100 restaurantes, 34 cinemas, um enorme parque aquático, parque de diversões, hotel temático, minigolfe, pista de patinação e zoológico com golfinhos são algumas das atrações que trazem canadenses e turistas a este paraíso das compras.

As butiques mais exclusivas ficam no maior centro de varejo do país, Toronto. Bloor Street e Yorkville Avenue concentram as marcas de luxo, como Tiffany, Ralph Lauren e Gucci. Também Vancouver e Montreal têm sua cota de lojas luxuosas. Montreal é a capital das peles, vendidas em lojas de departamento a preços razoáveis. Suas lojas de artesanato também são o melhor local para se comprar a arte nativa inuit, para quem não tem planos de visitar o norte.

Underground City, shopping subterrâneo em Montreal

DIVERSÃO NO CANADÁ

No CANADÁ o turista encontra toda a sofisticação que se espera de um grande país da América do Norte aliada aos prazeres simples do interior, em locais calmos e informais. Todas as grandes produções são exibidas em Ottawa e outras grandes cidades, mas também se pode assistir a espe-

Bailarida do Royal Winnipeg

táculos alternativos e formas de arte tradicionais, sobretudo de música folclórica. Música da melhor qualidade, tanto clássica como moderna, é oferecida em todo o país. Nas grandes cidades não faltam teatros, cinemas e companhias de dança, além de shows e festivais de cinema e de música.

INFORMAÇÕES

Os jornais locais são a melhor fonte de informações sobre artes e espetáculos, sendo os mais conhecidos o *Vancouver Sun*, o *Montreal Gazette*, o *Ottawa Citizen* e o *Toronto Star*. As programações são publicadas uma vez por semana. O *Globe & Mail* é de Toronto, mas circula em todo o país e tem um excelente caderno com críticas das novas atrações. Os escritórios para turistas *(pág. 393)* são úteis e, em alguns, o atendente ajuda a fazer reservas. Nos centros de visitantes e na recepção dos hotéis encontram-se guias semanais de entretenimento, como *Where*, revista sobre a programação de Vancouver. Em Quebec, os espetáculos estão em dois jornais, *La Presse* e *Le Devoir*. *Macleans* é uma revista nacional com cobertura de artes.

RESERVAS

Ticketmaster é uma rede com guichês em shopping centers que representa os principais teatros do país. Ingressos para peças em Quebec são vendidos no Admission Network. Existem várias agências em cada cidade para a venda de ingressos, que também podem ser adquiridos direto no local.

DEFICIENTES FÍSICOS

As casas de espetáculo do Canadá são equipadas para receber cadeiras de roda. Todos os salões têm rampas e acesso facilitado aos banheiros. Estacionamentos têm vagas para deficientes. Equipamentos modernos estão disponíveis no National

Arts Centre de Ottawa *(pág. 195)* e em muitos outros locais. A entrada nas casas de espetáculos muitas vezes é facilitada por rampas e elevadores de acesso.

TEATRO

Toronto, Ottawa, Vancouver e Montreal são os principais centros teatrais do Canadá, cuja maior parte das produções é em inglês. Shows locais misturam-se aos espetáculos importados dos Estados Unidos e da Europa. Musicais e peças clássicas são, em geral, de ótima qualidade e atraem boa audiência. Shakespeare é muito visto, mas há uma grande variedade de shows mais leves –a remontagem de *Fame*, musical dos anos 1980, fez muito sucesso em Toronto há poucos anos. Os teatros citados na página ao lado montam seus principais espetáculos entre novembro e maio. Musicais e espetáculos históricos atraem grande público. Um dos mais conhecidos é *Anne of Green Gables*, exibido desde os anos 1950 em Charlottetown.

CINEMA

Todas as grandes produções de Hollywood repetem seu sucesso no Canadá, onde estréiam praticamente ao mesmo tempo e, portanto, permitem ao turista assistir ao filme antes que ele chegue ao seu país. Enormes cinemas Imax e Omnimax, com até vinte salas, são encontrados no centro das grandes cidades, sobretudo Ottawa e Hull.

O Canadá tem uma conceituada tradição no cinema. O documentário foi inventado aqui e seus filmes de arte têm atraído um bom público. Os melhores locais para conhecer as novas tendências são Montreal, Vancouver e Toronto. Robert LePage é o maior empresário canadense do teatro e do cinema. O surrealista David Cronenberg, diretor de *eXistenz* (1999), também é canadense. Denys Arcand, de Quebec, dirigiu *Jesus of Montreal* (1986), um filme muito elogiado, apesar de algumas cenas controvertidas. O National Film

Fachada do The Royal George Theatre, Niagara-on-the-Lake

O cinema gigante Ontario Place, em Toronto

AGENDA

AGÊNCIAS DE INGRESSOS

Admission Network
((613) 237 3800 Ottawa.
((514) 528 2828 Montreal.
((416) 861 1017 Toronto.

Ticketmaster
((416) 870 8000 Toronto.

CASAS DE ESPETÁCULOS

Hummingbird Centre for the Performing Arts
((416) 393 7469.

The National Ballet of Canada
((416) 362 4670 Toronto.

Royal Winnipeg Ballet
((204) 956 0183.

The Newfoundland Symphony Orchestra
((709) 753 6492.

Calgary Centre for the Performing Arts
((403) 294 7455.

Jack Singer Concert Hall e Calgary Philharmonic Orchestra
((403) 571 0270.

Vancouver Symphony Orchestra
((604) 876 3434.

Orpheum Theatre
((604) 665 3050.

Molson Centre
((514) 932 2582.

Board seleciona e distribui a obra de um talento nativo a cada ano, entre filmes, desenhos animados e documentários. Outra boa oportunidade de divulgação dos talentos locais é o Toronto Film Festival. Vancouver e Montreal também realizam festivais de cinema.

MÚSICA ERUDITA, BALÉ E ÓPERA

A música erudita e a ópera têm grande público no Canadá e isso se reflete na excelente qualidade dos espetáculos e das salas. A Canada Opera Company é sediada no Hummingbird Centre for the Performing Arts (pág. 176), em Toronto, e seu repertório vai de Mozart a obras mais modernas, em inglês. O National Ballet of Canada fica na mesma cidade e concorre em qualidade com o Royal Winnipeg Ballet. Ambas as companhias exibem obras clássicas e experimentais em suas temporadas. Produções modernas se apresentam todo verão em Toronto, onde 400 espetáculos são escolhidos por sorteio. Mais de 100 mil pessoas visitam anualmente o Jack Singer no Calgary Centre for the Performing Arts, onde podem apreciar a renomada orquestra filarmônica. A Vancouver Symphony Orchestra toca no Orheum Theatre.

MÚSICA POP, ROCK E FOLK

Durante os anos 1990, a música popular canadense experimentou grande prestígio internacional. Celine Dion, de Quebec, virou celebridade depois de gravar a música-tema do filme *Titanic* e apresenta-se com freqüência no Molson Centre, em Montreal. Alanis Morissette, representante de peso do folk rock canadense, vende discos no mundo inteiro.

A música folk canadense é muito conhecida e inclui estrelas como Leonard Cohen, Neil Young e Joni Mitchell. Produto de uma população rural intensamente musical, a canção típica canadense muda conforme a região do país, indo desde as tristes melodias

Celine Dion é uma das mais conhecidas cantoras canadenses

celtas da costa leste ao country dos caubóis a oeste. A costa atlântica tem inúmeros locais pequenos e informais onde se apresentam músicos de alto padrão. A Ilha Prince Edward oferece acompanhamento de violinos em seus jantares de lagosta. O festival de folclore de New Brunswick inclui música e dança. Entre os artistas do folclore em Quebec está o cantor Gilles Vigneault (pág. 24), muito admirado na Europa. As lembranças da corrida do ouro em Yukon estão presentes no vaudeville do século 19, com dançarinas ao som do piano *honky-tonk* (de cabaré) em Whitehorse.

INTERESSES ESPECIAIS E ATIVIDADES AO AR LIVRE

A PRÓPRIA IMENSIDÃO de seu território ainda quase intocado atrai muitos visitantes ao Canadá. Passar férias conhecendo seus 38 parques nacionais, vários deles patrimônio tombado pelas Nações Unidas, é desfrutar um belíssimo playground natural. Os tipos de atividades são os mais variados possíveis:

Placa indicando trilha nos parques

pode-se andar de trenó e snow-mobile com guias inuit, passear de barco na primavera pelas Thousand Islands, ilhas cobertas de flores em Ontário, fazer um passeio panorâmico de trem pelas Montanhas Rochosas, pescar trutas em lagos escondidos e empreender caminhadas que são verdadeiras aventuras.

CAMINHADAS

O Canadá é um dos melhores lugares do mundo para caminhadas esportivas, com excelente infra-estrutura e grande variedade de terrenos para iniciantes e veteranos. Há trilhas fáceis, passeios de duas horas pela natureza, e também duras caminhadas de vários dias por locais belos e remotos.

O melhor lugar para iniciar uma caminhada é bem demarcado nos parques nacionais. Percursos mais longos contam com acomodação em alojamentos dentro dos parques. Pode-se também trazer barraca, ou alugar uma nas cidades próximas. A **Canadian Topographical Series**, em Ottawa, fornece mapas em grande escala dos parques nacionais e das províncias.

A maioria das trilhas mais frequentadas requer preparativos e treinamento básicos. As principais ficam em Alberta e Colúmbia Britânica, sobretudo dentro e em volta dos "quatro grandes" parques: Kootenay, Yoho, Jasper e Banff, ao redor das Montanhas Rochosas. O terreno da região é muito variado, indo das colinas baixas e verdejantes de Calgary a escarpados picos de montanhas. Nas planícies do centro do país o solo é árido, como o da "terra dos dinossauros" em Alberta, e florestas fechadas, como as do Prince Albert National Park. A leste, erguem-se mais montanhas. A vista é fantástica tanto das alturas do parque Gatineau, em Quebec, como na paisagem selvagem das regiões leste e central da península Gaspé.

No norte, as caminhadas são bem mais duras, mas vale a pena o esforço. A melhor época é de abril a agosto, quando a temperatura sobe ligeiramente, embora não seja raro que caia de repente para -30°C. Chilkoot

O azul do lago O'Hara, no Yoho National Park

Pass é uma trilha de 53km, que segue os passos dos primeiros garimpeiros de ouro, no fim do século 19, e vai de Bennett, no norte da Colúmbia Britânica, até Dyea, no Alasca. Para a região, é uma trilha relativamente fácil, que dá uma boa idéia da paisagem ao norte. Mais árdua e perigosa é a memorável Pangnirtung Trail, que percorre o sudeste da ilha Baffin, permanentemente coberto de uma camada de gelo, mesmo no verão. Guias inuit podem ser contratados para acompanhar os visitantes.

Também são organizadas caminhadas para observar a vida selvagem, e trenós puxados por cães husky levam até as regiões mais remotas. Este tipo de passeio é caro, por causa da distância e do meio de transporte, mas é sempre uma experiência inesquecível.

Caminhada perto do rio Weasel, no Auyuiittuq, Baffinn Island

SEGURANÇA

Cada caminhada deve ser precedida de um período de treinamento e aprendizagem das normas de segurança. Nunca deixe de pedir orientação e avisar o serviço de atendimento ao turista do parque antes de partir. Lembre-se de que, por mais remota que seja a chance de encontrá-los, animais selvagens são agressivos e saber o que fazer ao deparar com um urso é obrigatório *(pág. 298)*. Insetos são menos assustadores, mas irritam muito. Proteja-se bem contra eles. Por mais límpida que a água pareça, não beba direto dos rios. Sempre ferva a água, pois ela pode conter um parasita intestinal que causa a chamada *"beaver fever"*.

No extremo norte, as temperaturas geladas exigem rígidas medidas de segurança. Sempre avise alguém do percurso que planeja seguir e de quando pretende voltar. Consulte os guardas locais sobre vida selvagem e rotas e leve equipamento apropriado. Mesmo no verão, as quedas de temperatura são comuns e repentinas. Excursões a regiões pouco exploradas devem ser sempre acompanhadas de um guia.

Loja de aluguel de equipamentos no lago Emerald, no National Park

EQUIPAMENTO

Ao redor da maioria dos parques existem lojas de aluguel de barracas e roupas para o frio. Além disso, botas resistentes, proteção contra chuva e uma muda de roupa são itens essenciais na mochila dos andarilhos. Também é preciso levar remédios e um kit de primeiros socorros, com anti-histamínicos e repelente

Banhistas em Radium Hot Springs, nas Rochosas

de insetos. Evite a exposição excessiva ao sol (insolação) e ao frio (hipotermia) com o uso de roupas e medicamentos apropriados. Em percursos mais longos, leve alimentos energéticos, como chocolate e barras de cereais.

PARQUES NACIONAIS

Os 38 parques nacionais do Canadá cobrem as mais belas montanhas, lagos, rios, florestas e litoral do país. Áreas praticamente intocadas são o destino ideal para quem deseja férias ao ar livre repletas de esportes e atividades entre a natureza. As regiões mais procuradas são os "quatro grandes" parques em Alberta e CB, Kluane, em Yukon, e

a tundra ártica coberta de flores no Auyuittuq National Park, na ilha Baffin, ao sul.

A maior parte dos parques é administrada pela **Parks Canada**. Todos eles contam com centro de visitantes e funcionários treinados, que dão informações sobre caminhadas, passeios de canoa e pescarias. Os guias conhecem cada detalhe do terreno. A pesca exige autorização, emitida nos centros de visitantes. É terminantemente proibido caçar, portar armas de fogo, alimentar os animais e causar danos às árvores e plantas. Muitos parques têm área de camping, áreas para chalés rústicos ou ambos, onde a estadia é paga. A maioria cobra entrada de um dia, uma semana ou um ano, embora alguns sejam gratuitos. Ingressos para a estação estão disponíveis nos próprios parques, ou na sede do Parks Canada em Hull.

Canoas no lago Wapizagonke,
Parc National de la Mauricie

CANOAGEM

Os canadenses nativos aperfeiçoaram as canoas para percorrer o vasto sistema de vias aquáticas do país em busca de alimento e sobrevivência. Hoje em dia, a canoagem é um esporte nacional. Nos parques repletos de lagos e rios, os mais experientes transportam as canoas por terra até as águas mais remotas, fugindo das áreas mais movimentadas.

Mais de 250 mil lagos e 35 mil quilômetros de vias aquáticas fazem de Ontário o principal destino dos praticantes de canoagem. Rios e lagos, formando um percurso de mais de 25 mil quilômetros, correm pelos parques de Algonquin, Killarney e Quetic. O canal Rideau, de 190km, entre Ottawa e Kingston, é um dos percursos mais frequentados, por incluir vistas da capital, das ilhazinhas ao redor da histórica cidade de Kingston e dos pomares nas suas margens. Ao viajar ao redor das ilhas, tenha cuidado com o tráfego marítimo. O canal tem ligação com o St. Lawrence Seaway, no estuário do rio São Lourenço, onde a navegação é rigidamente controlada e as pequenas embarcações às vezes têm de dar passagem a petroleiros.

As cidades às margens das rotas de canoagem oferecem barcos para alugar por dia, semana ou mês, roupas apropriadas, remos e coletes salva-vidas. Os preços de equipamentos de canoagem e pesca no Canadá são muito razoáveis, por serem dois esportes muito populares no país.

RAFTING

O rafting pode ser praticado nos parques nacionais da Colúmbia Britânica. O sistema do rio Mackenzie, que nasce neste estado e atravessa os Territórios do Noroeste, tem trechos de pura adrenalina. A maior parte dos percursos no extremo norte é indicada só para quem tem bastante experiência. O mais difícil é o de 300km que parte do rio South Nahanni, perto de Fort Simpson, Territórios do Noroeste. Novas estradas para esta região e para Yukon multiplicaram o número de visitantes em busca de emoções neste rio e também no rio Yukon.

Amadores podem aproveitar o curso básico de duas semanas oferecido em todo o país. Canoagem em lagos no Wells Gray Provincial Park é um esporte popular em toda a província e uma alternativa mais tranquila às emoções do rafting.

Windsurf em Georgian Bay Islands
National Park, lago Ontário

OUTROS ESPORTES AQUÁTICOS

A temporada é curta, mas velejar é uma atividade muito praticada no verão. O Canadá contém boa parte da

Rafting no rio Athabasca, no Jasper National Park, Montanhas Rochosas

Snowmobiles passeiam na neve de Ontário

água doce do planeta e dizem que a quantidade de barcos per capita é a maior do mundo. Os Grandes Lagos são o melhor local para velejar e fazer windsurf, competindo com as costas leste e oeste, entre maio e setembro. Nadar é muito agradável nas praias da Ilha Prince Edward e Cape Breton, na costa leste, onde a água é morna e a areia é macia, e também nos lagos de Ontário, como o lago Huron. Quem mora em Toronto costuma nadar no lago Ontário no verão.

PESCA

A vastidão das águas no interior do Canadá explica em parte sua reputação como o paraíso da pesca com vara. Há uma enorme variedade de peixes *(pág. 21)* nos rios e lagos, sem falar nos barcos que partem da costa do Pacífico para a pesca de salmão em alto-mar. Pode-se pescar em quase todos os parques, muitas vezes em lagos e rios tranquilos e cristalinos, mas é obrigatório obter licença nos centros de visitantes. A maior parte das pescarias é feita no verão, mas uma pequena estrutura de madeira instalada no lago gelado permite a pesca também no inverno. Estas cabanas ficam sobre um buraco no gelo e são aquecidas. Vale a pena comprar vara e linha no país –o equipamento de pesca é de primeira e os preços são muito razoáveis.

ESQUI, SNOWBOARD E SNOWMOBILE

Não é à toa que o Canadá é chamado de Grande Norte Branco. Lá existem excelentes locais para esquiar, entre eles os *resorts* de Mont Tremblant e Mont-Ste-Anne, a leste. Esqui cross-country também é praticado na cadeia de montanhas Laurentian, ao redor de Gatineau e por toda a região leste de Quebec. Mais para oeste, os *resorts* de Whistler, Lago Louise e Banff oferecem pistas fabulosas. No alto das Montanhas Rochosas, toneladas de neve virgem estão à espera dos praticantes de heliesqui (os esquiadores são transportados de helicóptero até o topo). Muitas pistas são mais altas do que as dos Alpes europeus, sobretudo em Banff e Lago Louise. Nelas se realizaram os Jogos Olímpicos de Inverno de 1976, entre outras competições. Uma das maiores vantagens de esquiar no Canadá é a proximidade das montanhas com as grandes cidades. Todos os principais *resorts* ficam perto de um grande centro e é possível passar o dia na pista e jantar em um bom restaurante da metrópole à noite. Snowboard é um esporte cada vez mais popular em todo o país. No norte do Canadá há hotéis especiais para grupos de praticantes –facilmente identificados pela estrutura para pendurar os snowboards do lado de fora. Ontário tem boas ofertas de fins-de-semana na neve. A província possui quase 50 mil quilômetros de trilhas para snowmobile e motoristas experientes podem percorrer 500km em dois dias.

Também existem trilhas de snowmobile nos maiores *resorts* de esqui da Colúmbia Britânica. Os passeios são melhores em grupo e há diversos pitstops no caminho, chamados de *"snow inns"*, que oferecem pacotes a diárias baratas.

Snowboard canadense

AGENDA

MAPAS

Canadian Topographical Series
[1(800) 214 8524.

Canada Map Office *Ottawa*
[(613) 952 7000.

Ulysses Travel Bookshop
Montreal (mapas)
[(514) 843 9447.

Rand McNally (mapas)
[1 (800) 333 0136.

TELEFONES ÚTEIS

Parks Canada
[(819) 997 0055 Hull.

Cycling Canada
[(613) 748 5629.

Canadian Paraplegic Association
[(416) 422 5644.

AGÊNCIAS DE VIAGEM

Air Canada Vacations
[(905) 615 8000 Toronto.
[(902) 425 1066 Halifax.
[(514) 876 4141 Montreal.

MANUAL DE SOBREVIVÊNCIA

INFORMAÇÕES ÚTEIS

O CANADÁ é um destino bastante procurado nas férias e oferece todo o tipo de atração, tanto urbana como ao ar livre. Os hotéis e restaurantes em geral são muito bons *(págs. 342-79)*, o sistema de transporte costuma funcionar bem *(págs. 400-11)* e os centros de informação turística podem ser encontrados com facilidade. As pá-

Placa indica observação de baleias

ginas seguintes trazem informações úteis aos visitantes. *Segurança Pessoal e Saúde (págs. 394-5)* informa sobre as precauções recomendáveis e o item *Bancos e Moeda Local (pág. 396)* reúne dados importantes relativos a dinheiro e questões tributárias. Leia também as páginas que informam como usar telefones e serviços postais.

QUANDO VISITAR

O clima e a geografia são determinantes em qualquer viagem ao Canadá. A imensidão do país leva os visitantes a restringir o percurso às regiões ao redor das principais cidades, como Vancouver, Toronto, Ottawa e Montreal, embora seja possível visitar áreas remotas como vilas habitadas pelos inuit, ao norte e a oeste da Baía de Hudson. O melhor momento para viajar ao Canadá varia de acordo com o interesse do visitante e depende do clima e da época do ano.

Em geral, o clima nas costas oeste e leste é temperado, mas na região central do país, em Saskatchewan, Manitoba e Alberta, costuma ser mais duro: verões agradáveis, invernos longos e rigorosos. A região norte torna-se mais propícia

para visitas em julho e em agosto, quando o solo descongela e as temperaturas sobem acima de zero.

No leste do país (Nova Scotia, New Brunswick e Ilha Prince Edward) as estações são bem definidas: invernos com neve, primaveras suaves e outonos longos e frescos. O verão, porém, é a melhor época para visitar os *resorts*. Em Quebec e Ontário, os verões são quentes e úmidos e faz frio no inverno, com neve até o final de março. A primavera e o outono, curtos, podem ser a melhor época para visitar essas regiões. Terra Nova, a nordeste do país, e a região de Labrador apresentam as temperaturas mais extremas, no inverno, com médias de 0°C a -50°C em St. John's, na costa leste da Terra Nova. Nesta estação, a Colúmbia

Britânica e as Montanhas Rochosas oferecem excelentes locais para esquiar. As duas regiões se destacam pelo clima brando, mas no outono e na primavera pode chover bastante, devido à influência do Pacífico.

VISTOS E ENTRADA

Para visitar o Canadá, os brasileiros precisam de visto, que lhes permite permanecer no país por até seis meses. O visto pode ser obtido no **Consulado Geral do Canadá**, em São Paulo *(pág. 395)*, ou pelo correio. A Embaixada do Canadá em Brasília só emite vistos para representantes diplomáticos oficiais.

Para tirar o visto, é preciso preencher o formulário especial fornecido pelo Consulado ou baixado na Internet. Além

Crianças brincam no Kids' Village, no Waterpark, complexo de lazer do Ontario Place, em Toronto